21 世纪应用型精品规划教材·旅游管理专业

旅游市场营销

李光瑶　石　斌　主　编

刘从立　张伟萍　副主编

清华大学出版社

北　京

内 容 简 介

本书以市场营销学和旅游学的相关理论为依据，系统地介绍了旅游市场营销的基础知识和基本理论，对旅游营销过程进行了全面概括和分析，反映了旅游营销领域的新现象和新动态。全书共 11 章，包括旅游市场营销概述、旅游市场分析、旅游市场营销环境分析、旅游市场营销信息与调研、旅游市场营销战略、旅游目标市场选择、旅游产品策略、旅游价格策略、旅游分销渠道策略、旅游促销策略、旅游营销管理。书中给出了反映旅游市场营销的大量实际案例和能力训练项目，力求通过旅游营销实例说明相关概念、原理和方法，通过能力训练项目培养旅游营销应用能力，为教师的备课、学生的学习提供最大的方便。

本书既可作为高等学校应用型本科或高职高专旅游管理类、酒店管理类、会展管理类专业及相关专业的教材，也可作为旅游行业的培训教材，还可作为旅游管理人员、高校教师的参考书。

图书在版编目(CIP)数据

旅游市场营销/李光瑶，石斌主编. —北京：清华大学出版社，2013(2019.1 重印)
(21 世纪应用型精品规划教材・旅游管理专业)
ISBN 978-7-302-30583-5

Ⅰ. ①旅… Ⅱ. ①李… ②石… Ⅲ. ①旅游市场—市场营销学—高等学校—教材 Ⅳ. ①F590.8

中国版本图书馆 CIP 数据核字(2012)第 261572 号

责任编辑：曹 坤
封面设计：杨玉兰
责任校对：李玉萍
责任印制：刘祎淼

出版发行：清华大学出版社
网 址：http://www.tup.com.cn, http://www.wqbook.com
地 址：北京清华大学学研大厦 A 座 邮 编：100084
社 总 机：010-62770175 邮 购：010-62786544
投稿与读者服务：010-62776969, c-service@tup.tsinghua.edu.cn
质量反馈：010-62772015, zhiliang@tup.tsinghua.edu.cn
课件下载：http://www.tup.com.cn, 010-62791865
印 装 者：北京富博印刷有限公司
经 销：全国新华书店
开 本：185mm×230mm **印 张**：20.25 **字 数**：486 千字
版 次：2013 年 1 月第 1 版 **印 次**：2019 年 1 月第 4 次印刷
定 价：45.00 元

产品编号：045709-02

前　言

当前，中国旅游市场发展迅猛，入境游、出境游、国内游三大旅游市场全面兴旺，旅游市场形势大好。2010 年，我国全年共接待入境游客 1.34 亿人次，实现国际旅游(外汇)收入 458.14 亿美元，分别比上年增长 5.8%和 15.5%；国内旅游人数 21.03 亿人次，收入 12 579.77 亿元人民币，分别比上年增长 10.6%和 23.5%；中国公民出境人数达到 5738.65 万人次，比上年增长 20.4%；旅游业总收入 1.57 万亿元人民币，比上年增长 21.7%。在这种形势下，如何运用科学的市场营销理念、战略和策略指导实践，无疑是旅游企业面临的又一大难题。

旅游市场营销学是对旅游企业经营实践的科学总结。它不仅是一门科学，而且还是一门艺术。作为一门科学，它告诉人们如何在科学的经营哲学的指导下制定正确的营销战略和营销策略以及如何进行营销管理；作为一门艺术，它使人们领悟到：水无常形，道无常道，一味套用成功企业的做法，往往会事与愿违。

本书根据教育部应用型本科人才培养的要求编写，以营销知识介绍和营销能力培养及营销素质教育为主线，在注重旅游营销理论和知识传授的同时，突出应用性和实践性。

本书具有如下特点。

1. 注重理论知识传授的同时，更强调能力的培养

应用型本科是在特定背景、特定时间有特定内涵的一种界定，它不同于传统的普通本科教育，更不是高职高专教育的放大与拓展。应用型本科人才培养不仅要遵循本科人才培养自身的教育规律，同时要突出实践，强化应用。基于以上指导思想，本书在编写过程中一方面遵循本科教学的规律，注重旅游营销理论和营销知识的传授，另一方面更强调旅游营销能力的培养。在每章开头都提炼出了本章的“知识目标”、“能力目标”及每章学完以后应当收获的“学习成果”，从而使得学生在学习每章内容前对该章应当掌握的知识、能力及完成的成果任务做到目标明确。同时，在每章结尾都设计了两三个能力训练项目，用于强化学生的能力训练。

2. 把案例融入教材

本书以“案例导入”引出问题，在正文中穿插了许多“无解”的“袖珍型”案例，在各章正文后也编排了相关案例，以利于培养学习者运用所学知识思考、分析和解决问题的能力。为培养学习者运用所学知识进行综合分析的能力，每章后还配有综合型案例。本书在案例选择上还注意所选案例的典型性、启迪性和时效性。

3. 紧贴旅游产业实际，反映旅游营销的新理论和旅游产业的新动态

旅游业是应用性和实践性很强的产业，这就要求旅游教育必须紧贴产业实际，如实反映旅游产业的新现象、新动态，并运用相关学科知识和理论分析、总结旅游业的运行规律。本书在编写过程中力求反映旅游营销领域的新理论和旅游行业的新动态，介绍了“水平营销”、“全球分销系统”和“网络营销”等营销新理论，分析了诸如“2011 年各景区的十大异类营销事件”、“2011 陕西楼观赵公明财神庙旅游新产品开发”和“《延安保卫战》旅游新产品”等经典营销事件。

4. 用“相关链接”的形式增加相关知识，拓展学生视野

本书还运用“相关链接”的形式对与教学内容相关的知识作介绍，力求让学生从不同的视角更全面地掌握学习内容。例如，介绍了“各国的带薪休假制度”、“意大利景区门票的管理制度”和“中国青少年亚文化的表现”等。

本书由西安思源学院管理学院院长李光瑶和石斌担任主编，具体编写分工如下。

李光瑶(总体策划、编写提纲并对全书进行总纂定稿)

石　斌(第三、四、七、八章)

姜建华(第九、十章)

李俊佳(第五章)

李俊佳、马妍(第二章)

马晓燕、应小惠(第六章)

刘从立(第一章)

张伟萍(第十一章)

本书在编写过程中参阅了大量文献资料，吸收了国内外同行的相关研究成果，但由于篇幅有限，未能一一详列，在此谨表谢意。

由于编写时间仓促，加之作者水平有限，书中难免存在疏漏之处，敬请广大读者批评指正。

编　者

目　录

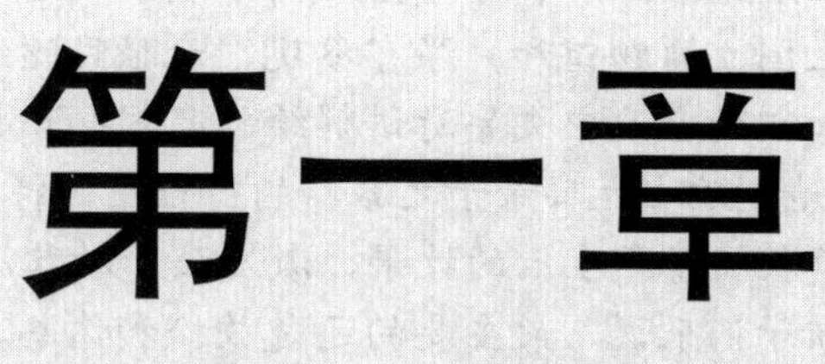

第一章

旅游市场营销概述

【知识目标】

理解市场与旅游市场的概念；熟悉旅游市场的特征；理解市场营销与旅游市场营销的概念；熟悉旅游市场营销观念；掌握旅游市场营销的研究内容；掌握旅游市场营销的研究方法。

【能力目标】

能对旅游市场进行准确的分类；能熟练运用市场营销理念解决现实问题；能运用相关方法研究旅游市场营销学。

【学习成果】

分析报告：能分析某旅游企业的营销理念，并撰写分析报告。

案例导入

暑假临近，旅行社精心设计亲子游

暑期临近，各旅行社精心设计的暑期旅游产品纷纷上市。从旅行社了解到，针对孩子各种特长推出的“绘画艺术之旅”、“音乐之旅”等受到越来越多的家长青睐。

凯撒国旅最先推出亲子游特色产品“法荷比九日绘画艺术之旅”，可以带领喜欢绘画的孩子进入荷兰国立博物馆和卢浮宫参观，亲眼目睹绘画大师的不朽名作，并专门请具有绘画艺术背景知识的专业中文导游讲解绘画艺术知识，让孩子们更多了解绘画大师童年的生活。“德国奥地利瑞士九日亲子之旅”的行程中，特别安排了到莫扎特故居的参观，并有专业导游讲解莫扎特童年生活的故事，激发孩子对欧洲古典音乐的兴趣。

暑假对孩子们来说，最主要的还是放松和休息，让孩子和家长们放松的“纯玩”线路也十分火爆，“香港新加坡五日合家欢”、茜茜公主的夏宫——美泉宫、白雪公主城堡的原型——新天鹅堡的入内参观，会让孩子的暑期生活变得更加丰富多彩。

中青旅目前推出了南北戴河“亲子游”的短途行程。康辉旅行总社推出的线路非常丰富：阳光学子——澳洲十四日游学假期的行程，报价 18 800 元/人，畅游香港——迪士尼亲子游行程，报价 2680 元/人，阳光学子——2006 年英国夏令营十六天行程，报价 23 800 元/人。除了线路之外，国旅总社还推出了赴美留学生单程机票特惠业务，为暑期动身赴美的留学生专门设计了美国东西海岸线的单程游览行程。

(资料来源：http://www.thailand-china.com)

【问题】旅行社推出的亲子游特色产品为什么会受到家长的青睐？旅行社选择了哪些目标市场？树立了什么样的营销观念？

解决以上问题是旅游企业成功开拓新的旅游市场的关键。

第一节　市场与旅游市场

一、市场

市场是商品经济运行的载体或现实表现。市场上各种商品的交换关系，形式上表现为物与物的交换，实质上体现着交换双方当事人之间的经济利益关系，因而反映了一定的社会关系。市场上商品交换关系的性质，决定着市场的社会性质。

市场一词在不同的语义环境中有不同的解释。

从经济学的角度来看，市场有狭义和广义之分。狭义的市场是指商品交换的场所，它体现商品买卖双方和中间商的关系。我国古代北方有“集市”，称为“赶集”；南方有“场”

或“墟”，称为“赶场”或“赶墟”。后来发展成为贸易货栈、交易会、超级市场和连锁商店等多种形式。广义的市场则体现为影响、促进商品交换的一切机构、部门与商品买卖双方的关系，即某一特定商品的供求关系。

从市场营销的角度来看，市场是指现实的和潜在的购买者群体——买方。菲利普·科特勒(Philip Kotler)认为：“一个市场是由那些具有特定的需要、愿望和意愿并能够通过交换来满足这种需要或愿望的全部潜在顾客构成的。”“市场的规模取决于具有共同需要、有购买力或其他被人认可的资源，并且愿意用这些资源换取他们所需要的东西的人数的多少。”

营销角度上的市场包括人口、购买力、购买欲望和购买权利四个要素。人口是构成市场的基本要素，人们的需要、愿望和意愿形成了市场需求。购买力是指人们购买商品或服务所需的货币支付能力，购买力的高低主要取决于消费者的收入。一般说来，人们的收入越高，购买力就越强；收入越低，购买力就越弱。购买欲望是指消费者购买商品或服务的动机、愿望和要求，是潜在需求转化为现实需求的前提。购买权利是指消费者可以购买某种产品的权利。这四个要素间的关系如果用数学表达式表示，则为

$$市场=人口\times购买力\times购买欲望\times购买权利$$

这意味着等式右边的四个因素中任意一个因素不存在(为零)，则等式左边的市场就不存在(为零)。

相关链接 1-1

现代营销学之父——菲利普·科特勒博士

菲利普·科特勒博士，科特勒咨询集团(KMG)首席资深顾问、合伙人之一。菲利普·科特勒博士是美国西北大学凯洛格商学院终身教授。他是当今世界公认的现代营销学的奠基人，被称为“市场营销学之父”。科特勒博士的市场营销著作和论文浩如烟海，其中《市场营销管理：分析、计划、实施和控制》第 1 版 1967 年出版，目前已再版到第 12 版，翻译成 14 种语言，被业界赞为“营销圣经”，成为无数企业营销体系的基础。科特勒博士被欧盟管理中心称为“世界上最重要的营销战略实践专家”，他的最新著作《科特勒谈营销》被《时代》周刊评为现代最佳商业著作之一。菲利普·科特勒提供给企业深刻的、全面的、以市场为基础的企业振兴方案。他专业的智慧是现代的、实践的。科特勒博士经常亲自参与科特勒咨询集团的咨询项目。他作为科特勒咨询集团的资深顾问先后参加了多家美国和国际公司的咨询项目，包括国际商业机器公司(IBM)、通用电器(GE)、美国电报电话公司(AT&T)、杜邦集团(Dupont)、美洲银行(Bank of America)、莫克医药(Merck)、斯堪的纳维亚航空(SAS Airlines)、米其林(Michelin)、冠军国际(Champion International)和 J.P 摩根银行(J.P.Morgan)等。咨询领域包括市场营销战略和计划、市场营销组织设计、品牌体系及国际市场营销战略和实施。菲利普·科特勒获得了多项国际大奖，包括美国营销协会年度最杰出营销教育者奖和美国医疗保健市场营销杰出奖等。

二、旅游市场

作为买卖双方的连接器，市场从诞生之日起，就成为经济学研究的核心内容。生产企业通过市场交换卖其所有，实现再生产；消费者和企业通过市场交换买其所需；国家通过市场实施宏观调控。

(一)旅游市场的概念

旅游市场是社会经济发展到一定程度、旅游活动商品化和社会化的产物。

传统的旅游市场是指旅游企业和旅游者买卖旅游产品的实际场所，侧重于交易场所或地点，建立在人们对传统市场认识的基础上。

经济学的旅游市场是指在旅游产品交换过程中所反映的各种经济行为和经济关系的总和。在旅游市场上，旅游产品的供应者(旅游企业)和旅游产品的消费者(旅游者)通过旅游市场紧密地联系在一起，卖者卖其所有，买者买其所需。

从营销学的角度来看，旅游市场是指在一定时间、地点和条件下存在的对旅游产品具有支付能力的现实购买者和潜在的购买者，即客源市场。现实购买者是指既有支付能力，又有购买欲望(或称旅游动机)的人(又称旅游者)；潜在的购买者是指可能具有支付能力和购买欲望的人。

旅游市场的规模同普通市场一样，受旅游者数量、支付能力、购买欲望和旅游购买权利四个要素的影响。旅游者是构成旅游市场的基本前提，包括旅游者的数量和质量。旅游者对食、住、行、游、购、娱等旅游产品的需求形成了旅游市场。支付能力是指消费者支付货币商品和劳务的能力，其取决于旅游者可自由支配收入的(总收入扣除税款和维持生存必需按期支付的费用后的余额)水平和闲暇时间，这与普通市场的购买力有一定的区别。购买欲望是指旅游者购买旅游产品的动机、欲望和要求，是由旅游者的生理需要和心理需要引起的。旅游购买权利是指旅游者在购买旅游产品时不受某种法律、制度、政治等因素的限制，如果受到这些因素的限制，旅游者对旅游产品就不具备购买权利。例如，西方某些国家对 18 岁以下的青少年从法律上限制不准喝烈性酒，与此同时，饭店、餐厅、旅游购物商场也不准对他们出售烈性酒。构成旅游市场的四个要素之间的关系可以用简单的公式表示为

旅游市场=旅游者数量×支付能力×购买欲望×购买权利

综上所述，旅游市场营销人员只有对旅游市场和市场构成要素具有清晰、准确、客观的认识和正确发挥旅游市场的机制和作用，将旅游市场作为满足旅游者需求的前沿分析，才能真正地获取旅游者的信息，并且按照不断变化的市场需求进行市场细分，制定营销策略，实现旅游企业的营销目标。

相关链接 1-2

有钱没时间——21世纪的旅游者将会选择短途旅游

据世界旅游组织(WTO)预测，尽管21世纪旅行人数会增加，但人们花在旅游娱乐上的时间会减少，特别是在世界主要的旅游市场上。

上述预测是世界旅游组织业务理事会在一份名为“休闲时间：对旅游业的冲击”中作出的。这份报告认为21世纪的旅游者将有足够的金钱但却缺少时间，他们会寻找那些能在最短时间内提供最大欢娱的旅游产品。这一趋势将促进诸如主题公园和游船观光之类的产品，因为人们可以在这样的短暂旅游中游览不同的地方。

在21世纪，短暂的休息旅行和周末旅游将为更多的人所采用，只是很多人一年中主要的假期时间会变短。这一研究报告还指出，由于工作压力加大，许多人将会选择放松的旅游方式。因此，那些包揽一切的综合观光度假设施将成为人们的新宠。

(资料来源：郝索. 旅游经济学. 北京：中国财政经济出版社，2009)

(二)旅游市场的分类

所谓旅游市场分类，就是根据国境、地理、消费、旅游目的和旅游组织形式等因素，划分为不同的旅游细分市场。在全球旅游市场中，任何一个旅游供应商，都没有足够的实力占领全球市场，满足所有旅游者的需求，因而对旅游市场进行分类具有现实必要性，有利于各个国家、各个地区或各个企业确定自己的目标市场，并采取相应的旅游市场开发策略。

根据旅游经营需要，可将旅游市场按不同的标准进行划分，标准不同，划分出的市场类别就不同。

1. 按地理分布划分

按旅游者的地理分布来细分的旅游市场，包括按客源地域划分、按国境线划分和按国家或地区划分。

(1) 按客源地域划分。按客源地域划分是以现有及潜在的客源发生地为出发点，根据对旅游者来源地或国家的分析而划分旅游市场。按客源地域可将旅游市场划分为世界旅游市场和区域旅游市场。世界旅游市场是一个以全球为范围的统一市场。随着经济和社会的发展，生产力的不断增加，各国人民收入大幅度提高，同时人们的工作时间将缩短，娱乐时间将增加，因此各国出国旅游的人数大大增加，形成了庞大的世界旅游市场。区域旅游市场是按其在世界所处的地理位置来划分的市场，它是世界旅游市场的进一步细分，可分为欧洲旅游市场、美洲旅游市场、非洲旅游市场、中东旅游市场、南亚旅游市场和东亚及太平洋地区旅游市场等，一般称为世界六大旅游区。

(2) 按国境线划分。按旅游是否跨越国境线可将旅游市场分为国内旅游市场与国际旅游市场。国内旅游市场是组织国内旅游者在国境线以内进行的旅行游览活动。国内旅游市场是我国旅游的主要市场，2007 年国内旅游人数为 16.10 亿人次，收入为 7770.62 亿元人民币，分别比上年增长 15.5%和 24.7%。国际旅游市场是指既包括接待外国旅游者来我国进行游览旅行活动(入境旅游)，也包括组织国内旅游者出国进行游览旅行活动(出境旅游)。国内旅游市场与国际旅游市场是相互联系、相互制约的统一的旅游市场，国内旅游市场是国际旅游市场的基础，而国际旅游市场则是国内旅游市场的延伸。2007 年，我国共接待入境游客 13 187.33 万人次，实现国际旅游外汇收入 419.19 亿美元，分别比上年增长 5.5%和 23.5%；出境旅游人数达到 4095.40 万人次，比上年增长 18.6%；旅游业总收入 10 957 亿元人民币，比上年增长 22.6%。

(3) 按国家或地区划分。按国家或地区划分，旅游市场可分为日本市场、美国市场和中国港、澳、台市场等。由于不同国家和地区的游客受不同自然条件、社会条件和经济条件等各方面因素的影响，因而他们对旅游产品也有不同的爱好需求，对产品价格、销售渠道和广告宣传的反应也有差别。

相关链接 1-3

2010 年中国主要客源市场

序　号	国　家	入境旅游人数/万人次	与上年比较/%
1	韩国	407.64	27.5
2	日本	373.12	12.5
3	俄罗斯	237.03	36.0
4	美国	200.96	17.5
5	马来西亚	124.52	17.6
6	新加坡	100.37	12.8
7	越南	92.00	11.0
8	菲律宾	82.83	10.6
9	蒙古	79.44	37.8
10	加拿大	68.53	24.5
11	澳大利亚	66.13	17.8
12	泰国	63.55	17.3
13	德国	60.86	17.4
14	英国	57.50	8.7
15	印尼	57.34	22.3
16	印度	54.93	22.4
17	法国	51.27	20.7

(资料来源：2010 年中国旅游业统计公报，2011)

2. 按旅游者年龄结构划分

根据旅游者的年龄结构，可以将旅游市场划分为老年市场、成年市场和青年市场等，现就其中老年与青年两个较有特殊的旅游市场分述如下。老年人收入水平较高并有一定的积蓄，有充裕的休息时间，旅游活动相当频繁。老年人旅行的目的主要是观光，他们喜欢看历史古迹，品尝地方风味，讲究住宿条件，停留时间较长。老年人健康意识与文化意识较强，将形成一种新型的慢节奏旅行。因此，旅行社、饭店、航空公司、火车、汽车和游船等应当提供各类特殊服务来吸引老年游客。例如，为其准备低盐食品，客房内有足够的灯光供他们阅读，为方便下车旅游车的踏板要略低一些，设置“医疗俱乐部”为年长旅客服务等等。青年人有朝气，富有进取心，工作积极，多数家庭的已婚青年是夫妻各凭本事赚钱，有良好的经济基础，舍得以较高的花费来换取愉快旅行的高级享受。在青年旅游市场中，还可进一步进行细分为已婚青年市场、青年团体旅游市场、青年夫妻蜜月旅游和单身青年旅游等。这个市场潜力很大，企业应当根据不同的对象提供各自更感兴趣的旅行组织方式和服务项目，有针对性地制定各种市场营销策略，争取这部分游客，以达到企业的营销目标，从而取得更大的经济效益。

3. 按旅游目的划分

传统的对旅游市场的划分往往是根据旅游目的的性质，可以划分为观光旅游市场、文化旅游市场、商务旅游市场、会议旅游市场、度假旅游市场和宗教旅游市场等。当前，除了以上传统旅游市场外，又出现了一些新兴的旅游市场，如满足旅游者健康需求的体育旅游市场、疗养保健旅游市场和狩猎旅游市场等；满足旅游者业务发展需求的修学旅游市场、学艺旅游市场等；满足旅游者个性需求的探险旅游市场、美食旅游市场、环境旅游市场和惊险游艺旅游市场等。总之，由于旅游者的旅游目的不同，对旅游产品的需求不同，从而可划分为不同的旅游细分市场。

4. 按消费水平划分

根据旅游者的消费水平，一般可将旅游市场划分为豪华旅游市场、标准旅游市场和经济旅游市场。在现实经济中，由于人们的收入水平、年龄、职业以及社会地位、经济地位的不同，其旅游需求和消费水平也不同，从而对旅游产品的质量要求也不一样。通常，豪华旅游市场的市场主体是社会的上层阶层，他们一般对旅游价格不敏感，而是希望旅游活动能最大限度地满足他们的旅游需求。例如，参加团体旅游，他们更喜欢和具有相同社会和经济地位的人在一起旅游。标准旅游市场的主体是大量的中产阶级，他们既注重旅游价格，又注重旅游活动的内容和质量。经济旅游市场的主体是那些收入水平较低或没有固定收入的人，他们更多地注重旅游价格的高低。因此，旅游经营者应根据其提供的旅游产品的等级，科学地进行市场定位，以选择合适的目标旅游市场，并努力增强对旅游市场的吸引力和扩大市场占有率。

5. 按旅游组织方式划分

根据旅游的组织方式，可将旅游市场划分为团体旅游市场和散客旅游市场。团体旅游一般是指人数在 10 人以上的旅游团，其旅游方式以包价为主，包价的内容通常包括旅游产品基本部分，如吃、住、行、游、购、娱等，也可以是基本部分中的某几个部分。旅行社往往以优惠的旅游价格分别购买各单项旅游产品，然后组织成旅游线路产品再出售给旅游者，因而旅游者参加团体包价旅游，其旅游价格一般较便宜。由于团体包价旅游往往提前安排好活动行程，使旅游者能够放心地随团旅游，而且，包价旅游的内容灵活多样，可以根据旅游者的偏爱自由选择。散客旅游主要是指个人、家庭及 10 人以下的自行结伴的旅游活动。散客旅游者可以按照自己的意向自由地安排活动内容，也可以委托旅行社购买单项旅游产品或旅游线路中的部分项目，因而比较灵活方便。散客旅游的主要缺点是旅游者自己要考虑每一站的抵离接送及住宿、就餐等问题，其所购买的各单项旅游产品的价格之和比旅行社相同内容的团体包价旅游的价格要昂贵得多。由于散客旅游灵活方便，随着现代旅游业的发展迅速增加，而团体旅游比重则大幅度下降，散客旅游已成为国际旅游市场发展的新趋势。

相关链接 1-4

散客旅游与团队旅游间的艰难权衡

散客旅游又称自助或半自助旅游，在国外称为自主旅游(independent tour)，是由游客自行安排旅游行程，零星现付各项旅游费用的旅游形式。如今，这种旅游形式风靡大江南北。

三亚的统计数据显示，散客旅游正在成为旅游的主力军。据三亚南山景区统计，2011 年 10 月 6 日入园游客为 8300 余人次，其中散客是主要客源，散客比例同比保持增长势头。当日出行到南山景区的自驾车辆多达 850 辆次，主要以琼、粤、桂、渝等地的小车为主，三亚市的出租车频繁出入南山数百辆次。

天涯海角景区相关负责人介绍，2011 年 10 月 6 日景区游客量近 1.2 万人次，散客和团队各占一半。三亚亚龙湾云天热带森林公园有限公司总经理李萍说，一般在法定节假日期间，散客旅游经常会跟团队游客平分秋色，最高时散客游客比例达 60%。

来自三亚湘投银泰度假酒店的统计数据显示，2011 年 10 月 1 日至 6 日，这家酒店的平均入住率为 95%，其中，散客入住比例高达 85%，旅游淡季时，这个比例平均为 80%左右。

也有部分游客和景区负责人认为，并非所有人都能轻松自如地选择自助游，因为付出的时间成本等代价远远大于团队游。来自广东湛江的游客翟东说，散客旅游成本较高，团队旅游比较省心。

其实，绝大部分游客在出行前会有一个散客旅游跟团队旅游的“权衡”过程。有游客反映，散客旅游适合有钱又悠闲的人。游客刘巍说：“我每次选定一个地方，出发前要花时间对当地的住宿、餐饮特色、交通等做一些功课。如果对当地情况不了解，可能会在购物时被宰，或者吃不好，这些会影响出行的心情和质量。如果没有时间研究，交给团队安排，可能相对稳妥一些。”

(资料来源：http://www.17u.net/wd/detail/4_393529)

(三)旅游市场的特征

旅游市场因旅游业的服务性而与一般市场有着较为明显的区别，表现出以下特征。

1. 旅游市场的开放性特征

旅游供给与旅游需求都是以全球为范围的，一方面，世界各地都在积极发展旅游业，其形成的旅游景区、景点都可以成为旅游供给，并积极向其他国家销售旅游产品；另一方面，旅游已成为世界各族人民的重要需求，旅游者的旅游活动遍布世界各地。但不论是从旅游产品供给的角度、还是从旅游产品需求的角度来看，旅游市场都具备对外的开放性特征。

2. 旅游市场的异地性特征

旅游者的旅游活动通常都是离开其经常居住地到异国他乡，这主要是因为多数旅游产品并不能像其他产品一样可以进行空间移动。也就是说，旅游者为了获得愉悦必须前往旅游目的地展开旅游活动，因而旅游市场具备鲜明的异地性特征。

3. 旅游市场的多样性特征

旅游者的构成是复杂的，因此会在旅游消费时体现不同的行为特征，产生旅游需求的多元化。为了满足旅游者的多元化需求，旅游供应者就必须提供多样化的旅游产品，使得旅游市场呈现出多样性特征。

4. 旅游市场的波动性特征

旅游市场的波动性主要是由两个方面的因素引起的，一方面，影响旅游市场的因素复杂多变，如国际形势、突发事件、重大的社会活动、节假日、汇率、物价以及人们收入水平等因素都会影响旅游需求，从而导致市场波动；另一方面，旅游业又是一个综合性的产业，一项旅游活动至少要经过食、住、行、游、购、娱等多个环节，其中任何一个环节发生变化，都会导致旅游需求的变化。

案例 1-1

美国反恐吓走游客

美国在遭受“9·11”恐怖袭击以后发动的阿富汗战争，以及入侵伊拉克等全球反恐活动，不仅严重伤害了美国在全世界的形象，也连带重创了美国的旅游业。根据美国旅游业从业者所做的统计，与2000年相比，2004年来美国的游客大约有4500万人，至少减少了10%。这个数字虽然和10年前到美国的游客总数不相上下，但整体而言，10年来美国在国际旅游市场上的占有率下降了至少5%。持续疲软的旅游业让美国旅游业经营者大为忧心。和其他积极发展旅游观光业的国家一掷千金、推出各种宣传招数吸引“地球村民”的举动相比，深陷反恐战争中的美国也不禁要感叹“游客不上门”了。根据美国商业部的统计，2004年来美国的游客对美国经济所“贡献”的直接消费，加上其带动的经济活动，总价值高达935亿美元。这个数目比美国全年外销的汽车、引擎和零件总收入还要大。美国旅游业从业者忍无可忍，纷纷站出来高调呼吁美国政府正视美国旅游业竞争力下降的事实。

(资料来源：http://www.china.org.cn/chinese/TR-c/795474.htm)

5. 旅游市场的季节性特征

旅游目的地的自然气候条件使得某些旅游产品具有很强的季节性特征，如黑龙江的冰雪旅游产品一般产生在冬季。另外，旅游者的闲暇时间分布也使得旅游市场的季节性特征更加明显。

6. 旅游市场的高度竞争性特征

旅游市场已经基本上是一个全球统一的大市场，其市场化程度较高，虽然旅游者众多，但旅游企业也很多，况且，旅游产品又具有很强的替代性和较高的需求价格弹性，产品本身又具有不可储存等特点，因而旅游市场的竞争异常激烈。

案例 1-2

路牌广告投放东京，陕西旅游愈显“国际范”

从2011年年底开始，陕西省在日本东京投放了陕西旅游路牌广告，并在当地引起了强烈反响，这是陕西省首次在国外投放的此类旅游广告。

自2011年年底以来，在日本东京最繁华的银座商业区，一块安置于商业建筑顶部的推介陕西旅游的广告板吸引了不少路人的关注。

广告板长6米，宽9.3米，体形硕大。画面以开阔大气的大雁塔北广场为背景，上有“遣唐使”、“陕西省——古都西安”等字样。画面右下方，巧妙地布局了一位昂首张目、神态坚定而勇敢的跪射俑形象。整个广告画面体现了陕西历史文化的悠久，突显出陕西旅游资源的独特神韵。

专家分析认为，陕西省旅游在日本东京投放路牌广告，可谓是陕西旅游业一次具有前瞻性的尝试。

“此次在日本东京银座商业区投放路牌广告，是为纪念中日恢复邦交正常化40周年，同时也为重振日本灾后的赴陕旅游市场。”陕西省旅游局国际部负责人说。

据了解，作为中国一衣带水的邻邦，日本一直是陕西省最大的旅游客源地。最近几年的陕西国际旅游市场，日本游客一直占据较大比重。但受制于日本大地震和人民币汇率持续走高的影响，2011 年来陕西省的日本游客量较 2010 年下降明显。

2010 年来陕西省的日本游客共 18.35 万人，比 2009 年增加 20.9%。然而由于大地震和人民币汇率的影响，2011 年来陕日本游客为 18.67 万人，同比增长仅为 1.74%。

“日本人对大唐长安的印象都特别好，他们喜欢那种有着浓厚历史感的东西。”采访中，在日本立命馆大学留学三年、只回过一次家的魏青对记者说，即使很多日本人反应不上来“西安”，但几乎每个人对“长安”都会有一些了解。把他们了解到的与历史人物有关联的文化完美再现，他们应该会喜欢。

兵马俑是中华民族古老文明的缩影，遣唐使又是中日友好的历史见证，而广告画面则有机地融合了这些元素。

“此次广告创意结合了多位专家和学者的智慧结晶，并邀请了专业的设计团队，实地考察了广告的投放地点，这也是陕西旅游境外投放广告的一次大胆尝试。”上述负责人表示。

他介绍说，吸引客源只是第一步，为纪念中日两国友好交往 40 周年，陕西省旅游局还特别策划了“日本游客品味中国陕西之旅”活动。通过西安中国国际旅行社等 7 家旅行社，邀请 2000 名日本游客来陕西，开展寻访古都西安、长安街道、丝路起点、兵马俑故乡等为主题的游览参观。陕西省也将向这 2000 名日本游客提供合计约 160 万元人民币的旅游补助。

据悉，陕西省还将在美国纽约、韩国首尔等主要客源地投放各类陕西旅游广告，包括车体广告、电视报纸和路牌广告灯等多种形式。

(资料来源：http://www.ceeh.com.cn/html/news/2012/03/19/20120319031214_0.html)

第二节　市场营销与旅游市场营销

市场营销与旅游市场营销都经历过从理论归纳到实践推广的循环过程，无数实践证明，企业的生存与发展离不开营销，营销已经成为企业管理的核心内容。

一、市场营销

市场营销理论发展的历史并不长，但在短短的时间内，却产生了大量的营销理论与方法，这些理论与方法指导着一批又一批企业由小到大发展，逐步取得了辉煌的成就。

(一)市场营销的概念

市场营销是指企业以顾客为中心，以市场为导向，从产品规划开始，综合利用各种营销手段，最终实现企业经营目标的全过程。

营销意味着企业通过作用于市场进而促成交换来满足人们的需要和欲求。交换过程包含有大量的工作。卖者必须寻找买者，识别他们的需要，设计有吸引力的产品，并做好相应的推销、定价和传送工作。这种产品开发、调研、沟通、分销、定价和服务活动，是营销的核心活动。

(二)市场营销的观念

随着经济的发展和社会商品的丰富，市场上居主动地位的角色发生了变换，由最初的卖方市场发展到买方市场，市场导向由生产导向转变为消费导向(或需求导向)。相应的，市场营销观念也经过了以下几个发展阶段。

1. 生产观念

生产观念是一种古老的经营哲学。这种观念产生于 20 世纪 20 年代以前，认为消费者最中意的产品是那些容易得到的和支付得起的，所以管理人员就应该关注生产和分销的效率。因而，企业的基本任务是从生产出发，改革劳动组织，提高劳动生产率，降低成本，增加销售量。生产观念的问题出在管理人员可能过于注重制造系统而忽略了顾客的存在。

2. 产品观念

产品观念是一种较早的企业经营哲学。该观点认为：消费者会欢迎质量最优、性能最好和功能最多的产品。企业的任务就是致力于制造优良产品并加以改进。这种观点没有看到市场需求的变化，属于典型的自恋。

3. 推销观念

推销观念产生于 20 世纪 20 年代末至 20 世纪 50 年代。这种观念认为：除非一个组织做出大量的销售和促销努力，否则消费者是不会购买足够的该组织的产品。它的指导思想就是要甩掉所拥有的东西，而不是创造市场所需要的东西。例如，某些饭店在生意清淡时往往要增加广告，而不是先分析一下生意清淡的原因。在这种观念的支持下，企业会形成“我卖什么，顾客就买什么”的观念，其实质仍然是以生产为中心。秉承推销观念的企业，往往面临生产能力过剩的状况。

案例 1-3

“闭门造车”酿苦酒

在 1999 年“十一”黄金周来临之前，某市一家旅游公司联合几家同行推出“万人旅游超市”营销计划，希望把“五一”期间因准备不足而婉拒大量游客少赚的钱挣回来。该公司设计了百余条长途热点旅游线路推向市场，并总结“五一”期间订不到票、订不到房的教训，提前与各大航空公司签订包机合约，与铁路运输企业、公路运输企业签订订票合约，与目的地景区(景点)酒店签订订房协议。万事俱备，只等旅游者上门。但事与愿违，报名参加旅行团的客人却寥寥无几，至九月中旬，才有数百人报名。公司领导心急如焚，急忙在媒体上大做广告，派出专人到各单位揽客。但受“五一”期间选择长线路出游的客人“花钱找罪受”氛围的影响，该地游客“十一”期间偏爱近郊游，而不愿参加长途旅行团。最终该公司只揽到千名游客，经济损失巨大。经营者不了解旅游者的需求变化，一味闭门造车推出“万人旅游超市”计划，出现销售困难后指望推销救驾而收效甚微，又遭受一次“沉痛教训”。

(资料来源：吴金林. 旅游市场营销. 北京：高等教育出版社，2007)

4. 营销观念

营销观念产生于 20 世纪 50 年代以后。营销观念可以概括为：“公司对所有足以影响顾客满意程度的活动进行协调并通过创造和维持顾客的高满意度而使公司获利。”这种观念关键在于摸清目标市场的需求和欲求，并且尽最大努力满足消费者的需要。顾客需要什么，就生产什么。这种观念与推销观念有着本质的区别，如表 1-1 所示。

表 1-1 推销观念与营销观念的比较

经营观念	出 发 点	经营目标	经营方式	获利方式
推销观念	企业	产品	推销和促销	通过销售而获利
营销观念	目标顾客	顾客需求	营销组合	在顾客满意中获利

推销观念是一种自内而外的思维方式，即站在企业的角度，从企业现有产品出发，再通过密集的销售和推销攻势来增加销售量。相反，营销观念是一种自外而内的思维方式，即站在市场的角度，聚焦于顾客需要，然后在整个组织当中协调营销活动，通过满足顾客的需要进而实现企业的目标。

5. 社会营销观念

社会营销观念产生于 20 世纪 70 年代。这种观念认为：一个企业组织应该识别出目标市场的需要、欲望和需求，并能比竞争者更有效地满足市场的这些需要、欲望和需求，同时还要维持或改善消费者和社会的整体福利。企业的营销活动除了满足兼顾消费者、企业和社会三者的利益外，还应该考虑当前利益与长远利益。社会营销观念针对环境污染、资源短缺、人口爆炸、世界性通货膨胀和忽视社会服务的现实提出了以消费为导向的营销观念是否适合当今这个时代的问题。

案例 1-4

异类营销："鬼子进村"、"土匪抢亲"、奸臣墓被"赞"奇招

1. 黄山为做红色游出歪招　游客扮"鬼子"进村抢"姑娘"遭批

一身侵华日军的打扮，手握"三八大盖"押着"花姑娘"，还一脸猥琐的笑容……这不是在拍电影，而是黄山市黄山区谭家桥镇一景区重现的"鬼子进村"场景，在这个集体参与的旅游项目中，游客有的扮鬼子，有的扮汉奸，还有的扮"花姑娘"。"创意挺好，可这说得过去吗？"对于该旅游项目拿国耻来取乐的行为，不少网友非常愤慨。而对于网友的批评，谭家桥镇镇政府旅游办的负责人则认为，让游客了解这段历史，具有教育意义。

2. 陕西宝鸡吴山"土匪抢亲"旅游被批庸俗　游客不买账

去过(陕西)宝鸡吴山的朋友大都参加过"土匪抢亲"游戏，你可以扮作被抢的"新媳妇"，也可以扮作手持驳壳枪的土匪。只是宝鸡吴山苦费心机推出的这个旅游项目，许多游客却不买账。"这个旅游项目宣扬土匪文化，这分明是把耻辱当光荣，与宝鸡创建全国文明城市的大环境格格不入。"

3. 福建莆田欲将奸臣蔡京墓打造成文化旅游景点引质疑

近日，福建莆田将投巨资修复北宋权相蔡京墓成为网上热议的焦点话题。蔡京是历史上著名的奸相，他的种种卑劣行径，使北宋政治腐败到了极点。可谓万千钱财今何在，千古留下唯骂名。为这样的人修墓平反自然会引起一场轩然大波。

(资料来源：http://www.toptour.cn/tab863/)

生产观念是以生产为核心，关注的是产品产量，是处于市场供不应求的环境下；产品观念和推销观念是以产品为核心，关注的是产品的质量，处于市场供求基本平衡的环境下；营销观念和社会营销观念则是以消费者及利益相关者为核心，关注的是消费者和利益相关者的需求及资源的可持续利用，处于市场供过于求的环境下。其实，各种观念的变化都是建立在不同的生产力发展水平的基础上的，是随着生产力水平的变化而变化的。

相关链接 1-5

水平营销理念

针对全球范围的市场嬗变，2005 年菲利普·科特勒博士提出了新的营销思维——水平营销。

水平营销是相对于传统营销观念而言的。传统的营销方式被科特勒称为纵向营销。纵向营销的运行步骤是：首先，"市场营销就是发现还没有被满足的需求并满足它"，需求分析是起点，通过市场调研，确立可能成为潜在市场的群体；其次，在划定潜在市场后，运用市场细分、目标锁定、定位等方式形成产品或服务的竞争策略；最后，运用4P等营销策略，将产品或服务推向有形的市场。

水平营销是横向思考，它跨越原有的产品和市场，通过原创性的理念和产品开发激发出新的市场和利润增长点。水平营销首先是创造性的思考，科特勒称之为“跳出盒子的思考”，它不同于纵向营销的逻辑思维，本质上是一种基于直觉的创造。这种思维的基本步骤是，首先选择一个焦点，然后进行横向置换以产生刺激，最后建立一种连接。例如，聚焦于生活中总是凋谢的花，将凋谢置换成不凋谢，这时候就产生了“不凋谢的花”这一刺激，这个刺激对于市场是有价值的，但在实现过程中产生了逻辑思维的中断，此时通过引入塑料等材质，创造出永不凋谢的塑料花，这就成功地建立了连接。

科特勒认为水平营销是一个过程，虽然它属于一个跳跃性的思维，但也是有法可依的。应用创造性研究的成果，他指出了水平营销的6种横向置换的创新技巧，并分别应用到市场层面、产品层面和营销组合层面上。这6种技巧分别是：替代、反转、组合、夸张、去除和换序。

(资料来源：科特勒. 水平营销[M]. 陈燕茹，译. 北京：中信出版社，2005)

二、旅游市场营销

由于旅游业多为服务行业，因此旅游市场营销是一种服务营销。在国外，旅游市场营销较其他行业营销的发展要稍微滞后一些；而我国的旅游市场营销与其他行业的市场营销基本同步。

(一)旅游市场营销的概念

旅游市场营销是旅游企业以旅游消费需求为导向，通过对旅游产品的设计、定价、渠道和促销活动等手段，向旅游者提供其所需的旅游产品，从而实现企业的经营目标的过程。这一概念可从以下几个方面理解。

1. 旅游市场营销是以需求为导向

尽管在旅游市场营销的发展过程中，同样经历了各种不同的营销观念，但满足旅游者需求这一前提始终是存在的，尤其是在竞争日趋激烈的今天，能够比竞争对手更好地满足旅游者的需要是旅游企业生存的基础。

2. 旅游市场营销的主体包括所有的旅游组织

狭义地理解，旅游市场营销的主体是旅游企业，包括餐饮业、住宿业、旅行社、旅游景区、景点、旅游交通部门等所有的旅游企业。但是，随着旅游业在国民经济中地位的提高，很多地方政府甚至是国家都开始重视旅游营销。因此，旅游营销的主体既包括旅游企业，也包括政府和一些与旅游相关的非营利性组织。

3. 旅游市场营销的客体包括有形的事物和无形的劳务

旅游产品是组合产品，通常包括食、住、行、游、购、娱等多个要素，这些要素有的是无形产品，有的是有形产品，都构成了旅游营销的客体。

4. 旅游市场营销是一个整体的营销活动

提供旅游产品的旅游企业往往是由多个独立的企业组成，任何单个的企业都很难一次性满足旅游者的各种需求。这些企业除了要加强相互间的协调、保持接待能力上的均衡外，还共同依赖于同一个市场营销活动，有着一损俱损、一荣俱荣的关系。因此，成功的营销活动应该是多个企业共同策划的。

(二)旅游市场营销的特点

旅游市场营销具有以下特点。

1. 需求导向

旅游企业的一切经营活动都必须以旅游者的需求作为出发点和归宿。旅游企业由于其服务对象是人，因此如何针对不同人们的不同需求设计和开发旅游产品，成为旅游企业生存和发展的根本。这就要求旅游企业从顾客的观点出发，而不是从自己的观点出发来识别顾客的需要。产品设计人员不是以他们自己喜欢什么为根据，而应以顾客的喜爱或希望为根据。这样做的目的是使产品适合顾客的需要，以奠定适销的基础。销售并不是从属于生产，而是指导生产。总之，旅游企业应以旅游者为核心，通过满足游客的需求而获得利润。

案例 1-5

南国旅行社的成功之路

1999 年 6 月 23 日，南国旅行社在当地新闻媒体上打出“妈妈，我要上北大”的主题旅游广告词，众多暑期放假的学生及家长就把电话打到旅行社。到 8 月 20 日，南国旅行社组织了 4 个旅游团共 170 余人前往北京旅游。在景点安排上，除了常规景点外，南国旅行社紧紧抓住许多家长望子成龙的心理，推出参观北大或清华、中国人民解放军军事博物馆、圆明园遗址、世界公园和观看天安门广场升旗仪式等。在参观北大、清华期间，导游还特地邀请学校工作人员讲解学校发展史，从而使学生认识到，只要自己好好学习，北大、清华并非高不可攀。正是通过这些特殊景点的安排，使游客在不知不觉中接受了爱国主义教育，增长了知识，从而激发了学生学习的热情。正是因为有了主题旅游，南国旅行社在这个火热的暑期才有了源源不断的客源。“妈妈，我要上北大”这一创意，抓住了学生的心理，带动了其他线路，把暑期生意做得红红火火。

自1997年起，“97重阳爱心之旅——爷爷奶奶逛北京”、“我爱北京天安门”、“千名老人游上海”、“红色革命路线”、“大年换个过法怎样”、“女人有个三八节”、“新婚蜜月之旅”、“单身男女玫瑰之旅”、“同学们，带你看大海去”等，这些都是南国旅行社推出的“主题旅游”创意。虽然成败皆有，但这一举措在旅游界和广大市民中引起的反响却是强烈而长远的。明确旅游主题，引导消费，创造了商机，为原本带有很大盲目性的旅游开创了一片新天地。

(资料来源：http://www.bhu.edu.cn/page/depart/gzxy/jpkc/3dysw/daoyou/al/al53.htm)

2. 管理导向

和其他企业一样，旅游企业的营销环境由诸多因素(人口、政治、文化、经济、社会和技术等)构成，这些因素随着时间和空间不断变化。旅游市场营销的实质在于“企业对于动态环境的创造性的适应”，即运用一切可利用的资源，通过产品、渠道、价格和促销等实现对环境的适应。环境变化，则旅游企业也要相应的变化。管理导向作为现代旅游市场营销的特征之一，正日益受到旅游企业的重视和运用。

案例 1-6

你们的朋友——小燕子

日本古都奈良拥有许多世界一流的旅馆，它们无论是外形建设、设施还是接待、服务，都可以说是无懈可击。但是，有一点颇令人扫兴，那就是每当春天来临，成群结队的小燕子便飞到这里，在古色古香的旅馆檐下衔泥筑巢。虽说在这樱花烂漫、青山环绕的古都，听春燕呢喃，是久居闹市的人难得的享受，但是燕子们留在走廊和窗台上的那些脏物，却使人感到不快。为此，许多旅客抱怨旅馆卫生条件差，责怪服务员打扫得不够勤快。

根据这种情况，旅馆的负责人想出一个别出心裁的对策，他们给每一位旅客送去一封措辞幽默的致歉信，内容如下。

女士们、先生们：

我们是刚从南方赶到这儿过春天的小燕子，没有征得主人的同意，就在这儿安家了，还要生儿育女。我们的小宝贝年幼无知，很不懂事，常常弄脏你们的玻璃和走廊，致使你们不愉快。我们很过意不去，请女士们、先生们多多谅解。

还有一事恳求女士们和先生们，请你们千万不要埋怨服务员小姐，她们是经常打扫的，只是擦不胜擦。这完全是我们的过错。请你们稍等一会儿，她们就来了。

你们的朋友——小燕子

这封拟人化的信不仅语气诙谐，而且口吻亲切，发出之后立即收到很好的效果，旅客和服务人员在一笑之中得到了沟通和理解，于是抱怨和愤怒也就随之消解了。

(资料来源：王涅．旅游公共关系[M]．北京：化学工业出版社，2009)

3. 信息导向

旅游市场营销的最终目的是满足游客的需求，这就必须借助于信息的传导。现代旅游消费特征越来越个性化，因此对复杂、多样的顾客需求要作深入、细致的调查。与此同时，旅游企业的内外部环境复杂多变，加之其产品缺乏专利保障，因此旅游企业之间的竞争日益侧重于旅游产品的质量、服务及旅游企业形象，无形中加大了旅游企业的经营风险。所有这些决定了信息在旅游企业市场营销中的重要地位。

案例 1-7

“老虎”拜年

1986 年是中国农历的虎年。这一年春节期间，那些兴高采烈涌入中国大酒店的宾客和参观者，在路过酒店富丽堂皇的大厅时，都禁不住发出阵阵惊叹。原来，他们发现，在大厅一侧的一座假山上，“走”来了一只“大老虎”。这只“虎”从形态、皮毛到神态，都与真虎无异，冷不防还真吓人一跳呢。人们先是惊奇，继而纷纷趋前观看，更有不少人在老虎身边拍照留念，这些照片，大都将老虎上方的一条醒目横幅摄入其中：“恭贺新禧，中国大酒店全体同仁鞠躬!”

(资料来源：王涅．旅游公共关系[M]．北京：化学工业出版社，2009)

4. 战略导向

旅游市场营销对旅游企业的长远发展有着十分重要的影响，要求旅游企业对市场环境的长期适应性。因此，现代旅游企业中最有战略眼光的企业纷纷推出“绿色旅游”、“永续旅游”和“生态旅游”等，一方面使人们回归大自然，加强环境保护意识；另一方面维护旅游者、旅游企业和社会的长期利益。

相关链接 1-6

围绕核心专长的营销管理

1. “专精”战略

“小”不代表“弱”，“大”也不代表“强”，只有“专”才能“强”。小型精品酒店就是要发挥其“小”的特长，专注于其某一精致方面，突出“精品酒店”的精华，做成“强”的企业，有竞争力的企业，在管理上要高标准、严要求、勇于实践、大胆创新、精雕细刻，全体员工协作努力共同提高，尤其是在服务和经营上要充分展示和提高其有形和无形价值，打造出充分体现“高档、精细、特色”的独特的核心竞争力，维持长期的竞争优势。

2. “资源外包”策略

专事与自身能力相匹配的业务。尽可能以“业务外包”的形式剥离非关键生产经营环节，使有限的资源用于经营中的核心环节的创新上。

有人讲道，“不要卖牛排，要卖烧牛排时的‘滋滋’声”，“在销售方面，开拓新业务，特别推荐有特色的。对客房的分析应该具体深入”。

3. 宣传口碑作用(宾客互动)

宣传时，要注意在“核心专长”上有针对性地宣传，要让顾客记住并对之感兴趣，缺乏统一的、清晰简洁的宣传语言是不够的，而仅靠宣传酒店的名气和建筑特色或“精品酒店”的经营方针显然也不是吸引顾客的有效方法。因此，在打造精品酒店独特的核心竞争力的过程中，全体员工对酒店的核心专长有统一的、清晰的认识，并进行有意识的统一宣传，如索尼的“小型化”，沃尔玛的“天天低价”以及海尔的服务等均是有口皆碑的。另外，“满意的消费者的宣传”是酒店最好的广告。

(三)旅游市场营销的发展历程

1. 国外旅游市场营销的发展历程

尽管旅游活动具有较长的历史，但是旅游市场营销活动的开展史却很短。

(1) 旅游市场营销的启蒙阶段(20 世纪 60 年代)：20 世纪 60 年代以前，由于旅游业尚未形成独立的行业，多依附于服务业和商业等行业，因而没有独立的旅游营销活动。20 世纪 60 年代以后，旅游业发展成为第三产业，造成了旅游业的设施供不应求，使得旅游企业形成了生产营销观念。20 世纪 60 年代末，旅游业的竞争日趋激烈，迫使旅游管理人员开始重视营销理论的应用，一些饭店和旅行社分别成立了销售部和营业部，但仍局限于销售与推销，手段多为广告、宣传和销售促进。这期间推销观念一直占据着西方旅游业经营思想的主要地位。

(2) 旅游市场营销的探索阶段(20 世纪 70 年代)：随着生产力的发展和全球经济的快速增长，旅游业的竞争也越来越激烈，很多国家和地区都把发展旅游业作为新的经济增长点，大力发展旅游业。旅游市场竞争已经由买方市场转向卖方市场，旅游者的选择余地大幅度提高。旅游经营者认识到除了推销旅游产品、加强产品质量管理外，更要关注旅游者的需求，从需求出发组织旅游产品生产。旅游分析市场、研究旅游者的兴趣、爱好和意见，以确定经营目标成为旅游经营者的共识。竞争也迫使旅游经营者不断探讨改造旅游组织、扩大产品种类、调整销售渠道，以增加竞争力。至此，旅游业真正确立了以旅游者需求为中心的营销理念。

(3) 细分市场与定位阶段(20 世纪 80 年代至 20 世纪 90 年代)：20 世纪 80 年代，西方旅游企业进入了市场细分的时代。他们根据人口分布的特点、旅游者的兴趣和生活方式对旅游消费者进行分类，据此提供适当的旅游产品和服务。在销售过程中引进了“市场定位”理论，以提高旅游企业在旅游消费者心目中的地位。20 世纪 90 年代，随着竞争的进一步加剧，旅游企业的经营者开始关注旅游者的动机和旅游企业的市场地位，“重新定位”和“渗透已确立的细分市场”成为旅游企业在竞争中获胜的重要手段。

(4) 多元化营销阶段(21 世纪)：进入 21 世纪后，为了适应全球化经营、反权威的沟通方式和关注环境等外部环境变化，旅游企业的旅游营销呈现出多元化特征，如关系营销、个性化营销和绿色营销等新的营销理论得到普遍运用。

2. 国内旅游市场营销发展历程

从 1949 年 11 月第一家旅行社的诞生起，新中国旅游业已经走过了 60 多年的历程。在 20 世纪 50 年代初至十一届三中全会之前的近 30 年间，我国旅游工作一直属于民间友好往来的范畴，对宣传中国的建设成就、加强国际友好往来，起到了重要的历史作用。但是，由于当时的旅游接待主要是从扩大政治影响的角度考虑，旅游设施总体规模很小，结构单一，旅游业并没有真正形成一个完整的产业。直到 1978 年，来华旅游入境人数仅为 180.9 万人次，其中外国人 23 万人次；旅游创汇 2.63 亿美元，位居世界第 41 位。

1978 年以后，中国旅游业得改革开放之先，进入了新的发展时期。邓小平同志对加快旅游业的发展多次作出重要指示：“旅游事业大有文章可做，要突出地搞，加快地搞。”“搞旅游要把旅馆盖起来。下决心要快，第一批可以找侨资、外资，然后自己发展。”邓小平同志关于加强旅游宣传促销、重视环境保护以及搞好配套设施建设、人才培养和管理、改革分配制度、提高服务质量、旅游商品开发等旅游经济思想成为新时期中国旅游业的发展指南。

经过 30 多年的发展，我国旅游业从无到有、从小到大，产业形象日益鲜明，产业规模不断扩大，成为国民经济中发展速度最快的行业之一，同时也是具有明显国际竞争优势的产业之一。同样，旅游市场营销从无到有，期间主要经历了大体以下 5 个阶段。

(1) 前旅游营销时代(1978－1987)。1978 年的改革开放是中国经济体制改革的重要转折点，同时也为中国旅游的发展放松了思想束缚。由于国家财政困难，党中央提出了利用国内和国外资源，打开国内市场和国际市场的方针，旅游业作为创汇产业的经济性逐步突显，旅游业在中国经济中的地位从“外事接待型”逐步向“积累外汇型”转轨，继而成为国民经济的一个重要的组成部分。无论是中央还是地方，对旅游业的重视都空前加强。

在计划经济和市场经济这段狭长的过渡时期，政府占据了推动中国旅游发展的第一行动集团的位置，形成了政府供给主导型的模式。旅游管理与经营大一统的格局被打破，政企分开迈出关键性步伐，旅游管理体制也趋向多元化。中国旅游营销处于一个萌芽自发状态，旅游企业呈现“等、靠、要”的特征，到后期以“无锡旅情”和中国首批 6 家景区获得“世界文化遗产”为标志，开启了中国旅游营销波澜壮阔的精彩篇章。

(2) 旅游营销萌芽时代(1988－1999)。1988 年左右开始新一轮旅游管理体制变革，旅游体制加速与社会主义市场经济接轨，以 1992 年邓小平南巡讲话和党的十四大为起点，随后几年社会主义经济改革全面铺开，为旅游业的增长带来了新的动力，这种长期持续的基础性革新，使得旅游业枯木逢春，并取得了从 1990—1998 年长达 8 年的持续高速增长。

(3)　整合旅游营销传播时代(1999－2002)。随着西方前沿营销理论被大量吸收和学习借鉴(定位理论、顾客满意理论、品牌资产管理理论、整合营销传播理论、4Cs、服务营销、数据库营销、定制化营销、关系营销、绿色营销和网络营销等相继传入中国)，中国旅游营销得到了快速而又理性的飞跃发展。

这个阶段最重要的一个特征就是信息技术的飞速发展所带来的信息传播和营销方式的革命。1999 年，以携程网、elong 网为代表，诞生了中国第一批互联网旅游企业，虽然随后几年，由于缺乏稳定的赢利模式，互联网泡沫破裂，直到 2003 年才走出低谷。但是，互联网对中国旅游营销的深层次变革的影响深远其中一个直接的推动就是，原来停留在理论层面的数据库营销和定制化营销重新受到重视，互联网营销成为中国旅游营销不可忽视的一支重要影响力量。

(4)　精细化营销和国际化营销时代(2003－2005)。这个阶段，由于整个社会处于急剧发展之中，工业化、城市化、现代化的社会变迁大戏上演正酣，社会角色、身份以及消费者分类标志比以往增加，消费者分层更加明显，细分消费群层出不穷，因此挖掘新的细分市场、捕捉市场机会成为广大旅游企业赢得竞争优势的有效手段。在多元化的时代背景中，企业按价值观、生活情趣、审美倾向等消费者心理、情感属性对消费者进行细分，使中国旅游企业引来了一个精益化营销的新时代。

中国中产阶层崛起，成为主流消费群体(2003 年中国人均 GDP 首次超过 1000 美元，并向 2000 美元迈进)，并成为引领消费趋势的主要力量。这一阶层具有消费心理趋于理性、消费行为趋于成熟、购买力强、消费稳定的特点。稳定而理性的中产阶层的崛起，意味着我国旅游消费市场开始具备了从非理性走向理性的市场基石，“自驾游、自助游”成为旅游营销的新热点；“联合、整合、重组、区域旅游、文化旅游、休闲旅游”成为这个阶段的关键词；“联合营销、联合促销、区域旅游合作”成为这个阶段旅游营销的主旋律。例如，四大佛教名山联合举办“朝圣之旅”；北京、西安联手打造“华夏文明魅力轴线”；川、滇、黔、渝的 18 个城市联合发展旅游；我国东中部 41 个城市共同打造无障碍旅游；等等。从最初的一个景区、一个城市的宣传促销，到景区之间、区域旅游目的地之间、旅行社之间以及跨领域的相互合作、联合促销，我国旅游业从“各据一方”到“连线成片”，区域旅游合作方兴未艾，已经成为旅游业发展的重要方向。

这个阶段，旅游业国际化也成了各地政府做旅游目的地营销的一个亮点，北京、海南、杭州、黄山，相继吹响了新一轮旅游国际化的号角，营销“走出去”战略初见成效。

(5)　品牌营销时代(2006 年至今)。2006 年，中国旅游市场发生了一系列旅游产业裂变、聚合式的结构性重要变化，消费升级，城市营销浮出水面，旅游主流营销方式正在发生改变，以旅游作为核心引爆点和孵化器的城市运营和区域经济运营正在改变着城市，改变着中国。

中国已经由旅游资源大国成为世界旅游大国，中国旅游已经开始从启蒙期向高速发展期转变。中国旅游业的发展进入了“一个人文景观和自然景观和谐并存”的新旅游时代。精品旅游模式是提升旅游景点价值最大化的发展方向之一。“酒香不怕巷子深”的传统旅游营销模式将会被深度营销的旅游模式取代。体验式、娱乐式、休闲式的复合旅游模式将成为中国旅游未来的发展趋势。

世界旅游经济发展已经进入品牌化经营时代。打造强势旅游品牌和知名旅游品牌，既是形势所逼，也是机遇所在；既是开放之举，也是发展之路；既是竞争必需，也是生存必要。现代旅游业的竞争，更是精品和品牌的竞争。品牌的优势正在成为旅游业发展的最大优势，品牌就是现代旅游业的核心竞争力。

相关链接 1-7

市场营销关键概念

★ 需要：是描述人类的基本要求。

★ 欲求：是人们的需要趋向某些特定的目标以获得满足的愿望。

★ 需求：是指对有能力购买的某个具体产品的愿望。

★ 交换：是指提供某种东西作为回报，从某人那儿取得所想要的东西的行为。

★ 交易：是指双方之间的价值交换所构成的行为。

★ 关系：是指企业与其经营活动有关的各种群体(包括供应商、经销商、顾客等)所形成的一系列长期、稳定的交易关系。

★ 顾客让渡价值：是指总顾客价值与总顾客成本之间的差额。总顾客价值是指顾客从某一特定产品或服务中获得的一系列利益，包括产品价值、服务价值、人员价值和形象价值。总顾客成本是指顾客在评估、获得和使用某一特定产品或服务的过程中所产生的全部成本，包括货币成本、时间成本、体力成本和精力成本。

★ 顾客满意：是指一个人通过对一种产品的可感知的效果(或结果)与其期望值相比较后，所形成的愉悦或失望的感觉状态。

★ 顾客忠诚：是指顾客在对某一产品或服务的满意度不断提高的基础上，重复购买该产品或服务，以及向他人热情推荐该产品或服务的一种行为表现。

第三节　旅游市场营销的研究内容与方法

旅游市场营销是市场营销学的一个分支，是专门针对旅游业，指导旅游企业营销活动的科学，是市场营销学基本理论在旅游领域中的具体运用。

一、旅游市场营销的研究内容

由于旅游活动是商品经济高度发展的产物，在当前旅游市场总供给大于总需求的形势下，旅游市场的竞争日趋激烈。同时，由于旅游产品的无形性、不可储存性、需求高弹性、生产与消费同步性等特点，使得旅游营销研究的内容更多地表现在营销策略方面。

(一)旅游市场营销概论

在简述市场、市场营销等有关基础营销理论的前提下，对旅游市场、旅游市场的类别、旅游市场的特征、旅游市场的发展趋势、旅游市场营销、旅游市场营销的特点、国内外旅游市场营销的发展历程和市场营销相关的概念进行分析。同时，对旅游市场营销的内容与方法进行了简单的描述。

(二)旅游市场营销环境分析

旅游企业作为国民经济的一个组成部分，其市场营销离不开具体的环境。环境分析包括外部环境和内部环境。外部环境又包括外部宏观环境和外部微观环境。内部环境主要是旅游企业的内部条件。分析旅游企业市场营销环境主要是分析外部的机会与威胁和内部的优势与劣势，常用的分析方法是 SWOT 分析法。

(三)旅游市场分析

旅游市场分析主要包括旅游消费者分析和旅游市场的细分、选择与定位。前者分析旅游消费者的需求与动机、购买行为、影响购买行为的因素和旅游消费者的购买决策；后者主要分析旅游市场的细分原则、标准和方法，研究目标市场的选择与定位。

(四)旅游营销策略分析

旅游营销策略分析是旅游营销的核心内容，本书依据经典的 4P 理论阐述旅游营销的有关策略，包括产品策略、价格策略、渠道策略和促销策略。

(五)旅游营销管理

旅游营销管理主要是分析旅游营销的组织管理、旅游营销的计划管理和旅游营销的控制问题。

二、旅游市场营销的研究方法

由于影响因素众多，使得旅游市场营销活动表现出各种错综复杂的特征。旅游营销人员只有以正确的方法认真研究市场营销理论、掌握市场营销的基本技能，才能搞好市场营销管理工作，从而使企业获得长期的最佳利益。

(一)企业利益与社会利益相结合

由于旅游企业与社会各行业的关联性较强，因此在旅游营销研究中，关注企业利益的同时，更应该重视旅游业发展给社会带来的负面效应，如社会公德、价值观、环境保护等。

(二)定量分析与定性分析相结合

旅游活动是一个复杂的社会经济文化活动，对旅游市场的研究必须建立在定量与定性分析相结合的基础上。一方面，要应用数学、统计学、系统学和运筹学等应用学科的基本原理，运用图表、方程、数学模型和计算机处理等方法，得出准确的数字依据；另一方面，还要依靠决策者的经验、逻辑思维和胆识，运用政治、经济、心理的分析方法，作出定性的描述。只有如此，才能制定出科学、合理、有效的营销策略。

(三)宏观分析与微观分析相结合

旅游市场营销受制于旅游市场的大环境，需要旅游企业经营者在研究市场营销时，将宏观环境分析和微观环境分析相结合。因此，旅游营销人员应充分利用企业可控的各种内部因素，兼顾宏观环境，发挥企业优势，以最佳的营销策略组合满足市场需求，以实现旅游企业的短期目标和长期目标。

(四)理论研究与实证研究相结合

旅游营销人员既要注重旅游市场营销的理论研究，以科学的理论指导旅游企业营销活动；又要注重实证分析，在实证分析中检验理论的正确性，并使旅游市场营销理论得到升华。

(五)借鉴吸收与创新发展相结合

旅游市场营销理论发源于西方，并在西方国家得到广泛运用和进一步发展，20 世纪 80

年代才引入我国。快速消化吸收国外的理论是缩短我国与国外差距的捷径。但是，在借鉴国外理论的同时，我们还应该致力于创新，解决本土化、适应性与特色问题。

(六)静态分析与动态分析相结合

由于旅游业的综合性强、竞争激烈，在市场营销研究中，不能仅局限于旅游业自身静态的研究，还应该结合发展趋势，分析旅游产业及与之相关的各行业间的相互影响、相互制约关系，研究旅游产业间相互适应、协调、平衡的关系，使企业在不断变动的外部环境下健康成长。

案例 1-8

景区异类营销："处女"情结

1. 湖南"处女免票游"引争议被叫停　景区称鉴定凭诚信

周洛景区是湘江支流捞刀河的发源地，每年 9 月，景区内数万棵野生桂花树争相盛开，十分壮观。为吸引游客，该景区于 8 月 28 日向外发布《2011 周洛野生桂花节期间"处女"免票公告》称：9 月 17 日至 25 日，凡年满 22 周岁(1989 年 9 月 17 日前出生)、自称是处女的成年女性，可凭有效身份证件免费畅游周洛景区。

2. 河南信阳一景区招聘采茶女　要求胸围 C 罩杯且处女

2011 年 4 月 14 日，信阳一人才网站上发布了一条招聘信息，河南固始西九华山风景区开发有限公司招聘全职口唇茶采茶工，岗位要求应聘者需为女性(无性经验者)，身体健康，热爱生活，形象阳光清纯，无不良嗜好；喜欢并热爱茶文化；胸围为 C 罩杯以上；身体明显部位不允许有伤疤及受伤等痕迹。

辣评：这是一个看似"雷人"实则"炒作"的招聘，河南固始西九华山风景区开发有限公司公然将"首届西九华茶竹文化节"活动的宣传渗透到了"招聘活动"中，通过"粗俗"的招聘活动吸引了无数人的眼球。

(资料来源：http://www.zgtianji.com/Article/ysws/201112/19469.html)

思考与能力训练

一、思考题

1. 什么是旅游市场？其有何特征？
2. 举例说明旅游市场是如何分类的。
3. 市场营销观念经历了哪些阶段？

4. 如何理解旅游市场营销？

5. 旅游市场营销的研究内容有哪些？

6. 旅游市场营销的研究方法有哪些？

二、能力训练

能力训练一

1. 实训目的和要求

(1) 实际体验与认知正确的旅游市场营销管理理念对企业营销活动的指导作用。

(2) 要求学生根据实训项目撰写实训报告。

2. 实训内容

以小组为单位，利用课余时间选取本地区一家较为熟悉的旅游企业，搜集其销售的旅游产品等相关市场信息并与企业经营人员进行访谈，了解其经营理念，分析以下问题。

(1) 分析其在经营过程中所奉行的理念属于什么样的经营理念？

(2) 企业奉行的理念是否符合现代旅游市场营销理念？如不符合，请拿出“重塑现代营销理念”的方案，帮助其树立科学的经营理念；如符合，请说明理由。

(3) 以小组为单位写出分析报告。

能力训练二

迪斯尼的市场营销导向

快速看一眼这个令人喜爱的公司——迪斯尼公司的合并收入声明，你就会知道主题公园和游乐场的重要性。它们所创造的收入，是该公司总收入的 34%，其创造的利润是总利润的 35%。迪斯尼乐园和迪斯尼世界，以及东京迪斯尼乐园、迪斯尼电影制片厂、迪斯尼巴黎游乐场的巨大成功使迪斯尼成为应用市场营销导向的第一范例。

迪斯尼本人是主题公园的创始人。一天，他和两个女儿在一个娱乐公园游玩时，想出这个主意。他注意到当他的女儿耗费很长时间骑木马时，他无事可做，只能坐着观看。于是他想到，要满足消费者的需求，就必须创立一个为整个家庭服务的娱乐概念。自从迪斯尼乐园 1955 年初次亮相，迪斯尼世界就发生了魔术般的变化。当公众开始享受新的娱乐项目时，公司又制订了其他项目计划。迪斯尼有这样一种认识，那就是娱乐必须永远是新鲜的，如果它有很长一段时间保持不变，那么它可能就不再有趣了。

尽管迪斯尼的发展历史本来就是一个故事，但是在它幕后发生的故事更吸引我们。你会看到，这个行业的最大困难之一，便是服务质量的标准测定。当某个人说“你不能往人的脸上涂微笑”时，你就会明白友好和精神的员工是多么重要，他们能保证消费者的满意度。既然提到了人的因素，那么迪斯尼的领导层是怎样和员工一同成功地做到这一点的呢？答案就是通过仔细编拟条例和设置培训课程。

每一个新员工都必须参加迪斯尼的传统培训，经历一段在迪斯尼大学的全日制学习过程。他们学习迪斯尼公司的理念和运作程序；他们要懂得迪斯尼是一个娱乐行业，这种行业要使人们微笑和愉快。迪斯尼甚至编写了一种新的语言以确保员工能记住基本的原理。

Backstage 幕后的部分

Casting 个人服务

Costumes 制服

Disney Theme Show 主题公园和游乐场

Guests 消费者

Host/Hostesses 每一个迪斯尼的员工

Onstage 对消费者的承诺

Presenting the show 服务于顾客，使顾客高兴

Role 工作职位

从这些条款中很容易就可以看出迪斯尼将满足顾客需要放到了第一位，并注重提供高品质的服务。

新的迪斯尼员工也懂得了他们的外貌对反映迪斯尼形象有多么重要。为了帮助说明这些条款，迪斯尼制作了 4 种不同颜色的鬓角、指甲、项链、名字的标牌，甚至擦脸油和除臭剂的使用也列了上去。无论是普通员工还是高级主管，迪斯尼的员工们都必须佩戴写有他们名字的标牌，以展示他们的身份。

另一个迪斯尼市场营销导向就是通过固定的顾客调查报告，来研究顾客的满意程度。每周都要调查成百上千的顾客，以确保公司高水准的经营。

在旅游与酒店这一领域，再没有比迪斯尼乐园更好的实例了。从他们极尽仔细地发掘新的市场机会的态度我们就可以看出，这个公司是现代市场营销导向的典范。

(资料来源：刘德光. 旅游市场营销学[M]. 北京：旅游教育出版社，2002)

【分析讨论】

1. 试用本章所学的营销理念分析迪斯尼在经营过程中体现出的营销理念。
2. 从案例中可以看出，迪斯尼成功的原因有哪些？

第二章

旅游市场分析

【知识目标】

熟悉旅游消费者购买行为的模式；熟悉影响旅游消费者购买行为的因素；熟悉旅游消费者的购买决策过程；熟悉新产品购买者的决策过程；了解旅游企业竞争者的类型和竞争方式；熟悉旅游企业竞争者的营销战略；熟悉旅游企业竞争者的反应模式。

【能力目标】

能运用旅游消费者购买行为的基本理论分析旅游市场中旅游消费者的购买行为；能判断各类因素对旅游消费者购买行为产生的影响；能够简单地运用某些对策来引导旅游消费者的购买行为；能识别旅游企业竞争者并判断其反应模式；能调查旅游行业内的竞争动向。

【学习成果】

分析报告：运用旅游消费者消费行为的基本理论对旅游消费者的购买行为进行分析，并形成旅游消费者消费行为分析报告。

调查报告：某旅游企业的主要竞争对手的类型及其反应模式。

案例导入

越贵越买

一对颇有名望的外国夫妇，在我国一家旅游商店选购首饰时，太太对一只八万元的翡翠戒指很感兴趣，两只眼睛看过来看过去，一双手拿着摸了一遍又一遍，但因价格昂贵而犹豫不决。这时一个善于“察言观色”的营业员走过来介绍说：“某国总统夫人来店时也曾看过这只戒指，而且非常喜欢，但由于价格太贵，没有买。”这对夫妇听完后，为了证明自己比那位总统夫人更有钱，就毅然决定当即购买下了这只戒指。

(资料来源：http://www.jznu.edu)

【问题】为什么营业员的一句话让这位太太毫不犹豫地买下了这个价格昂贵的首饰？这位太太是如何作出这次购买决策的？

作为一名旅游市场营销人员，要解决这个问题，必须了解旅游消费者购买行为的基本模式，掌握影响旅游消费者购买行为的因素以及购买决策的一般过程，在此基础上对旅游消费者作出合理和科学的分析，从而制定出有针对性并且行之有效的营销方案。

第一节　旅游消费者分析

一、旅游者消费行为模式

研究旅游者的购买行为，是旅游企业进行营销管理的基本任务之一。旅游消费者的需求具有普遍性与广泛性、分散性与复杂性、多变性与流动性、替代性与互补性等特点。为了更好地了解旅游消费者，旅游营销人员必须认真分析和研究与旅游消费者有关的“5W1H”和6个“O”(见表2-1)等12个因素。

表2-1　“5W1H”和6个“O”

5WIH		6个“O”	
Who	目标顾客是谁	Occupants	购买者、参与者(个人或组织)
What	购买什么	Objects	购买的对象
Why	为何购买	Objectives	购买的目的
When	何时购买	Occasions	购买的时间、时机

续表

5WIH		6个"O"	
Where	何地购买	Outlets	购买的地点、地理情况
How	怎样购买	Operations	购买行动

旅游营销者并非一味地去适应消费者，他可以通过一系列的营销方法和手段来引导消费者的行为。为了更好地影响旅游消费者的购买行为，旅游营销者需要了解旅游消费者的消费行为模式，如图 2-1 所示。

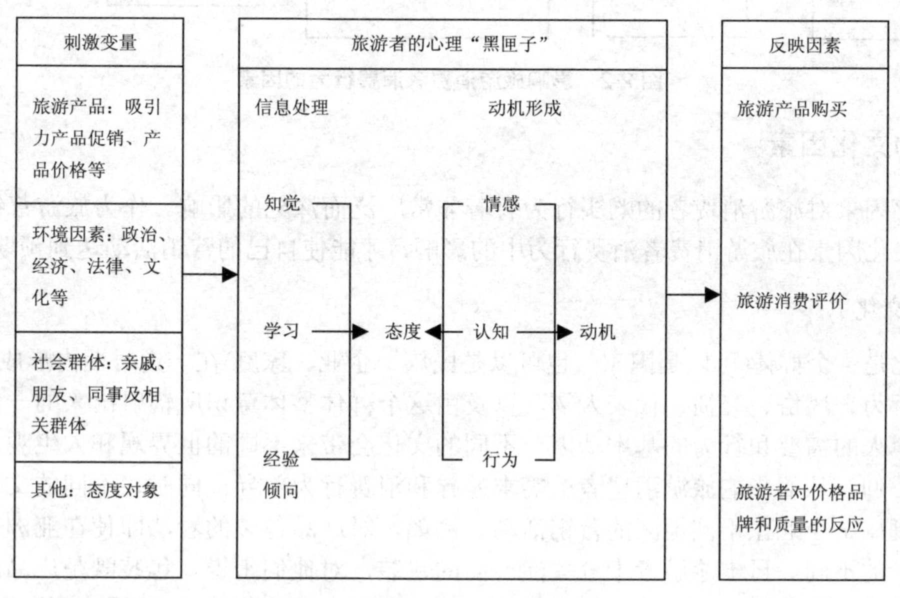

图 2-1　旅游消费者消费行为模式

从图 2-1 中可以发现，旅游营销者使用的一系列营销刺激因素作用于消费者，使旅游消费者产生相应的消费反应，从而达到良好的营销效果。而旅游消费者的"黑匣子"是由两个部分组成的：第一，旅游消费者的性格特征；第二，旅游消费者的决策过程。我们先看看旅游消费者的心理特征，然后再来讨论旅游消费者的决策过程。

二、影响旅游者消费行为的因素

影响旅游者消费行为的因素有：文化因素、社会因素、个人因素和心理因素，如图 2-2 所示。

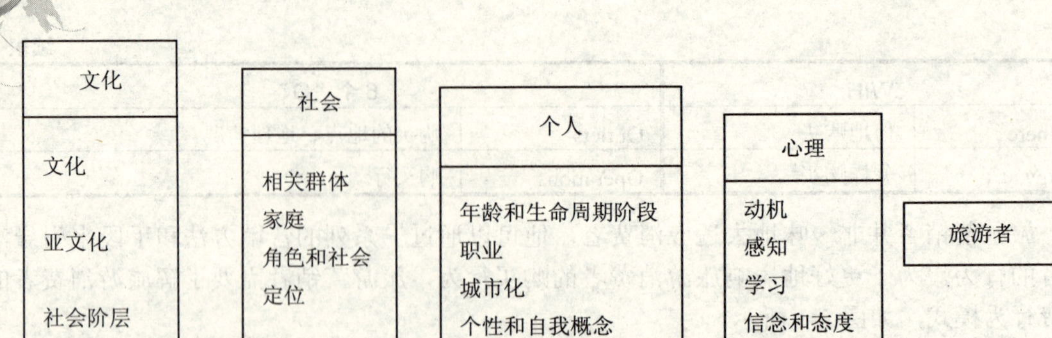

图 2-2 影响旅游消费者消费行为的因素

(一)文化因素

文化因素对旅游消费者的购买行为有着非常广泛而深刻的影响。作为旅游营销者，必须了解文化因素在旅游消费者消费行为中的影响，才能使自己的营销活动达到预期的效果。

1. 文化

文化是一个群体(可以是国家，也可以是民族、企业、家庭)在一定时期内形成的思想、理念、行为、风俗、习惯、代表人物，以及由这个群体整体意识所辐射出来的一切活动。它是一个人的需要和行为的基本动因。不同的文化会带来不同的世界观和人生观，以及不同宗教信仰，从而影响旅游消费者的需求差异和消费行为差异。同时，不同的文化差异还会影响到旅游企业在不同地区的营销活动。例如，对产品包装的看法即使在亚洲市场之间也有很大的不同。日本旅游者十分关注产品的包装，对他们来说，包装既是产品的组成部分，又在很大程度上代表了产品的质量。因此，在日本的文化里，产品的包装被认为是一门艺术。有些产品的包装费用甚至超过产品本身的价值。相反，大部分中国旅游消费者，认为包装只具有保护商品的功能，他们认为过度包装是不必要的、浪费的。对他们来说，商品自身的价值占总商品价格的比重越大，说明越具有越高性价比。

案例 2-1

颜色的意义

在亚洲，每个群体或社会都有自己的本土文化，而且文化对购买行为的影响可能在国家之间存在巨大的差异，甚至在社区之间也有很大的不同。国家之间的差别是很明显的，一个公司能否适应这种差别决定了它的成败。例如，不同的文化对颜色赋予不同的意义。白色在许多亚洲文化中被认为是与死亡有关的。然而，在西方国家，白色却象征着纯洁和干净。当通用汽车公司争取在中国制造汽车的权利时，其高层管理者将蒂凡尼的珠宝作为礼物送给了中方管理者。但是他们把蒂凡尼具有标志性的白色彩带换成了红色，因为在中国，红色象征好运气。通用汽车公司的提议最终获得了批准。

相反，一个来自美国的商业代表团在试图开拓中国台湾市场时就吃了不懂文化差异的亏。为了扩展海外贸易，他们带着绿色的棒球帽作为礼物来到中国台湾，而在中国文化中，一个戴绿色帽子的男人表示他的妻子对婚姻的不忠。最后谈判遇到很大困难。代表团说："我不知道这些绿帽子究竟怎么了，但是这件事情让我们了解到了文化之间的巨大差异。"营销者必须了解每个市场的文化，并相应地调整营销策略。

(资料来源：菲利普，科特勒戴著. 何志毅等译. 市场营销原理(亚洲版). 北京：机械工业出版社，2010)

2. 亚文化

每一个文化下面都包括更小的亚文化，即一群享有以共同的生活经历和状态为基础的价值系统的人。由于地域、民族、种族、宗教的不同而形成了民族亚文化群、宗教亚文化群、种族亚文化和地理亚文化群等。每个亚文化群除了具有自己特有的习惯和爱好外，同时还具有它所隶属的文化群体的基本特征。属于不同亚文化群的旅游消费者，在旅游的过程中会表现出不同的消费行为。例如，在饮食方面，北方人以面食为主，而南方人则以米饭为主；西南人、北方人喜欢吃辣，而江南人偏爱甜食等。

相关链接 2-1

中国青少年亚文化的表现

随着中国改革开放的发展，现代中国青少年在中国文化大背景下形成了特有的亚文化，其中90后成为现代中国青少年的代名词，而非主流就是他们的标记。围绕这一特点，很多商家都开发出了特有的商品，以满足现代青少年的需要，尤其是很多旅游企业开发了一些新奇刺激的旅游项目，如蹦极、素质拓展训练等。顺带说一句，目前国内流行的火星文、45° 斜角、嘟嘟嘴、剪刀手的"非主流"，其实还是比较主流的。年轻的主流——真正的年轻人的"非主流"，是既不容于社会主流人群，同时也不被年轻人群体内部所容的现象。无论如何，亚文化已经成为市场当中不可忽略的消费力量。

(资料来源：http://emarketing.ebdoor.com/EMarketingLib/Articles/7508.aspx)

3. 社会阶层

社会阶层是由具有相同或类似社会地位的社会成员组成的相对稳定的群体。处于不同社会阶层的消费者，由于其收入水平、职业特点的不同，造成他们在消费观念、审美标准、消费内容和方式上也存在明显的差异。不同社会阶层的消费者由于在职业、收入和教育等方面存在明显差异，因此即使购买同一产品，其趣味、偏好和动机也会有所不同。旅游营销者应该关注社会阶层，其原因正是在于处在不同阶层的人表现出不同的消费行为。例如，普通的工薪阶层在出游的时候往往会选择火车这样的交通方式，而收入较高的白领往往会选择飞机作为城市间位移的交通工具。

相关链接 2-2

中国香港地区的社会阶层和酒精饮品消费

通过主要信息提供者的方法，中国香港的一位姓马的社会学家，发现了香港消费者在旅游过程中选择酒精饮料的特点，如表 2-2 所示。

表 2-2　香港消费者在旅游过程

社会阶层	喜爱的酒精饮品	消费地点
中产上层	红酒、鸡尾酒	西餐厅、家里
中产阶层	啤酒、白兰地	夜总会、酒吧
中场下层	嘉士伯、喜力	酒吧
工薪阶层	生力(一种当地啤酒)、中国白酒	路边大排档

(资料来源：菲利普，科特勒著. 何志毅等译. 市场营销原理(亚洲版). 北京：机械工业出版社，2010)

(二)社会因素

1. 相关群体

相关群体是指影响旅游消费者消费行为的个人或集团。在工作和生活中，无论什么人的行为都会受到相关群体的广泛而深刻的影响。同样，旅游消费者在进行消费的过程中，其行为也会受到相关群体的影响。根据对旅游消费者影响程度的不同，相关群体分为直接相关群体和间接相关群体，如图 2-3 所示。

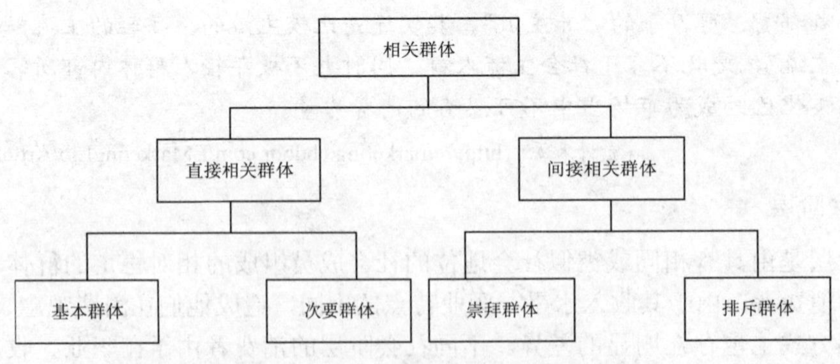

图 2-3　旅游消费者相关群体的构成

一般来说，旅游消费者在进行消费的过程中主要会受到基本群体的影响。基本群体主要包括家庭成员、邻居和同事等。大学生在选择前往哪个旅游目的地的时候，父母和同学的意见往往会成为他们进行决策的重要参考。同时，间接相关群体也会对旅游消费者的购买行为产生重要的影响。例如，青少年总会模仿自己偶像的行为，认为自己能成为偶像那样的人是一种骄傲，偶像做什么他们就会做什么。因此，旅游营销者在营销的过程当中，应该努力去了解旅游消费者的相关群体，找到群体领袖，制定出有针对性的营销方案，才能使旅游消费者制定出有利于自己的消费决策。

案例 2-2

克莱斯勒与顾客接触的有效途径

为了接触非裔美国人社区的意见领袖，克莱斯勒将车带到了教堂。作为名为“开动灵感”巡回活动的一部分，公司在全国设置了试驾点让顾客试驾新款车型。克莱斯勒将试驾点选在有影响力的大教堂，位于乔治亚州的路易斯安那新生传教士浸信会教堂就是其中之一。该教堂占地 250 英亩，有信众 25 000 人，他们的精神领袖是艾迪朗恩主教。通过将试驾地点放在大教堂——与教堂一起筹集资金，克莱斯勒找到了接触顾客的有效途径。

(资料来源：菲利普，科特勒著. 何志毅等译. 市场营销原理(亚洲版). 北京：机械工业出版社，2010)

2. 家庭

家庭是与旅游消费者关系最为密切的初级群体。因家庭的规模、类型及所处生命周期的不同，旅游消费者的购买内容和购买意向也会有明显的不同。在我国，家庭是消费的重要单位，家庭规模的大小对消费产生直接影响。历届人口普查资料表明，我国家庭户均人口 20 世纪 50 年代到 20 世纪 60 年代为 4～5 人，1982 年人口普查时为 4.43 人，1990 年第四次人口普查时下降为 3.96 人，2000 年第五次人口普查时平均每个家庭户的人口为 3.44 人。可见，我国家庭规模在缩小，子女同父母分户独居现象迅速增加。家庭规模的缩小导致了家庭数量的扩大，从而使我国家庭旅游的需求不断增多。我国家庭消费方式正在从封闭、半封闭方式转向开放化、社会化方式，即将家庭的部分劳务改由社会上专业服务部门来完成，以使家庭成员腾出充足的时间用于学习、娱乐和消遣。此外，家庭形式的多样性使得旅游消费者的消费行为也呈现出相对应的多样性特点。

相关链接 2-3

家庭与消费

丈夫和妻子的购买主导程度依据产品种类和购买过程中阶段的不同而变化，购买角色也随着消费者生活方式的变化而变化。传统上，妻子总是家庭中的主要购买者，特别是食品、家庭用品和衣服类商品，但是，随着越来越多的女性在外面工作和丈夫也愿意承担起更多的家庭购买任务，男性在食品购买中所占的比重可能会高于以前。孩子也会影响家庭中的消费决策。例如，孩子想要去北京旅游，中国的父母大多数都会依着孩子，满足他们的要求。

(资料来源：菲利普，科特勒著. 何志毅等译. 市场营销原理(亚洲版). 北京：机械工业出版社，2010)

3. 角色和地位

一个人在社会中属于许多群体——家庭、俱乐部和各类组织，每个人会同时在不同的相关群体中扮演着不同的社会角色，每个角色都代表着一定的社会地位，对旅游消费行为产生一定的影响，并进行与其身份相称的消费。一位女士对于父母而言，她是乖顺的女儿，对于她自己的小家庭而言，她扮演妻子和母亲的角色，在她的公司里面，她扮演经理的角色。每个不同的角色都会对她提出不同的要求，从而影响她的消费行为。例如，作为公司经理的她，由于身份的要求，在旅游的过程中她往往会选择四星级以上的酒店；同时，作为母亲的她，很可能因为孩子年龄尚小而在最近几年内放弃长途旅游。

(三)个人因素

1. 年龄和生命周期阶段

在不同的年龄和生命周期阶段，由于其生理、心理的变化以及社会环境的变迁，人们对周围事物的态度、观点会发生很大的变化，从而影响到人们的购买行为。例如，一个男人在年轻的大学时代，由于其旺盛的精力以及充满冒险的精神，促使他更多地选择富有挑战性的旅游项目，像蹦极、漂流等；而进入社会以后，从一个年轻的小伙子转变为一个成熟的男人时，他可能会更多地选择舒适性、娱乐性较强的旅游项目。消费的目的是满足人的生理与心理的需求，消费的类型、特征与人的追求、目标及行为息息相关，因此消费也随年龄的变化呈现出巨大的差异。

相关链接 2-4

不同的年龄阶段及其对应的消费内容和特征如表 2-3 所示。

表 2-3 不同的年龄阶段及其对应的消费内容和特征

期次	期名	期限	发展重点	消费内容和消费特征
1	产前期	受孕到出生	生理发展	保孕产品，保证胎儿正常生长 是胎儿消费的代理人
2	婴儿期	出生到两岁	动作语言和社会依附	主要是婴儿成长用品，如奶粉、尿布、童车、学步车、摇床

续表

期次	期名	期限	发展重点	消费内容和消费特征
3	前儿童期	2～6岁	口语发展良好，性别开始分化，爱好团体游，完成入学预备	帮助婴儿成长与学习的用品，如童装、玩具、儿童画、儿童学习用品
4	后儿童期	6～13岁	认知技能、动作技能与社会技能发展	学习用品玩具，如书籍、学习工具、运动型玩具，模仿成人的社会交往，形成儿童自己的社交圈
5	青年期	13～20岁	认知发展，人格渐独立，两性关系开始建立	学习用品，运动用品，开始渴望或介入与异性的交往，情感型、冲动型消费明显
6	壮年期	20～45岁	职业与家庭，父母角色、社会角色实现	关注社会成就和社会名利，消费上显得成熟稳健，房子、结婚生子、教育子女，消费慢慢围绕家庭的成长展开，社交性消费也日益稳定
7	中年期	45～65岁	事业发展到顶点，考虑重新调整生活	家庭的消费成为消费的中心，身体健康慢慢成为消费的重要一部分
8	老年期	65岁以上	退休享受家居生活，自主休闲与工作	关注身体，对医药保健品的需求增加，对亲人的情感依赖增强，开支减缩，消费欲望降低
9	寿终期		面对不可避免问题的身心适应	主要是医药消费、临终与丧葬相关的消费。消费者是自己，购买者是自己的亲人或监护人

资料来源：www.cnki.com。

2. 职业

不同的职业意味着人们具有不同的经历、不同的经济收入和不同的文化教育水平等。因此，不同职业的人们往往会有不同的消费行为。例如，商人、医生和律师等职业的旅游消费者由于经济基础好，受教育程度较高，所以喜爱中国人文景观型的旅游地，而且很重视自己的身份和地位，在旅游消费者中追求高档次，花费很大；学生由于经济条件有限，所以旅游消费水平较低，花费较少；教师和科技人员由于有稳定的经济收入，但是不高，所以在旅游中比较重视实惠，要求中高档次的消费水平。

3. 城市化

城市化进程的不断加剧已经深刻地改变了人们的消费观念和消费行为。在城市中生活的人们，由于住房、教育、医疗等压力的加大，使他们长期处于一个高度紧张的生活环境中，所以城市人现在非常喜欢具有田园风格的旅游方式。例如，现在的农家乐已经成为城市人周末的主要娱乐休闲方式。

相关链接 2-5

在中国，盖洛普民意测试显示，现居住于城市中的 87%的人选择留在城市，只有 13%的人希望住在小城镇、村庄或是农村。而在农村的人，有 41%愿意留在农村。在年青一代(18～29 岁)中，只有 26%的人喜欢在农村生活，而这个比例在 50 岁以上的人群中是 57%。这种不同年代的人之间的差异在整个亚洲是非常普遍的现象。

(资料来源：菲利普，科特勒著. 何志毅等译. 市场营销原理(亚洲版). 北京：机械工业出版社，2010)

4. 个性和自我概念

每个人独特的个性也都影响着他的购买行为。个性在心理学中也称人格特质，它是指一个人独特的心理特征。个性通常以性格特征的形式反映出来，如自信、自我约束能力、交际能力和适应能力等。人们的个性千差万别，因此在进行旅游消费的过程中也表现出不同的行为方式。分析人们的不同个性，有助于我们了解消费者为何选择某产品以及某品牌。咖啡经销商发现那些爱喝咖啡的人通常都比较善于交际，因此为了吸引顾客，星巴克咖啡和其他咖啡店就为顾客创造了一个能够一边喝着热气腾腾的咖啡一边轻松社交的氛围。

美国心理学之父威廉·詹姆斯 William james(1890)认为，个体所拥有的物品对于定义自我有所帮助。20 世纪 50 年代，西方心理学家尤其是西方消费心理学家也开始意识到消费者的购买行为并不是由商品所具有的实际功能价值所唯一决定的，在同质化程度日益增高的市场环境下，旅游消费者在进行购买决策时更多的是依赖于产品与自己的自我概念之间的相关联程度，而不是产品的功能性物理特征。因此，1959 年 Levy 根据早期研究的结果指出，消费者的消费行为可能很少真正受到产品的功能性价值影响，而更多的是受消费者所察觉到的产品自身体现的形象所制约。也就是说，消费者的消费行为受到与消费者自我概念相联系的产品形象的交互影响。

相关链接 2-6

品牌也是具有个性的，并且消费者总是倾向于选择那些和他们的个性相匹配的品牌。品牌个性是指某个可以赋予特定品牌以人类性格特征的组合。一位研究者识别出 5 个品牌的个性特征：真诚、激动、能干、精细、粗狂。这位研究者发现一系列著名的品牌都与某个特定的特征联系在一起：李维斯牛仔服与“粗狂”，MTV 与“激动“，CNN 与“能干”，坎贝尔与“真诚”。因此，这些品牌将会吸引那些和这些品牌个性特征相似的人。

(四)心理因素

1. 动机

人们的行为都是由动机引起的，动机是人们行为的内驱力。同样，人们的行为是为了满足不同的欲望和需求。当人们在生活和工作中产生某种需要和欲望时，就会导致心理的不平衡和紧张感，从而引起人们的不同行为，如果人们通过消费可以满足某种需求，那么这个时候消费行为就产生了。因此，作为营销者，往往可以通过广告、人员推广的形式刺激人们的某种需要而使人们产生消费行为。例如，在寒冷的冬季，旅行社在海南游的宣传广告中表现出春暖花开的景象，引起人们对舒适气候的向往，从而提高海南游的销售量。

案例 2-3

一个外地游客在参观了西安钟楼之后，感觉有些饥饿，便产生了一种趋势力(就餐的需要)，想去找酒店(刺激物)，朋友告知东大街有一家老字号风味餐厅“老孙家牛羊肉泡馍馆”(诱因，具体地点)，便去该店用餐，消费后觉得环境优雅、味道美、价格廉、确实独特，留下了深刻的印象(反映)，如果下次再来西安，他还会主动去“老孙家牛羊泡馍馆”用餐(强化)。

2. 感知

一个目标明确的人随时准备用行动来满足自己的需要，但是无论如何行动，他都会受到周围环境的感知的影响，而感知信息是通过人们的五感(视觉、听觉、嗅觉、触觉和味觉)获得的。然而人们都会用自己的方式去接收、解释和整理这些所获得的感官信息，进而影响人们的行为。感知是人们为了对世界形成一个有意义的图像而选择、整理和理解信息的过程。旅游消费者的感知过程如图 2-4 所示。

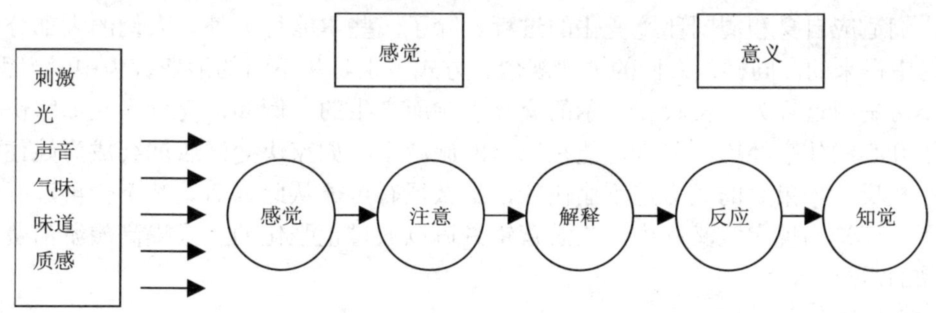

图 2-4　旅游消费者的感知过程

人们对相同的刺激可以形成不同的感知。例如，张先生和王先生同去海南旅游，并且聘用了同一个导游，但是他们却对海南游的评价有不同的结果。为什么同样的旅游产品，旅游者会有不同的感知？原因在于人们的感知会经历三种不同的过程：选择性注意、选择性曲解和选择性保留。

(1) 选择性注意。选择性注意是指在外界诸多刺激中仅仅注意到某些刺激或刺激的某些方面，而忽略了其他刺激或刺激其他方面。在现实环境中，人们将接触到大量的信息，但是由于人们大脑处理信息的能力是有限的，因此人们常常会选择那些对自己有用的信息进行接收、解释和加工。在这种情况下，旅游营销者必须时时刻刻了解旅游消费者的关注点，针对不同的消费者进行不同的宣传，从而促进产品的销售。例如，同样都是海南游，对于老年人，我们应该重点宣传海南游舒适的气候和优美的环境利于他们的健康；而对于年轻的情侣，我们则应该重点宣传海南的浪漫。

(2) 选择性曲解。选择性曲解是指人们总是倾向于一种能够支持他们已有观点的方式对信息进行理解。人们接收到外界信息以后，总会根据自己的观点、态度等因素对这些信息作出解释，从而符合自己的思维方式和价值观体系。例如，王先生可能会从朋友那里听到关于云南的不好的评价，而由于自己对云南的向往，使他可能会得出这样的结论：朋友一定没有找到一个好的导游，才使他没有充分领略到云南的美丽。所以，旅游营销者必须充分了解消费者对信息的解释方式，才能使信息传递达到预期的效果。

(3) 选择性保留。在人们注意和了解的信息之中，被记住的只是其中的一部分，这部分往往是与自己观念一致的事物。例如，由于选择性保留，李女士很可能记住了凯悦酒店的优点而非竞争品牌的优点。

由于感知存在选择性注意、选择性曲解和选择性保留，使旅游营销者必须为产品信息的传递作出巨大的努力。从而我们也更加理解了为什么营销者在向市场传递信息时会使用那么多的情景并反复进行。

3. 学习

当人们活动时，就会开始学习。学习是一种经由练习而使人在行为上产生持久改变，从而使人们适应自身和周围环境变化的过程。除了一些本能行为外，人们的大部分行为都是从学习中得来的。同样，人们的消费观念、方式等也是从不断的消费行为中学习得来的。人们的学习是通过行为、反映和暗示的交互影响而产生的。例如，赵女士在如家快捷酒店中获得了开心的住宿经历，很有可能在以后的旅游中，如家快捷酒店就会成为她住宿的首选酒店；相反，如果她的经历是不愉快的，那么很有可能从此以后她都不会再选择如家快捷酒店了。理论的现实意义在于，旅游营销者可以通过正强化的方式提高旅游消费者对某一种产品的需求。

4. 信念和态度

人们不断地从实践和学习中获得信念和态度，同时信念和态度反过来影响人们的行为和实践。信念是一个人对某些事物所持的描绘性的想法。例如，人们常常认为“一分价钱一分货”，因此在购买产品时，常常会用价钱来判断它的质量。

态度是人们对某个事物或观念所持有的一致的评价、感受和倾向。态度使人们喜欢或讨厌、亲近或疏远某事物。态度一旦形成，就很难改变，因此一个公司应该让自己的产品同现存的态度相契合，而不是试图改变。例如，随着生活水平的不断提高，人们不但追求食品的口感，更重视食品的营养，因此肯德基在自己的平面广告中不断告诉大家如何健康饮食。

相关链接 2-7

态度由 3 种成分组成：知识成分、情感成分和行为成分。知识成分是指人对于外界事物所持有的信念或观点；情感成分是指人对外界事物所作的情绪判断；行为成分是指人对外界事物作出赞成或反对的反应倾向。在大多数情况下，对某种产品和服务持有肯定态度的人就会倾向购买该种产品和服务。因此，通过了解旅游消费者的态度，就可以有效地把握其购买偏好，而偏好则直接影响旅游购买决策过程。

三、旅游消费者的购买决策过程

我们了解了影响旅游消费者的消费行为因素后，进一步讨论旅游消费者的购买过程。一般来说，旅游消费者的购买决策过程包括 5 个阶段：需求识别、信息收集、可供选择方案评估、购买决策和购后行为，如图 2-5 所示。

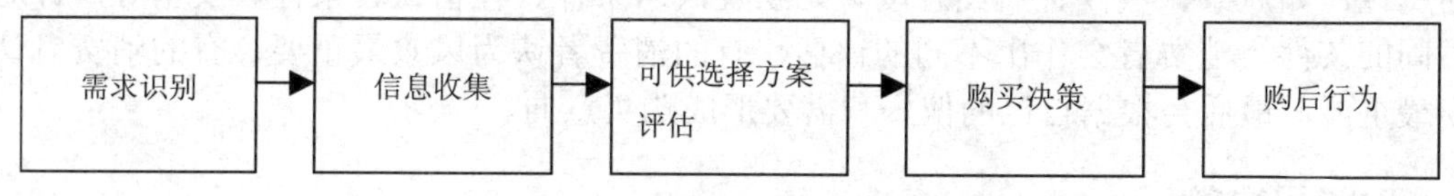

图 2-5　旅游消费者的购买决策过程

(一)需求识别

购买决策过程是从旅游消费者的需求识别开始——购买者认识到一种问题或者一种需求。旅游消费者只有在认识到某种需要或是问题的时候，才会产生消费行为。然而，这种需要可能是由内部刺激引发的，也有可能是受到外部的刺激而产生的。例如，当一个人的基本需要——饥饿、干渴、休息上升到一定程度，就会变成一种行为的驱动力。当人们看到某则新颖好看的广告时，也会受到刺激，从而产生对该产品的需要。在这个阶段，旅游营销者必须发现旅游消费者现在出现了什么问题和需要，这些问题和需要产生的原因以及这些需要或问题如何驱使旅游消费者购买什么样的旅游产品。

(二)信息收集

当产生购买欲望之后，人们就会通过各种途径获得相关的信息，从而作出正确的消费决策。假设当你想去上海旅游，这个时候你就会开始更加留心关于上海旅游的各种信息，你会从朋友那里打听，会主动寻找阅读资料，会去专业的旅游机构咨询。

旅游消费者收集信息的积极性和强度主要取决于以下几个因素：旅游消费者对各种可选产品的了解程度；对该种产品需要的迫切程度；产品的价值和重要性；寻找信息过程所需花费的时间、精力和费用等。

旅游消费者主要从以下几个途径获得产品的信息：商业来源(广告、销售人员)、个人来源(家庭、朋友或邻居)、公共来源(大众媒体或消费者组织)和经验来源。从不同渠道获得的信息对旅游消费者会产生不同的影响和作用，其中旅游企业最看重的是个人来源的信息。其优势在于：①可信；②成本低廉。但总体来说，旅游消费者从商业来源获得的产品信息最多——旅游营销者可以有效地掌控这些信息。

(三)可供选择方案评估

旅游消费者在获得各类信息以后，就开始对各类信息进行评价和比较，最终根据自己的评价标准选出要购买的商品。旅游消费者对于各类方案的评估并不是一个简单的过程，在整个评估过程中，旅游消费者会使用不同的评价标准，并根据自己的偏好，给各标准制定不同的权重，最终选出符合自己要求的产品。例如，一个度假村可为旅游消费者提供利益的属性，如风景、气候、居民态度、购物及娱乐条件、住宿饮食条件、安全等，针对这些不同的条件，消费者会作出不同的评估，有的消费者认为风景最重要，有的消费者认为气候最重要，最后会根据自己的偏好和需要形成购买意向。

(四)购买决策

经过对可供选择方案的评估，旅游消费者就产生了对某种品牌的购买意向，在这种情况下，旅游消费者就会作出购买决策。但是由于一些因素的干扰，消费者也很可能改变他的购买决策。一是他人的态度，其中关系越亲密的人的态度越能影响购买者的决策；二是出现突发情况。消费者可能会以预期收入、预期价格和预期产品利益为基础形成一个购买意向。例如，李女士可能突然失去工作，导致未来预期收入下降，这时她就很有可能放弃这次旅游；或者该产品的竞争者突然降价，李女士也会重新作出购买决策。

(五)购后行为

旅游消费者购买完产品后并不意味着这次的购买行为结束，他会展开一系列与企业相关的购后行为。旅游消费者购买产品以后，就会开始对产品进行一系列的评价，最终得出非常喜悦、满意和不满意的评价，而这些评价都会影响到旅游消费者的下次购买。什么因素决定旅游消费者对一次购买是满意还是不满意呢？答案在于购买者的期望和产品的感知表现之间的关系。如果产品达到购买者的预期，购买者就会对这次的购买感到满意；如果超出了购买者的预期，购买者就会感到非常满意；如果产品没有达到购买者的预期，购买者就会感到不满意。

为什么旅游营销者这么重视旅游消费者对产品的评价呢？因为产品的销售来自两个基本的群体——新顾客和老顾客，而增加新顾客远比保持老顾客的成本要高得多。同时，消费者在购买完该商品以后都会对其他人讲述他对该商品的评价，成为该商品的活广告。有调查表明，一个满意的顾客会向 3 个人诉说好的产品经历，而一个不满的顾客则会向 11 个人抱怨。很明显，坏评价会比好口碑传得更快、更远，并且可以迅速地破坏顾客对公司和产品的态度。

小思考

购买不愉快的顾客不仅会停止购买，而且通过口耳相传迅速地破坏公司的形象。在中国香港尤其如此，因为香港人热衷购物，并且喜欢彼此分享购物的经验。正如人们所料，消费者甚少交换满意程度一般的消费经验；相反，只有那些极其正面或负面的经验才会被拿来分享。那么，对于不满意的顾客，公司应该做些什么呢？

四、旅游消费者的新产品购买决策过程

在前面我们已经讨论了旅游消费者购买决策的一般过程，但是由于旅游消费者的个性、产品和购买情景的不同，旅游消费者经历的决策过程可能会出现跳跃、颠倒等现象。现在我们来看看旅游消费者如何完成对一种新产品的购买。

一般来说，旅游消费者接受并且购买一个旅游新产品是一个复杂的过程，如果我们能更好地了解这个过程并且去影响它，我们将会成为该产品的创始者和领先者，并使企业赢得更多的利润。

在新产品的购买过程中，旅游营销者更关心的是旅游消费者是如何首次了解到这些产品、并决定是否采用它们的。采用过程指一个人从最初听说一项创新到最后采用它所经历的一个心理过程。

旅游消费者在采用一种新产品的过程中一般经历以下 5 个阶段。

(1) 知晓。旅游消费者认识到一项新产品的存在，但缺乏关于它的信息。

(2) 兴趣。旅游消费者寻找关于这种新产品的信息。

(3) 评估。旅游消费者考虑尝试这种新产品是否有意义。

(4) 试用。旅游消费者小量地使用这种新产品，以完善他对产品价值的评估。

(5) 采用。旅游消费者决定全面、经常性地使用这种新产品。

在了解旅游消费者购买新产品的 5 个阶段后，旅游营销者应该思考如何帮助旅游消费者完成这 5 个阶段。

第二节　旅游竞争者分析

一、识别旅游企业竞争者的类型和依据

(一)识别旅游企业竞争者的类型

知己知彼，百战不殆。在当今经济全球化的市场经济条件下，旅游企业如何生存发展，采取有效的竞争战略，了解企业的竞争对手，以确保每一步决策的成功把握，是企业经营者必须考虑的重要课题。因此，分析竞争对手成为旅游企业竞争战略必不可少的组成部分。

所谓竞争者，就是指对本企业(本产品)的发展可能造成威胁的任何企业(产业)。竞争者可能通过争夺资源(人才资源、市场资源、原料和技术资源等)，破坏竞争规则和改革产业方向等手段赢得利润，甚至阻碍本企业(产业)的发展。依据竞争事实的形成与否，可以把竞争者分成现实的竞争者和潜在的竞争者两类。

1. 现实的竞争者

现实的竞争者是指正在某些方面与本企业进行竞争的企业，这样的企业有以下两种类型：

(1)　行业内外的竞争者。行业内的竞争者是指与本企业处于同一行业，并且实力相当、市场定位相同或相近的企业。例如，希尔顿与万豪、喜达屋、雅高等属行业内的竞争者。行业外的竞争者是指那些与本企业不处于同一行业，但是目标市场和所提供的服务与本企业相同，会影响到本企业营销活动的旅游机构。

(2)　区域内外的竞争者。在同一区域内从事相同或者相似业务的企业形成了同区域的竞争者，他们必定会在原料市场、顾客资源、区域地位等方面展开竞争。在不同的区域开展业务的企业间也可能成为竞争者，称为区域外的竞争者，如果其他区域的竞争者所提供的产品质量和服务水平大大高于本企业，顾客资源自然会流失到其他区域中去。此外，文化、政策等方面的因素也是产生区域外竞争的原因。

2. 潜在的竞争者

美国企业管理大师迈克尔·波特(Michael E.Porter)认为，潜在的竞争者有 5 种类型：不在本产业但可以随意克服堡垒进入本产业的企业；进入本产业可以产生明显协同效应的企业；其战略的延伸必将导致进入本产业竞争的企业；可能向前整合或向后整合的客户或供应商；预测可能发生兼并或收购的企业。当然，这只是一种较为粗略的层次划分。在实际工作中，我们还应该进一步划分，如图 2-6 所示。

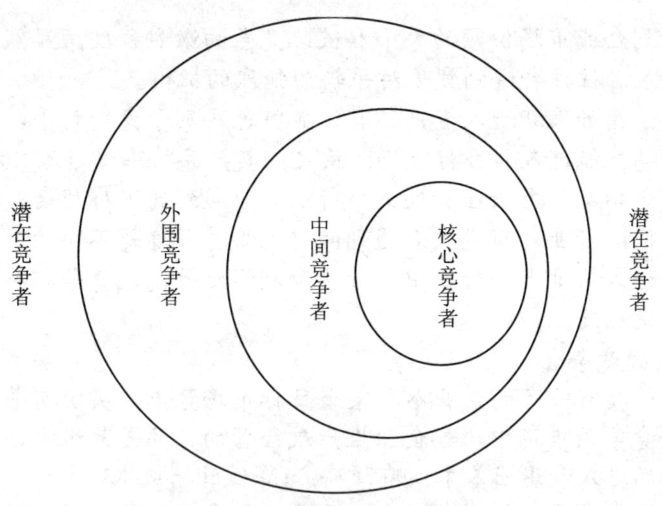

图 2-6 旅游竞争者类别示意图

在识别竞争者时，很多旅游企业做得并不十分准确、全面，他们往往只注意到最接近的、为消费者提供价格相当的相同产品或服务的竞争者，而忽略了潜在的竞争者。

旅游企业识别竞争者时体现出两种不同的观点，即行业竞争观点和市场竞争观点。行业竞争观点是以行业竞争观点识别其竞争者，如观光、娱乐与度假等，一种产品价格上涨就会引起另一种产品销售的增加，它们是可以相互替代的产品。旅游行业是由同一组生产相同产品或可替代同类产品的旅游企业所组成的，任何旅游企业若想在本行业卓有成效，就必须充分了解同行业的竞争伙伴。

市场竞争观点则是遵循市场竞争观点来识别竞争者，即企业不仅在行业内识别竞争者，而是把竞争者看作是那些力求满足相同顾客需要或服务于同一顾客群的企业，甚至还有那些满足顾客不同需求的企业。例如，航空服务、铁路服务、水运服务和公路运输服务等都能满足旅行者相同的需要。从行业的观点来看，提供航空服务的航空公司以其他同行业企业为竞争者；从市场的观点来看，旅行者需要的是出行能力，这种需要也可以用火车、汽车、轮船等来满足，提供铁路服务、水运服务、公路运输服务等产品的企业都可成为提供航空服务的航空公司的竞争者。此外，旅游企业还应注意那些力图以更有吸引力的产品满足消费者不同需要的企业，他们有可能使顾客的消费倾向发生变化。

相关链接 2-8

潜在的竞争者和现实的竞争者的竞争方式

1. 潜在的竞争者

对于新进入者与竞争对手之间的抗衡情况，应重点注意以下 3 个方面。

(1) 卖方密度：指同行业或同类商品经营中的卖方数目。在市场需求量相对稳定时，卖方密度直接影响到企业市场份额的大小和彼此竞争的激烈程度。显然，在卖方密度较高的目标市场，新进入者往往会遭到竞争对手较为强烈的抵御。

(2) 产品差异：指如果新进入者产品有明显特色区别于竞争对手，并能为消费者所普遍认可，该企业产品就能进入其目标市场；反之，其产品将难以进入目标市场。

(3) 进入难度：指某个企业在加入某个行业时所遇到的困难程度，特别是技术的难度和资金的规模。不同的行业，新进入者遇到的进入难易程度是不同的。不同的进入难度会导致不同的影响，进入难度大的行业中，价格和利润比较高，竞争相对较弱；而进入难度不强的行业，其结果相反。

2. 同行业现实的竞争者

(1) 完全竞争：指有较多的企业参与某个目标市场竞争，买卖交易都只占市场份额的一小部分。在完全竞争的市场中，各企业生产或经营的产品差异很小，买卖双方对市场信息充分了解，市场的进入和退出基本没有障碍。(降低营销成本)

(2) 垄断竞争：指参与目标竞争的企业尽管比较多，但彼此提供的产品是有差异的，一些企业由于其在产品上的某些优势，而获得对于部分市场的相对垄断地位。

(3) 寡头竞争：指一个行业被少数几家相互竞争的大企业所控制，其他企业只能处于一种从属地位。寡头竞争中控制市场的企业依赖的主要是实力优势而不是产品差异。

(4) 完全垄断：指由某一家大企业对整体市场全部占有，其他企业基本无法进入。完全垄断除了极少数是由于实力的优势之外，其他的基本上是由于资源上或技术上的垄断地位所形成的，也有的是由于政府对于某行业所实行的政策性垄断所致。由于世界上许多国家对于完全垄断在法律上是予以限制的，所以完全垄断的情况一般很少见。

(资料来源：http://www.16chpc.com/cko/List_55_55.html)

(二)识别旅游企业竞争者的依据

识别旅游企业的竞争者，当前基本可以划分为5个导向。

(1) 在产品导向下，企业仅仅把生产同一品种或规格产品的企业视为竞争对手。产品导向的适用条件是：市场产品供不应求，现有产品不 销路；企业实力薄弱，无力从事产品更新。

(2) 在技术导向下，企业把所有使用同一技术、生产同类产品的企业视为竞争对手。技术导向的适用条件是：某具体品种已供过于求，但不同花色、品种的同类产品仍然有良好前景。

(3) 在需要导向下，企业把满足顾客同一需要的企业都视为竞争者，而不论它们采用何种技术、提供何种产品。需要导向的适用条件是：市场商品供过于求，企业具有强大的投资能力、运用多种不同技术的能力和经营促销各类产品的能力。

(4) 在顾客导向下，企业把所有选择了同样顾客群体作为自己目标市场的企业都视为竞争对手。顾客导向的适用条件是：企业在某类顾客群体中享有盛誉和销售网络等优势，并且能够转移到公司的新增业务上。

(5) 在多元导向下，企业要在所涉足的各个业务领域(行业)，分别根据企业在该领域的具体业务范围导向来识别竞争者。多元导向的适用条件是：有雄厚的实力、敏锐的市场察力和强大的跨行业经营能力的企业。

相关链接 2-9

确定同谁赛跑

森林里两个猎人遇到了一只老虎。其中一位猎人马上低下头去系鞋带，另一个猎人就嘲笑他："系鞋带干什么？你跑不过老虎的！"系鞋带的猎人说："只要我跑得比你快就行！"选择不同的竞争对手就会导致不同的行为和结果：猎人的竞争对手不是老虎，而是他的同伴。如果认为自己是在同老虎赛跑，那注定要失败。旅游市场上的竞争也一样！

(资料来源：http://www.21cbpc.com/cko/List_55_55.html)

二、调查旅游企业竞争者的营销战略

(一)确定旅游企业竞争者的目标

确定了主要竞争者，旅游企业营销人员就要识别和分析竞争者的目标。例如，竞争者在市场上寻求什么？什么是竞争者行动的动力？不同的旅游企业对长期利益和短期利益各有侧重，有些竞争者更趋向于获得"满意"的利润而不是"最大利润"。也就是说，竞争者往往不是把利润作为唯一的或首要的目标，在利润目标的背后，竞争者的目标是一系列目标的组合，对这些目标竞争者各有侧重。因此，营销者应该了解竞争者对目前赢利、市场占有率的增长、资金流动、技术领先、服务领先和其他目标所给予的重要性权数分别是多少。了解竞争者的这种加权目标组合，就可以确定竞争者对各种类型的竞争性攻击会作出什么样的反应。

旅游营销者 踪了解竞争者进入新的产品细分市场目标的状态，是赢得竞争主动的前提。若发现竞争者开拓了一个新的细分市场，对企业来说也可能是一个发展机遇；若发现竞争者开始进入本企业经营的细分市场，就意味着本企业将面临新的竞争与挑战。

(二)确定旅游企业竞争者的战略

旅游企业之间的战略越相似，其竞争就越激烈。在大多数行业中，竞争者通常可以分为实行不同战略的群组，每个群组由那些实行相同或相似战略的企业组成。区分这些战略群组有其特殊的价值，旅游企业营销人员必须认真考虑这些群组成员的实力与战略特征，以求突破障碍进入相应的战略群组。

虽然在同一战略群组内的竞争最激烈，但不同群组之间的 衡也同样存在。首先，各群组之间的目标顾客群本身就有一些交 ；其次，顾客不会主动去分辨这些战略群组，在他们看来也许这些旅游企业并无多大差别；最后，每个旅游企业都想扩大自己的市场范围，因此，不同群组中的旅游企业在实力相当、流动障碍较小的情况下，也会进行非常激烈的较量。所以，旅游企业营销者应当收集各个竞争者的更详尽的资料。

案例 2-4

喜来登酒店的“味道”竞争

如今，利用人们的嗅觉已经成为参与激烈竞争的一种武器。龙禧福朋喜来登酒店的公关协调员张妍露向媒体透露，酒店最近确实换上了全新的香氛系统。“以往，客人一走进酒店，闻到的是一种苹果派的味道。苹果派是欧美国家一道家常的饭后甜点，能让人感受到妈妈的味道，也令人联想到酒店所崇尚的简约风尚。不过最近，集团进行了一次大型的问卷调查，了解到客人更喜欢雨后清新自然的味道，于是决定对气味进行一些改变。”

改变味道的酒店还不只龙禧福朋喜来登酒店一家，喜来登酒店集团一共管理着 142 家福朋喜来登品牌的酒店，这些酒店分布在全球 24 个国家。这么多福朋喜来登酒店在同一时间内换上了这种新气味。张妍露说，这种新气味由一家叫 ScentAir 的科技公司专门为福朋喜来登酒店量身定做，这家位于美国北卡罗来纳州的公司是一家全球知名的香氛递送解决方案供应商，专业为酒店、购物中心等商业机构“制香”。

福朋喜来登的这款香味有个挺好听的名字——“Pinwheels in the Breeze”，中文翻译为“风车味”，那种感觉就如同春日里清新舒爽的户外气息。“风车味”是福朋喜来登酒店的特有气味。喜达屋酒店集团旗下有瑞吉、豪华精选、W 酒店、威斯汀、艾美国际、喜来登、福朋喜来登等多个品牌，每个酒店都有自己特有的味道，根据酒店的风格、定位专属定制。张妍露说，福朋喜来登酒店的客户群体定位在 30～40 岁的商务客人，他们年轻、自然，崇尚简约，喜欢自由，这款清新自然的“风车味”正合他们的意。喜来登酒店旗下另外一个高端品牌威斯汀则采用了一款不同的香味。“在威斯汀酒店的大堂和公共区域，到处弥漫着一股白茶芳香。威斯汀酒店定位于高端商务客人，这些商务客人工作紧张、压力非常大，白茶芳香能够帮助他们舒缓压力、放松心情。这种芳香的选择和威斯汀品牌‘个性化、直觉灵动、焕发活力’的核心价值观相适应，体现了酒店所崇尚的健康、积极向上的生活方式。”张妍露说。和名称、Logo 一样，与众不同的气味正在成为酒店的新标识。

(资料来源：http://www.sino-manager.com/20111121_28218.html)

三、旅游企业竞争者的反应模式

一个竞争者的目标、战略及其优势与劣势还不能完全决定它的行为方式和它对竞争者降价、加强促销或推出新产品等营销活动的反应模式，还应注意分析竞争者的经营哲学、企业文化和信条，这些因素将对竞争者的行为产生影响。因此，旅游企业要想估计竞争者的行动与反应，就需要深入了解竞争者的心理状态。当企业采取某些措施和行动后，竞争者会有不同的反应。常见的旅游企业竞争者的反应模式有以下四种。

1. 从容型竞争者

从容型竞争者是指一个竞争者对某一特定竞争者的行动没有迅速反应或反应不强烈。竞争者缺少反应的主要原因有：他们可能感到顾客是忠于他们的；对竞争者主动行动的反应迟 ；他们也可能没有作出反应所需的资金等。公司一定要 清楚竞争者从容不迫的原因。例如，当米勒公司在20世纪70年代后期引进立达啤酒时，安休斯-布希公司还 着啤酒行业领袖的 。后来，随着米勒公司在市场上变得日益强大，并且声称立达啤酒占领了60%的市场份额后，安休斯-布希公司才被唤醒并开始开发淡啤酒。

2. 选择型竞争者

选择型竞争者是指竞争者可能只对某些类型的攻击作出反应，而对其他类型的攻击则无动于 。竞争者可能经常对降价作出反应，为的是说明对手的降价行为是 费心机的， 何它不得。但它对广告费用的增加可能不作任何反应，认为这些并不构成威胁。了解主要竞争对手会在哪些方面作出反应可为公司提供最为可行的攻击类型。

3. 强烈型竞争者

强烈型竞争者是指对向其所拥有的领域所发动的任何进攻都会作出迅速而强烈的反应。例如，宝洁公司绝不会听任一种新的洗 轻易投放市场。 型竞争者意在向另外一家公司表明，最好不要发起任何攻击，攻击 总比攻击老 好些。利佛 在首次攻击占领先地位的宝洁公司的“极端”洗 市场时，就发现了这个道理。“极端”洗 装在较小的 中，受到零售商的欢迎，因为占据的空间较少。但当利佛 在威士科和沙夫品牌中引进这种洗 的 装技术时，则不能长期地得到货架空间。宝洁公司用它的大量洗 品牌代替了利佛 的产品。

4. 随机型竞争者

随机型竞争者是指有些竞争者并不表露可以预知的反应模式。这一类型的竞争者在任何特定的情况下可能会也可能不会作出反击，而且根据其经济、历史或其他方面的情况，都无法预见竞争者会做什么事。许多小公司都是随机型竞争者，当他们发现能承受这种竞争时就站在前沿竞争；而当竞争成本太高时，他们就 到后面去。

案例2-5

两大可乐争霸战

1985年，可口可乐公司在迎接其诞生100周年的时候，突然宣布改变沿用了99年之久的配方，采用新研制的配方。可口可乐为研制这个新配方花费了几百万美元，本以为可以成功，岂料新配方上市后引起了轩然大波，消费者纷纷抗议这一改变，可口可乐的形象一时为之大挫。百事可乐的老板此时乐得不可开交，特地让员工放假一天。同时，他们花了几百美元制作了一个电视广告节目，在众多电视网络上反复播放一个月。其内容是这样的：一个眼神急切的姑娘盯着镜头说，“有谁能告诉我可口可乐为什么这么做？他们为什么要改变配方？”然后，镜头忽然转变，姑娘说，“因为他们变了，因此我要开始饮百事可乐。”紧接着，她喝了一小口百事可乐，满意地说，“嗯，嗯，现在我知道了。”就这么几个镜头，使百事可乐的形象开始鲜明起来。

七喜(7up)是美国汽水中继可口可乐、百事可乐之后的第三大品牌，以其“非可乐”的市场定位而深受顾客喜爱。1986 年，百事可乐决定从菲利普·莫里斯公司手中收购七喜。如果收购成功，百事可乐旗下的各种品牌市场占有率将超过可口可乐。可口可乐公司闻讯后，立即与市场中第四位“佩柏博士”公司进行秘密谈判，准备收购这家公司，以对付百事可乐的挑战。

(资料来源：张俐俐. 中外旅游业经营管理案例[M]. 北京：旅游教育出版社，2002)

四、调查旅游行业内的竞争动向

明确了主要竞争者及其优势、劣势和竞争反应模式，企业就要根据以下几种情况确定自己的对策：进攻谁？回避谁？

(一)旅游企业竞争者的强弱

选择较弱的竞争者为进攻目标，可节省时间和资源，达到事半功倍的效果，但是获利较少；选择较强的竞争者为进攻目标，有利于进一步提高自己的竞争能力和水平，并且获利较大。选择弱势竞争者为进攻目标还是强势竞争者为进攻目标，应量力而行，根据企业自身的实力强弱而定。

(二)旅游企业竞争者与本企业的相似程度

多数旅游企业主张与本企业情况相似的竞争者展开竞争，同时在竞争中也进行某些方面的合作并避免击　相似的竞争者，防止竞争者完全失败后联合或吸引竞争力更强的公司进入企业的目标市场，使企业直接面对更强大的竞争者。

(三)旅游企业竞争者表现的好坏

表现良好的竞争者，按照国家相关标准生产、经营，按合理的成本定价，按照国家法规、行业规则运营，这样的竞争者有助于增加市场总需求，分担产品研发和市场拓展成本，促进行业技术进步；可激励其他企业提高质量、降低成本和增加产品或服务的差异性；有助于加强企业同政府管理者或同员工的谈判力量。具有破坏性的竞争者则不遵守国家法规和行业规则，常常不顾一切后果地冒险或使用不正当竞争手段扩大市场占有率，扰乱市场秩序和行业的均衡。

对表现良好的竞争者，企业要按本行业通行的规则，平等参与竞争，凭借自己的实力和水平，努力扩大市场占有率；也可以在彼此市场营销组合上保持一定的差异性；或者采取联合、协作、结　的方式实现双赢共赢。对具有破坏性的竞争者，要配合有关执法部门坚决予以反击，维护企业和顾客的合法权益，树立企业在社会和行业中的良好形象。

(四)设计竞争性的情报系统

收集竞争性情报所花费的时间和资金是巨大的，而不收集情报所付出的代价更高。公司必须设计出能获取成本效益的竞争情报系统。其步骤主要有以下几个。

1. 建立系统

第一步要求确认竞争性情报的主要类型，识别这种信息的最佳来源并委派一人管理该系统和服务。

2. 收集数据

这些数据是从一些领域(销售人员、供应商、市场研究公司和同业公会)和公开数据(政府　物、演讲和文章)中不断加以收集的。公司必须制定处不违反法律和道德标准的、获取竞争者的所需信息的有效方法。

3. 评价与分析

需要检查数据的有效性和可靠性，给予解释并适当组织。

4. 传播与反应

关键信息要送到有关决策者手中，并解答经理们关于竞争者的询问。

借助这个系统，公司经理能通过打电话、布告、新闻通信和报告及时获取竞争者的信息。当经理需要对竞争者的突然举动作出解释，或需要了解竞争者的优劣势，或竞争者将会对公司计划实施的行动作出何种反应时，也可以与该部门联系。

案例 2-6

削价竞争还是服务竞争

我国南方某省一城市，近年来旅游业发展迅速。1990 年，这里规划重点发展旅游业时，只有几家普通旅馆和招待所，仅有的两家宾馆也够不上星级。1999 年情况却大不一样，由于航线畅通，景点建设有吸引力，国内外游客每年超过 200 万人次，以接待国外和国内较高层次的游客为主。宾馆、酒店发展速度更快，不仅房间数超过 1 万，床位数超过 2.5 万，一至三星级宾馆、酒店也达 9 家。在开房率下降、竞争激烈的情况下，刚投入运营的三星级南翔大酒店面临着严峻的选择：是卷入新一轮的价格战，还是办出特色。

南翔大酒店的张经理曾经在省城管理过两家星级酒店，有丰富的实战经验。他的主张是：削价竞争绝非良策，要良性发展，必须突出自身的特色，以格外整洁的环境，周到的服务，让中外游客都承认，这家三星级酒店是名副其实的。

张经理在办公会议上强调，当地酒店业竞争过度，平均开房率不到 40%，靠削价竞争是难以消除这种环境威胁的。但是，在全部客源中，国外游客约占 15%，年达 30 万人次；国内游客要求住三星级饭店者(包括会议)，也不低于此数。这样，星级饭店经营得好，客源不向低档店分流，开房率可达 50%左右。而且三星级酒店全城仅有 3 家，威胁与机会并存，关键在于如何把握住机会。

在张经理的主持下，又一次办公会议批准了营销部的计划书，要点如下。

(1) 优化客源结构。重点是发展团队市场，争取新签一批订房协议。

(2) 加强横向联合。主要是密切与省内外声誉好的旅行社和省内两个客源量大的城市的主要宾馆、饭店的协作。

(3) 加强内部管理。在激励员工、提高士气的基础上，彻底整治所有服务场所和客房的清洁卫生，并建立健全各项规章制度，要求格外整洁并经常化，全体服务人员必须热情周到地为顾客提供各项服务。

4. 严控价格折扣。在批准的客房定价基础上，除每年有 4 个月的淡季折扣和大型会议适当折扣外，严格控制任意降价的做法。

简要评析：

南翔大酒店的服务竞争策略是正确的，主要体现在以下两个方面：首先，从服务市场营销的角度来分析，该酒店采取服务竞争方式明显优于削价竞争方式。因为该城市国内外游客每年虽然超过 200 万人次，但已有的宾馆和酒店的接待能力已超过 700 万人次/年，当地酒店业竞争过度，平均开房率不到 40%，靠削价已难以提高开房率，必须转入服务竞争，靠优质服务才有可能进入良性发展的轨道。其次，是对当地酒店服务业市场进行细分，在全部客源中，国内外要求住三星级饭店的游客超过 60 万人次/年，而全城仅有 3 家三星级的酒店，即三星级酒店明显不足，并已迫使客源向低档店分流，在这种市场背景条件下，作为刚投入运营的三星级南翔大酒店以中高层次游客为营销对象，采用服务取胜的策略，而不与低档酒店开展新一轮的价格战是明智之举。同时，服务竞争也体现了以目标顾客服务为中心，服务就是效益的原则。

(资料来源：http://edu.gongchang.com/marketing/knowledge-2010-06-18-18150.html)

思考与能力训练

一、思考题

1. 影响旅游消费者消费行为的因素有哪些？
2. 举例说明旅游消费者的购买决策的过程。
3. 旅游消费者购买新产品一般要经历哪些阶段？
4. 旅游企业竞争者的类型有哪些？
5. 应如何识别旅游企业竞争者？
6. 旅游企业竞争者通常的反应模式有哪些？

二、能力训练

能力训练一

1. 实训目的和要求

(1) 培养学生的市场竞争意识，提高学生对旅游购买者和旅游竞争者的分析能力及采取相应竞争对策的能力。

(2) 要求学生根据实训项目撰写实训报告。

2. 实训内容

选择本地一家比较熟悉的旅行社、旅游酒店或餐厅，调查、分析其顾客及主要竞争者的情况。

(1) 制订调查计划和详细的调查方案。

(2) 分析自身状况，包括地理位置、主要经营业务范围及特色、管理制度的运行、人力资源管理及员工工作状态、企业文化等相关内容。

(3) 调查其顾客群体年龄、性别、收入和职业结构及其消费需求和消费偏好。

(4) 分析其重要竞争者的具体情况，区分竞争者的类型，分析其竞争反应类型。

(5) 结合上述调查分析的主要成果，试选择该企业的竞争策略。

能力训练二

1. 实训目的和要求

(1) 通过实训，使学生可以全面分析旅游者的消费行为。

(2) 要求学生根据实训项目撰写实训报告。

2. 实训内容

以本校学生为目标顾客群，分析其年龄结构、性别、偏好等因素如何影响他们的旅游行为。

能力训练三

两位没有入境签证的入住外宾

多纳德和陶文恩是两位加拿大游客，随团队到上海旅游。多纳德是一家公司的中国代理，以前多次来中国旅行。而陶文恩则第一次到上海来。导游安排团队进入 A 酒店后，临时修改日程安排，允许队员分散活动。多纳德与陶文恩便乘车前往苏州。

苏州 B 酒店接待员热情接待了这两位加拿大游客，但很快发现他们因为没有入境签证而不能入住的问题。陶文恩虽然从前厅接待人员的汉语中听出了“出了某些问题”的意思，但他完全被 B 酒店中国化的建筑装潢吸引了。多纳德为此事并不显得很焦急，他解释了他们是持团体签证从上海入境的事实。当陶文恩明白问题的关键时，B 酒店前厅服务人员已联系到上海 A 酒店并接到上海 A 酒店的签证传真，正为他们填写入住登记呢。

陶文恩十分感激地向 B 酒店的前厅服务人员道谢，而多纳德因游玩了一天渴望休息，急着随服务员向房间走去。

为欢迎两位加拿大游客并向他们致歉，客房部为他们间赠送了晚间免费水果篮。两位游客十分高兴并与服务人员合影留念。

(资料来源：http://www.doc88.com/p-332761349391.html)

【分析讨论】

1. 本案例中两位外国游客接触 B 酒店的过程必然产生知觉的心路历程。知觉这一心路历程与哪些因素有关？试以此案例说明。

2. 对于没有签证不能入住一事，多纳德和陶文思有不同的知觉，这是为什么？注意是影响知觉的一个重要的心理因素，陶文恩对签证一事未加注意，他对此事的知觉自然不同于多纳德。那么，陶文恩那时的知觉经验是什么？

3. 在 B 酒店不能允许多纳德入住时，他对此事的知觉并非我们想象的一样。他并不认为此事难办。原因是什么？如果陶文恩也对此进行关注，他俩的知觉会一样吗？经验也是影响知觉的因素吗？

4. 对于前厅服务人员的迅速排忧解难，陶文恩十分感激而多纳德则匆匆回房。对前厅服务人员良好服务的知觉为何存在差异？动机在这里是如何影响两位加拿大游客对 B 酒店服务的知觉的？

5. 从两位加拿大游客与服务员合影一事中，你判断他们对 B 酒店的整体态度怎样？B 酒店通过怎样的服务获得了客人如此的态度？这对你有何启发？

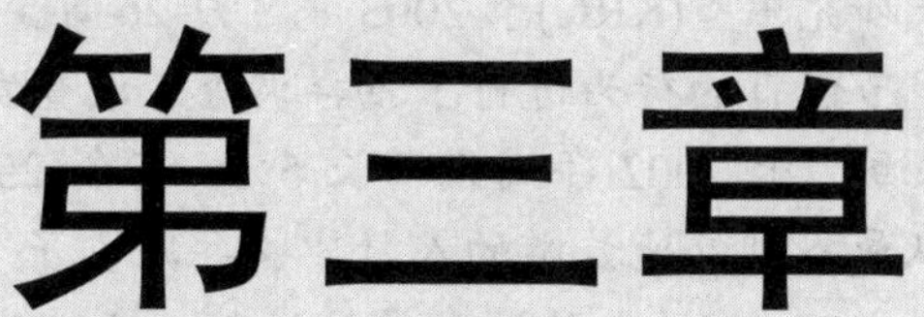

第三章

旅游市场营销环境分析

【知识目标】

熟悉人口环境分析的内容；熟悉经济环境分析的内容；熟悉自然环境分析的内容；熟悉政治法律环境分析的内容；熟悉科学技术环境分析的内容；熟悉社会文化环境分析的内容；熟悉旅游市场营销微观环境的主要内容及其发展趋势。

【能力目标】

能认清旅游行业面临的微观环境和宏观环境；能判断环境因素的变化对旅游行业发展带来的积极影响或消极影响；能够运用 SWOT 分析法分析旅游企业(或产品)的优势和劣势。

【学习成果】

分析报告：运用 SWOT 分析法分析判定某旅游企业的商业运行模式，以及其面临的机会与威胁，写出 SWOT 分析报告。

案例导入

SARS 使泰国宋干节旅游收入减少 30%

由于非典型肺炎(SARS)的蔓延，2003 年泰国的宋干节不如往年热闹。同时，节日休假期间的旅游业生意惨淡。

泰华农民研究中心(KRC)于 2003 年 3 月 26 日至 4 月 2 日对职业和收入不同的 963 位曼谷市民就宋干节假日的行为进行了抽样调查。调查发现，60.9%的曼谷市民要去外地，其中 75%的人回家乡，比 2002 年同期增长 5%；其余 25%的人到外地旅游。不过由于害怕非典型性肺炎，从曼谷到外地旅游的人数比去年减少了 25%。

调查显示，38.5%的人计划在曼谷过节，比 2002 年增加 20%，部分原因是害怕传染 SARS。SARS 对曼谷市民的宋干节日庆祝行为和活动有很大影响，许多关心身体健康的人打算留在家里，避免去百货公司、电影院、游乐园、食品商店等人满为患又通风不畅的公共场所。导致全国旅游业的旅游消费比 2002 年减少 80 亿泰铢。

SARS 的蔓延吓退了来自包括亚洲在内的所有国家和地区的游客，加上泰国移民局在入境口岸对来自高风险国家和表现可疑病状的游客执行严格的检查措施，使得 2003 年的外国游客比 2002 年明显减少。和 2002 年宋干节相比，2003 年来自美国和中东国家的游客减少了 50%，来自中国大陆和香港地区、台湾地区及新加坡、越南和加拿大 SARS 高风险国家的游客也同样减少，致使 2003 年泰国旅游收入减少 30 亿泰铢或 40%。

另外，出境旅游市场也因 SARS 蔓延而萎缩。2003 年到外国旅游的泰国游客比 2002 年的 10 万人次减少超过 50%，外流的泰币总额也因此比 2002 年减少 50%或 20 亿泰铢。

(资料来源：王纪忠. 旅游市场营销. 北京：中国财政经济出版社. 2008)

【问题】

1. 为什么 SARS 疫情对泰国旅游业有这么大的冲击？
2. 旅游市场营销活动还受哪些因素的影响？
3. 如何才能将损失降低到最低限度？

作为一名旅游市场营销人员，要解决以上问题，必须熟悉旅游市场营销环境分析的知识，掌握旅游市场营销环境分析的方法，能认清旅游行业面临的总体宏观环境，能判断一般环境因素的变化对旅游行业发展带来的积极影响或消极影响，能够运用 SWOT 分析法分析旅游企业(或产品)的优势和劣势。

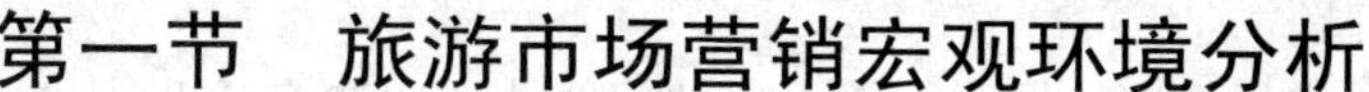

第一节 旅游市场营销宏观环境分析

旅游市场营销宏观环境是指旅游企业或旅游业营销的外部大环境，是对旅游企业营销活动或造成威胁、或提供机会的主要社会力量，是旅游企业的外部环境，也是旅游企业营销活动中的不可控因素。旅游市场营销宏观环境主要包括人口、经济、自然、政治法律、科学技术、社会文化和交通运输等七大环境因素。

一、人口环境

人口环境决定旅游市场的规模、顾客的购买意向和企业的经营方向，企业高层管理人员必须密切注意人口环境的发展动向。人口环境包括人口规模、分布和结构流动、受教育程度等方面的内容。人口规模是指人口数量，人口分布是指人口的地理分布，人口结构反映人口的年龄、性别、民族、收入、教育和职业等方面的状况。

(一)人口规模

旅游企业市场营销活动的最终对象是旅游者。在收入相当的情况下，人口规模决定着市场容量的大小，人口数量与市场容量和消费需求通常呈正比。从世界总人口与国际旅游人次变化关系来看，1970 年世界总人口为 36.7 亿，国际旅游人次为 1.587 亿，占世界总人口的 4.3%；1980 年世界总人口增加到 44.3 亿，国际旅游人次为 2.85 亿，占世界总人口的 6.4%。可见，随着世界总人口的增加，国际旅游人次也呈现不断增长的趋势。据世界旅游组织(WTO)预测，2015 年全球国际旅游人次将达到 12 亿，2020 年将达到 16 亿。目前，我国总人口已超过 13 亿，且每年都以 1000 多万人口的速度增长。1960 年，中国的国际旅游接待几乎为 0，但到 1977 年，中国接待的入境过夜旅游者就达 2376.7 万人次，居世界第 6 位，独家占世界旅游市场份额的 3.9%；到 2002 年，中国接待的入境过夜旅游者进一步提高到 3680 万人次，居世界第 5 位，独家占世界旅游市场份额的 5.15%。世界旅游组织预测：到 2015 年，中国将成为世界上第 1 位旅游接待大国和第 4 位客源输出国。但是，人口规模过度增长也会影响经济的发展并使购买力下降，进而限制旅游企业的发展。例如，非洲地区的很多国家人口过度增长，但购买力下降，旅游人数没有出现明显增长，在世界总旅游人口中所占比例很低。

(二)人口分布

通常情况下，城市居民需要旅游的人数比农村多，且比率也高。随着城市人口的增长和农村城镇化的发展，如何适应旅游者需要更好地开发旅游市场，是旅游企业营销人员必须面对和解决的问题。

世界城市人口增长迅速，据联合国人口部门统计，1970 年全世界 2 万人以上的城市人口总和为 12.5 亿，占全世界总人口的 41%；1980 年城市人口为 18.7 亿，占总人口的 42.2%；2000 年约有 50%～60%的人居住在城市。由于城市居民收入较高，交通发达，信息灵通，工作压力较大，因此比农村人口有更多的旅游需求。例如，1972 年美国城市人口为 1.5 亿多人，参加海外旅游的人次达 285.6 万人，占人口总数的 1.9%；农村人口为 0.57 亿人，参加海外旅游的人次仅为 56.2 万人，占人口总数的 1.0%。据国家旅游局统计，2002 年我国国内旅游总人次达 8.78 亿人，其中，城镇居民的出游率达 115.3%，人均消费 739.7 元/人次；而农村居民的出游率仅为 52.8%，人均消费 209.1 元/人次，相当于城镇居民的 28.3%。2003 年我国国内旅游人数达 8.7 亿人次，其中城镇居民出游率为 100.5%，游客人均消费 684.9 元/人次；而农村居民的出游率仅为 55.7%，人均消费仅为 200 元/人次，相当于城市居民的 29.2%。

从游客的地理分布来看，随着地理距离的增大，旅游费用和时间便逐渐增多，旅游客源呈逐渐衰减的趋势。因此，在旅游市场上国内旅游流大于国际旅游流，中短程国际旅游流大于远程国际旅游流。所以，营销者在开发旅游市场时，应注重就近开发旅游资源，如中国旅游企业应侧重吸引日本、韩国和新加坡等较近的旅游者。

相关链接 3-1

2010 年我国国内游客出游人均花费

1. 城镇游客出游人均花费

城镇游客每次出游人均花费 883.0 元。其中，一日游人均花费 327.8 元，比上年增长 12.3%；过夜游人均花费 1763.1 元，比上年增长 13.7%。

按“家庭月总收入”分组，月收入在 15 000 元以上的人均花费 1689.9 元，月收入在 10 000～14 999 元的人均花费 1275.8 元，月收入在 5000～9999 元的人均花费 932.8 元，月收入在 2500～4999 元的人均花费 680.3 元，月收入在 1000～2499 元的人均花费 597.6 元，月收入在 999 元以下的人均花费 406.4 元，出游人均花费与家庭总收入呈高度正相关。

按“旅游目的”分组，商务/出差的人均花费最高，达 2272.4 元；观光游览的人均花费 1211.2 元，休闲度假的人均花费 667.9 元，探亲访友的人均花费 691.1 元，健康医疗的人均花费 1959.2 元，其他旅游目的的人均花费 537.4 元。

2. 农村游客出游人均花费

农村游客每次出游人均花费 306.0 元。其中，一日游人均花费 210.3 元，过夜游人均花费 516.9 元。从旅行方式来看，参加旅行社组团的人均花费 1066.7 元，比上年下降 11.7%，其中起程前付给旅行社 738.4 元，占 69.2%；购物 245.4 元，占 23.0%；其他费用 82.7 元，占7.9%。散客人均花费291元,比上年增长8.2%,主要用于购物、交通和餐饮,分别占45.2%、19.3%和8.1%。

(资料来源：国家旅游局. 2011中国旅游年鉴. 北京：中国旅游出版社，2011)

(三)人口结构

人口结构往往决定产品结构、消费结构和产品需求状况。人口结构主要包括年龄结构、性别结构、职业结构和家庭结构等，是影响旅游购买行为的重要因素。

1. 年龄结构

随着世界人口总量的增长，人口年龄结构也发生了明显的变化。一方面，许多国家的人口出生率下降。这种人口动向为旅游业、旅馆业、体育和娱乐业等提供了市场机会，因为将有更多的年轻夫妇有更多的闲暇时间和收入用于旅游、在外用餐和娱乐等。另一方面，许多国家人口趋于老龄化。这种人口动向对老年人用品的行业，如旅游业、旅馆业和娱乐业等提供了市场机会。

2. 性别结构

由于女性在社会上的独立性增强，职业女性越来越多，经济收入日趋增加，使得目前旅游市场上的女性游客不断增加。例如，1970年日本女性出国旅游仅为14.87万人，1981年增至25.1万人，占日本全部出国旅游人数的31%。2003年我国城镇居民女性旅游人次占总出游人次的54.2%，而男性旅游人次占总出游人次的45.8%。针对女性旅游者人数的不断增加，旅游市场营销者应开发适合女性游客的旅游产品，如购物、健美、服装和艺术等旅游活动。

3. 职业结构

职业在较大程度上决定了一个人的收入水平、闲暇时间的多少和时间分布及个人偏好等。收入水平决定一个人的购买力，限制了旅游者出游范围、购物习惯和方式及购买数量等；闲暇时间则决定一个人的旅游机会、旅游时机和旅游时间长短；个人偏好则影响一个人旅游动机、旅游时机、旅游目的地、旅游产品和购物方式的选择。例如，企业主、商人出差考察、商务会议机会较多；科技人员、教师等外出学习和学术交流活动较多。旅游市场营销者应针对不同职业的群体采取不同的营销措施。

4. 家庭结构

在西方发达国家和我国部分经济发达地区，无子女的“丁克”家庭的数量不断增多。例如，美国由已婚夫妇及不满18岁孩子组成的核心家庭占全美家庭数的比例，从1990年的25.6%下降至2000年的23.5%，比40年前减少了45%；英国则是从1991年的55%下降到2001年的45%。目前，我国每个家庭户的平均人口为3.44人，比1990年的3.96人减少了 0.52 人。这种人口动向可以使家庭成员有更多的时间和金钱用于外出旅游和就餐，家庭规模变小及家庭数量的增加为航空业、餐饮业等旅游企业提供了市场机会。旅游营销人员在考虑家庭结构变化、为顾客提供产品和服务的同时，也应重视非家庭户的特殊需要和特殊的购买习惯。

(四)人口流动

这是一个人口跨国流动和国内流动十分频繁的时代。人们从经济和文化相对落后的国家和地区向经济和文化相对发达的国家和地区转移，追求更好的生活和工作环境、更高的生活质量。许多国家的人口流动均具有两个主要特点：一是人口从农村流向城市，这是社会分工、商品经济和城市化发展的必然结果；二是人口从城市流向郊区，这是由于城市中心交通拥挤、污染严重，郊区交通不断发展和人们追求高质量生活的必然选择，形成了人口从“大城市——中等城市——小城市或郊区”迁移的趋势。我国人口流动的特点是：农村人口大量流入城市或工矿地区，内地人口迁往沿海开放地区，经商、学习、观光、旅游和工作等使人口流动加速。

(五)受教育程度

任何一个社会都可以分为 5 个教育组：文盲、高中以下、高中毕业、大学和专家程度。我国开始步入高等教育大众化阶段，2005 年高等学校在校生达 2300 万人，成为世界上规模最大的高等教育国家；在日本，99%的人识字；而在美国，有 10%～15%的功能性文盲。但在另一方面，美国拥有全世界最高的学历，大学生占了 36%左右。受教育人口的增加，使得对高质量的书籍、杂志、网络服务、个人电脑和旅行的需要增加。

相关链接 3-2

各国的带薪休假制度

荷兰人有世界上最吸引人的休假制度，只要是全职雇员，每年都可享受至少 24 天带薪假期，有些公司的假期甚至长达 27～28 天。此外，弹性工作制还为员工提供了更多的选择。例如，周一很多商店、小企业一般上午 11 时甚至下午 1 时开始营业，员工可以尽情地享受一个周末后再睡个懒觉；再如，荷兰员工每周的工作时间为 38～40 小时，有些公司允许员工每天加个班为自己攒出一个休息日。荷兰人的年假可以分多次休，很多企业还发放专门的度假津贴。有些公司老板甚至愿意出钱让员工赶快去休假，以便他们能时时保持精神饱满的工作状态。

法国的假日很多，除了周末两天的休息日以外，每年还有 11 天的法定假日(元旦、五一、国庆、一战停战日、二战停战日以及 6 个宗教节日)，另外还有 5 周带薪年休假，总计 140

天。除此之外，每个员工还享有每年 12 天的职业培训假期(视公司的具体情况而定)。为了让假日更加惬意，法国人还建立了“假日搭桥”的办法。也就是说，如果法定假日和周末休息日只差一天，如 7 月 14 日国庆日是周四，那么周五就称为“桥”，可以和周六、周日连在一起休息(这有些像我国的“十一”长假)。

在联合国工作，除了正常的休息日外，每月还可以有两个工作日作为带薪休假，可以当月休，也可攒在一起休。此外还有每年一次的探亲假期，一般有一个月到 6 个星期的时间。这是联合国为在异国工作的职员规定的，休假期间可以报销全家的往返机票。

(资料来源：王辉耀：学者新论：关于改革中国公众假期六大建议，载人民网)

二、经济环境

一个国家或地区的经济迅速发展能刺激人们对外出旅游、餐饮、娱乐、购物、住宿等产品和服务的消费，反之，则使人们减少对这些产品和服务的消费。经济环境因素主要包括经济发展阶段、收入、消费结构、产业结构和全球经济模式等。其中，经济发展阶段、收入及消费结构构成了经济因素的主体。

(一)经济发展阶段

经济发展阶段是综合的经济环境，按照美国学者罗斯托(Rostow)的观点可分为：传统社会、起飞前准备阶段、起飞阶段、趋向成熟阶段、大量消费阶段和追求生活质量阶段。一个国家或地区的经济发展规模和水平通常以 GDP(或 GNP)和人均 GDP(或 GNP)的统计指标来反映。一般来说，客源地的国民生产总值高，旅游需求量就会增加，旅游目的地的设施及接待条件就好，对旅游者的吸引力就大。国际上有这样一种经验判断，旅游活动经历了 3 个阶段，当人均国民收入达到 300 美元～450 美元时，居民就会产生国内旅游动机；达到 800 美元～1000 美元时，居民就产生邻国旅游动机；达到 3000 美元时，居民就会产生洲际旅游动机。

(二)收入

消费者收入水平是影响消费者购买力的关键性因素。消费者收入可分为名义收入和实际收入；现期收入和预期收入；个人收入、个人可支配收入和个人可任意支配收入。其中，实际收入和现期收入直接影响现实购买力；个人可支配收入可用于消费和储蓄，是影响消费品支出的决定性因素，而个人可任意支配收入是影响旅游者购买力的最活跃的因素。一般来说，高收入旅游者往往比低收入旅游者在旅游过程中平均逗留时间长、花费高。不同收入的旅游者在旅游过程中选择参加的活动类型、购买的旅游产品也有很大的差别。

从国际范围来看，收入差距已成为不同国家旅游消费差异的主要原因。人均收入高的国家，其消费水平高，旅游市场的潜力大。但是，由于各国的收入分配方式不同，收入的均等程度也就不同。据统计，在西方，占人口数量 20%左右的富人掌握了 80%左右的社会财富；印度有 6000 多万人的收入水平接近西欧国家，而 5 亿多人的收入水平低于官方公布的人均收入数字。因此，这种人均收入水平不能反映这些国家真实的消费购买能力。旅游营销者要分析不同收入层次的旅游消费者的消费结构，制定不同的营销策略，为不同收入的旅游消费者提供不同的产品和服务。

相关链接 3-3

2010 年我国国内旅游消费情况

1. 城镇居民国内旅游情况

2010 年我国城镇居民国内出游人次率(以下简称出游率)达 246.0%，比上年提高 33.5 个百分点，国内旅游出游人数 10.65 亿人次，比上年增长 17.9%；游客每次出游人均花费(以下简称人均花费)883 元，比上年增长 10.2%；国内旅游出游花费 9403.81 亿元，比上年增长 30.0%。

各季度城镇居民国内旅游情况如下。

第一季度全国城镇居民旅游人次数 2.71 亿人次，出游率 62.6%，旅游总花费 2368.61 亿元，游客人均花费 874.0 元/人次。

第二季度全国城镇居民旅游人次数 2.36 亿人次，出游率 54.5%，旅游总花费 1885.73 亿元，游客人均花费 799.0 元/人次。

第三季度全国城镇居民旅游人次数 2.72 亿人次，出游率 62.8%，旅游总花费 2843.06 亿元，游客人均花费 1045.2 元/人次。

第四季度全国城镇居民旅游人次数 2.86 亿人次，出游率 66.1%，旅游总花费 2306.41 亿元，游客人均花费 806.4 元/人次。

2. 农村居民国内旅游情况

2010 年我国农村居民国内旅游出游率 114.9%，比上年提高 4.3 个百分点，国内旅游出游人数 10.38 亿人次，比上年增长 3.9%；人均花费 306.0 元/人次，比上年增长 3.6%；国内旅游花费 3175.96 亿元，比上年增长 7.6%。

各季度农村居民国内旅游情况如下。

第一季度全国农村居民旅游人次数 3.44 亿人次，出游率 38.0%，旅游总花费 1112.64 亿元，游客人均花费 323.4 元/人次。

第二季度全国农村居民旅游人次数 2.46 亿人次，出游率 27.3%，旅游总花费 687.99 亿元，游客人均花费 279.7 元/人次。

第三季度全国农村居民旅游人次数 2.22 亿人次，出游率 24.6%，旅游总花费 666.93 亿元，游客人均花费 300.4 元/人次。

第四季度全国农村居民旅游人次数 2.26 亿人次，出游率 25.0%，旅游总花费 708.40 亿元，游客人均花费 313.8 元/人次。

(资料来源：国家旅游局. 2011 中国旅游年鉴. 北京：中国旅游出版社，2011)

(三)消费结构

消费者收入的变化会引起消费支出模式(消费结构)的变化。例如，我国改革开放以来，国民经济有了很大发展，消费者收入水平不断上升，城乡居民的恩格尔系数持续下降，1980 年为 60%，1990 年为 56.7%，1999 年为 46.49%。恩格尔系数可反映一个国家或地区的居民生活水平和经济发展程度，联合国粮农组织提出的标准是：59%以上为赤贫，50%～59%为温饱，40%～49%为小康，40%以下为富裕，其中 20%以下为最富。美国 1994 年的恩格尔系数为 9.3%，英国为 11.5%，法国为 16.3%，日本为 19.1%，意大利为 25.7%，印度为 53.1%。收入的大幅度提高，会刺激居民旅游需求的增加。

(四)产业结构

产业结构是指一个国家或地区各产业部门在国民经济中所处的地位和所占的比重及相互之间的关系。从我国的经济发展状况来看，第一产业国内生产总值和就业人口比重呈逐渐下降趋势；第二产业国内生产总值略有上升，就业人口保持基本不变；第三产业国内生产总值和就业人口比重正在逐渐上升。这种变化趋势给旅游业的发展提供了历史性的机会。在经济发达的国家和地区，第三产业在国民经济中所占的比重越来越高，如德国、日本、美国、西班牙、奥地利、芬兰、爱尔兰、加拿大、新加坡、英国和荷兰等，这些国家或地区是重要的旅游目的地和客源地，旅游企业必须时刻关注和认真分析产业结构的变化趋势，制定相应的营销策略，开拓新市场。

(五)全球经济模式

旅游业的经营已经处于全球环境中。当中国人民币与美元的外汇比价有利于人民币时，美国前往中国的游客数目就会减少，而像迈阿密这样的美国旅游目的地就会从中受益。阿根廷货币贬值的一个好处就是它能够通过举办会议而赚取外汇。如今，布宜诺斯艾利斯的商务型饭店的标准间售价相当于以往的一半。当国际会议的策划者将会议召开地移至阿根廷的布宜诺斯艾利斯、古巴的圣地亚哥、巴西的里约热内卢和其他南美城市时，亚洲、欧洲和北美的城市则失去了这样的商机。这其中的部分原因就是汇率变化的影响。因此，负责目的地营销的人员必须意识到全球的旅游趋势以及新兴旅游目的地的发展。

相关链接 3-4

意大利：债务问题影响出游意愿

意大利经济存在着严重的结构性缺陷，生产效率低，政府和私营部门内部缺乏竞争，劳动力市场存在着“二元化”的分割状态，即在职老员工解聘困难，造成年轻人很难进入劳动力市场；再者就是南北经济差距过大，以工业和金融为经济主体的北方，远远超过以农业为基础的南方，为了达到南北平衡，北方相当一部分收入都拿去填补南方，加重了政府的支出负担。正是这些原因，造成了在过去的10年里，意大利经济发展缓慢。2001—2010年，意大利的GDP年均增长仅为0.2%，大大低于欧元区成员国平均水平1.1%，其人均GDP甚至是负增长。

希腊债务危机爆发后，国际社会越来越关注债务问题。意大利的债务负担显然超出了“可持续”的限度。其结果是，意大利经济陷入了一种恶性循环：为在国际市场上融资，意大利必须忍受较高的筹资成本，其结果必然是加重债务负担，而日益沉重的债务负担进一步侵蚀了主权信用等级。

为了尽早平衡预算，意大利政府从2010年年底至2011年12月，分别推出了5份总额涉及2350亿欧元的经济紧缩计划，包括削减政府开支和增加税收等措施。这些措施虽然有利于达到政府预算平衡，但最后能否彻底解决债务危机问题，仍然不得而知。另外，经济紧缩计划同时也会带来一个负面影响，即削减政府开支和增加税收，将减少社会消费，从而阻滞经济的增长，形成一个恶性循环。

经济发展缓慢直接影响到债务问题的解决，而解决债务问题时不得不推出的财政紧缩计划又将严重影响经济增长。意大利目前的困境也是整个欧元区的困境，债务问题的解决必将走向长期化、复杂化。2012年，意大利需偿付到期债务总额接近2600亿欧元，占其GDP总额的5.1%，是欧元区偿债压力最大的国家。而债务问题的发酵又将反作用于经济，使经济继续萎缩。意大利经济发展、基础设施与运输部长2011年12月15日曾表示，意大利经济已陷入衰退，预计2012年GDP将萎缩1.6%。而经合组织2011年11月底发布的最新报告则预测，2012年意大利经济将下滑0.5%。

截至2011年10月，意大利旅华总人数为19.8万人次，较2010年同期增长了2.1%。但与2010年较2009年同期20%的增幅相比，相差甚大。增长率大幅减缓的原因，据分析主要有两个方面：一是2009年度由于金融危机的影响，1～10月较2008年度同期下降了3.4%，随着2010年金融危机影响的减缓，人们出行的信心逐渐恢复，因此2010年相对2009年出现了一个较大的反弹；二是2012年以来，随着西班牙、葡萄牙和爱尔兰主权债务危机的爆发，意大利债务危机也逐渐成为世界谈论的焦点。媒体连篇累牍的报道，加之意大利政府也为此制订了广泛的经济紧缩计划，以节流开源，使得人们对经济前景感到迷茫，从而导致人们花钱更加保守，尽量减少不必要的开支，以应对可能出现的经济危机。旅游作为一项非必要性活动，自然会受到很大影响，形式包括缩短旅行时间，远程旅行改为近程旅行，豪华旅行改为更加经济的旅行，甚至干脆取消旅行。中国作为远距离目的地，旅行费用相对较高，自然会因此而受到影响。

关于2012年的情况，预测将会继续停滞不前。原因除了人们的负面心理预期之外，政府所采取的紧缩计划，会在很大程度上影响人们的消费方式。例如，根据政府紧缩计划，女性和男性的退休年龄将分别被上调至62岁和66岁，且大部分养老金款项不再根据通胀率进行调整；增值税由原来的20%调整到21%；冻结公务人员的工资增长；重启房产税；规定任何现金交易不能超过1000欧元以减少偷税漏税行为(意大利地下经济规模约占GDP的15%，十分庞大)。这些措施多少会影响人们的收入情况。因此，我们判断，2012年意大利出境旅游市场无论在规模、旅行时间和距离方面，还是在支出方面均会出现明显的萎缩。

(资料来源：http://www.ctnews.com.cn/zglyb/html/2012-03/30/content_47404.htm?div=-1)

三、自然环境

自然环境是由一些为企业营销所必需的或能受到营销活动影响的自然资源所构成。自然资源对企业营销的影响主要反映在自然资源趋于短缺、环境污染日益严重和许多国家对自然资源管理的干预日益加强三个方面。

自然环境的发展变化能给旅游业带来不利发展的环境威胁，也能带来有利发展的市场机会。我国拥有许多绚丽壮观的风景资源，如泰山日出、黄山云海、三峡云雾、峨嵋佛光等。同时，自然环境中很多吸引游客的因素，如茂密森林、洁净的沙滩、清澈的溪水、成群时野生动植物和清新的空气正在逐渐消失。地震、山崩、火山爆发、海啸、洪水、地球温室效应和恶劣天气等自然灾害都可能给旅游业造成损失，给旅游营销带来危机。如2008年四川遭遇“5·12”汶川大地震，使当年四川的旅游业一落千丈，到九寨沟、黄龙等著名景区的游客大幅度减少。

相关链接3-5

狩猎旅游引争议

狩猎旅游在国际上普遍得到认可。欧洲每年打鹿猎狐，其中包括打鸭甚至熊，他们的狩猎规模很大。美国每5年有一次对野生动物的调查，调查结果显示：2001年，美国16岁以上的公民有1300多万人参加狩猎活动，狩猎收入206亿美元。这些经济收入包括猎物、猎装和装备等。现在，美国狩猎协会每年1月都要开会，会上专门研究到哪里去狩猎，还拍卖狩猎活动的相关资料。

从国际上来看，适度、可持续的狩猎活动已得到普遍认可。狩猎活动在发达国家很盛行，因为这一做法统筹兼顾了资源保护和经济利益的关系。美国的野生动物保护原则是扫障性、延续性。鉴于有限的自然资源，野生动物群落的规模发展过于庞大后，需要得到控制，否则将面临食物不足、破坏环境的危险。因此，在国际狩猎活动中有一通行的原则就是“打公不打母，打老不打幼”，以此来保护、维持野生动物群中的平衡关系。这在非洲、欧洲以及澳大利亚都有成功的经验。

我国国家林业局原定 2006 年 8 月 13 日在成都举办的中国首次“野生动物狩猎权”拍卖活动，因为公众的反对，在 8 月 11 日被紧急“叫停”。

林业部门提供的资料显示：20 多年来，我国接待国际狩猎者 1101 人次，狩猎野生动物总数 1374 头(只)，狩猎收入 3639 万美元。从最初开展狩猎时的年国际狩猎 3 头(只)逐步发展到 2005 年的 123 头(只)、国际狩猎收入 398 万美元。虽然这与过去“猎羊吃肉、熬汤喂养”的原始方式对照，价值增长了数百倍，但与美国每年 200 多亿美元收入的狩猎活动相比，我国的狩猎活动明显处在刚刚起步的阶段。

(资料来源：http://www.nowboss.com/data/2006/0603/article_32328_1.htm)

保护好自然环境对发展旅游业大有益处。保护自然环境有赖于政府、企业和游客的共同努力。许多国家和地区的政府制定各种政策和法规，致力于保护当地的旅游资源和环境。例如，中国香港政府将迪斯尼乐园的到来视为一次改善自然环境的好机会。旅游企业则应树立现代营销观念，在景区景点的开发建设中采用无污染或少污染的设备设施，制订并实施废物回收计划，采用节能技术，合理控制旅游者容量以减少对生态环境的破坏，在开展旅游营销活动时对旅游者加强环保教育，倡导和规范旅游者循环利用水资源，不随意使用一次性物品等。

案例 3-1

永远消失的天然景观

在(大连)金石滩众多的地质景观中，耸立在海岸边的“大鹏展翅”与“鲤鱼跳龙门”构成了一道美妙奇观。然而，千万年海浪侵蚀，使“鲤鱼”越发瘦弱了，不断发出痛苦的“呻吟”。假如有人能想到它，为它“医治”一下，“鲤鱼”还会欢腾雀跃，继续为人类增添愉悦。遗憾的是人们只忙于在金石滩修建宾馆、高尔夫球场和游艇码头，对“鲤鱼”的痛苦不闻不问。面对人们对“鲤鱼”的不公平待遇，大海“发怒”了。1994 年秋，一次大的海浪袭来，“愤怒”的大海将“鲤鱼”收入海底，“鲤鱼跳龙门”永远从人们的视线中消失了，如今金石滩只剩下“大鹏”在独自“哭泣”。

金石滩不仅“鲤鱼”遭难，由于大量游客涌入，当人们怀着好奇的心情来挖石抠沙、尽情玩耍、任意践踏时，无意中也破坏了金石滩的美景。

(资料来源：吴金林. 旅游市场营销[M]. 北京：高等教育出版社，2007)

四、政治法律环境

政治法律环境是由法律、政府机构和在社会上对各种组织及个人有影响和制约作用的压力集团构成的。政治因素调节着企业营销活动的方向，法律则为企业规定旅游营销活动的行为准则。政治与法律相互联系，共同对企业的旅游市场营销活动发挥影响和作用。

(一)政治环境

政治环境是指企业旅游市场营销活动的外部政治形势和状况，其主要内容包括一个国家或地区的政治局势、经济体制与宏观政策等。政治稳定包括政治政策的稳定和政治局势的稳定，政治不稳定便构成企业的政治风险。长期稳定的政局可以为国际旅游营销创造良好的环境。20世纪90年代以来，我国旅游业的迅速发展与改革开放以来稳定的政治局势密切相关。2006年，随着青藏铁路的建成通车，西藏旅游业呈现出快速发展趋势，全年接待国内外游客251.21万人次，比2005年增长39.5%。一个国家或地区的外交政策、外贸政策、税收政策、出入境相关规定、反恐政策及战争状态等都会影响旅游者的旅游意向和旅游企业营销活动的开展。美国“9·11”恐怖袭击、澎湖空难、巴厘岛爆炸案和美伊战争等事件，对中国台湾旅游业的沉重打击，充分说明政治环境对旅游业既可形成环境威胁，也可以带来市场机会。国与国之间关系的好坏，往往影响企业国际旅游营销的成效，如果有友好的双边、多边贸易关系，一般对企业比较有利；反之，则会遇到一些人为的贸易障碍，使企业面临较大的风险。因此，企业开展旅游市场营销活动时一定要着重考察目标市场的政治稳定性，认真考察政权更迭的频率和政策的连续性，种族、民族、宗教和文化的冲突，以及暴力恐怖活动、示威事件的多寡等多方面因素，尽可能求稳、避险、应变。

案例3-2

圣城旅游的冲击

傍山而建的伯利恒被犹太教和基督教称为“圣城中的圣城”，《旧约圣经》称伯利恒是大卫王的故乡，而据《新约圣经》中福音书记载，基督教所信奉的救世主耶稣就降生于伯利恒的一个马厩之中。这里既是耶稣的出生地，又是犹太人的先祖雅各(后易名以色列)之妻拉结的葬身处，在历史遗迹上建的“圣诞大教堂”、“乳石洞”等都极其有名。观赏这些景点，人们仿佛走进了丰厚深邃的历史，触摸到绚丽多彩、美不胜收的文化。这里曾经游客云集，仅2000年就有240万人次世界各地的游客到以色列，其中大部分都来伯利恒旅游，听圣诞钟声，做圣诞弥撒，祈福祝愿，拜谒圣地。然而，巴以之间2000年9月底爆发大规模流血冲突后，到以色列的游客在接下来的两年间骤降，2002年落入谷底，甚至还不足100万人次，伯利恒更是萧条，几乎门可罗雀。以以色列入境游市场为主要目标市场的旅游企业经营遭受重大损失，当地人甚至觉得“游客的骤减使圣城的钟声敲起来都显得有气无力、沉闷哀怨”。

(资料来源：吴金林. 旅游市场营销[M]. 北京：高等教育出版社，2007)

(二)法律环境

法律环境是指保障与约束企业旅游营销活动的国家各项法律、法规和条例。一个国家或地区进行经济立法是为了维护市场营销活动的正常秩序，维护消费者的合法权益，维护社会公共利益，保护生态环境，防止污染等。有些立法条款对旅游娱乐需求产生重大影响。例如，某些国家或地区制定了喝酒的年龄限制，交通运输条款中对铁路、航运和航空票价的规定，旅游娱乐税和扣除额的规定等都影响着旅游者的消费行为，从而影响旅游企业的营销活动。20世纪80年代以来，世界许多国家为促进旅游业的发展纷纷采取国家直接投资、减税、设立旅游发展基金等财税政策，调动旅游投资的积极性。例如，澳大利亚政府对饭店、旅游地、度假地等基建开发项目实行减免25～40年所得税的政策；马来西亚将所有名牌物品豁免进口税，以刺激购物旅游的发展。随着经济改革和对外开放的不断深入，我国已日益重视经济立法与执法。社会公众保护自身权益的意识增强，组织性提高。企业从事旅游市场营销活动要学法、知法、懂法，进而才能守法、用法、依法办事，得到法律的保护。

相关链接 3-6

《旅行社条例》的新规定

2009年2月27日，国务院公布新的《旅行社条例》，并于5月1日开始实施，届时1996年颁布的《旅行社管理条例》同时废止。新条例反映和顺应了我国旅游业蓬勃发展的势头，降低了旅游市场准入门槛，这主要反映在旅行社设立条件的限制上。第一，从注册上来看，1996年的条例规定："(一)国际旅行社，注册资本不得少于150万元人民币；(二)国内旅行社，注册资本不得少于30万元人民币。"新条例不再分国际旅行社和国内旅行社注册，无论经营国内业务还是入境、出境业务，注册资金一律是"不少于30万元人民币的注册资本"。注册资金虽然历经十多年，但是并未增加，有利于旅行社数量的增长；同时降低了旅行社经营入境、出境业务的门槛，有利于我国国际旅游业务的发展。第二，从质量保证金的存入来看，旧条例规定："(一)国际旅行社经营入境旅游业务的，交纳60万元人民币；经营出境旅游业务的，交纳100万元人民币。(二)国内旅行社，交纳10万元人民币。"而新条例规定："经营国内旅游业务和入境旅游业务的旅行社，应当存入质量保证金20万元人民币；经营出境旅游业务的旅行社，应当增存质量保证金120万元人民币。"这个规定事实上大力鼓励经营国内旅游业务的同时经营入境业务，存入20万元人民币可以同时经营国内和入境业务，不再有原来存入10万元经营只经营国内业务之说，这样不经营入境业务的旅行社要吃亏，而且门槛大大降低，只要存入20万人民币即可，而不是原来的60万人民币；经营出境业务的增存120万元人民币，事实上与原来变化不大，特别是考虑到原来注册国际社资本不少于150万元人民币，就更是这样了。第三，从旅行社分社设立的条件来看，旧条例规定旅行社每年接待旅游者10万人次以上的才可以开分社，新条例没有这一条规定；旧条例规定增加注册资本才可以设立分社(国际社、国内社分别是75万元人民币、15万元人民币/分社)，同时还必须增加质量保证金的交纳(国际社、国内社分别是30万元人民币、5万元人民币/分社)，新条例则取消了增加注册资本的规定，增加的质量保证金的金额也维持不变，只是按照经营国内入境业务和经营出境业务两类来交罢了。

从以上条例分析可以看出，旅行社的设立受到了鼓励，顺应了我国旅游业快速发展的需要；经营入境旅游业务受到了鼓励，适应了我国即将成为第一旅游目的地的需要；出境旅游业务单独作为旅行社的一类，有利于加强对出境游的管理。

(资料来源：http://www.nowboss.com/data/2006/0603/article_32328_1.html)

五、科学技术环境

科学技术是现代生产力中最活跃和最具有决定性的因素，它直接影响旅游企业的产品开发、设计、销售、服务和管理，影响旅游者的消费方式、消费结构和涉足的地理范围。

(一)科学技术环境对旅游企业的影响

科学技术在旅游企业中的广泛应用，可以使企业提供更多的、满足旅游者需求的旅游设施、设备及旅游产品和服务，增强市场竞争力。如旅游饭店、酒店中的客房预订系统、结算系统、消防系统、防盗系统及现代化的会议同声传译系统、客房中的全球电子传真和通信系统、能提示有无客人入住的客房电子锁系统等。科学技术的发展提高了各种交通工具的速度、安全性和舒适度等性能，使企业更快捷地发布产品和服务信息，利用光、声、电等多种技术设计，开发更多的娱乐产品和服务等。旅游企业营销者要密切注意、研究和分析科学技术的发展状况及其对旅游业的影响。

案例 3-3

度假村网络联盟旅游网络新创意

相对于传统行业和消费者来说，网络主要是一个新兴的媒体，是一个中介性质的平台。众多的旅游网站也一样。虽然其中大多数网站都已提供出售机票、预订酒店、预订旅游线等商业服务，但传统的企业对于网站来说还只是一种客户关系，一种业务合作关系。2006年成立的旅游网络公司——新旅网，却动起了新脑筋。其目标是把与其合作的传统企业(旅游饭店、度假村)结合成一个紧密的网络联盟，实行真正的网络化电子商务经营。

新旅网的定位不同于一般的旅游网站，它的特色定位在于，把全国各地都市酒店、度假村、疗养院、高尔夫俱乐部、网球俱乐部等各具特色的休闲会所和主题公园、特殊风景点等相关旅游资源进行优化配置，对其存量资产进行有效重组。通过运用分时度假这种全新的营销方式，辅以现代电子商务技术和资产证券化的金融手段，将相关旅游企业联系起来，组成一个适当规模的利益同盟，实行网络化经营。网络联盟的形成，将借助于互联网和银行特约商互联网结算系统，将国内现有酒店订房系统、酒店管理系统、电子商务交易系统等电脑网络系统和企业界内联网进行有机结合而形成新旅网独有的信息技术网络。新旅网将是以整体业务流程为核心，能安全、便捷地进行电子化交易，完成商品和服务等价值交换的实实在在的电子商务平台。

根据新旅网总体战略发展规划，新旅网将在近几年把全国各地 300 家酒店和 100 家度假村组成一个庞大的酒店度假村网络，设立以北京、上海、广州、香港、南京、武汉、成都、西安和沈阳为中心的九大区域市场，分布于 28 个省、中心城市和著名的旅游风景区。其联盟主要涵盖：①28 个省会城市与直辖市设三星级、四星级、五星级酒店各一家，主要政治、金融、商业中心，如上海、北京、广州、重庆等地多设 2～4 家，共约 100 家。②经济开放城市和旅游城市各入网当地最好的一家酒店。深圳、珠海、青岛、厦门、大连等中心城市多设 2～3 家，共约 200 家。③国内约 100 个著名旅游风景区，如黄山、泰山、张家界等地各入网资源条件最好的一家度假村，共 100 家。

(资料来源：郭英之. 旅游市场营销[M]. 大连：东北财经大学出版社，2006)

(二)科学技术环境对旅游者的影响

科学技术的发展增加了旅游者对旅游产品和服务的选择范围，满足了不同旅游者的不同旅游需求。例如，先进的室内娱乐系统、通信设备、互联网络等逐渐成为外出娱乐和旅游的替代品；方便、快捷和舒适的交通工具使旅游者得以在任何时间和地点旅游、观光、休闲、学习和娱乐，交通和通信的发展将时空距离缩短；电子技术、网络技术的发展使旅游者能方便、迅速地预订车船机票和房间，查询旅游线路、旅游产品、服务和价格等信息；现代化的结算系统方便了旅游者的外出旅游和购物，改变了旅游者的支付方式等。旅游企业营销人员要认真研究旅游者的消费偏好、消费结构、消费方式和支付方式，最大限度地应用现代科学技术为旅游者提供方便，从而实现企业的营销目标。

六、社会文化环境

社会文化环境是指一定社会范围内的民族特征、风俗、习惯、语言、宗教信仰、教育水平、行为规范、社会结构和家庭制度等的总和。文化作为一种适合本民族、本地区、本阶层的共同意识和价值观念，强烈影响着旅游者的消费喜好、消费行为和购买行为。

(一)文化环境

文化环境由一些影响社会的基本价值观、认知、偏好及行为的机构和其他势力构成，具体包括一定的态度和看法、价值观念、道德规范、行为方式及世代相传的风俗习惯等。文化作为一种社会氛围和意识形态，无时无刻不在影响着人们的思想和行为，也影响着人们对旅游商品的选择与购买。每一个社会都有亚文化，它由建立在共同生活经验或生活环境基础上形成的有着共同价值观念体系的人群所构成，主要有民族亚文化、宗教亚文化和地域亚文化等。不同的亚文化群在语言文字、价值观念、生活习惯、艺术和审美方面都有所不同。此外，旅游本身就是一种文化活动，旅游企业开展旅游营销活动要以文化为先导，在旅游产品设计、销售广告创意、营销方案制定和实施等方面都必须适应当地的文化传统和宗教信仰。

案例 3-4

热 情 有 度

杨安琪是一家酒店公共关系部的工作人员，被派去专门接待一位意大利来京工作的专家做服务性工作。因为她热情负责、精明强干，起初专家夫妇对她的印象很不错，她也把自己当成了专家家庭里的一名成员。

一次，那位意大利专家偕夫人外出归来。小杨在问候了他们以后，如同对待老朋友那样，随口便问："你们去哪里玩了？"专家迟疑了良久，才吞吞吐吐地相告："我们去建国门外大街了。"小杨当时以为对方累了，根本未将专家夫妇的态度当成一回事，于是她接着话茬儿又问："你们逛的什么商店？"对方被迫答道："友谊商店。""你们怎么不去国贸大厦和赛特购物中心看看，秀水街的东西也挺不错的。"小杨好心好意地向对方建议说。

然而，她的话还没有全部说完，专家夫妇却已转身离去了。两天后，杨安琪就被辞退了。对方提出的理由是："杨小姐令人讨厌，她对主人的私生活太感兴趣了。不然，她打听这个打听那个干什么？我们去哪一家商店关她何事。"

在中国人听起来，那些话体现了小杨待人的热情友善。可是，由于文化背景的不同，那位意大利专家却因此而认定小杨有"窥视癖"，她的所作所为已经妨碍了自己的私生活，所以才对杨安琪忍无可忍了。因为在国际交往中，人们公认待人接物是需要"热情有度"的。杨安琪正是因为不懂得这一点，才会好心不得好报。

(资料来源：王涅. 旅游公共关系[M]. 北京：化学工业出版社，2009)

(二)社会环境

社会环境对旅游者购买行为具有广泛、持久和深远的影响。社会环境除了国家、地区、阶级、阶层、种族和民族以外，还有参照群体、家庭、社会角色等因素。

参照群体是指对一个人的看法、态度和行为起着参考、影响作用的个人或团体。参照群体可分为成员群体和非成员群体，直接参照群体和间接参照群体。参照群体为旅游者提供了一定的消费行为模式，直接或间接地影响了旅游者对旅游产品的看法，进而引起旅游者的购买动机和行为，起着示范、诱导和传播的作用，引起从众和趋同化行为。

人们按照职业、收入、受教育程度、居住区域等被划分为一定的社会阶层。社会阶层对人们行为产生影响的心理基础在于人们的等级观念和身份观念，人们一般会采取同自己的等级、身份相吻合的行为。等级观和身份观又会转化为更具有指导意义的价值观、消费观和审美观，从而直接影响人们的消费特征和购买行为。因此，旅游企业营销人员应注意社会环境各方面因素对旅游者传递的信息，充分利用它们对旅游者施加的影响，扩大旅游产品和服务的销售。

案例 3-5

送 手 帕

国内某家国际旅行社，曾在杭州定做了一批纯丝手帕，名厂名产。每块手帕上都绣着花草图案，美观大方，装在特制的纸盒内，盒上印有旅行社社徽。在我们看来，这是一份很像样的小礼品。一位导游员带着盒装的纯丝手帕，到机场迎接来自意大利的游客。待致完热情、得体的欢迎词之后，他代表本单位送给车上每位客人两个包装精美的手帕作为礼品。没想到车上一片哗然，议论纷纷，游客显出很不高兴的样子。特别是一位夫人，大声喊叫，表现得极为气愤，还有些伤感。导游员心慌了，好心好意送客人礼物，人家不但不感谢，反而很生气。中国人总以为送礼人不怪，这些外国人为什么怪起来了呢？原来在意大利和西方一些国家有这样的习俗：亲朋好友相聚一段时间告别时才赠送手帕，取意为："擦掉惜别的眼泪。"人家兴冲冲地踏上盼望已久的中国大地，刚刚准备开始愉快的旅行时，你就让人家擦离别的眼泪，人家当然不高兴，就要议论纷纷。那位气愤的夫人之所以大声喊叫，是因为她所得到的手帕上面绣着菊花图案。菊花在中国是高雅的花，但在意大利却是葬仪用花，凡是送给死者的物品，上面才有菊花图案。人家怎能不愤怒呢？真是"送礼人也怪"啊。

(资料来源：杜炜，张建梅. 导游业务[M]. 北京：高等教育出版社，2002)

七、交通运输环境

交通运输环境是影响旅游市场营销的重要因素。旅游者出行的安全性、便捷性和舒适性对旅游质量有很大影响，特别是旅游景点的可进入还是景点营销成败的关键因素之一。

一些旅游景点由于交通不便，不少游客乘兴而来、扫兴而去，甚至有“花钱买不自在”的抱怨；一些旅游饭店生意曾十分兴旺，但随着驾车来消费的宾客的增加，却因泊车场所严重不足而失去了昔日的风光。

现代交通运输条件的改善，大大缩短了通往旅游目的地的时空距离，如波音 747-SP 型飞机飞行速度已达 1000 千米/时，高速公路上的车速可达 100 千米/时以上，磁悬浮子弹火车可超过 300 千米/时。便捷舒适的交通为旅游市场的发展创造了良好的条件。

旅游交通工具的发展，还为旅游市场带来了新型游客，例如，英国的“伊丽莎白皇后号”、德国的“欧洲号”、美国的“君王占领号”游轮举世闻名，我国长江旅游船年接待能力已达 45 万人次。一些交通工具还丰富了旅游产品，如滑竿、旅游缆车、雪橇等特色旅游交通工具本身就是旅游市场上吸引力很强的旅游项目。

旅游交通运输条件的改善给旅游市场带来了新机遇，但经营者也要警惕可能因突发交通事故而导致经营危机，如 2001 年中国台湾省的华航空难曾一度导致来台观光的游客下降。

案例 3-6

青藏铁路运输旅游者突破 1000 万人次 带动西藏旅游业

自 2006 年 7 月 1 日青藏铁路通车至 2011 年，乘坐列车进出藏的旅游者突破了 1000 万人次，青藏铁路对西藏旅游业的辐射带动作用日益增强。

西藏自治区旅游局副局长王松平介绍，2006 年青藏铁路开通，当年即实现了西藏旅游人数的大幅攀升，突破 200 万人次。2007 年，青藏铁路旅游效应进一步显现，全年接待海内外游客超过 400 万人次。到 2010 年，西藏旅游接待海内外旅游者超过 600 万人次。乘坐铁路进藏旅游者占总人数的比例从 2006 年的 26%增加到 2010 年的 42%。

青藏铁路的通车，突破了制约西藏旅游业发展的交通瓶颈。同时，青藏铁路自身也成为旅游者青睐的“旅游产品”，众多游客专程选择乘坐青藏铁路列车进入西藏，以此体验全球海拔最高的铁路。王松平说，青藏铁路开通后 5 年内，西藏旅游业得到了超常规、跨越式的快速发展，青藏铁路无疑带来了强大的助推力。

(资料来源：http://www.toptour.cn/publish/portal0/tab66/info19900.htm)

第二节 旅游市场营销微观环境分析及技术

一、旅游市场营销微观环境分析

旅游市场营销微观环境是指存在于旅游企业周围并影响其营销活动的各种因素和条件，包括旅游企业内部环境、供应商、竞争者、营销中介(旅游中间商)、顾客和公众等。

(一)旅游企业内部环境

旅游企业中的各种活动和部门构成了旅游企业营销环境的第一个微观要素。旅游企业内部环境包括市场营销管理部门、各职能部门及最高管理层。营销经理必须与企业最高管理层及各个部门紧密合作，才能保证营销活动顺利进行。会计核算部通过测算收益和成本帮助营销人员了解是否达到了营销目标；产品开发部负责产品创新，以满足不断变化的市场需要；客房部负责提供销售部卖出的客房的清洁卫生。高层管理者制定企业的使命、目标、战略和政策，营销决策必须与高层管理者的战略和计划保持一致。如果高层管理者将饭店的服务定位于商务旅行者，而中层经理却将饭店的服务定位于普通家庭，其营销活动将削弱品牌的竞争力。

(二)供应商

供应商是指向旅游企业及其竞争者提供营销活动所需资源的企业或个人。这里所指的资源包括旅游产品和服务、能源、物质材料、劳动力、资金和设备等。例如，旅行社的供应者有旅游风景管理区、交通部门、宾馆酒店和娱乐场所等，旅游饭店的供应者有定点旅游用品商店、水电气公司和果蔬市场等。从大一点的范围来看，旅游目的地需要供应商。航空公司的服务、饭店、酒店、餐馆、会议设施以及娱乐等都属于旅游目的地所应提供的服务项目。旅游供应商的数量及其所提供的旅游资源和旅游产品的价格、供应量和质量，都会影响旅游企业的产品和服务的价格、质量、销量和利润。因此，旅游企业应选择信誉好、实力强、经营规范的供应商。

(三)竞争者

旅游产品的需求替代性较强，旅游市场的潜在竞争对手较多。因此，生产可替代性或互补性旅游产品以及为相同或相似顾客提供产品和服务的企业或个人互为竞争者。竞争不但是商品质量、性能、形式等方面的竞争，也可能是在资金、人才、技术等方面的竞争。从旅游者作出购买决策的过程分析，可将竞争者划分为愿望竞争者、一般竞争者、产品形式竞争者和品牌竞争者四种类型。

辨别、确定竞争者，应从产品和顾客两方面进行市场细分。范围不能过窄，仅仅局限于同行业，但也不宜过宽，使注意力过于分散，应当既拓宽视野，又抓住重点，才有利于企业制定长期的发展规划和竞争战略。

(四)营销中介

营销中介是指那些帮助企业向最后购买者推广、销售和分销产品的企业和个人，包括旅游经销商、代理商、批发商和零售商等中间商及运输公司、银行、保险公司、信托公司、广告公司、营销调研公司和营销咨询公司等辅助商。营销中介是沟通旅游企业与旅游者之间的桥梁，一方面沟通二者之间的信息，另一方面克服空间障碍，使旅游者方便地获得旅游产品和服务。

(五)顾客

顾客是旅游市场上产品和服务的购买者，是影响旅游营销活动的最基本、最直接的环境因素，旅游企业的一切营销活动都应以满足顾客的需要为中心。我国旅游企业面对的市场类型主要有团体旅游者市场、个体旅游者市场、旅游中间商市场、非营利组织市场、政府市场和国际旅游客源市场。具体可将购买者划分为旅游消费者和组织购买者两种类型。旅游消费者是指最终旅游消费购买者，如观光旅游者、度假旅游者、会议旅游者、商务旅游者等，目的是满足个人或家庭物质和精神的需要，这种顾客一般属于散客。组织购买者是指为开展业务而购买旅游产品和服务的各种企业或机关团体组织。

案例 3-7

旅游服务：于细微处见真情

3 年前，韩国一家大集团副总裁到澳大利亚出差。当他住进丽滋·卡尔登饭店(Ritz Carlton Hotel，1992 年美国国家品质奖服务类奖得主)后，他打电话给该饭店客房服务部门，要求将浴室内原放置的润肤液换成另一种婴儿牌的产品。服务人员很快满足了他的要求，但事情并没有结束。3 周后，当这位副总裁住进美国新墨西哥州的丽滋·卡尔登饭店时，他发现浴室的架子上已经摆放着他所熟悉的润肤液，一种回家的感觉在他心中油然而生……

“凭借信息技术和多一点点的用心，丽滋·卡尔登饭店使宾至如归不再是口号。”丽滋·卡尔登饭店澳大利亚地区品质训练负责人琴·道顿说出了丽滋·卡尔登饭店成功的秘密。在丽滋·卡尔登全球联网的计算机档案中，详细记载了超过 24 万名客户的个人资料。这是每一个顾客和丽滋·卡尔登员工拥有的小秘密，使顾客满意在他乡。

(资料来源：转引自郝索. 旅游经济学. 北京：中国财政经济出版社，2009)

(六)公众

公众是旅游企业市场营销微观环境的重要因素，对企业的旅游营销活动起着现实或潜在的影响。公众是指对实现旅游企业目标有现实或潜在利害关系和影响力的所有团体组织和个人，主要包括政府公众、金融公众、媒介公众、群众团体、地方公众、内部公众和一般公众等，这些不同类型的公众对企业实现营销目标都有阻碍或促进的功能。

二、旅游市场营销环境分析技术——SWOT 分析法

旅游企业在进行市场营销环境分析时，不仅要注重对外部环境(包括宏观环境、行业环境)和内部条件分析，更重要的是将外部环境与内部条件结合起来分析。只有这样，才能真正做到“知彼知己，百战不殆”。常用的旅游市场营销环境分析技术是 SWOT 分析法。

SWOT 分析是广为应用的一种机会-风险分析方法。SW 是指企业内部的优势和劣势(strengths and weaknesses)，OT 是指企业外部的机会和风险(opportunities and threats)。SWOT 分析就是企业在环境分析时，对企业内部的优势与劣势和外部的机会与风险进行综合分析，据此对备选方案作出系统评价，最终达到选出一种适宜的营销战略的目的。

(一)SWOT 模型

企业内部的优劣和劣势是相对于竞争对手而言的，表现在资金、技术设备、员工素质、产品市场和管理技能等方面。衡量企业优、劣势有两个标准：一是资金、产品、市场等一些单方面的优、劣势；二是综合的优、劣势，可以选定一些因素评价打分，然后根据重要程度进行加权，取各项因素加权数之和来确定企业是处在优势还是劣势。企业应扬长避短，内部优势强，宜采用发展型战略，否则宜采用稳定型或紧缩型战略。

企业外部环境是企业所无法控制的。企业外部环境中有的对企业发展有利，可能给企业带来某种机会，如宽松的政策、技术的进步，就有可能给企业降低成本、增加销售量创造条件。有的外部环境对企业发展不利，可能给企业带来威胁，如紧缩信贷、原材料价格上涨、税率提高等。来自企业外部的机会与风险，有时需要与竞争对手相比较才能确定。有利条件可能对所有企业都有益，风险也不仅只威胁本企业。因此，在有些情况下还要分析同样的外部环境到底对谁更有利或更不利。当然企业与竞争对手的外部环境是不可能完全相同的，很多时候却有许多共同点，此时，对机会与风险的分析不能忽略与竞争对手相比较。

SWOT 分析的做法是：依据企业的方针列出对企业发展有重大影响的内部及外部环境因素，继而确定标准，对这些因素进行评价，判定是优势还是劣势、是机会还是风险。

在以上分析的基础上，可以根据企业的得分来判定企业应采用何种类型的战略(见图 3-1)，处于第Ⅰ象限，外部有众多机会，又具有强大的内部优势，宜采用增长型战略(SO 战略)；处于第Ⅱ象限，外部有机会，而内部条件不佳，宜采取措施扭转内部劣势，可采用先稳定而后发展的防御型战略(WO 战略)；处于第Ⅲ象限，外部有威胁，内部状况又不佳，应设法避开威胁，消除劣势，可采用紧缩型战略(WT 战略)：处于第Ⅳ象限，拥有内部优势而外部存在威胁，宜采用多种经营战略分散风险，寻求新的机会(ST 战略)。

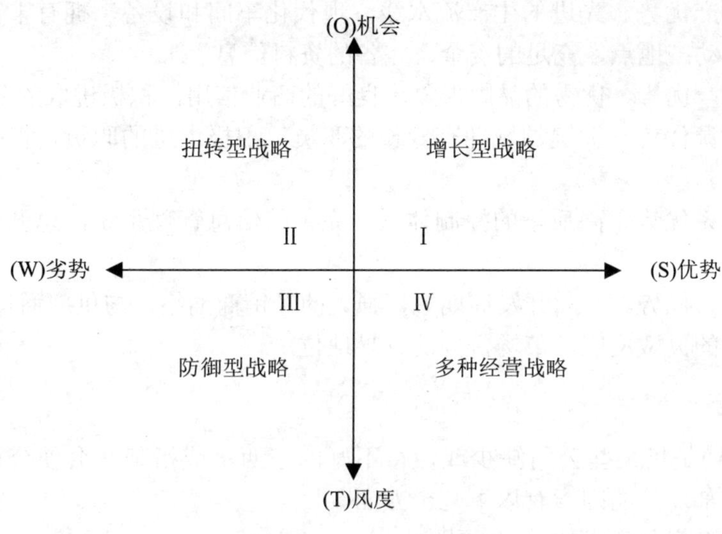

图 3-1　SWOT 分析

(二)SWOT 分析法的步骤

使用 SWOT 分析法进行旅游企业内、外部环境综合评价可按以下步骤进行。

(1) 罗列企业的优势和劣势，可能的机会与威胁。

(2) 优势、劣势与机会、威胁相组合，形成 SO、ST、WO、WT 策略。

(3) 对 SO、ST、WO、WT 策略进行甄别和选择，确定企业目前应该采取的具体战略与策略。

(三)SWOT 分析法的内容

SWOT 分析法的主要内容包括对外部环境的机会、威胁分析和对内部环境的优势、劣势分析四个部分。

1. 竞争优势

竞争优势(S)是指一个企业超越其竞争对手的能力，或者指公司所特有的能提高公司竞争力的东西。例如，当两个餐饮企业处在同一市场或者说它们都有能力向同一顾客群体提供产品和服务时，如果其中一个企业有更高的赢利率或赢利潜力，那么，这个企业比另外一个企业更具有竞争优势。竞争优势有以下几个方面。

(1) 技术技能优势。独特的生产技术，低成本生产方法，领先的革新能力，雄厚的技术实力，完善的质量控制体系，丰富的营销经验，上乘的客户服务，卓越的大规模采购技能。

(2) 有形资产优势。先进的生产流水线，现代化车间和设备，拥有丰富的自然资源储存，吸引人的不动产地点，充足的资金，完备的资料信息。

(3) 无形资产优势。优秀的品牌形象，良好的商业信用，积极进取的公司文化。

(4) 人力资源优势。关键领域拥有专长的职员，积极上进的职员，很强的组织学习能力，丰富的经验。

(5) 组织体系优势。高质量的控制体系，完善的信息管理系统，忠诚的客户群，强大的融资能力。

(6) 竞争能力优势。产品开发周期短，强大的经销商网络，与供应商良好的伙伴关系，对市场环境变化的灵敏反应，市场份额的领导地位。

2. 竞争劣势

竞争劣势(W)是指某些公司缺少或做得不好的东西，或指某些会使公司处于劣势的条件。可能导致内部弱势的因素有以下几个方面。

(1) 缺乏具有竞争意义的技能技术。

(2) 缺乏具有竞争力的有形资产、无形资产、人力资源和组织资产。

(3) 关键领域里的竞争能力正在丧失。

3. 市场机会

市场机会(O)是影响公司战略的重大因素。公司管理者应当确认每一个机会，评价每一个机会的成长和利润前景，选取那些可与公司财务和组织资源匹配，使公司获得的竞争优势的潜力最大的最佳机会。潜在的发展机会可能有以下几个方面。

(1) 客户群的扩大趋势或产品细分市场。

(2) 技能技术向新产品新业务转移，为更大客户群服务。

(3) 前向或后向整合可能性加大。

(4) 市场进入壁垒降低。

(5) 获得并购竞争对手的能力。

(6) 市场需求增长强劲，可快速扩张。

(7) 出现向其他地理区域扩张，扩大市场份额的机会。

4. 外部威胁

在公司的外部环境中，总是存在某些对公司的赢利能力和市场地位构成威胁的因素。公司管理者应当及时确认危及公司未来利益的威胁，作出评价并采取相应的战略行动来抵消或减轻它们所产生的影响。公司的外部威胁(T)可能有以下几方面。

(1) 出现将进入市场的强大的新的竞争对手。

(2) 替代品抢占公司销售额。

(3) 主要产品市场增长率下降。

(4) 汇率和外贸政策的不利变动。

(5) 人口特征、社会消费方式的不利变动。

(6) 客户或供应商的谈判能力提高。

(7) 市场需求减少。

(8) 容易受到经济萧条和业务周期的冲击。

(四)持久的竞争优势

由于企业的整体性和竞争优势来源的广泛性，在做优劣势分析时，必须从整个价值链的每个环节上，将企业与竞争对手做详细的对比，如产品是否新颖，制造工艺是否复杂，销售渠道是否畅通，价格是否具有竞争性等。如果一个企业在某一方面或几个方面的优势正是该行业企业应具备的关键成功因素，那么，该企业的综合竞争优势也许就强一些。需要指出的是，衡量一个企业及其产品是否具有竞争优势，只能站在现有的潜在用户的角度上，而不是站在企业的角度上。

企业在维持竞争优势的过程中，必须深刻认识自身的资源和能力，采取适当的措施。因为一个企业一旦在某一方面具有了竞争优势，势必会吸引到竞争对手的注意。一般来说，首先企业经过一段时期的努力，建立起某种竞争优势；然后就处于维持这种竞争优势的态势，竞争对手开始逐渐作出反应；最后，如果竞争对手直接进攻企业的优势所在，或采取其他更为有力的策略，就会使这种优势受到削弱。所以，企业应保证其资源的持久竞争优势。持久竞争优势受到两个方面因素的影响：企业资源的竞争性价值和竞争优势的持续时间。

1. 企业资源的竞争性价值

评价企业资源的竞争性价值必须进行以下四项测试。

(1) 这项资源是否容易被复制？一项资源的模仿成本和难度越大，它的潜在竞争价值就越大。

(2) 这项资源能够持续多久？资源持续的时间越长，其价值越大。

(3) 这项资源是否能够真正在竞争中保持上乘价值？在竞争中，一项资源应该能为公司创造竞争优势。

(4) 这项资源是否会被竞争对手的其他资源或能力所抵消？

2. 竞争优势的持续时间

影响企业竞争优势持续时间的主要因素如下。

(1) 建立这种优势要多长时间？

(2) 能够获得的优势有多大？

(3) 竞争对手作出有力反应需要多长时间？

如果企业分析清楚了这 3 个因素，就可以明确自己在建立和维持竞争优势中的地位。

当然，SWOT 分析法不仅是列出四项清单，最重要的是通过评价公司的优势、劣势、机会、威胁，最终得出以下结论。

(1) 在公司现有的内外部环境下，如何最优的运用自己的资源。

(2) 如何建立公司的未来资源。

实例：甘肃灵台县旅游发展的 SWOT 分析

内部环境 战略对策 外部环境	优势—S	劣势—W
	1. 区位优势明显 2. 旅游资源种类齐全 3. 文化资源特色明显，以皇甫谧文化旅游资源为代表的旅游文化品牌影响较大 4. 生态环境优越 5. 领导重视、宣传到位 6. 旅游开发时机成熟，从国家、省、市、县上的政策导向和领导的重视上，有利于旅游业的发展 7. 旅游基础设施建设起步良好 8. 资源保护情况较好，开发潜力大	1. 旅游基础薄弱 2. 旅游景点分散，资源缺乏有效整合 3. 旅游业配套服务设施滞后
机会—O 1. 世界旅游业持续高速发展 2. 国家“三农”政策的推动 3. 平凉市旅游发展的推动 4. 城乡居民收入水平的持续增长 5. 消费结构升级推动旅游产品结构升级，生态、休闲逐渐成为意识主流 6. 旅游向郊区化、短期化发展，一日游、两日游越来越多 7. 资金加速进入旅游领域	**SO 战略** 1. 加强区域合作，优势互补，形成综合吸引力 2. 整合资源、深度策划、推陈出新、形成精品	**WO 战略** 1. 以科学发展观为指导，制定大旅游、泛旅游理念下的旅游发展战略，发展医药业、种植业和教育培训产业 2. 改造建设原有景点，发展新的休闲度假性质的旅游景点
威胁—T 1. 同质资源竞争激烈 2. 竞争区域客源分流 3. 自然与文化生态脆弱的隐患 4. 相关利益调控的冲突	**ST 战略** 准确定位，市场细分，强化核心竞争力，打造系列文化性、参与性、体验性、娱乐性强的文化与生态相结合旅游产品，以差异化精品取胜	**WT 战略** 加强营销力度，提高旅游品牌知名度

思考与能力训练

一、思考题

1. 旅游市场营销环境包括哪些？

2. 举例说明旅游市场营销微观环境因素和宏观环境因素对旅游企业市场营销活动的影响。

3. 旅游企业对市场营销宏观环境并无任何控制能力，为什么还要关注它？

4. 举例说明旅游企业的哪些变化是由于市场营销环境的变化而引起的。

二、能力训练

能力训练一

1. 实训目的和要求

(1) 通过实践训练，学会分析旅游企业市场营销一般环境的变化趋势以及对旅游企业营销活动的影响，并采取相应的对策达成企业的营销目标。

(2) 要求学生根据实训项目撰写实训报告。

2. 实训内容

选择当地一家旅游企业，如旅行社、旅游饭店、旅游交通公司和景区景点等进行考察，分析以下问题。

(1) 该旅游企业所面临的市场营销一般环境因素是什么？这些环境因素已经或正在发生哪些变化？即将发生哪些变化？

(2) 在该企业所面临的市场营销环境因素中，哪些是有利的环境因素？那些是威胁的环境因素？

(3) 各种营销环境因素对旅游企业的市场营销活动会产生哪些有利的或不利的影响？

(4) 你认为该旅游企业在市场竞争中存在哪些问题？具有哪些优势？

(5) 根据你的分析，请为该企业提出具有针对性的改进措施或对策。

能力训练二

1. 实训目的和要求

(1) 培养学生的现代旅游市场意识和旅游产品意识，树立现代旅游市场营销观念，提高学生对旅游企业营销活动的分析能力。

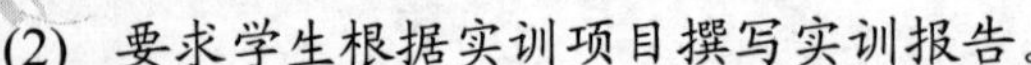

(2) 要求学生根据实训项目撰写实训报告。

2. 实训内容

假如你是一家旅游公司的团体推销代表，大多数客户是40～60岁的富有夫妇。最近几年，许多有孩子的年轻家庭搬迁到你公司所在地的住宅区，其中一些已陆续询问了有关家庭度假的信息。目前，你的公司不准备涉足这个日益成长的市场，但你已经作了一些调查，正考虑建立你自己的旅游公司，并专门从事家庭度假业务。

(1) 描述你准备开拓的市场。

(2) 你的公司应该在何处选址？

(3) 你会为你的旅游公司取什么名字？

(4) 你将专门经营哪类旅游产品与服务？

(5) 你将提供什么产品或服务？

(6) 你认为有孩子的双职工家庭在度假旅游时会寻求什么特别的利益？

(7) 描述你将聘用的雇员的特征。

(8) 这些顾客可能有什么特别的需求或问题？你将如何与他们沟通？

(9) 如何使你的新顾客成为你的“回头客”？

能力训练三

欧洲迪斯尼乐园的经营失误

迪斯尼(Disney)乐园是美国好莱坞著名动画片大师和制作家沃尔特·迪斯尼设计创立的，并以他的名字命名。迪斯尼乐园是一座主题乐园，主要由美国大街、冒险乐园、新奥尔良广场、熊的世界、幻想奇境、边境地界和明日世界七大游区组成，其项目之丰富、科学技术之奇巧、规模之宏伟、设计之独特，无不令人眼花缭乱。美国本土的迪斯尼、日本的迪斯尼和欧洲的迪斯尼(Euro Disney)现已成为全球最具魅力的主题乐园。但是，迪斯尼的经营者在取得骄人业绩的背后也有失败的教训，其中之一就是欧洲迪斯尼(法国)乐园价格策略的失败。

欧洲迪斯尼的经营者在经营初期认为，其欧洲的竞争对手无法和迪斯尼的声望和规模相比拟，所以把门票价格定的比竞争对手高了两倍左右，并且很少进行价格优惠和季节性的调整。他们还假设游客在欧洲迪斯尼的二次消费水平会和美国迪斯尼相当。但是和大多数美国人开车到迪斯尼乐园游玩的情况不同，欧洲旅游市场上长途客车和旅游经营商担任着重要的角色，欧洲迪斯尼没有认识到这一点，因而很少在定价、订票系统上作出让步。

事实上，法郎对其他欧洲货币汇率的变化以及全欧洲范围内的经济衰退，使得欧洲迪斯尼的门票价格显得异常昂贵。人们发现，去欧洲迪斯尼并不比到佛罗里达(Florida)游览迪斯尼的包价旅游便宜多少，而欧洲迪斯尼还无法和佛罗里达的迷人气候相比。另外，昂贵的门票使得游客往往不太乐意再花太多的钱在食物、纪念品和其他商品上，人们宁愿步行

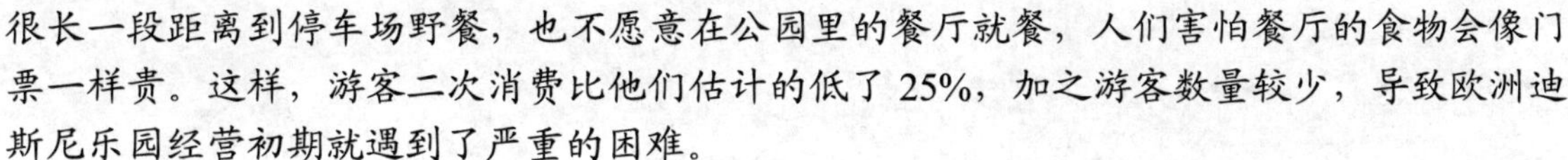

很长一段距离到停车场野餐，也不愿意在公园里的餐厅就餐，人们害怕餐厅的食物会像门票一样贵。这样，游客二次消费比他们估计的低了25%，加之游客数量较少，导致欧洲迪斯尼乐园经营初期就遇到了严重的困难。

(资料来源：冷梅. 漫游世界——美国；屈云波. 旅游业营销)

【分析讨论】

1. 欧洲迪斯尼乐园在其经营过程中存在哪些失误？
2. 欧洲迪斯尼乐园出现上述各种失误的根本原因是什么？
3. 如果你是项目决策者，针对欧洲迪斯尼乐园遭遇的尴尬，会采取哪些措施解决？
4. 如果有人建议在你学校所在城市筹建一个迪斯尼乐园，你认为可行吗？为什么？

第四章

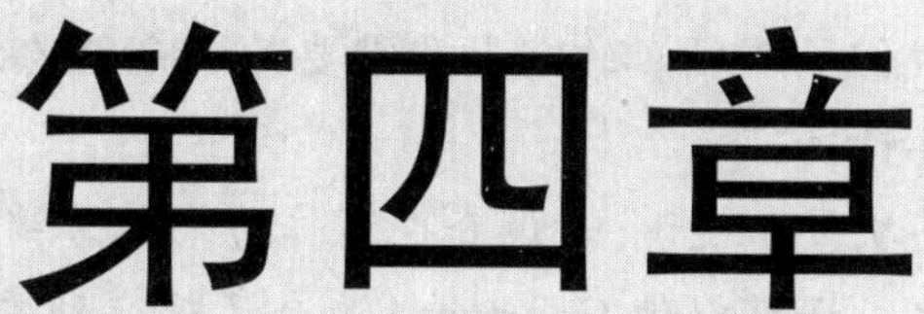

旅游市场营销信息与调研

【知识目标】

理解旅游市场营销信息系统、旅游市场营销调研和旅游市场预测的含义；了解旅游市场信息系统的构成要素；了解旅游市场营销调研和旅游市场预测的程序；掌握旅游市场营销调研和旅游市场预测的各种方法。

【能力目标】

学会运用抽样技术、问卷技术进行旅游市场营销调研；学会制订旅游市场营销调研计划和撰写旅游市场营销调研报告。

【学习成果】

问卷设计：能设计旅游市场调研问卷。

调研报告：能根据调研数据撰写调研报告。

案例导入

马里奥特的市场调研

有些商人可以不带运通卡，但是如果不带上玩具熊，他们是不会离开家的。这是马里奥特公司(Marriott)下属的 Courtyard 分部在对其顾客进行调查时发现的一个令人吃惊的事实。正如马里奥特公司国内公关部经理吉尔里·坎贝尔(Geary Campbell)所说，“在 Courtyard，市场调研对我们了解顾客的需求和需要是十分重要的。如果我们不进行调研，我们就不可能搞清楚实际情况。”

吉尔里·坎贝尔还说：“调查也可作为一种营销工具，它让媒体和消费者了解我们的顾客在做些什么，还可以使 Courtyard 这个品牌得到更多的认同。”

弗吉尼亚州麦克莱恩市的希夫里特公司(D. K. Shifflet & Associates of Mclean，Va.)对在过去 12 个月中至少做过 6 次商务旅行的 300 名 Courtyard 的顾客进行了调查。调查采用电话调查方式，问题共有 30 个，主要包括：旅行者在旅行期间是怎样和他们的家人及办公室进行联系的；为了使旅行生活能有在家的感觉，旅行者会怎样做或随身携带些什么。吉尔里·坎贝尔说：“我们还想搞清楚旅行者的一些习惯，诸如他们旅行时的习惯等。”

有些调查结果是马里奥特公司事先预计到的。例如，调查发现 58%的商务旅行者带有膝上电脑。有些发现出乎预料，如这些带有膝上电脑的人说，他们带电脑是为了玩游戏；同时有 7%的商务旅行者说，他们旅行时带着玩具熊或其他玩具。

基于以上数据，Courtyard 对营销方式作了调整。例如，由于很多商务旅行者都带有膝上电脑并可以上网，于是，马里奥特公司在网上为商务旅行者们提供了很多信息，其中包括标出旅店位置的地图及 Courtyard 进行的促销活动。调查还表明，很多商务旅行者希望能安静地休息，因此 Courtyard 的大堂也取消了可能会打扰顾客的音乐和电视声音。

吉尔里·坎贝尔说：“一些调查结果证实，商务旅行者希望的‘并不只是前台人员微笑的面孔’，他们还希望能提前购买早餐和快速办理登记和结账手续。”

通过市场调研，Courtyard 识别出了商务旅行者的需要和需求，并且开办了能够使顾客成为回头客的服务。

由于商务旅行非常繁忙，所以 Courtyard 尽可能做到使旅行者住得方便和统一。正如吉尔里·坎贝尔所说：“无论他们住在华盛顿特区的 Courtyard，还是住在西雅图，他们都会有同样的经历，他们知道可以得到什么样的服务。”

马里奥特曾就其提供全方位服务的旅馆对顾客进行了调查，了解他们对中等价位旅馆的要求。在此项调查的两年之后，也就是 1983 年，马里奥特推出了 Courtyard 品牌。吉尔里·坎贝尔说："Courtyard的主要顾客是商务旅行者。"

通过市场调研，马里奥特不但设计出了像Courtyard这样的新品牌，而且还因其产品满足了不断变化的市场需求，从而建立起了品牌权益。

(资料来源：(美)小卡尔·迈克丹尼尔(Carl McDaniel, Jr.)，罗杰·盖兹(Roger Gates)，范秀成，等，译. 当代市场调研[M]. 北京：机械工业出版社，2000)

【问题】

1. 旅游营销人员如何获取有效信息？
2. 怎样进行情报的收集、分析和整理？
3. 运用什么样的方法和手段进行市场调研？

解决好以上问题能够为制定科学的旅游营销决策及提高营销效率提供有效的依据。

第一节　旅游市场营销信息系统

对于营销者来讲，获取有效的营销信息，就可以更好地发现和利用市场机会，认识和解决营销活动所面临的问题。管理好企业实际上就是管理好信息。如何通过管理信息来减少未来经营中的不确定性，是一个现代企业在营销活动中需要不断解决的问题。

旅游市场营销信息是指在一定的时间和条件下，与旅游市场营销活动有关的各种事物发展变化的实际状况、特性、相关关系的情报、资料和数据的总称。它反映了旅游市场的环境状况和发展趋势，是旅游营销者进行营销决策的重要资源。

旅游市场营销信息系统是指一个由人、设备和程序组成的持续和相互作用的结构系统，用于收集、整理、分析、评估和分配恰当的、及时的、准确的信息，以利于旅游营销决策者对旅游市场营销计划进行调整、改进、执行和控制。旅游市场营销信息系统包含以下三层含义。

(1) 旅游市场营销信息系统是由人、设备和程序三个要素组成的复合体，是一个缺一不可的完整的系统。

(2) 这一系统提供适当、及时和准确的信息，即它的运行是一个不断输入、加工、输出有效信息的动态过程，并因信息有时效性而在不断地更新。

(3) 它的服务对象是旅游营销决策者。有效的信息是旅游营销者进行决策的依据。

旅游市场营销信息系统主要由四部分组成，如图4-1所示。

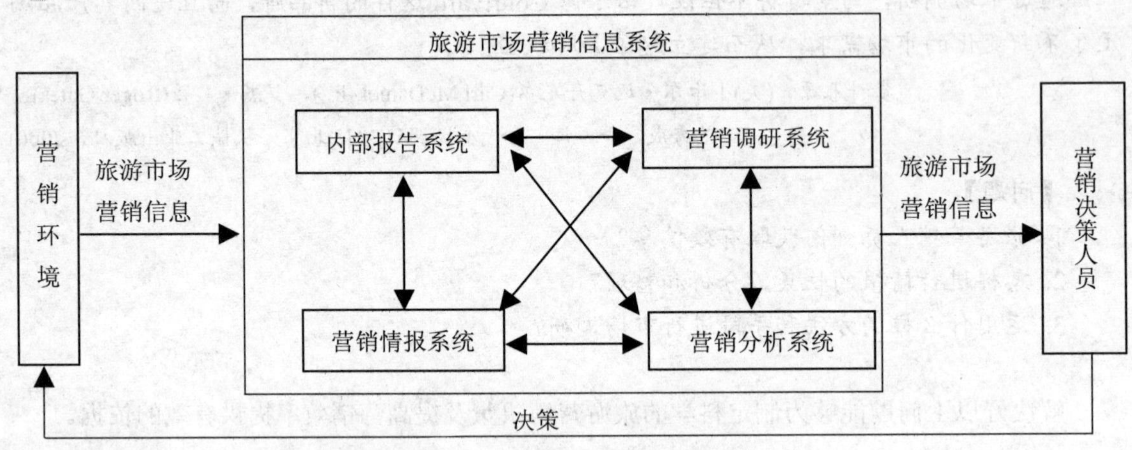

图 4-1　旅游市场营销信息系统

一、内部报告系统

内部报告系统的主要任务是向旅游企业营销管理人员提供有关销售、成本、现金流量和应收账款等各种反映旅游企业营销现状的信息。营销人员以旅游产品、地区、推销人员为基础进行分类，并深入分析有关目前与过去销售及成本的信息。目前，根据旅游业服务性强的特点，旅游企业已逐步建立起服务档案系统，如旅游者的建议与投诉、重要客户信息等。

案例 4-1

人走茶“热”——重视答复“宾客意见书”

雨花台饭店每日例行收集“宾客意见书”，并将所有的意见书上交给主管销售的周副总。一日，周副总一封一封地拜读“宾客意见书”时发现了一封充满失望和不满的意见书。新疆五环外贸公司的一位陈先生出差期间下榻在雨花台饭店。住店期间饭店服务一直非常周到，陈先生十分满意。然而在离店结账时，总台电脑显示陈先生曾在饭店歌舞厅消费过 180 元，但事实上陈先生从未进过酒店舞厅，他坚持要求复查。但复查两次后，电脑都显示陈先生有此消费，无奈之下，他只得付了这笔冤枉钱。陈先生越想越生气，临走时在“宾客意见书”中写了一首打油诗，“饭店确实豪华，收费确实离谱，从未进过舞厅，还是被剁一刀。”

周副总发现这封意见书后，心生疑窦，于是亲自调查核实，发现原来是舞厅收银员记错了房间号。周副总一方面责成处理舞厅收银员的失职行为，另一方面着手联系陈先生，先是在电话里表达了歉意，后又送去鲜花和正式的致歉信，并将多收的 180 元如数奉还，从而获得了一个“回头客”。

(资料来源：马勇等. 旅游市场营销管理[M]. 大连：东北财经大学出版社，2002)

二、营销情报系统

营销情报系统通过一系列程序与渠道获得外部环境发展的信息，如新法律 布、社会发展趋势、文化变动趋势、人口统计资料、旅游行业内部新的竞争动态等。营销情报系统的来源主要有：一是训练和鼓励旅游企业内部营销人员收集和反馈外部环境信息；二是激励分销商、零售商以及其他中间商向旅游企业提供环境情报信息；三是旅游企业从某些专门性的市场营销研究公司购买商业情报；四是旅游企业建立专门的组织，负责营销情报的收集和处理。

三、营销调研系统

营销调研系统也称营销研究系统，其主要任务是收集、评估和传递营销管理人员制定决策所必需的各种信息。企业营销管理人员常常要求市场研究部门从事市场调查、消费者偏好测验、销售研究、广告评估等工作。研究部门的工作主要侧重于特定问题的解决，即针对某一特定问题正式收集原始数据，加以分析、研究，写成报告提供给最高管理层。

四、营销分析系统

营销分析系统也称营销决策支持系统，其任务是从改善经营或取得最佳经营效益的目的出发，通过分析各种模型，帮助旅游营销管理人员分析复杂的旅游营销问题。该系统包括一些先进的统计程序和模型，借助这些程序和模型，可以从信息中发掘出更精确的调查结果。

以上四个子系统不是孤立的，它们相互作用、相互影响，构成了完整、有效的旅游营销信息系统。只有四个子系统相互配合，才能确保旅游营销信息的全面性、真实性、时效性、适用性和经济性，才能使旅游企业正确选择目标市场，并为制订合理的旅游营销计划打下基础。

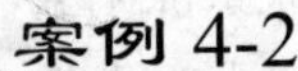

案例 4-2

一张照片后的巨额利润

1964 年，《中国画报》的封面刊出这样一张照片：大庆油田的“铁人”王进喜头戴大狗皮帽，身穿厚棉袄，顶着鹅毛大雪，手握钻机刹把，眺望远方，在他背景远处错落地矗立着星星点点的高大井架。几乎同时，《人民中国》杂志撰文报道说，以王进喜为代表的中国工人阶级，为粉碎国外反动势力对我国的经济封锁和石油禁运，在极端困难的条件下，发扬“一不怕苦，二不怕死”的精神，抢时间、争速度，不等马拉车拖，硬是用肩膀将几百吨采油设备扛到了工地。不久，《人民日报》报道了第三届全国人大开幕的消息，其中提到王进喜光荣地出席了大会。

当时，由于各种原因，大庆油田的具体情况是保密的。然而，上述几则由权威媒体对外公开发布的极其普通的旨在宣传中国工人阶级伟大精神的照片和新闻，在日本三菱重工财团信息专家的手里却变成了极为重要的经济信息，揭开了大庆油田的秘密。

(1) 根据对照片和新闻报道的分析，可以断定大庆油田的大致位置在中国东北的北部，且离铁路线不远。其依据是：唯有中国东北的北部寒冷地区，采油工人才需戴这种大狗皮帽和穿厚棉袄；唯有油田离铁路线不远，王进喜等大庆油田的采油工人们才能用肩膀将百吨设备运到油田。因此，只需找一张中国地图，就可轻而易举地标出大庆油田的大致方位。

(2) 根据对照片和有关新闻报道的分析，可以推断出大庆油田的大致储量和产量，并可确定是否已开始出油。其依据是：从照片中王进喜所站的钻台上手柄的架势，推算出油井的直径是多少；从王进喜所站的钻台油井与他背后隐露的油井之间的距离和密度，又可基本推算出油田的大致储量和产量；从王进喜出席了人大代表大会，可以肯定大庆油田出油了，不然王进喜是不会当代表的。

(3) 根据中国当时的技术水准和能力及中国对石油的需求，中国必定要大量引进采油设备。

于是，日本三菱重工财团迅速集中有关专家和人员，在对所获信息进行剖析和处理之后，全面设计出了适合中国大庆油田的采油设备，做好充分的夺标准备。果然，不久后中国政府向世界市场寻求石油开采设备。日本三菱重工财团以最快的速度和最符合中国要求的设计、设备获得了中国政府的巨额订货，赚了一笔巨额利润。此时，西方石油工业大国却目瞪口呆，还未回过味儿来呢。

(资料来源：http://luckycathyluckyjacky.blog.sohu.com/1422032.html)

第二节　旅游市场营销调研

一、旅游市场营销调研的类型和内容

旅游市场营销调研是指运用科学的方法，有目的、有计划、有步骤、系统地收集整理和分析有关旅游营销活动方面的信息，以了解旅游营销环境与市场状况，为旅游经营决策提供依据的活动。旅游市场营销调研的目的是为旅游企业决策者或管理部门提供参考依据，为制定旅游企业长远性的战略规划，或制定某阶段或针对某具体问题的具体政策或策略提供参考依据。

(一)旅游市场营销调研的类型

根据旅游市场营销活动过程中出现问题的性质不同、调查所要达到的目的不同，旅游市场营销调研可以分为以下三种类型。

1. 探测性调研

探测性调研是指当旅游企业的确存在某种问题，但营销人员并不清楚问题出在哪里时，为了找到问题的关键所在，明确调研对象的具体内容而进行的一种试探性的调研。这类调研的特征是，事先不拟订严密的调研方案，调研的面很广，但调研不够深入，多采用简单的调研方法。例如，某酒店最近的订单减少、销量下降，原因何在？是由于整体宏观经济紧缩，还是由于广告力度不够？是由于消费者的消费习惯改变了，还是由于该酒店的饭菜质量下降了？对此，酒店的营销人员就可以使用探测性的调研方法找到问题的症结所在，以便进一步深入调研。

2. 描述性调研

描述性调研是指旅游企业的营销人员如果对所要调查的问题有一些事先的了解，或者其调查方向较为明确，就可以只对营销活动中的现象进行观察，详尽地、如实地记录客观情况，描述旅游市场变化方面的数据资料，以便作为营销者决策的事实依据。例如，营销人员意识到酒店订单减少、销量下降的原因可能在于广告的力度不够、广告支出偏低，于是便对广告支出额度、投放媒体和时间、广告设计及广告效果进行详细的记录，并着重描述问题是“怎样”的。这类调研需要营销人员事先拟定周密的调研方案，事后写出客观的调研报告。

3. 因果性调研

因果性调研是指旅游企业为了搞清楚旅游市场中某种现象的原因和结果之间的数量关

系而进行的专项调研，是建立在描述性调研所收集的数据资料的基础之上，并运用逻辑推理和统计分析方法，找出它们之间的因果关系，得出两个变量之间的数学模型。例如，经过描述性调研得出某酒店有关广告支出额度和相应的销量下降数据，运用统计方法分析两个变量之间存在的线性关系，从而得出这两个变量之间的数学模型。

(二)旅游市场营销调研的内容

旅游市场营销调研的内容一般是由旅游市场营销调研的目的所决定的，一般来说，主要涉及以下五个方面的内容。

1. 旅游市场营销环境调研

旅游市场营销环境主要是指旅游企业不可控制的宏观环境。其包括政治环境，即政府有关方针政策、有关法令及政局的情况；经济环境，即人口、国民生产总值、消费者收入及消费水平、物价水平、通货膨胀和资源，特别是旅游资源情况；科学技术环境，即先进科学技术对旅游业的促进；社会文化环境，即教育文化水平、职业习惯、宗教信仰、民族分布和家庭状况等。

2. 旅游市场需求调研

旅游市场需求调研是旅游市场营销调研的核心部分。旅游市场需求调研重点是对特定旅游需求进行量的分析，主要包括旅游企业在市场上现有的和潜在的最大销售量和最大需求量、本企业产品在旅游市场上的最大销售量和最大需求量两个环节。此外，还包括对旅游者购买旅游产品品种、价格的要求及旅游者爱好、习惯和需求结构变化等方面的调研。

案例 4-3

好卖点？无市场？

北京飞扬旅行社为了迎接2000年圣诞节，策划了一个赴欧洲旅游团的大型项目。旅游团规模预计在 200 人左右。飞扬旅行社的促销口号是：“到圣诞老人的故乡欢度新世纪的第一个圣诞节！”飞扬旅行社在 1999 年 11 月下旬即开始启动市场，可到了 12 月 10 日只有 28 人报名参团，飞扬旅行社只好缩小组团规模，并取消预订的大量酒店客房、飞机票和交通工具等。

本以为这次促销活动有很好的卖点，可以获得非常火暴的市场响应，却没有料到会是如此惨淡的结局。飞扬旅行社总经理李宏利百思不得其解，怎么也想不明白问题出在哪里。为了找到答案，他进行了一次市场抽样调查。当调查报告出来后，他才恍然大悟：在中国，圣诞节不是法定节日，没有假期，许多有意参团的旅游者只能忍痛放弃出游计划。李总经理非常后悔没有在组织本次大型促销活动之前进行市场调查，如果事前进行了充分的调查，就不会出现如此被动的局面，也不会造成这么大的经济损失。

(资料来源：梁昭. 旅游市场营销[M]. 北京：中国人民大学出版社，2006)

3. 旅游市场供给调研

旅游市场供给是一定时期内旅游市场提供的旅游产品的总量。旅游市场供给调研主要集中在旅游吸引物调研、旅游设施调研、可进入性调研、旅游服务调研、旅游形象调研和旅游容量调研六个方面。

4. 旅游竞争者调研

旅游竞争者调研包括一般竞争状况调研和主要竞争对手调研两方面的内容，其中重点是对主要竞争对手进行调研。调研内容包括主要竞争者产品状况、价格状况、利润状况、市场占有率及其发展趋势、竞争策略和手段等。

5. 旅游企业营销运行状况及效果调研

旅游企业营销运行状况及效果可通过对旅游企业可控制的因素调研加以体现，旅游企业可控制要素即营销组合中的四大因素，因此对旅游产品、旅游价格、旅游分销渠道、旅游促销及其运行状况的调研是营销调研的重要内容之一。

案例 4-4

亚洲最大酒店集团管理剖析：消除恐惧，下放权力

豪华的北京香格里拉大酒店的餐厅里，一名顾客对他的牛排不甚满意，于是叫来服务生。服务生在礼貌地听完他的抱怨后，平和而迅速地拿走牛排，吩咐厨房另烤一块更好的送来。

这似乎是一件很平常的事件，但它却反映了该酒店在亚洲进行的一次最广泛、最深入的组织变革项目。这次变革的目标是将这个已经是亚洲管理最好的公司之一，变为一个得到该区域顾客认可的、更好的公司。这家连锁酒店将提供更好的服务、更丰富全面的体验，并且更注重细节。

在变革过程中，香格里拉对有关不同国家文化的传统看法进行了批判，也通过让经理改变他们的管理方式，使员工干得更好，并从中学到了许多新的东西。

变革结果是令人满意的，这个亚洲连锁酒店赢得了来自旅游杂志和旅游机构的更多奖项。它因其管理能力受到赞许，它的员工学到了更广泛的技巧。当该地区其他酒店财政恶化时，该酒店盈亏表一直保持着赢利状态。

香格里拉大酒店是同时在香港和新加坡股票市场上市的连锁酒店之一。它的走势超过市场大盘走势。*Far Eastern Economic Review* 杂志的一项调查将该公司列为亚洲最好的 10 家公司之一，其中它在酒店行业中排在首位。

“从某种角度来看，亚洲金融危机对我们来说是好事，因为它促使我们重新审查自己的经营方式。即使在危机之前，我们中的一些人已想重新检查我们的运作程序：他们想重组流程，培养多技能的员工。而这次危机提供了更大的动力。”香格里拉亚洲财务总监 Madhu Rao 在接受 *Asiaweek* 杂志采访时说道。

二、旅游市场营销调研的程序

为保证旅游市场营销调研的系统性与准确性，营销调研活动应根据一定的科学程序进行。一般来说，需要经过确定调研目的和内容、制订调研计划、实施调研计划、编写调研报告和　踪调研五个步骤，如图 4-2 所示。

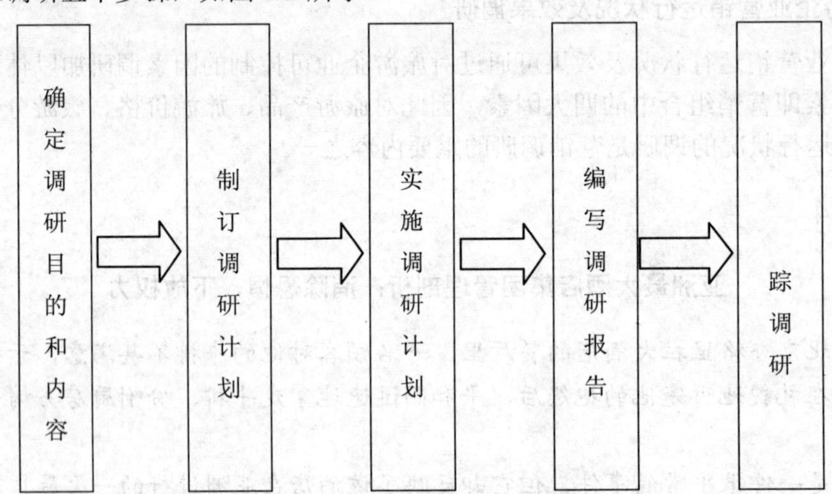

图 4-2　旅游市场营销调研的程序

(一)确定调研目的和内容

在旅游市场营销决策的过程中，会存在很多不确定的因素，因此需要调研的问题很多，但不可能通过一次调研解决所有的问题，只能在其中找出最关键、最核心、最迫切、最重要的问题作为调研的主要内容。市场营销调研只有目标明确、内容具体、范围合理，才能事半功倍，取得良好的调研效果。

(二)制订调研计划

调研计划是旅游市场营销调研的行动纲领，一般包括调研时间、信息来源、调研方法、调研工具、调研方式、调研对象、经费预算、人员培训和作业进度等，如表 4-1 所示。

表 4-1　调研计划设计

内　容	设计调研计划
信息来源	二手资料(间接资料)、一手资料(直接资料)
调研方法	文案调研法、询问法、观察法、实验法
调研工具	问卷调查表、抽样调查表、机　设备
调研方式	全面调研、抽样调研、典型调研、重点调研
调研对象	旅游市场环境、行业环境、宏观政策
经费预算	财务平衡
人员培训	调研组织者、调研员

(三)实施调研计划

调研计划的实施包括收集数据资料、加工整理分析和提出结论三个阶段。数据资料可以是二手资料，也可以是一手资料。二手资料可通过内部的客户订单和销售资料获取，也可通过外部的统计机构来收集。一手资料可通过询问法、观察法、实验法或问卷法来获取。所获取的大量的、庞杂的、分散的信息要经过加工和筛选，如分析获取信息的渠道是否可靠、信息的内容是否准确、信息间的相互关系及变化规律等，保证资料的系统性、完整性和真实性。从经过加工、处理、分析后的调研资料中，筛选出关于旅游营销决策的调研结论。

(四)编写调研报告

调研人员根据调研情况和分析结论写出调研报告，以供决策者参考。调研报告的编写，要求内容客观、文字简练、重点突出、层次清晰、图文并茂、结论明确。调研报告的内容主要包括三部分：引言，简述调研目的、调研对象和过程；正文，着重　述报告调研的方法、调研结果分析及对策建议；附录，附录图表、公式及附录资料。

(五)跟踪调研

将调研的结论进行实际应用，并对市场反应进行　踪，以便总结经验，修正调研结论，提高决策的准确性。

相关链接 4-1

延安摆脱游客满意度排名垫底　曾连续 7 次垫底

中国旅游研究院公布的 2011 年第四季度全国 50 个样本旅游城市游客满意度调查显示，延安一举摆脱连续 7 个季度垫底的窘境，排名上升一位。

由于延安地处三山夹两川的地形，交通环境和住宿接待能力差。出行难、住宿难、革命旧址周边环境差、服务质量低等原因是影响游客评价的主要因素。从 2010 年至今，延安已连续 7 个季度在全国重点旅游城市排名“垫底”。

新一届市委、市政府换届以来，把改变旅游形象当作延安发展的当务之急和头等大事，首先掀起了市容、市貌大整治，每一名干部都有包抓区域，市区环境面貌焕然一新。陕西省委常委、延安市委书记姚引良表示，市容环境整治只是做美延安的第一步，延安新区规划和做美延安规划 2012 年将全面开工建设。通过削山造地，中疏外扩，搬迁旧城内所有行政单位；同时启动枣园、杨家岭等十大旧址大景区建设，旧址周边只拆不建，在老城区限制高层建设，逐步恢复市区革命历史风貌。

据介绍，延安市还出台了扶持住宿餐饮业发展的 12 条意见，从规划选址、用地指标、资金补贴、规费减免、技能培训等方面进行资金补贴和政策优惠，最高可享受政府 200 万元资金补贴。

2011 年，延安市旅游人数已突破 2000 万人次。从全年来看，延安旅游满意度仍然严峻，延安市有关负责人表示，压力将转变为工作的动力，通过建设城市新区及旧城改造，届时一个宜居、宜游、宜业的新延安将呈现在大家面前。

(资料来源：http://www.sn.xinhuanet.com/2012-01/08/content_24495207.htm)

三、旅游市场营销调研的方法

根据旅游调研的目的和具体的研究目标，选择合适的调研对象，采用适当的调研方法和技术，才能获取完整可靠的信息。旅游市场营销调研的方法主要有文案调研法、询问法、观察法和实验法。

(一)文案调研法

文案调研法是指调研人员依据第二手资料在室内进行分析和研究的方法。这种方法收集资料花费的时间少、费用低。第二手资料主要通过调研人员向有关方面索取，或通过报、摘录等方式获得。虽然所得资料可能存在内容与调研目标不一致、准确性和时效性较差等问题，但是，它具有较高的可操作性，并能为收集第一手资料提供背景依据。因此，大多数市场调研都起始于文案调研法。当第二手资料无法满足需要时，再着手进行第一手资料的调研。

(二)询问法

文案调研法有时获得的数据不能满足决策所需要的信息，如有些统计数据已经过时或者误差过大等，常常需要旅游调研人员亲临现场，收集相关信息。通过实地调查收集到的第一手数据一般称为原始数据。询问法是获取原始数据的一种最常用的方法，具体可分为电话调研、面谈调研、邮寄调研、互联网调研和座谈会调研五种类型。

(三)观察法

观察法是指调研人员根据调研目标和要求，对有关对象进行观察、记录，直接收集第一手资料的调研方法。在观察时，既可以 闻目 现场情况，也可以利用照相机、录音机、 像机等 器对现场情况作间接的观察，以获取真实的信息。观察法的优点是被调查者往往是在不知不觉中被观察、调查的，所收集到的资料较为客观、可靠、生动、详细。但这种方法所需费用较大，并且只能观察到事实的发生，观察不到行为发生的内在因素，如旅游者的感情、态度等，因此应与电话调研、面谈调研等方法结合起来使用。

(四)实验法

实验法来源于自然科学中的实验求证方式。它通过小规模范围的实验，记录事态的发展和结果，收集和分析第一手资料。实验法是研究因果关系的一种重要方法，具有独特的使用价值。试销是一种重要的实验方法，如一项新产品或服务在推向市场之前，先在局部市场推广或测试，从影响调研对象的若干因素中选出几个因素作为实验因素，在其他因素处于不变的条件下，了解实验因素变化对被调研者的影响。对实验结果进行整理分析后，再研究决定是否需要进行大规模的市场推广。在一些展销会、试销会和订货会等场合，经常使用这种方法。

相关链接 4-2

居民旅游意向调查公布　西安人十大旅游愿望

西安居民外出旅游都希望去哪儿？首选的住宿方式是什么？从西安市统计局获悉，2012 年 4 月底市统计局对 13 个区县内居住在一年以上的 755 名居民开展了居民旅游意向调查。报告显示，2012 年西安居民有 10 大旅游愿望。

愿望 1：三成西安人计划 2012 年旅游两三次

当调查问及受访居民 2012 年计划旅游几次时，选择 1 次的受访居民占 25.5%，2～3 次的占 35.4%。选择旅游的时间最多的是“平时”，占 47.5%；其次是“双休日”占 31.6%。

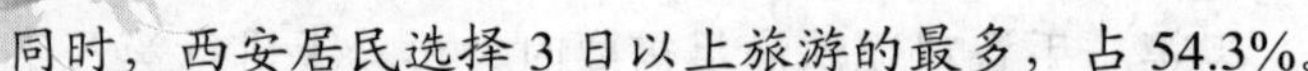

同时，西安居民选择 3 日以上旅游的最多，占 54.3%。

愿望 2：最希望旅游时能游览自然风景

在选择旅游项目时，83.1%的受访居民选择“游览自然风景”，其次还想了解风土人情、生态观光、参观名胜古迹和历史文化遗产等。

愿望 3：最能接受的价位是两三千元

19.7%的人选择 2000～3000 元，选择 1000～2000 元的占 17.7%，选择 3000 元以上的占 16.4%，选择 500～1000 元的占 15.9%，选择 500 元及以下的占 10.9%。

愿望 4：旅游时最关注的是安全问题

超八成受访居民最关注的是安全问题，此外对服务质量、费用、交通、居住环境问题也比较关注。

愿望 5：旅游就餐时最希望干净卫生

八成以上居民在旅游中对就餐的要求最主要的是干净卫生，其次是有当地特色、环境好、方便等。

愿望 6：旅游目的是最希望放松身心

在调查西安人旅游最主要的目的和想法时，回答放松身心的占 62.1%，其次是陪家人游玩、朋友和同事相聚。

愿望 7：旅游时首选交通工具是汽车

27%的受访居民旅游时首选的交通工具是汽车，其次自驾车占 25.0%；火车占 24.0%；飞机占 22.0%。

愿望 8：主要是朋友结伴游和家庭游

在选择旅游方式上，受访居民选择和朋友同事结伴游、家庭游的最多，分别占 55.3%和 49.5%，其次是自驾游、随团游、单位组织游、驴友游等。

愿望 9：首选住宿方式是经济型酒店

51.5%的人首选住宿方式是经济型酒店，其次是一般旅馆或招待所占 13.1%，“农家乐”占 12.9%，“星级酒店”占 10.9%，“亲朋好友家”占 4.6%。

愿望 10：选择到省外旅游的最多

调查显示，有 44.6%的居民在 2012 年里有旅游计划，到“国外”旅游的受访居民占 9.9%，到“省外”旅游的占 55.6%。计划到省内市外旅游的受访居民中选择陕南旅游的最多，其次是到关中和陕北旅游。计划到市内及周边旅游的受访居民中选择到长安旅游的最多。

(资料来源：西安晚报，2012-05-14)

四、旅游市场营销调研的技术

(一)抽样技术

市场调查样本的选取按照选择调查对象的范围可以分为市场普查、个案调查和抽样调查三种方法。

1. 市场普查

市场普查是对全部调查对象所进行的无一遗漏的逐一调查。普查是一种一次性调查，其目的是把握在某一时点上、一定范围内所有调查对象的基本情况，以取得全面而准确的统计资料。

2. 个案调查

个案调查包括重点调查和典型调查两种。重点调查是在全体调查对象中选取一部分重点单位进行的调查。所谓重点单位，是指在总体上处于十分重要地位的单位，或在总量中占绝大比重的一些单位。典型调查是在全体调查对象中选取那些具有典型性的单位所进行的调查。典型单位应根据调查目的和调查对象的特点来确定。个案调查的优点是能够以较少的人力和费用支出，了解掌握调查对象的基本情况。

3. 抽样调查

抽样调查是从全体调查对象中抽取部分对象作为样本进行调查，用所得到的调查结果来判断、说明总体的调查方法。抽样调查分为随机抽样调查和非随机抽样调查两大类。

(1) 随机抽样调查。随机抽样调查是指从调研对象总体中完全按照随机原则抽取一定数量的样本单位进行调查，以样本调查结果推断总体结果的一种调查方法。这种方法对调研总体中每一个样本单位 予平等的抽样机会，完全排除了人为主观因素的影响。常用的随机抽样方法有简单随机抽样、分层随机抽样、等距抽样和分群随机抽样四种。

(2) 非随机抽样调查。非随机抽样调查是指根据调查人员的需要和经验，凭借个人主观设定的某个标准抽取样本单位的调查方式。在非随机抽样调查中，通过调查人员有意识地选择具有代表性的个体作为样本，以样本调查结果推测总体状况。常用的非随机抽样方法有偶遇抽样、判断抽样、配额抽样和 雪球抽样四种。

随机抽样调查、非随机抽样调查的分类及各类调查的特征如表 4-2 所示。

表 4-2 抽样调查技术及其特征

类 型	分 类	特 征
随机抽样	简单随机抽样	在总体单位中不进行任何的选择和变动，按随机原则抽取样本。适用于总体中各单位之间差异较小或难以分组分类的情况
	分层随机抽样	把总体按一定属性分为若干层次，然后在每层中随机抽取部分单位构成样本。适用于总体各单位之间差异较大的情况
	等距抽样	先按一定标志把总体各单位排序，然后随机按一定的间隔抽取部分单位构成样本。适用于能按某种标志排序的总体
	分群随机抽样	把调查总体分为若干个群体，然后按随机原则选取一群或几群构成样本。适用于总体能分群的情况

续表

类 型	分 类	特 征
非随机抽样	偶遇抽样	头随机访问或　访问、邮寄式调查、杂志问卷调查、网上调查等都属于偶遇调查的方式。其优点是抽样单位可以接近、容易测量、容易合作；缺点是各种选择偏差都存在，要慎重对待调查结果
	判断抽样	购物中心进行的大部分市场或产品测试调研基本上都属于判断抽样。判断抽样有两种具体做法：一种是由专家判断选择样本，一般都采用平均型或多数型的样本为调查单位，通过对典型样本的研究，由专家来判断选择样本；另一种是利用统计判断选择样本，判断抽样的。其优点是简便、易行、及时、资料回收率高；缺点是容易发生主观判断产生的误差、无法计算抽样误差和可信程度。适用于调查总体构成单位极不相同、调查单位比较少、样本数很小的情况
	配额抽样	根据一定标志对总体分层或分类后，从各层或各类中主观地选取一定比例的调查单位。所谓“配额”是对划分出的总体各类型都分配给一定的数量而组成调查样本。也就是说，配额抽样是根据总体的结构特征来确定样本分配定额或分配比例，以取得一个与总体结构特征大体相似的样本
	雪球抽样	先选择一组调查对象，通常是随机选取的，访问这些调查对象后，再请他们提供另外一些调查对象，根据所提供的线索继续对另外这些对象进行调查，这一过程持续下去，形成　雪球的效果。它适用于被调查对象在总体中十分　少的情况

相关链接 4-3

2011 全年游客满意度调查

2012 年 1 月 7 日，2011 年第四季度全国游客满意度调查报告发布会在成都举行，中国旅游研究院在会上发布了 2011 年第四季度及全年全国 50 个样本城市游客满意度调查报告。报告中称：全年游客满意度总体处于“满意”水平，近八成样本城市达到 75 分以上的“基本满意”水平，延安在 2011 年全年样本城市游客满意度排名中再次垫底。

调查报告中显示，现场问卷调查方面游客满意度总体处于“满意”水平，国内游客满意度快速提升，散客和团队游客满意度差距呈缩小趋势，入境游客满意度总体超过国内游客的满意度，出境游客满意度呈波动式下降趋势；网络评论调查方面总体处于“满意”水平，变动趋势平稳；而旅游投诉调查方面处于“不满意”水平，但持续提升。

会上还发布了 2011 年第四季度和 2011 年全年样本城市游客满意度排名，近八成样本城市处于“基本满意”水平，样本城市秦皇岛和延安分别在第四季度和全年样本城市游客满意度排名中垫底。

从三项构成来源来看，全年现场评价满意度最高的 10 个城市依次是黄山、苏州、成都、杭州、沈阳、宁波、银川、广州、长沙、桂林；游客网络评价满意度最高的依次是厦门、成都、南京、无锡、苏州、北京、大连、青岛、杭州、珠海；旅游投诉与质监调查满意度最高的依次是广安、宁波、厦门、桂林、长春、上海、无锡、天津、苏州、合肥。

从发布的数据中可以看出，部分城市旅游服务质量在全国样本城市游客满意度中持续领先，九成样本城市的满意度水平有所提升，近八成样本城市的游客满意度已达到“基本满意”水平以上，东部地区城市游客满意度较高，中西部地区游客满意度提升较快，地区间差距呈减小趋势。

(资料来源：http://news.cnwest.com/content/2012-01/07/content_5819780.htm)

(二)问卷技术

询问调查法是收集第一手资料的主要方法之一，问卷是询问调查法的最常用的工具。

1. 问卷的基本结构

(1) 问卷标题。标题应简明　要，易于理解并能引起被调查者的兴趣，如“旅游者消费状况调查”等。

(2) 问卷说明(开场白)。它旨在向被调查者说明调查的目的和意义，以引起被调查者的重视，有些问卷还包括　表要求、调查项目必要的解释说明等事项。

(3) 被调查者基本情况。如性别、年龄、民族、文化程度、职业、单位和收入等主要特征，在资料分类中常用这些信息。

(4) 调查主体内容。它是问卷的主体和核心部分，通常是以一系列问　的形式提供给被调查者，这部分内容设计的好坏直接关系到该项调查所能获得资料的数量和质量。

(5) 编码。多数的调查问卷均加以编码，以便分类整理和统计分析。

2. 问卷调查法的问题类型

问卷调查法的问题有两大类型：封闭式问题和开放式问题。两者的具体分类及含义如表 4-3 所示。

表 4-3　问卷调查法的分类及含义

	名　称	含　义	举　例
封闭式问题	两分法	提供两个备选答案的问题	在安排旅行时，　亲自给国旅打电话　？ □ 是　　　　□ 否
	多项选择	提供 3 个或更多备选答案的问题	本次旅游　与谁同行： □ 独自　□ 孩子　□ 配偶　□ 同事/朋友
	语义差异量表	在两个意义完全相反的词语间提供不同的尺度以供被调查者选择并表示自己的判断	国旅： 规模大＿＿ ＿＿ ＿＿ ＿＿ ＿＿规模小 经验丰富＿＿ ＿＿ ＿＿ ＿＿缺乏经验 现代的＿＿ ＿＿ ＿＿ ＿＿ ＿＿传统的
	重要程度量表	将某种性质从“不重要”到“极重要”加以排列的一种量表形式	国旅的导游服务对我而言是： 极重要　重要　较重要　一般　不重要 ＿＿ ＿＿ ＿＿ ＿＿ ＿＿
	等级量表	将某种属性依照“差”到“极好”的顺序加以排列	国旅的服务是：＿＿＿＿＿＿ 极好　很好　好　一般　差 ＿＿ ＿＿ ＿＿ ＿＿ ＿＿
开放式式问题	完全无结构	被调查者几乎可以毫无限制地回答问题	对国旅有什么看法？ ＿＿＿＿＿＿＿＿＿＿＿＿
	文字联想	提供一些文字，每次一个词汇，询问被调查者想到的第一个词汇	当　听到以下这些词汇时，　最先想到的一个词汇是什么？ 旅行社＿＿＿＿＿＿＿＿ 国际旅行社＿＿＿＿＿＿ 国旅＿＿＿＿＿＿＿＿
	补足　子	提供一些不完整的　子，由被调查者补充	当我决定选择一家旅行社时，考虑最多的是＿＿＿＿ ＿＿＿＿＿＿＿＿＿＿＿＿。

案例 4-5

表 4-4 是新雅　顾客满意度调查表。

表 4-4　新雅轩顾客满意度调查表

编号：　　　　　　　　　　　　　　　　日期：　　年　　月　　日

说明：

敬的顾客朋友：

好　新雅　饭店热烈欢迎　的光临，为了向　提供更加优质的饭店服务，不断提高我们饭店的服务质量和水平，我们特邀请　　写如下的意见表，请将　的想法、意见告诉我们，让我们做得更好，谢谢　的支持（　重承诺：顾客的个人信息，饭店将严格保密，只为能更加方便地为　服务，谢谢合作。）

续表

<table>
<tr><td>顾客资料：
名：________　　性别：____　　联系电话：________
家庭住址：____________　　的生日(　很有可能获得意外惊喜　)：________
消费项目：________________　　消费时间：________</td></tr>
<tr><td>请　从以下 6 个方面来评价本饭店</td></tr>
<tr><td>抵达　　　　车场服务及领位的服务快捷度和效率
□ 非常满意　□ 满意　□ 一般　□ 不满意　□ 非常不满意</td></tr>
<tr><td>环境卫生：
1. 对饭店的第一印象
□ 非常满意　□ 满意　□ 一般　□ 不满意　□ 非常不满意
2. 对餐具的卫生情况
□ 非常满意　□ 满意　□ 一般　□ 不满意　□ 非常不满意
3. 对饭店　、地面、设备、　面、卫生间等卫生情况
□ 非常满意　□ 满意　□ 一般　□ 不满意　□ 非常不满意
4. 对饭店的温度和　度
□ 非常满意　□ 满意　□ 一般　□ 不满意　□ 非常不满意
5. 对饭店的采光和照明
□ 非常满意　□ 满意　□ 一般　□ 不满意　□ 非常不满意
6. 对饭店的背景音乐
□ 非常满意　□ 满意　□ 一般　□ 不满意　□ 非常不满意
7. 对饭店的安全保卫
□ 非常满意　□ 满意　□ 一般　□ 不满意　□ 非常不满意</td></tr>
<tr><td>服务质量：
1. 对菜品提供的时间
□ 非常满意　□ 满意　□ 一般　□ 不满意　□ 非常不满意
2. 对点菜服务等候的时间
□ 非常满意　□ 满意　□ 一般　□ 不满意　□ 非常不满意
3. 对服务员的服务态度
□ 非常满意　□ 满意　□ 一般　□ 不满意　□ 非常不满意
4. 对服务员的　容　表
□ 非常满意　□ 满意　□ 一般　□ 不满意　□ 非常不满意
5. 对服务员的专业知识和服务技巧(菜品熟悉度、需求预见能力、服务速度、准确度、关注度和灵活度等)
□ 非常满意　□ 满意　□ 一般　□ 不满意　□ 非常不满意</td></tr>
</table>

续表

<table>
<tr><td colspan="2">产品品质：
1. 对菜品的味道、质地、色泽、温度和口感
□ 非常满意　□ 满意　□ 一般　□ 不满意　□ 非常不满意
2. 对菜品的品种(可选择性)
□ 非常满意　□ 满意　□ 一般　□ 不满意　□ 非常不满意
3. 对菜品味道保持的一致性
□ 非常满意　□ 满意　□ 一般　□ 不满意　□ 非常不满意
4. 对菜品的卫生
□ 非常满意　□ 满意　□ 一般　□ 不满意　□ 非常不满意
5. 菜品物有所值
□ 非常满意　□ 满意　□ 一般　□ 不满意　□ 非常不满意</td></tr>
<tr><td>其他：
1.　是否愿意再次光临本饭店
□ 愿意　□ 可以　□ 不太愿意　□ 不愿意
2.　是否愿意将本饭店介绍给　的朋友
□ 愿意　□ 可以　□ 不太愿意　□ 不愿意</td><td>3.　认为本饭店令　最满意的地方是：
4.　认为本饭店令　最不满意的地方是：
5. 是否有让　感到满意的员工？　名：________
为什么：________________</td></tr>
<tr><td colspan="2">顾客意见和建议：
请　对我们的产品和服务提出宝贵的意见和建议：________________</td></tr>
</table>

第三节　旅游市场营销预测

一、旅游市场营销预测的内容和程序

旅游市场营销预测是指在旅游市场调查的基础上，根据过去和现在的营销状况，对旅游市场需求量和影响旅游市场供求变化的诸要素进行质和量的科学分析和研究，估计变化的可能性，并对其未来发展趋势作出一般的假设和判断，为旅游企业市场营销决策提供可靠的依据。

(一)旅游市场营销预测的内容

旅游市场预测的内容相当广泛，主要包括旅游市场需求预测和旅游市场供给预测两方面。

1. 旅游市场需求预测

旅游市场需求预测包括以下几个方面。

(1) 市场潜力预测。市场潜力预测是对某项旅游产品在市场上的最大销售潜力的预测。

(2) 销售预测。销售预测就是对今后一定时期内最接近的销售水平的预测。

(3) 市场需求饱和预测。市场需求饱和预测是指从现在起若干年后某项旅游产品在某一特定市场达到的饱和需求量。饱和点是产品生命周期的转折点，它包括原产品社会需求量的饱和与有支付能力的需求的短期饱和。但是，这种饱和不是固定不变的，随着产品的改进及社会购买力的提高，产品就会从饱和点进入新的发展阶段。

(4) 市场需求发展变化趋势的预测。市场需求的发展变化包括多个方面，如旅游者的爱好及消费方式的变化、技术进步对旅游需求的影响等。

2. 旅游市场供给预测

旅游市场供给预测主要是对旅游资源及旅游设施发展趋势的预测，包括供给能力预测和发展能力预测。

(1) 供给能力预测。即了解有多少旅游企业生产同类旅游产品，及其规模、成本、管理水平和技术等情况。

(2) 发展能力预测。旅游业发展能力预测包括对旅游业技术条件、旅游资源供给、交通运输现状及发展趋势的预测。

(二)旅游市场营销预测的程序

旅游市场营销预测要遵循科学的程序和步骤，需要经过确定预测目标，收集分析资料，选定预测方法，建立预测模型，分析、评价和确定预测值，提出预测结果报告六个步骤，如图 4-3 所示。

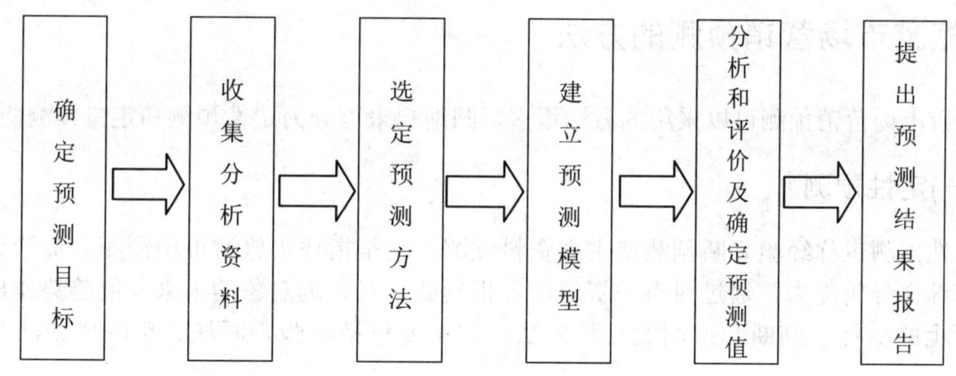

图 4-3 旅游市场预测程序示意图

1. 确定预测目标

旅游市场营销预测事先要确定预测主题，规定预期的目标。预测目标应尽量具体、详尽，不能含混、抽象。预测目标应包括预测对象、目的、时间范围和空间范围等内容。

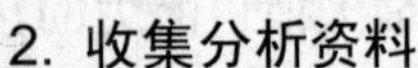

2. 收集分析资料

旅游企业应根据预测目标，确定所应收集的有关文件、数据等内容，通过旅游市场调查广泛、系统地收集所需资料。

3. 选定预测方法

资料经过审查、整理后，应对其进行分析和推理判断，找出预测对象的结构特征和变化趋势，以确定切实可行的预测方法。

4. 建立预测模型

预测模型是对预测对象发展规律的近似模拟。因此，在资料的收集和处理阶段，应收集到足够的可供建立模型的资料，并采用一定的方法加以处理，尽量使其反映出预测对象未来发展的规律性，并利用选定的预测技术确定或建立模型。

5. 分析、评价和确定预测值

对初步预测结果的可靠性和准确性应进行验证，估计预测误差的大小。

6. 提出预测结果报告

预测结果报告应概括预测的主要活动过程，说明预测目标、预测对象及有关因素的分析结论，提供主要资料和数据，解释预测方法和模型的选择依据，对预测值作出评价和修正，提出 预测结果有关的政策建议。

二、旅游市场营销预测的方法

旅游市场营销预测可以采用的方法很多，归纳起来可分为定性预测和定量预测两大类。

(一)定性预测

定性预测也称经验判断预测或主观资料预测，它是指凭借旅游市场预测人员的经验、知识和综合分析能力，通过对有关资料的分析判断，对预测对象的未来发展趋势作出性质和程度上的估计、判断和推测的一种方法。它主要包括经验判断法、头脑风暴法和德尔菲法。

1. 经验判断法

经验判断法法是由预测主持人召集旅游企业内部某些有经验、熟悉业务和具有综合分析能力的主管人员、职能人员、业务人员对预测问题进行讨论、分析和判断的方法。由于预测人员都是企业内部人员，且都掌握一定的市场资料，具有丰富的营销经验，因此在环

境正常的情况下，预测结果具有较高的实用价值。但这种方法易受主观因素及一些心理因素的影响，只适合于企业方向性问题的粗略预测。应结合其他预测手段同时进行，以提高预测的准确性。

2. 头脑风暴法

头脑风暴法就是预测人员邀请有关专家对预测问题进行研讨，通过专家的创造性思维获得预测结果，这是一种直观的预测方法。头脑风暴法的目的在于创造一种畅所欲言、自由思考的氛围，诱发创造性思维的共 和连锁反应，产生更多的创造性思维。该方法在实施过程中应遵循以下原则。

(1) 对别人的建议不作任何评价，将相互讨论限制在最低限度内。

(2) 建议越多越好。在这个阶段，参与者不要考虑自己建议的质量，想到什么就应该说什么。

(3) 鼓励每个人独立思考，广开思路，想法越新颖、越奇异越好。

(4) 可以补充和完善已有的建议，使它更具说服力。

该方法的优点是：通过信息交流，产生思维共 ，进而激发创造性思维，能在短期内得到创造性的成果；通过头脑风暴会议获取的信息量大，考虑的预测因素多，提供的方案也较全面和广泛。

但是，这种方法也有明显的缺点：专家会议易受权威的影响，不利于充分发表意见；易受表达能力的影响，有些专家的意见和主张十分高明且有创造性，但表达能力 佳，影响效果；易受心理因素的影响，不愿听别人的意见或公开修改自己的意见，容易随大流。

3. 德尔菲法

德尔菲法是由美国兰德公司于 20 世纪 40 年代发明的有组织地征询专家意见的方法。其具体做法是：第一，成立专家小组。第二，以问卷的形式将征询的问题分别寄给专家，请他们 写后寄回；然后主持人将这些意见进行整理、归类、汇总后，形成第二次问卷，再寄给专家，请他们再 写再寄回；经过多次反复，直到最终形成大体一致的意见为止(一般情况下需要三四轮)。第三，按一定的方法取一致意见中较为合理的值作为预测的最终结果。

相关链接 4-4

一种切实可行的定性预测方法——德尔菲法

德尔菲法又称专家打分法。这种方法最初是由美国兰德公司(RAND Corporation)在 20 世纪 40 年代初首创的。作为预测实践发展的一种方法，德尔菲法是在缺乏历史数据或动向资料的情况下使用的。该方法的基本程序是：由分析者召集一组具有代表性的专家，请这些专家回答几轮认真设计的调查表，再根据调查的结果来进行预测。调查表的设计旨在促使专家小组在特性、可能性以及未来事件发生的时间上达成一致意见。可把小组成员面对面召集在一起，也可通过电话或者计算机网络召集。但是最常用和最好的形式是邮寄调查表。邮寄形式的主要优点是：避免了同行的偏见影响和委员会压力，以及其他作用于被调查者的心理影响。与其他预测模型一样，德尔菲法从一个关于未来的问题开始，这个问题通常涉及定性动向或者新发现的现象，或者其他不能用传统的结构模型研究的没有先例的事件。因而，德尔菲法常被作为预测的最后的、最切实可行的手段加以运用。德尔菲法调查的成败取决于专家的资格以及研究人员设计和管理调查表的技巧。研究人员方面的个人的、非故意的偏见会影响调查表的措辞和结果分析。专家小组的稳定性也是非常重要的。

(资料来源：郝索. 旅游经济学. 北京：中国财政经济出版社，2009)

(二)定量预测

1. 时间序列法

时间序列法是把预测目标的历史资料和数据按时间顺序排列，构成一个数字序列，再对此序列数值的变化加以延伸，进行推算，判断预测目标未来值的方法。它主要包括移动平均法和指数平滑法。

(1) 移动平均法：根据时间序列资料，逐项推移，依次计算一定项数的平均数。边移动边平均，得到一个由移动平均数构成的新的时间序列，用于反映长期趋势的方法。

(2) 指数平滑法：是一种特殊的加权移动平均法，其权数是一个按指数递减的等比数列。在持续进行统计和短期预测的情况下，采用此法相当简便，只需要有本期预测值和实际值，再运用一个经验常数即“平滑系数”(修正系数) a (0　a　1)，就可以进行预测。其计算公式为

$$M_{t+1} = ax_t + (1-a)M_t$$

式中，M_{t+1}——代表第 $t+1$ 期的预测值；

x_t——代表第 t 期的实际值；

M_t——代表第 t 期的预测值；

a——指数平滑系数。

2. 回归分析法

回归分析法，即根据历史数据来分析变量之间的关系，建立表达两者关系的数学模型，通过输入自变量数据来预测因变量发展趋势的一种方法。根据影响因素的多少，回归分析法可分为一元回归分析法和多元回归分析法。其中最基本、最常用的是一元线性回归方程

$y=a+bx$，它和直线方程 $y=a+bt$ 的区别在于：x 并不是简单的时序数，而是一个有量变的自然或社会经济变量；$\sum x_i$ 0，回归系数 b 和参数 a 须用公式计算；得出回归方程后，须进行显著性检验以避免“失拟”。如果变量之间线性相关程度足够高，回归系数显然不接近于零。利用方程能较准确地解释统计数据的变化情况，表明该方程回归效果显著，可有效地用于预测，使预测较准确可靠。

思考与能力训练

一、思考题

1. 什么是旅游市场营销信息系统？它由哪些子系统构成？

2. 举例说明旅游市场营销调研的程序。

3. 列举旅游市场营销调研的类型及特点。

4. 旅游市场营销调研的方法与技术有哪些？

5. 一份完整的旅游市场营销调研问卷应包括哪些内容？

6. 旅游市场营销预测的方法有哪些？对于一个小企业而言，最好用什么方法进行市场营销预测？

7. 旅游企业在运用头脑风暴法和德尔菲法进行预测时应注意哪些问题？

二、能力训练

能力训练一

1. 实训目的和要求

(1) 通过实践训练，学会分析旅游企业内部环境。

(2) 要求学生根据实训项目撰写实训报告。

2. 实训内容

选择当地一家旅游企业，如旅行社、旅游饭店、旅游交通公司、景区景点等进行考察，分析以下问题。

(1) 该旅游企业的内部管理、市场营销环境、财务状况、核心竞争力怎样？企业的成长阶段和企业文化是什么？它们有哪些优势和劣势？

(2) 该旅游企业的内部环境对市场营销活动会产生哪些有利的或不利的影响？

(3) 根据你的分析，请为该旅游企业的市场营销提出具有针对性的改进措施或对策。

能力训练二

1. 实训目的和要求

(1) 通过实训，使学生熟练掌握运用市场营销调查方法和预测手段对旅游企业市场营销状况进行调查，并对市场需求进行预测。

(2) 要求学生根据实训项目撰写调查报告。

2. 实训内容

教师带领学生参观当地某旅游企业，参观结束后，要求学生运用一定的调查方法，对该旅游企业的市场营销现状进行调查，并写出调查报告。

能力训练三

以客酒店关于对城市精品酒店的调查问卷

以客酒店正在对城市精品酒店这类新型的酒店产品进行研究，为了了解城市精品酒店的市场认知度和消费偏好，竭诚为您提供更加贴心的服务，特进行此次调查，请您在所选择的答案前打“√”(注意：题目后如无特别说明，均为单项选择题)，谢谢！

1. 您的性别是:

A. 男　　B. 女

2. 您的年龄是:

A. 22 岁以下　　B. 23～30 岁　　C. 30～45 岁　　D. 45 岁以上

3. 您的职业是:

A. 公务员　　B. 企业高管　　C. 企业员工

D. 私营企业主　　E. 自由职业者　　F. 其他________

4. 您的个人年收入是:

A. 5 万～10 万元　　B. 10 万～20 万元

C. 20 万～50 万元　　D. 50 万元以上

5. 您平均每年的外出住宿频率为:

A. 3 次以下　　B. 4～10 次　　C. 10 次以上

6. 您每次外出住宿平均停留的时间是:

A. 1 天　　B. 2 天　　C. 3 天　　D. 3 天以上

7. 您一般选用的订房方式是(可多选):

A. 酒店网络订房　　B. 携程、艺龙等在线第三方预订

C. 酒店前台电话订房　　D. 114 等平台电话订房

E. 企业协议客户订房　　F. 其他________

8. 您一般基于什么原因出行会选择酒店住宿(可多选):

A. 公务　B. 商务　C. 休闲度假

D. 探亲访友　E. 其他________

9. 您最常入住的酒店档次是:

A. 五星级　B. 四星级　C. 城市精品酒店

D. 三星级酒店　E. 经济型酒店　F. 其他________

10. 您平常入住的酒店客房价格为:

A. 250元以下　B. 250～400元　C. 401～550元

D. 551～700元　E. 701元以上

11. 您选择酒店时考虑的首要因素是:

A. 酒店品牌　B. 酒店主体特色　C. 硬件设施

D. 服务品质　E. 周边配套成熟度　F. 其他________

12. 您主要是通过什么渠道获取酒店相关信息的:

A. 同事、亲戚、朋友　B. 报纸及杂志　C. 网络媒体

D. 广告牌或酒店标志　E. 其他________

13. 您是否有过城市精品酒店的住宿经历?

A. 忠实消费者　B. 有过几次入住经历

C. 正打算尝试入住　D. 仅限于了解，尚未有入住意愿

14. 假设我们的城市精品酒店客房可以达到四星级档次，您愿意支付的酒店房价是:

A. 250元以下　B. 250～400元　C. 401～550元

D. 551～700　E. 701元以上

15. 除住宿服务外，您期望城市精品酒店还提供哪些方面的服务(只限三项)?

A. 特色餐饮服务　B. 会议服务　C. 商务服务、票务中心服务

D. 娱乐服务　E. 购物服务　F. 洗衣服务

16. 您希望城市精品酒店有以下哪些餐厅(只限两项)?

A. 全日餐厅　B. 当地特色餐厅　C. 异国风味餐厅

D. 咖啡厅　E. 烧烤吧　F. 茶吧

G. 酒吧　H. 其他________

17. 您偏好的城市精品酒店主题为(只限两项):

A. 生态自然　B. 传统文化　C. 异国情调

D. 民族特色　E. 养生　F. 时尚艺术

G. 其他________

18. 您偏好的城市精品酒店风格为:

A. 高贵、典雅　B. 时尚、个性

C. 简约、大方　D. 主题鲜明、给人梦幻感

19. 您希望城市精品酒店给您的最强烈的感觉是:

A. 放松、减压　B. 温馨、舒适　C. 精致、高雅

D. 私密、尊贵　E. 其他________

20. 您认为阅览室/书吧(公共区域)的重要程度为:

A. 非常重要　B. 重要　C. 一般　D. 不重要　E. 完全不重要

21. 您认为纪念品店(公共区域)的重要程度为:

A. 非常重要　B. 重要　C. 一般　D. 不重要　E. 完全不重要

22. 您认为便利店(公共区域)的重要程度为:

A. 非常重要　B. 重要　C. 一般　D. 不重要　E. 完全不重要

23. 您认为按摩椅(客房区域)的重要程度为:

A. 非常重要　B. 重要　C. 一般　D. 不重要　E. 完全不重要

24. 您认为健身中心(康乐区域)的重要程度为:

A. 非常重要　B. 重要　C. 一般　D. 不重要　E. 完全不重要

25. 您认为 SPA(康乐区域)的重要程度为:

A. 非常重要　B. 重要　C. 一般　D. 不重要　E. 完全不重要

26. 您认为棋牌室(康乐区域)的重要程度为:

A. 非常重要　B. 重要　C. 一般　D. 不重要　E. 完全不重要

27. 您认为 KTV(康乐区域)的重要程度为:

A. 非常重要　B. 重要　C. 一般　D. 不重要　E. 完全不重要

28. 您比较关注的客房的细节是:

A. 床　B. 洗浴设施

C. 配套设施　D. 其他

29. 以江南水乡为主题风格的精品酒店是否是您喜欢的风格?

A. 喜欢　B. 非常喜欢

C. 一般(不排斥)　D. 不喜欢

30. 您希望以江南水乡为主题风格的精品酒店的主题主要体现在哪方面?(只限三项)

A. 房间布置　B. 酒店整体风格　C. 服务项目

D. 服务员服装　E. 特色食物　F. 客人服装

G. 其他______________(请填写)

31. 精品酒店的价位会比普通商务酒店的价位高一些，如果设备及服务到位您是否会经常光顾?

A. 会，本人对酒店的设施及服务要求高

B. 不会，对酒店的要求不高

C. 看情况，随心情

32. 假如您是精品酒店的VIP客户，您希望享受到哪些服务？(多选题)

A. 接送服务　B. 购票服务　C. 订餐、送餐服务

D. 司机兼办事员服务　E. 商务服务　F. 洗衣、烫衣服务

G. 代购服务　H. 导游服务　I. 其他＿＿＿＿＿(请填写)

33. 对于一个精品酒店来说，您觉得必须达标的硬性条件是什么？(只限三项)

A. 酒店房间硬件设施　B. 酒店服务品质　C. 人性化服务

D. 酒店整体风格及环境　E. 酒店文化　F. 酒店周边环境设施

G. 其他＿＿＿＿＿(请填写)

34. 如果您是精品酒店的一个客户，您住店后最想感受到什么样的服务体验？

A. 家人般体贴　B. 贵族般享受　C. 朋友般热情

35. 您希望以客酒店未来还能为您提供哪些服务？

36. 您对以客酒店的其他宝贵意见和建议：

★感谢您抽出宝贵的时间为我们作此次调查，以客酒店祝您生活愉快！

(资料来源：http://wenku.baidu.com/view/3ab59334f111f18583d05a0a.html)

【分析讨论】

1. 请分析该调查问卷中，其问卷设计的形式有哪些？
2. 该问卷哪些地方还需要改进或完善？

第五章

旅游市场营销战略

【知识目标】

熟悉营销战略的规划程序；熟悉旅游企业的总体战略；熟悉旅游企业的竞争战略；熟悉旅游企业的营销组合战略。

【能力目标】

能认清旅游企业的战略环境；能分析旅游企业的总体战略和竞争战略；能判断一般企业的 4PS 的内容。

【学习成果】

分析报告：运用波特的五力模型分析企业的产业环境，并写出分析报告。

案例导入

山居小栈的经营策略

山居小栈位于一个著名的风景区边缘，旁边是国道，每年有大批旅游者通过这条公路来到这个风景名胜区游览。

罗生两年前买下山居小栈时是充满信心的，作为一个经验丰富的旅游者，他认为游客真正需要的是朴实但方便的房间——舒适的床、标准的盥洗设备以及免费有线电视。像公共游泳池等没有收益的花哨设施是不必要的，而且他认为重要的不是提供服务，而是管理。但是在不断接到顾客抱怨后，他还是增设了简单的免费早餐。

然而经营情况比他预料的要糟，两年来的入住率都维持在 55%左右，而当地的旅游局统计数字表明这一带旅店的平均入住率是 68%。毋庸置疑，竞争很激烈，除了许多高档的饭店宾馆外，还有很多家居式的小旅社参与了竞争。

其实，罗生对这些情况并非一无所知，但是他觉得高档宾馆太昂贵，而家庭式旅社则很不正规，像山居小栈这样既具有规范化服务特点又价格低廉的旅店应该很有市场。但是他现在意识到事情并不是他想得这么简单。最近又传来旅游局决定在本地兴建更多大型宾馆的风声，罗生越来越发觉处境不利，甚至决定退出市场。

这时他得到一大笔亲属赠与的遗产，这笔资金使得他犹豫起来。也许这是个让山居小栈起死回生的机会呢？他开始认真研究所处的市场环境。

从一开始罗生就避免与提供全套服务的度假酒店直接竞争，他采取的方式就是削减“不必要的服务项目”，这使得山居小栈的房价比它们要低 40%，住过的客人都觉得物有所值，但是很多游客还是转转，然后去别家投宿了。

罗生对近期旅游局发布对当地游客的调查结果很感兴趣。

(1) 68%的游客是不带孩子的年轻或年老夫妇。

(2) 40%的游客两个月前就预定好了房间和旅行计划。

(3) 66%的游客在当地停留超过三天，并且住同一旅店。

(4) 78%的游客认为旅馆的休闲娱乐设施对他们的选择很重要。

(5) 38%的游客是第一次来此地游览。

得到上述资料后，罗生反复思量，到底要不要退出市场，拿这笔钱来养老？或者继续经营？如果继续经营的话，是一如既往？还是改变山居小栈的经营策略？

(资料来源：http://221.192.237.91:8080/ec3.0/C174/Course/Index.htm)

【问题】

1. 导致山居小栈经营不理想的主要原因是什么？
2. 你认为山居小栈的发展前景如何?
3. 如何改变山居小栈现在的不利局面?

作为一名旅游市场营销人员，要解决以上问题，你必须了解战略制定的过程与方法，以及在制定的时候如何判断企业的战略环境。

第一节　旅游市场营销战略的制定

旅游市场营销战略是旅游企业在分析外部环境和内部条件后所作出的具有全局性和长远性的一套满足旅游市场竞争需要、应付竞争状况的总体设想和规划。为了面对竞争激烈的市场环境，并且使自己适应市场未来的发展，旅游企业必须制定科学合理的战略规划方案来指导企业的经营管理，从而使自己在竞争中立于不败之地。

一、旅游企业的使命和目标

组织的存在是为了生存并取得成功，为了达到这样的目的，企业就必须明确自己的使命和目标。使命是指对自身和社会发展所作出的承诺，公司存在的理由和依据，是组织存在的原因。为了制定符合社会需要的企业使命，我们首先要明确并系统地回答下列 5 个问题：我们的事业是什么？我们的顾客群是谁？顾客的需要是什么？我们用什么特殊的能力来满足顾客的需求？如何看待股东、客户、员工和社会的利益 ？

使命陈述是制定企业使命的关键。使命陈述是一个关于组织目标的陈述——在宏观营销环境中组织需要完成什么任务。在进行使命陈述的时候，我们应当以市场为导向。产品和技术最终都会变得过时，但是基本的市场需求永远存在，我们只有以市场为导向定义企业的使命才能真正抓住市场的脉搏，使企业符合市场发展的需要。例如，迪斯尼不仅经营主题公园，还在为游客创造魔幻之旅——这点是关键之处。同时，企业的使命在制定时，范围不能定义得太窄也不能太宽，使命应该是现实的。例如，新加坡航空公司如果把使命定义为世界上最大的航空公司，那么它会迷失自己。

企业的使命是企业战略制定的前提和行动基础，同时一个好的使命可以为企业的发展指明方向，并且激励企业的员工不断取得新的进步。

公司的使命必须分解为各个管理层面上具体的支持性目标，每个经理都必须设定目标并为目标而努力。目标是对企业战略经营活动预期取得的主要成果的期望值。企业的目标是一个综合的或多元化的目标体系，而不是单一的或孤立的单个目标。旅游企业的经营目标是由贡献目标、市场目标、发展目标、利润目标、创新目标、企业素质目标和管理工作效率目标等构成的目标群，并表现为旅游产品类型、数量销售额、利润率、市场占有率、产品创新和企业形象树立等一系列综合目标值，并且通过目标值的完成，使旅游企业最终实现自己的使命。

二、旅游市场营销战略的环境分析

旅游市场营销战略的制定越具有长远性和全局性，就越能提高企业适应环境变化的能力，而战略制定的长远性和全局性是建立在科学的环境分析的基础之上的。环境分析主要包括两个方面：企业外部环境分析和企业内部环境分析。

1．企业外部环境分析

企业外部环境包括企业的宏观环境和产业环境。

1)　宏观环境分析

宏观环境是指那些给旅游企业带来机会或者造成威胁的主要社会力量，他们直接或者间接地影响着企业的战略管理。一般来说，我们用 PEST 分析方法来了解宏观环境对旅游企业的影响，如图 5-1 所示。

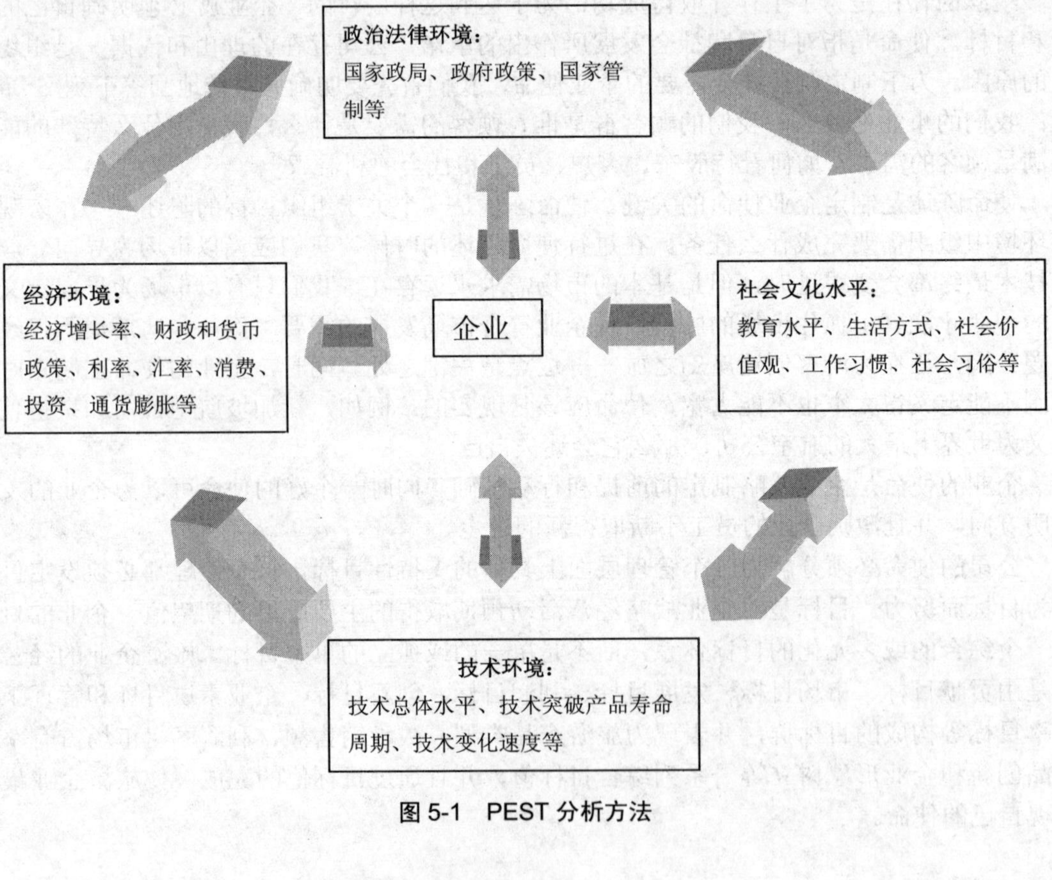

图 5-1　PEST 分析方法

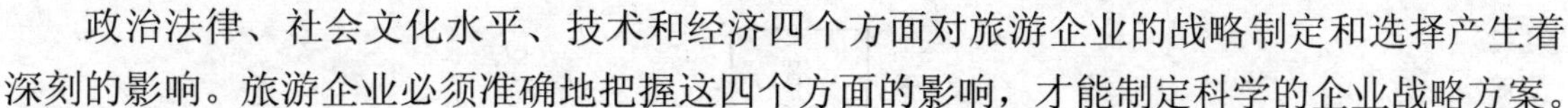

政治法律、社会文化水平、技术和经济四个方面对旅游企业的战略制定和选择产生着深刻的影响。旅游企业必须准确地把握这四个方面的影响，才能制定科学的企业战略方案。

相关链接 5-1

法律规范既监控企业的生产经营活动，同时也保护企业的合法权益和合理竞争，促进公平交易，以及保护消费者的利益等。企业在生产经营中要树立法律意识，遵纪守法，并能够运用法律手段保护自己的正当权益。

2)　产业环境分析

产业环境分析属于外部环境分析中的中观环境分析，它的内容主要是分析本行业中的企业竞争格局以及本行业和其他行业的关系。行业的结构及竞争性决定着行业的竞争原则和企业可能采取的战略以及企业的获利情况，因此产业环境分析是企业制定战略最主要的基础。

20 世纪 80 年代初，哈佛商学院的迈克尔・波特教授(Michael Porter)在《竞争战略》一书中，从产业组织理论的角度，提出了产业竞争结构分析的基本框架——五种竞争力分析。即潜在进入者、现有竞争者、供应者、购买者和替代者五种产业结构力量。

(1)　潜在的新进入者的威胁。新进入者可能是一个新办的旅游企业或者是一个多元化企业开展的新的旅游业务，它给产业带来了新的生产能力，并力求获得一定的市场份额。对于一个产业来说，新竞争者进入的威胁的大小，取决于本行业的进入壁垒和原有企业反击的强烈程度。这两种障碍通称“进入障碍”。

(2)　行业内现有企业的竞争。行业内现有企业竞争的目的是为了占据更大的市场份额，获得更高的利润，迫使其他企业亏损进而退出行业，保证自己的生存和获利。

(3)　供应商的压力。供应商对企业的压力主要有，希望可以提高供应价格、减少紧俏资源的供应或降低供应品的质量等。

(4)　购买者的压力。出于自身利益的考虑，购买者总是希望可以用尽量少的成本获得尽量多、物美价廉的产品，并且享受到优秀的服务。他们会利用同行业企业之间的竞争来给企业施加压力，尽量压低价格。

(5)　替代品的压力。替代品是指那些与本行业产品具有相同或者相似功能的产品，如火车与飞机、矿泉水和纯净水等。一般来说，新的替代产品或服务的出现，都会给行业内原有企业带来竞争压力，因为消费者会有新的选择，价格上可能也具有一定优势。

波特的五力模型如图 5-2 所示。

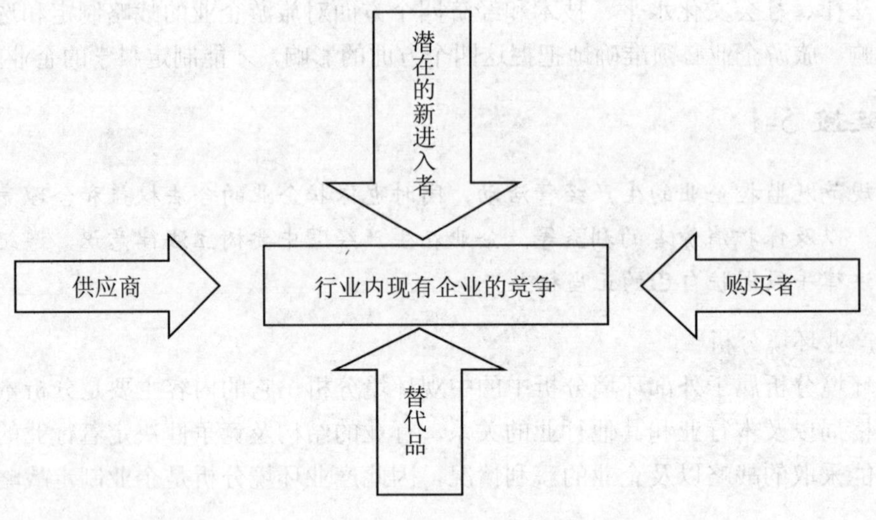

图 5-2 波特的五力模型

2. 企业内部环境分析

企业内部环境分析主要从两个方面着手：第一，企业具备的资源。企业的资源(resources)是指企业经营活动所需要的各种各样的有形和无形输入，形式多种多样，从 手可得的普通投入要素，到高度差别化的资源，其形式主要包括无形资源和有形资源，不同的资源为企业创造不同的价值。第二，企业具备的能力。能力(capability)是指运用、转换与整合资源的能 ，是资产、人员和组织投入产出过程的复杂结合，表现在整合一组资源以完成任务或者从事经营活动的有效性和效率，其形式主要包括个人能力和组织能力。

企业只有从外部和内部两个方面了解自己所处的环境，才能真正做到“知己知彼，百战不殆”，使企业的战略规划发挥最大的效用。

三、旅游市场营销战略的选择

在旅游市场营销战略环境分析的基础上，旅游企业紧接着就应该进行营销战略的选择。旅游市场营销战略的选择主要是比较分析各方案的优缺点、成本、风险及效果，其目的在于确定各备选战略方案的有效性。可供选择的营销战略旅游市场有市场竞争战略、市场发展战略和营销组合战略。在进行战略选择的时候，旅游企业的管理者应该考虑各方面的因素，权衡各方面的利 ，最终制定出适合本企业的营销战略，并且根据环境的变化对旅游市场营销战略及时作出调整。

四、旅游市场营销战略的评价与优化

旅游市场营销战略的评价与优化是制定旅游市场营销战略的关键步骤。通过对企业和市场进行全方位的分析和论证，综合比较各个可能的营销战略方案，择优选择对企业更有利的方案。如果预期能达到目标，说明方案可行。反之，方案不可行。管理者就应该重新审视企业的战略方向和目标，并及时对企业的战略作出调整。

五、旅游市场营销战略的实施与管理

旅游市场营销战略的实施和管理是指市场营销管理者采取一系列行动，使实际市场营销工作与原规划尽可能一致，在管理控制中通过不断评审和信息反馈，对战略不断修正。首先，将企业的总体战略方案从空间上和时间上进行分解，形成企业各层次、各子系统的具体战略或政策，在企业各部门之间分配资源，制订职能战略和计划。其次，对企业的组织机构进行调整，以使调整后的机构能够适应所采取的战略，为战略实施提供一个有利的环境。

相关链接 5-2

缔结战略伙伴关系 开拓旅游市场

中国、俄罗斯两国最大的豪华轮船旅游公司——长江轮船海外旅游总公司与俄罗斯轮船海外旅游总公司，于2006年4月正式缔结为战略合作伙伴关系，以丰富正在举行的中国“俄罗斯年”与2007年在俄罗斯举办“中国年”的内容。

根据双方达成的协议，两国企业将在本国市场相互推介对方的旅游资源、产品和文化，相互组团到对方目的地旅游，并相互以最优惠的价格接待；共享销售网络，在欧美市场及销售网络推介对方旅游产品，分别在各自客源网络对等宣传对方旅游资源和产品，同步推出产品说明会、新闻发布会及其他形式的互动宣传；在酒店管理、游轮经营管理及员工培训、餐饮和文化交流等方面开展合作。

俄罗斯轮船海外旅游总公司代表签约后表示，两国经营水上旅游观光产品的企业此番强强携手，不仅可以实现客源、网络、文化等层面的交流与共享，还有效降低了旅客往来的成本，可使更多的欧美客源了解中国。2006年该公司计划按上述途径，输送1.5万名游客前来中国。

(资料来源：http://www.pttown.com/info/infoDetail-31380.html)

第二节　旅游企业营销战略的类型

一、旅游企业的总体战略

旅游企业的总体战略是关于企业整体发展的方向、目标、策略和资源配置的长期计划。旅游企业发展战略主要解决以下两个关键问题。

(1) 旅游企业应从事什么样的旅游业务领域？

(2) 企业应如何管理这些业务领域(这些业务领域的优先顺序和关系是什么)？

从战略态势来看，旅游企业的总体战略有以下几种。

(一)稳定战略

稳定战略是指旅游企业基本保持现有经营范围和规模的一种战略。其基本特征是：在战略上无变化或有微小变化；维持业务和利润；暂停增长；慎重对待变化等。稳定战略可以减少经营风险、避免资源配置困难，并为旅游企业发展提供一个良好的休整期，但也可能使企业丧失发展机会，降低应对风险的敏感性。通常，稳定战略应用于相对稳定的竞争环境。

稳定战略的主要类型有以下几种。

(1) 无变化战略(no change strategy)。维持现有战略不进行调整，可能　于企业对现状的满足，或是资源调整困难。

(2) 维持利润战略(profit strategy)。维持现有利润水平，注重短期效益，忽略长期发展。

(3) 暂停战略(pause strategy)。在一定时期内降低企业目标和发展速度，使速度、资源、能力保持一致。

(4) 慎重战略(caution strategy)。由于环境变化难以预测，采取慎重态度。

(二)紧缩战略

紧缩战略是指旅游企业从目前的战略经营领域和水平收缩和撤退，且偏离起点战略较大的一种战略。其基本特征是：对企业现有的业务和市场领域实行收缩、调整和撤退；严格控制资源运用；尽量削减各项费用支出；　员等。一般来说，紧缩战略具有明显的过渡性，其根本目的并不在于停止发展，而是为了今后的发展积蓄力量。

紧缩战略的类型主要包括以下几种。

(1) 抽资转向战略(harvest strtegy)。旅游企业在现有的经营领域不能维持原有的产销规模和市场的情况下，采取缩小规模和减少市场占有率，或转向更好的发展机会。

(2) 调整战略(turnaround strtegy)。通过对组织结构、管理体制、产品和市场、人员和

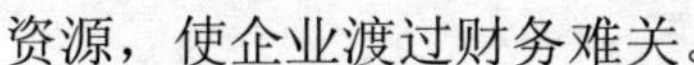

资源，使企业渡过财务难关。

(3) 放弃战略(divestment strtegy)。转让、出售或停止经营某项业务或事业部，将有限资源集中到有发展前途的领域。

(4) 清算战略(liquidity strtegy)。清算、 卖企业资产，停止企业运行。

相关链接 5-3

紧缩战略是对企业或业务状况进行准确的判断，这项工作难度很大。例如，美国 500 强企业之一的西尔斯·罗巴克公司，在 1992 年遭遇了百货商店业衰落的打击。面对恶劣的形式，西尔斯·罗巴克公司果断地实行了紧缩战略调整，将 100 多家经营不善的百货商店关掉，终止了批发业务，减轻了财政上的压力，帮企业渡过了难关。

(三)发展战略

发展战略又称增长战略，是指旅游企业在现有的战略基础上向更高的水平发展，包括扩展业务领域、扩大企业规模、提高市场份额、获得超额利润等。从旅游企业发展的角度来看，任何成功的旅游企业都应当经历长短不一的增长战略实施期。因为从本质上来说，只有增长战略才能不断扩大企业规模，使企业从竞争力弱小的企业发展成为实力雄厚的大企业。

旅游企业发展战略的类型如表 5-1 所示。

表 5-1　旅游企业发展战略的类型

密集型发展战略	一体化发展战略	多元化发展战略
市场渗透战略	后向一体化战略	同心多元化战略
市场开发战略	前向一体化战略	水平多元化战略
产品开发战略	水平一体化战略	集团多元化战略

1. 密集型发展战略

密集型发展战略是指在原有生产经营范围内充分利用产品和市场方面的潜力来求得旅游企业的增长，也称集约型增长战略或加强型增长战略。这一战略要求旅游企业加强努力的程度，以提高旅游企业现有产品和在现有市场上的竞争地位。密集型战略具体分为市场渗透战略、市场开发战略和产品开发战略三种类型。

1) 市场渗透战略

市场渗透战略是指旅游企业在利用现有产品和市场的基础上，通过改善产品和服务等经营手段、方法，逐步扩大销售，以占领更大的市场。这种战略的核心是提高原有产品的市场占有率。

市场渗透战略的主要途径一般包括以下四种。

(1) 扩大产品使用者的数量。例如，创造新的使用者，努力发掘潜在的顾客，把竞争者的顾客吸引过来等。

(2) 扩大产品使用者的使用频率。例如，增加使用次数、增加使用量、增加产品的新用途等。

(3) 改进产品特性，使其能吸引新用户和增加原有用户的使用量。常用的方法有：提高产品质量、增加产品的特点、改进产品的式样和包装等。

(4) 在销售价格、销售渠道、促销手段和销售服务等营销组合方面加以改进，以扩大现有产品的销售量。

2) 市场开发战略

市场开发战略是集中战略在市场范围上的扩展，它是指将现有产品进行某些改变(主要是外观上的改变)后，经过其他类型的分销渠道、不同的广告或其他媒介，销售给相关市场用户的过程，即在新市场上销售现有产品。市场开发战略的成功主要取决于企业分销系统的潜力和企业资源对建立和完善分销系统的支持能力。

市场开发战略的主要途径一般有以下三种。

(1) 进入其他细分市场。例如，对产品略作调整以适应其他细分市场的需要；利用其他分销渠道；采用其他宣传媒介等。进入其他细分市场本身要求旅游企业具备对产品或服务进行适度技术或功能改变的能力。

(2) 为产品开发新的用途。例如，美国杜 公司的尼龙产品最初用途是制作降落 的原料，后来公司不断为尼龙产品开发出新的用途——妇女丝 的原料、男女 衣的原料等，每一种新用途的开发使产品进入到新的生命周期，拓展了市场空间，并为公司创造了丰厚利润。

(3) 增加不同地区的市场数量。这主要是指在市场范围方面的扩展，包括地区、国内和国际市场的业务扩展。旅游企业在增加不同地区的市场数量时需要同时考虑到对跨地区市场的管理方式。例如，是对全部地区市场进行统一管理，还是对不同地区制定不同的政策等。

3) 产品开发战略

产品开发战略是指对现有产品进行较大幅度的调整，或生产与现有产品相关的、能经现有渠道推销给现有用户的新产品活动。其重要特征是：在现有市场上出售新产品。

产品开发战略的实现途径主要包括以下三种。

(1) 树立新产品特征。这可以通过为现有产品增加新的功能或特性；改变现有产品的物理特征，如色彩、形状、气味、进度；改变产品结构、部件及组合方式等来实现。例如，酒店在销售客房产品的时候可以增加更多的个性化服务，如托婴服务等。

(2) 形成产品的质量差别。可以通过对同名服务区分质量等级，因而形成质量-价格组合的方式实现。例如，在原有服务项目之外推出豪华型服务和大众型服务，对产品形成高档产品和中档产品等。

(3) 开发新产品。例如，开发新的车型；增加产品或者形成产品功能系列；将具有互补功能的产品组合为一个整体产品等都属于产品开发的范畴。

2．一体化发展战略

一体化发展战略是指旅游企业充分利用自己在产品、技术等方面的优势使旅游企业不断地向纵向和横向发展的一种战略。

相关链接 5-4

一体化发展战略就其本质而言是一个方向性的选择，是向下、向上，向旁发展的问题。英国著名的研究管理思维的大师德·波诺说了这样一句话：“美国企业界存在的一个很大的问题是，当他们遇到了困难时只会按照原方向加倍努力，这正像挖金子一样，当你挖了 20 英尺还没有发现金子时，你的战略是再挖 2 倍的深度。但是，如果金子是在距你横向 20 英尺处，那么，不管你挖多深多久也永远不会找到金子。”德·波诺的评论确实有一定道理。

1) 纵向一体化战略

纵向一体化战略又称 直一体化战略(vertical integration)，是指具有投入产出关系的相邻上下游若干个生产阶段或企业合为一体的过程，这是企业沿着其投入或产出方向的扩张成长方式。

纵向一体化战略主要有两层含义：一是“纵向”，即沿投入产出链的方向；二是“一体化”，即两个或两个以上的独立企业合一的过程。 当纵向一体化战略沿着原有生产的投入或原材料供应方向发生时称为后向一体化战略或上游一体化战略；当纵向一体化战略沿着产出方向发生时，称为前向一体化战略或下游一体化战略，如图 5-3 所示。

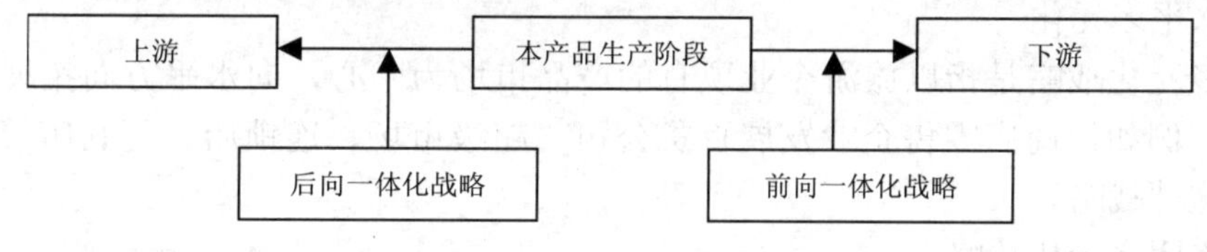

图 5-3 纵向一体化

(1) 后向一体化。后向一体化是指旅游企业与供应企业之间的联合，目的是为了确保产品或劳务所需的全部或部分原材料的供应，加强对所需原材料的控制。

后向一体化可以将原来作为一个成本中心的原材料供应变成利润生长中心，尤其是当供应商具有规模边际收益时，这是非常具有吸引力的战略选择。它可以使旅游企业 脱因依靠外部原材料供应而带来的不稳定性，同时也可以减少旅游企业由于主要供应商利用市场机会提高价格而造成的利润损失。旅游企业实现后向一体化之后，不仅能保证交货期，享受低价优惠，还可以提高产品质量，从而使其生产稳定正常地进行，对外界环境具有较强的适应性。

(2) 前向一体化。前向一体化是指旅游企业与用户之间的联合，目的是为了促进和控制产品的需求，搞好旅游产品营销。

2) 水平一体化

水平一体化是指企业收购、兼并竞争者的同种类型的企业。例如，某大型酒店收购、兼并若干个小酒店，或者与其合资生产经营，从而实现规模效益。

3. 多元化发展战略

多元化发展战略是指旅游企业在原主导经营范围以外的领域从事生产经营活动。旅游企业多元化经营意味着其将组织新的业务发展方向，即旅游企业将从现有的产品和市场中分出资源和精力，投入到企业不太熟悉或毫不熟悉的产品和市场上，这可能会给企业的经营带来风险。

相关链接 5-5

正确的运用多元化发展战略，可以救活企业、繁荣企业，使企业得以生存与发展。但使用不当，也会导致企业的失败。娃哈哈集团经营 AD 钙奶、矿泉水、非常可乐一直较为成功，但进入儿童服装领域却使其经营举步艰难。因此，企业必须正确评价自己实施多元化发展战略的能力，避免使用不当而导致失败。

1) 同心多元化战略

同心多元化战略是指旅游企业以现有条件为基础，发展与现有产品(服务)/市场有某种相关性的产品(服务)的战略，有时又称为相关多元化战略。

2) 水平多元化

水平多元化战略是指以旅游企业现有的产品市场为中心，向水平方向拓展经营业务领域的战略。例如，商店零售企业发展百货公司、超级市场、连锁店、便利店等多种经营业态就属于这种战略。

3) 集团多元化战略

集团多元化战略又称为混合多元化战略或非相关多元化战略，是指旅游企业进入与现有经营活动和产品或服务没有关联的任何领域和行业。同心多元化战略的追求是通过不同业务价值链上战略协同实现低成本、技术技能转移并从中获取战略协同利益；而集团多元化战略则体现了另一种战略追求——财务利益的驱动。因此，集团多元化战略着眼于进入有吸引力的财务收益的任何行业和业务，而寻求战略协同关系是第二位的。

二、旅游企业的竞争战略

竞争是经济发展的原动力，是企业生存和发展的关键。企业只有通过实施适当的竞争战略，才能不断改善现有竞争地位，获得生存和发展的空间，实现可持续发展的目标。

竞争战略(competitive strategy)的使命，就是对企业竞争进行整体性的谋划与指导。

一般来说，竞争战略的主体内容由企业内各经营单位针对其业务来制定与实施，故竞争战略又称为经营单位战略或业务战略(business-level strategy)。旅游企业的竞争战略主要包括成本领先战略、差异化战略和市场集中化战略三种基本形态。

(一)成本领先战略

成本领先战略是指旅游企业通过在内部加强成本控制，在研究开发、生产、销售、服务和广告等各个环节把成本降低到比所有竞争对手更低的水平，成为行业中的成本领先者的战略。

成本领先战略的逻辑：一是要求旅游企业成为产业内真正的成本领先者，而不仅仅是几个领先企业之一；二是要求旅游企业对竞争者具备明显的成本优势，而不只是微小的领先。

成本领先并不意味着获取绝对低的成本，而是比竞争对手相对低的成本。在寻求成本领先地位时，企业必须认真思考哪些是购买者认为至关重要的特色和服务。一味地追求成本降低而丧失产品特色会削弱而不是加强产品的竞争力。

(二)差异化战略

差异化战略是提供与众不同的产品和服务，满足顾客特殊的需求，形成竞争优势的战略。旅游企业形成这种战略主要是依靠产品和服务的特色，而不是产品和服务的成本。但是应该注意，差异化战略不是讲旅游企业可以忽略成本，只是强调这时的主要战略目标不是成本问题。 随着技术的成熟和管理的完善，旅游企业降低成本的空间会日渐狭小，同时，价格的持续下降和顾客消费水平与模式的逐步升级，将导致顾客的价格敏感性锐减，价格在顾客购买决策中的主导地位会逐步让位于非价格要素，而非价格要素所具备的丰富性和不可即时模仿性使得差异化战略受到越来越多的旅游企业的青　。

(三)市场集中战略

市场集中战略是指旅游企业将经营的重点集中在产业内的局部市场，谋求局部竞争优势的战略。企业选择市场集中战略的主观原因是企业的自身实力较弱，尚难以向整个市场提供产品和开展大范围的竞争；其客观原因是市场与产业的同质性较弱，存在市场细分与产业细分的机会。低成本与差异化是两种最基本的竞争优势来源。市场集中战略也因对两种竞争优势的取舍而分为两种类型，即聚焦成本领先战略和聚焦差异化战略。

三、旅游企业的营销组合战略

(一)旅游企业营销组合战略的概念

旅游企业营销组合战略是营销方案的重要内容之一。营销组合的概念是 1964 年由美国哈佛大学的尼尔·博登教授首先提出来的，此后受到了学术界和企业界的普遍重视和广泛应用，而旅游企业营销组合战略就是在这基础上发展起来的。

所谓旅游企业营销组合战略，就是旅游企业的综合营销方案，即企业根据目标市场的需要和自己的市场定位，对自己可控制的各种营销因素的优化组合和综合运用，使之协调配合，发挥优势，从而达到企业的营销目标。其中各种营销因素指的是产品(product)、价格(price)、渠道(place)和促销(promotion)，因此我们也将其称为 4PS 营销组合战略。

(二)旅游企业营销组合战略的内容

旅游企业营销组合战略的内容如下。

(1) 产品战略。产品战略是指作出与产品有关的计划和决策。产品是为目标市场开发的有形产品和各类服务的总和。产品领域的核心问题是如何满足顾客的需求，为此，企业必须在产品的功能、产品的质量、产品的包装等方面不断地创新和发展，从而满足不断变化的顾客需求。产品战略是 4PS 营销组合战略的基础，企业只有开发出适合市场需求的产品，才能进一步去制定其价格、渠道和促销等方案。

(2) 价格战略。制定价格是具有重要意义的决策，需要审慎从事。这一决策包括顾客的需求和分析成本，以便选定一种吸引顾客、适合市场营销组合的价格。价格是产品质量、档次、形象等方面的反映，如果价格得不到顾客的认可，营销组合的各种努力势必是徒劳的。也就是说，价格虽然只是营销组合的一部分，却可以看作是顾客满意企业的营销组合时才会支付的款额。这种价格应该能为企业创造满意的利润水平。

(3) 渠道战略。渠道战略是指如何选择产品从企业转移到消费者的途径。大量的市场营销者是在市场营销渠道中完成的。渠道的计划与决策，是通过渠道的选择、调整、新建和对重点的协调安排，控制相互关联的市场营销机构，以便利于更顺畅地完成工作。

(4) 促销战略。促销战略是指各种促进销售形式和手段的融合，包括运用各种促销形式和公共关系等。企业要把合适的产品在适当地点按适当价格出售的信息传送到目标市场，并说服顾客购买。每一种促销形式和手段都有其利　，在运用的过程中旅游营销者必须要将其综合运用，扬长避短，使促销战略能够达到更好的效果。

包含以上四种战略的营销组合是一种动态的、整体性的组合。在后面的章节中我们会逐一介绍。

思考与能力训练

一、思考题

1. 举例说明旅游企业应如何定义自己的使命和目标。
2. 举例说明旅游市场营销战略的制定过程。
3. 旅游企业的总体战略类型有哪些？
4. 举例说明旅游企业的一体化发展战略。
5. 旅游企业的竞争战略有哪些？
6. 联系实际，说明旅游企业营销组合战略。

二、能力训练

能力训练一

1. 实训目的和要求

(1) 通过实践训练，学会分析旅游企业的战略环境。

(2) 要求学生根据实训项目撰写实训报告。

2. 实训内容

选择当地一家旅游企业，如旅行社、旅游饭店、旅游交通公司、景区景点等进行考察，分析以下问题。

(1) 该旅游企业所面临的宏观环境是什么？对它有什么样的影响？

(2) 该企业的产业环境是什么？竞争程度如何？

(3) 该企业运用了哪些战略形态？

能力训练二

绿茵阁的成功经营策略

一、背景资料

在中国，绝大多数消费者把吃西餐当作一件奢侈的事。柔和的灯光、典雅的装潢、精致的餐具、彬彬有礼的侍应生在很多人看来是一种遥不可及的贵族消费的体现，是与千千万万普通百姓无关的一种存在。

但是，在广州，名为绿茵阁的连锁咖啡厅却得到了许多人的喜爱，成为朋友相聚、同事交流、与客户洽谈的首选之地。绿茵阁还特别受到了情侣们的青睐，每年的情人节，尽管绿茵阁提高了价格，增添了很多临时座位，但还是有一对对的情侣在春寒中手执“等候卡”排队等待。位于体育西路的一家分店的门口甚至出现过 700 余人排队等位的情况，这在餐饮业异常发达、素有“食在广州”之称的羊城，几乎是难以想象的。即使是餐饮业经营理念先进、管理方法成熟的中国香港同行，看到绿茵阁天河分店 500 个座位座无虚席时都连称不可思议。

如今，绿茵阁在广州、深圳已有 18 间自营店，另外在南昌、长沙等城市另有 5 家加盟店，总员工 1500 人左右，成为“中国餐饮企业经营业绩百强企业”之一。

当绿茵阁起步时，中国的西餐市场并非一片空白，有一批老字号在当地还是有相当影响力的。例如，创始于 20 世纪 50 年代的北京莫斯科餐厅，创始于 20 世纪初的天津起士林，1885 年开业的，位于广州北京路的第一家中国人自己的西餐馆太平馆等。绿茵阁咖啡厅为什么能从中脱颖而出呢?

二、市场状况分析

1. 消费者分析

广州是一个餐饮业极为发达的城市，2001 年餐饮业零售额达 239.9 亿元，超过了同期北京和上海餐饮业零售额之和(同期北京为 96.6 亿元，上海为 141.6 亿元)。2002 年上半年，广州餐饮业零售额为 130.18 亿元，同比增长 11.3%。广州又是一个中西方文化交融的地方，很多新产品、新观念容易被接受和推广。例如，第一家中国人自己的西餐馆就开在广州，因此在改革开放后，随着当地人们生活水平的提高，对于西餐的消费就成了顺理成章的事了。

但广州人对西餐的态度又与北京人、上海人有所不同。在北京或者上海，人们到酒吧、咖啡厅、西餐厅主要是追求一种高品位的感受。尽管广州也有相当一批西餐消费者是因为文化和时尚而消费西餐，但在很大一部分广州人看来，西餐厅与中餐厅没有本质的不同。广州人更注重实际，从很大程度上来讲，西餐在他们看来就是另一种味道的饮食。

2. 消费者分类

(1) 外来人士。广州是华南地区的重要商埠，特别是一年两次的广交会及其他各类活动，把世界各地的富商巨贾带到这里。同时，广州是华南地区的历史文化中心，旅游业非常发达。商务人士和游客把对西餐的需求与消费带到了广州，促进了广州西餐业的发展，也带动了这个产业。

(2) 环境特别需求者。虽然广州人对西餐的消费不像北京人、上海人那样包含了对西方文化的消费，但对西餐厅特别的环境还是有需求的。由于市场经济的发展，人们的消费能力增强了，面对的选择也多样化了，西餐厅的环境既不像中餐厅那么热闹，也不像快餐店那么匆忙，无论是休闲还是谈话都十分方便。所以，很多人都把西餐厅作为与朋友、同事，甚至是客户商谈、交流、沟通的一个场所。还有些人把西餐厅或咖啡厅当做思考、独处或处理一些工作的场所。

(3) 追求时尚者。由于广州经济发达，所以产生一批追求时尚的年轻消费群体。他们追求品位和个性，又不囿于固定的模式和框架，主要以年轻白领和大、中学生为主。其中，前者有一定的消费能力，后者的消费能力从总体上讲比较有限，但群体规模大，对西餐的认同程度高，他们都对西餐消费起到了推动作用。这其中以情侣用餐最为主要，每年情人节时尤其明显。

3. 竞争者分析

广州现有西餐厅主要有以下三类。

一类是酒店附设的，主要面向酒店住客，这其中以上面所提到的第一类消费者居多，这类餐厅定位高档，环境优雅，原料从国外空运，如花园酒店的名仕阁等。

另一类是高档专业西餐厅，主要面向外籍客人和部分高级白领。这类餐厅环境闲适，风格独特，如向日葵、塞纳河等。

还有一类是由中档西餐厅和连锁店组成，如绿蔷薇、名典、加州红等。这类餐厅更适合中高档消费群体，价格略低于前两类餐厅，面对的主要是对环境有特别需求者和追求时尚者。

三、绿茵阁咖啡厅的营销战略

绿茵阁咖啡厅能够在广州餐饮业激烈的市场竞争中站稳脚跟并快速发展，首先与其在营销方面的一系列战略是分不开的。

1. 定位准确

绿茵阁咖啡厅的管理者在餐厅初具规模时就明确了发展方向。这与他们在创业时走过的一段弯路也有一定的关系。20 世纪 90 年代初，位于西湖路的绿茵阁咖啡厅大获成功，作为创业者之一的林立用赚到的钱进军中餐，开设了惠福海鲜酒楼，由林欣接管绿茵阁的经营，但惠福海鲜酒楼的业绩平平。这时一位媒介朋友提醒他们：中餐馆已经强手如林，而西餐馆却还未有人称王称霸。林家姐弟分析后认为的确如此，不久就将海鲜酒楼结业，并将全部精力集中到西餐业上来，而且他们想的已经不仅是做好一间餐厅的问题了。他们萌发了经营一个长久品牌的想法，继而又明确了做中国西餐行业第一品牌的目标。

但要成为一个市场的领导者，必须有相当的消费者。尽管绿茵阁在西湖路很成功，可是广州当时消费西餐的人并不多，如何才能吸引消费者呢？为了打破人们对西餐的隔阂，降低价格，“先惠人，后惠己”，进行市场开发，让更多的人走进西餐厅，绿茵阁采取了一个大胆的策略：定位在满足第二、三类消费者的需求上。面向中档消费者为主，兼有西餐的舒适和中餐的随意，走中式西餐的道路。

2. 产品创新

绿茵阁贴近广州人的生活，对西餐的内容和做法进行了大胆的调整，很多广州风味的菜式都能在这里找到。在绿茵阁，既有咖啡也有老火汤，既有牛扒也有白饭。绿茵阁在西餐改良方面做得最早，也做得最成功。

绿茵阁开业不久，有客人提出：希望能吃到油菜，能喝到老火汤(调查显示：虽然广州人喜欢西餐厅的幽雅环境，但却吃不惯正宗的西式菜肴——资料来源：《中国新闻社》网站)。绿茵阁的管理者意识到了广州市场的消费特点，适时作出调整和改变。现在，绿茵阁推出的海鲜饭、煲仔饭、特色炒粉等都受到了消费者的欢迎。在绿茵阁不但能品尝到正宗西式食肆、地道粤菜，而且还有法国、意大利、澳洲、葡萄牙、泰国和马来西亚等国家的特色美食可供选择。西餐的菜式调整后更适合广州人的口味。在一些连斟水的位置都有讲究的西餐厅看来，这简直是离经叛道，但是正是这种改变适应了广州的市场，于是也就拥有了庞大的消费群体。

这种改变实际体现的是一种强烈的市场导向，对绿茵阁而言它所吸引的并非是一小部分追求正宗西餐的消费者，而是更广大的消费群体，他们追求的不是正宗，而是合适。

3. 传播策略。

绿茵阁很早就在《广州日报》上做特约头版，这在广州餐饮业中是走在前列的了。

(资料来源：http://jpk.kf-8.com/jxzl-alxb-f.asp?showid=10)

【分析讨论】

1. 什么是战略？营销战略具有哪些特征？
2. 制定营销战略有何意义？
3. 你如何评价绿茵阁的营销战略？对于旅游企业的经营有何借鉴作用？

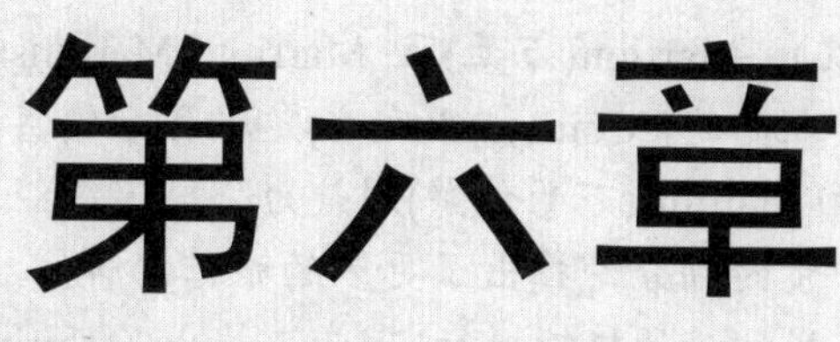

旅游目标市场选择

【知识目标】

熟悉旅游市场细分标准；熟悉旅游市场细分步骤；熟悉旅游市场细分方法；熟悉有效市场细分的评价原则；熟悉旅游目标市场选择的策略；熟悉旅游市场定位的方法；熟悉旅游市场定位的操作步骤；熟悉旅游市场定位确立和选择。

【能力目标】

能认清旅游行业面临的总体宏观环境；能对某旅游产品市场进行多种类型的市场细分；能对各细分市场进行市场评估；能选择目标市场；能掌握旅游市场定位的方法；能为企业或产品选择合适的定位战略。

【学习成果】

分析报告：旅游产品的用户细分、评估及新产品建议。

案例导入

超级细分专家——万豪酒店

在“市场细分”这一营销行为上，“万豪酒店”可以被称为超级细分专家。在美国，许多市场营销专业的学生最熟悉的市场细分案例之一就是“万豪酒店”。

这家著名的酒店针对不同的细分市场成功地推出了一系列品牌：Fairfield(公平)、Courtyard(庭院)、Marriott(万豪)及 Marriott Marquis(万豪伯爵)等。在早期，Fairfield(公平)是服务于销售人员的，Courtyard(庭院)是服务于销售经理的，Marriott(万豪)是为业务经理准备的，Marriott Marquis(万豪伯爵)则是为公司高级经理人员所提供的。后来，万豪酒店对市场进行了进一步的细分，推出了更多的旅馆品牌。

伴随着市场细分的持续进行，万豪又推出了 Spring field Suites(弹性套房)——比 Fairfield Inn(公平客栈)的档次稍高一点，主要面对一晚 75 美元～95 美元的顾客市场。为了获取较高的价格和收益，酒店使 Fairfield Suite(公平套房)品牌逐步向 Springfield Suites(弹性套房)品牌转化。经过多年的发展和演化，万豪酒店现在一共管理着 8 个品牌。

经过这么多年的打磨，市场细分已被我们的旅游营销人玩得炉火纯青。它的精髓说起来很简单：将某一消费群区分于整个市场的特性分解出来。可以从地理上分解，这叫作“地理细分”(Geographic Seg-mentation)；也可以从人口统计上分解，这叫作“人口统计细分”(Demographic Segmentation)，它是最常见的细分手段，即将消费者按人口统计的变量如性别、年龄、收入、职业、教育背景、家庭规模以及家庭生活的不同阶段等划分成不同群体作为目标旅游市场。

交广传媒旅游策划营销机构认为：在市场细分时，旅游公司往往会发现只研究消费者的人口统计学特征，内容不够丰富。因此，许多公司认为生活方式和消费心理学是更好地细分市场的方法。

消费心理学从心理学的角度研究消费者，帮助旅游经理人从可以衡量的角度定义消费者的生活方式。生活方式市场细分法需要研究以下几方面内容：消费者积极参加的活动(Activities)，如工作、嗜好、社会工作、度假、娱乐及购物；与消费者利益相关的事物(Interests)；消费者对自身以及周围世界的观点和看法(Opinions)，这三个方面常简称为 AIOs。

交广传媒旅游策划营销机构还认为：市场细分成为旅游营销武器库中的常见武器，但国内从业者尚未充分认识到这一武器的强大威力。向上面案例中细分旅游营销的成功者学习，中国旅游企业必须变得更擅长操作市场细分的整套营销战略，而不是仅仅追逐大众旅游市场。

(资料来源：http://www.chinaadren.com/html/file/2008-11-19/20081119154832.html)

【问题】万豪酒店是如何进行市场细分的？旅游企业为什么要什么市场细分？

说明：只保留万豪的案例，并将其作为案例导入的内容。

作为一名旅游市场营销人员，要解决以上问题，必须熟悉旅游市场细分标准；熟悉旅游市场细分步骤；熟悉有效市场细分的评价方法；熟悉目标市场选择的策略。在掌握了上述知识的基础上，能对某旅游产品市场进行多种类型的市场细分；能对各细分市场进行市场评估；能根据市场细分的方法提出新产品创意；能选择有效的目标市场。

第一节 旅游市场细分与目标市场选择

一、旅游市场细分的概念

旅游市场细分是旅游企业把一个整体的旅游市场按旅游消费者的需求的差异性和类似性，划分和归纳为若干个不同子市场的过程。在市场营销学界，关于市场细分的概念是美国营销学专家温德尔·斯密在 20 世纪 50 年代提出的，这一概念的提出给很多企业带来了寻找和发现市场机会的好办法，受到了市场营销学界和企业界的大力支持和广泛应用。其实，消费者的需要、动机千差万别，购买者的着眼点也各不相同，这正是市场细分化的基础和依据。就市场本身而言，旅游市场可以按照消费者需求的差异性划分为同质市场和异质市场。同质市场是指消费者对某一产品或服务的需求、欲望以及对企业营销策略的反应等方面具有基本相同或极为相似的一致性；异质市场是指使消费者对某一产品或服务的需求、欲望以及企业的营销策略的反应等方面具有差异性。

旅游市场整体而言属于异质市场，因此旅游企业必须进行旅游市场细分。一个成功的旅游企业不可能为所有的旅游者提供全部的服务，旅游企业既没有精力，也没有足够的实力和相应的资源去面向整个市场。假如一家饭店同时经营一星级客房和五星级客房，这在理论上可行，但在实践中很难成功。如果饭店目标市场不明，宾客结构杂乱，在消费水平、生活习惯、旅游目的及精神享受等方面过于繁杂，差别过于悬殊，那么，即使饭店具有较完善的服务提供系统，也难免顾此失彼，从而降低顾客满意度。对旅游企业而言，通过旅游市场细分有利于旅游企业发现市场机会，更好地满足旅游者的需要，也有助于旅游企业或旅游目的地更好地制定最佳的营销策略，特别是有助于小型旅游企业在某一细分市场上确立自己的地位，对那些大型的旅游企业而言，能够更好地拓展新市场，扩大旅游市场占有率。

二、旅游市场细分的标准

市场细分是由消费者需求的差异性引起的，凡是影响消费者需求差异的有关因素都可以作为市场细分的标准。为了方便研究和实际操作的需要，通常根据消费者的购买行为和企业市场经营的实际情况，就旅游市场而言可以将旅游市场细分的标准归纳，如表 6-1 所示。

表 6-1　旅游市场细分的一般标准

细分标准	细分变量因素
人口因素标准	年龄、性别、婚姻、家庭人口、收入、职业、教育程度、家庭生命周期
地理环境标准	国家、地区、城镇规模、交通运输条件、气候、人口密度等
心理因素标准	个性、购买动机、价值观念、生活格调、生活方式等
行为因素标准	购买动机、使用频率、追求利益、忠诚度等

(一)人口因素标准

人口因素标准是指各种人口统计变量，包括年龄、性别、婚姻、家庭人口、收入、职业、教育程度和家庭生命周期等。由于构成市场主体的消费者首先是作为社会人口而存在的，故而人口变数长期以来一直被看作是市场细分的重要标准。

根据旅游者的年龄可以将旅游市场划分为老年旅游者市场、中年旅游者市场、青年旅游者市场和儿童旅游者市场。不同年龄阶段的旅游者其消费需求也不相同，旅游企业可以根据不同的市场采用不同的方法。老年旅游者市场在旅游行为上呈现四大特征：第一，重视传统经验；第二，旅游需求呈现多样性；第三，老年人旅游活动注重安全、方便、舒适；第四，老年人的旅游目的主要是观光，他们喜欢看历史古迹、品尝风味、讲究住宿条件，停留时间较长。

根据旅游者的收入、职业和教育程度的不同可以划分旅游市场，恩格尔定律表明随着家庭收入的增加，用于奢侈品的支出将会增加，特别是用于旅游等一些活动的消费将会大幅提升。近年来，随着我国经济的不断发展，人民生活水平的显著提高，一些地区已经达到和超越小康水平，在这些地方出境游也随之升温，欧美的旅游线路虽然比较贵，但是消费需求依然旺盛；而在一些经济发展中等的城市，国内游消费较旺盛。

相关链接 6-1

北京短途出境游预订升温

暑期的到来让出境旅游逐步走出了流感的影响，尤其是短途出境游正在迅速升温。记者从携程旅行网等多个旅行代理机构了解到，日本、韩国、中国台湾地区、中国香港等地预订出行人数大幅增长，马尔代夫、泰国等东南亚旅游目的地也进一步升温。业内认为，出境游旺季已经到来，预计会在“十一”黄金周达到高峰。

携程旅行网度假数据显示，截至发稿，8 月赴日旅游预订出行人数同比去年翻番，与 7

月出行人数相比更是有 2 倍以上的增长；暑期韩国游整体增长明显，同比增长近 100%；东南亚线路在旺季出现的空前实惠的价格，激发了很多人的出游热情，近期通过携程网预订到泰国普吉岛的游客量环比大幅增长，多数线路名额基本已经报满。“今年香港游出行人数 8 月环比 7 月增长约三成。尽管今年受到经济环境以及 H1N1 的影响，8 月仍同比增长，预期比去年增长近 20%。”

携程旅行网度假业务总监唐一波表示，香港旅游局、航空公司和当地酒店推出了令人心动的优惠举措，近期赴香港的游客数量大幅度上升。台湾游旅游产品在暑期一直热销，9 月两岸定期直航开通，往返旅途更轻松。唐一波还表示，随着国庆黄金周即将到来，现在每天咨询和报名的客人很多，9 月下旬至 10 月上旬预订情况日趋紧张。他还认为，今年暑假出境游市场虽然升温相对比较慢，但是出游人数近期快速上升，从预订情况来看，短途出境游热将一直延续到“十一”黄金周。

(资料来源：北京晨报，2009-08-14)

(二)地理因素标准

地理因素标准是指按照旅游者所处的地理位置、自然环境来细分旅游市场，如国家、地区、城市、气候等。处于不同地理位置的旅游者，对同一类产品的需求特征往往呈现较大的差异，对旅游企业营销组合的反应也各不相同。例如，我国幅员辽阔，南方和北方、东部沿海地区与中西部内陆地区的地理环境、气候条件、人口密度、自然资源状况以及交通运输条件差别很大，其旅游者的爱好、习惯等也不相同。当然，地理因素只是一种相对静态的变数，处于同一地理位置的消费者，对某一类产品的需求仍然会存在较大的差异，因此市场细分还必须同时考虑其他变量因素。

根据世界上的主要地区，可将国际旅游市场划分为欧洲旅游市场、美洲旅游市场、东亚及太平洋旅游市场、中东旅游市场、非洲旅游市场和南亚旅游市场。根据国家不同，旅游市场可分为日本旅游市场、美国旅游市场、韩国旅游市场、新加坡旅游市场和德国旅游市场等。其中韩国旅游市场和日本旅游市场、美国旅游市场的特征比较鲜明。

各地气候不同会影响不同的旅游产品的消费，影响旅游者的旅游选择。例如，我国南方人生活在相对热带的地区，很多人都没有见过雪，非常向往北方白雪皑皑的景色，所以这些地区的旅游者在冬季的时候喜欢去北方的城市旅游，如哈尔滨等这样一些地方；而北方的旅游者又想感受南方温暖的冬天，所以在这些地方冬季时海南游就比较受欢迎。

(三)心理因素标准

心理因素标准就是按照消费者的心理特征细分市场。它包括个性、购买动机、价值观念、生活格调和生活方式等。实践证明，仅仅运用地理环境和人口因素变量对旅游市场进行细分，细分后的旅游市场往往对同类产品的需求仍会显示出差异性，可能的原因之一就是心理因素在发挥作用。在当今社会条件下，随着社会经济的迅速发展和生活水平的普遍提高，旅游者需求结构的变化明显呈现高级化、多元化、个性化的趋势。越来越多的旅游者选择旅游产品时，已经越来越体现出个性化的需求。

在心理因素的变量中，生活方式、生活态度、个性的影响力非常大。生活方式是影响旅游者选择旅游产品的重要因素，旅游市场可分为需求促使者、按外界标准行事者和按自我意图行事者。根据忠诚程度，旅游市场可划分为专一的忠诚者、动摇的忠诚者、转移的忠诚者和犹豫不定者。例如，家庭观念强的人外出喜欢强调家庭旅游。我国香港旅游局表示，近年来以家庭为团的旅游消费在香港的增速很快，香港将利用其自身非常适合家庭游的优势，积极地开发高消费的家庭旅游。研究还表明，家庭游的增长是复式的，通常 3～5 人来港，父母对子女的支出比较大方，这会给香港带来更多的旅游收入。针对这一情况，香港旅游局还专门为此开发了香港亲子游手册，罗列出非常适合家庭旅游的地点、购物场所及行程等，还特别制作了专门供小孩用的小小旅行家护照，能够给儿童提供很多的优惠。

旅游者在选择旅游产品时往往也会受到个性的影响。例如，个人身上经常表现出来的本质的、稳定的心理特征(个性特征)，主要包括能力、气质和性格等，其中以性格为核心。这些特征影响着个体的举止言行，反映出一个人的基本精神面貌和意识倾向，集中地体现了人的心理活动的独特性。那么个性或人格究竟由哪些特质构成的？目前在心理学界尚无统一的说法。阿尔波特(G. T. Al1port)的人格特质理论、埃里克森(E. H. Erikson)的人格发展阶段理论、艾森克(H. J. Eysenck)的特质理论和 EPQ 问卷以及卡特尔(J. M. Cattell)的 16PF 理论等分别提出了人格特质所包含的维度，并进行了大量的实证研究。在心理学研究的基础上，加拿大政府旅游局为了揭示不同的个性品质与旅游行为的关系，用统计方法进行调查研究，结果表明：两者之间在交通工具、旅游目的地、旅游活动内容以及季节等项目上存在着高度相关。这项研究不仅验证了个性品质确实影响着旅游者的旅游行为,而且回答了为什么在同一旅游环境下人们采用的行为方式是不同的这个问题。

(四)行为因素标准

行为因素标准就是按照消费者的购买行为细分市场，包括消费者购买时机、追求利益和忠诚度等变量。购买行为是消费者心理活动的外在表现，与心理因素相比，行为因素的各种变量处于显现状态，更容易把握和使用，因而在细分市场时，也经常为企业所采用。

一般来说，购买时机是指消费者购买商品的时间、季节；追求利益是指消费者购买商品所要侧重追求的实际利益。我国很多的旅游企业都在“十一”黄金周、中秋节、春节等节日前加大广告宣传以刺激旅游者选择本企业的旅游产品。 不同的旅游者追求的利益也不尽相同，新婚夫妇的蜜月游追求浪漫、轻松、愉快；学生和工薪阶层喜欢经济实惠的旅游；商务人士追求优质、节奏快的旅游；老年人追求安全、轻松、节奏慢的旅游产品。

根据购买形式不同，旅游市场还可以划分为团队游和散客游。旅游团可以按照档次划分为豪华团和普通团；根据是否购物划分为购物团和纯玩团。散客旅游可以按照收入划分为经济收入高的旅游者和工薪阶层及追求自由、新鲜的散客。

相关链接 6-2

西安旅游市场细分

按地域来分，西安旅游市场可分为以下几种。

东线：被称为黄河文化游，主要景点有兵马俑、华清池、秦陵地宫、潼关古渡。其中外地的游客居多。

西线：被称为丝绸之路游，主要景点有丝绸之路群雕、秦阿房宫、西周车马坑、丰镐遗址等。

南线：主要景点有大雁塔、小雁塔、大慈恩寺、大唐芙蓉园、香积寺、秦岭野生动物园、翠华山国家地质公园等。

北线：主要景点有汉长安城遗址、东晋桃园、未央湖等。

按旅游目的来分，西安旅游市场可分为科普旅游、避暑度假、休闲疗养、体育健身和野外训练。

按人口因素来分，西安旅游市场可分为针对老年人“夕阳红”旅游，针对中年人——休闲游，针对青年人——主打新鲜、刺激，针对儿童——主打科普教育，如烈士陵园、博物馆。

按不同的季节划分，西安旅游市场可分为以下几种。

春季：翠华山万人登山挑战赛。

夏季：休闲避暑、探险野营、秦岭终南山 2604 米主峰野营健身。

秋季：重阳节登山。

冬季：翠华山滑雪，打造“秦岭第一天然雪场”和“西安家门口的滑雪场”。

(资料来源：西安印象)

三、旅游市场细分的步骤

旅游市场细分不是简单地把整体旅游市场划小，而是划分成一个由若干工作内容按照一定程序组成的完整的活动过程。通常它包括以下几个步骤。

(一)选择旅游市场范围

正确选择旅游市场范围，就是根据旅游企业经营方向、任务和营销目标，在充分进行市场环境调查的基础上，选择某个市场范围作为细分研究对象。旅游企业必须结合自身的实力和资源确定本企业的市场范围，市场范围的确定既不能太大，也不能太小。判断市场范围的标准应该以本企业是否有能力开发为依据。

(二)了解旅游市场的需求

在选择了市场范围的基础上，旅游企业应该了解市场上旅游者需求的各种类型，并把这些需求一一罗列出来，为下一步的工作奠定基础。

(三)确定市场细分标准

旅游市场细分可以采用单一标准，但更多的是将两种以上的标准结合使用。实践中，细分标准的选择通常是根据所选定的市场范围内消费者的基本特征和类型来确定，也可以参照以往的经验来进行。

(四)为各种可能存在的细分市场命名

细分市场的命名尽可能简洁明了，采用形象化、典型化的词语表示，要力求突出细分市场上旅游者需求的主要特点。

(五)深化了解各细分市场的旅游者的消费需求和购买行为

深化了解各细分市场的旅游者的消费需求和购买行为，即旅游企业通过分析研究，对初步细分形成的那些细分市场之间的共同需求予以剔除，进而以其相互间的需求差异界定各细分市场，并集聚归拢同一市场中具有相同需求特征的旅游者群。实践证明，通过依次的分解和合并，形成有效的目标市场，并为之制定相应的旅游经营策略。

(六)分析各细分市场的规模和性质，预测市场潜力和可能的获利水平

在细分市场界定并确定需求特点以后，便可通过必要调查和仔细审查，估量各细分市场的容量大小、竞争状况和变化趋势，对照本企业的旅游开发能力和资源，预测可能获取的利润，以及赢利的稳定和持续态势，决定各细分市场的规模并寻找自己的目标市场，从而完成市场细分的过程。

通常而言，旅游市场细分的步骤由以上 6 个阶段组成，但是旅游企业也可以结合具体的旅游项目加以扩展或简化，最终能够有效地完成旅游市场细分即可。

案例 6-1

如家经济型快捷酒店

从 2000 年开始，中国国内旅游总人次超过了全国总人口的 60%，基本上达到了大众旅游的标准，越来越多的工薪阶层展开了各种层次的旅游消费。另外，随着私有经济的发展，

以及一些公司对差旅经费的限制，人们在进行商务活动的同时更加注重旅游消费性价比的选择。这些旅游者在行程中需要充足的睡眠和方便的地理位置，酒店对他们而言最重要的条件只有两个——床和卫生间，同时他们不希望在住宿上花费太多的金钱。

如家经济型快捷酒店正是针对这部分旅游者，把自己的定位明确锁定在一点上——如家的住宿。床品和卫生间是如家快捷酒店的重点所在，卫生上达到甚至超越传统酒店的卫生条件，保持叫早服务，同时在房间的颜色上增添变化，增加温馨感。在如家酒店客房的书桌上，常常为客户摆放几本书，开展“书适如家”的活动，如家给每一个房间提供基本书籍，文学的、历史的、旅游的都有，客人可以随意阅读，还有一盏家用普通台灯，提供免费上网等服务，如家快捷酒店在细节上尽可能营造出家的温馨。同时，由于经营成本的降低，如家经济型快捷酒店的价格要低于传统的三、四星级酒店的价格。

如家经济型快捷酒店正是靠着这个独特的定位在竞争愈演愈烈的酒店市场上占有一席之地的。在如家已经开业的酒店中，近一半以上的酒店全年平均出租率可以达到100%，全部酒店年平均入住率也可以达到95%以上。2006 年全年，如家的运营利润达到 7460 万元人民币(约合 960 万美元)，比 2005 年增长 145.8%。其中，2006 年如家增设了 40 家新租赁运营酒店和 26 家新特许管理酒店。而来自租赁运营酒店的总收入共计 5.679 亿元人民币(7280 万美元)，比 2005 年增长了 102.9%；来自特许管理酒店的收入共计 2060 万元人民币(260 万美元)，比 2005 年增长了 248.5%。

(资料来源：吴金林. 旅游市场营销[M]. 北京：高等教育出版社，2007)

四、旅游市场细分的具体方法

旅游企业进行市场细分时，应当结合企业经营目标和旅游者的需求特征综合运用。旅游市场细分的方法是多种多样的，这里主要介绍以下 4 种方法。

(一)单一因素法

单一因素法是指以某一个因素来细分市场，也就是根据一种影响旅游者的因素来细分旅游市场，通常而言，会选用影响旅游者最重要的因素作为细分的标准。例如，划分旅游团时可以依据收入划分为豪华团和普通团旅游。单一因素法通常适用于旅游服务通用性较强、选择性较弱的旅游市场。通常这种办法也只是作为市场细分的起点，然后在此基础上再对市场进一步细分。例如，豪华团还可以再进一步根据年龄、性别进行细分。

(二)主导因素排列法

主导因素排列法是指当一个旅游市场存在多种因素时，可以从旅游者的特征中选择和确定主导因素，将其与其他因素有机结合用以细分市场。例如，收入与兴趣一般是影响青年选择旅游的主导因素，教育程度、婚姻状况都居从属地位，应以收入、兴趣作为细分青年旅游市场的主要依据。

(三)综合标准法

综合标准法又称多元法，就是运用影响旅游者需求的两种或两种以上的因素，同时从多个角度对整个旅游市场进行细分。综合因素法的核心是并列多因素分析，所涉及的各项因素均无先后顺序和重要与否之别。例如，按照旅游者的收入状况(高、中、低)，生活方式(家庭、个性、商务)，利益追求(观光、修学、增长见识)等变量来划分我国“十一”黄金周市场。采用综合标准法时应当选择与旅游产品消费有关的并且影响突出的变量因素来综合细分市场。通过综合标准法细分的市场能够更加有价值和有效地帮助企业寻找到目标市场。

(四)系列因素法

系列因素法是指运用多项因素，以一定的先后次序，由粗到细、由浅入深、由简至繁、由少到多地对旅游市场进行细分。这种方法对旅游者需求差异大并且市场竞争激烈的旅游市场细分非常合适。该方法的要点是在各细分变量之间充分把握变量之间在内涵上的从属关系，进行合理排序，从而找到目标市场。例如，我国贵州省在旅游市场细分时就是利用这种方法进行的，贵州省的旅游优势在于它的瀑布、岩溶、气候和民族等，所以其目标对象选定为都市人群，国内市场以京津地区、长江三角洲和珠江三角洲地区为主；而国际市场则以热带和亚热带的大都市人群为主。在这一因素的基础上又考虑文化渊源，确定了对中华民俗和文化有热爱和向往的人群为主，制定了相应的旅游产品和服务，使得贵州省的旅游业取得了长足发展。

五、旅游市场细分的有效评价方法

衡量旅游市场细分是否有效，应根据以下几点进行判断。

(一)可衡量性

可衡量性是指在市场细分之后对于所划分出来的任何一个细分市场，旅游营销者都应能够测量和评估其人群规模和购买潜力。如果旅游营销者无法测量和评估该细分市场的人群规模和消费潜力，那么这一细分市场的划出将毫无意义。

(二)可识别性

可识别性是指所划分出来的旅游者群体必须具有某些清晰可辨的共同特点。更为重要的是，该群体中所有成员对某一旅游产品或服务都有其相同的利益追求。换而言之，假定某一群体中的所有成员都对某一旅游产品感兴趣，但如果他们对该旅游产品的兴趣是出自于不同的需要或利益追求，则不宜划为同一个细分市场。

(三)规模性

规模性是指所划分出来的细分市场必须具备足够大的规模。衡量规模是否足够大的真正标准是，旅游企业是否值得投入资源针对这一人群开展旅游营销。换言之，这里所谓的规模性，其真实含义不一定是该人群的规模如何可观，而是说该细分市场必须能够为本企业带来足够大的或令人满意的投资回报。假如在偏僻的国内小镇开设能够满足非常少量的人喜欢的某一民族餐厅，就可能由于该细分市场规模太小而使得投资得不偿失。

(四)可进入性

可进入性包括两层含义：一是可接近性，二是可行性。可接近性也就是说旅游企业在细分市场之后，旅游营销者能够通过相应的旅游营销传播和销售活动的开展，有效地对旅游者施加影响，并占据一定的旅游市场份额，这其中的关键在于旅游企业自身的财力、物力、人力和相应的旅游企业资质。可行性是旅游企业能够为细分后的市场制订相应的旅游营销计划。可接近性是可行性的基础，否则企业没有必要制订相应的营销计划。

(五)可赢利性

追求经济利益既是企业的根本目的，也是企业生存的必备条件。可赢利性主要表现在两个方面，一是细分市场的开发成本不能太高，否则很难实现投资回报；二是细分后的旅游市场规模和购买力可以达到赢利水平。旅游企业在市场细分基础之后必须把这一方法作为衡量市场细分是否有效的主要标准。

六、旅游目标市场选择的策略

旅游市场细分与旅游目标市场选择是两个既有区别又有联系的概念。旅游市场细分是按不同的购买欲望和需求划分旅游群的过程；而旅游目标市场选择，则是在几个可能为之服务的细分市场中选择最有价值的细分市场，作为营销对象的决策过程。显然，旅游市场细分是进行旅游目标市场选择的前提和条件，而旅游目标市场选择又是旅游市场细分的目的和归宿。

旅游目标市场，是指旅游企业在细分市场的基础上，经过评价和筛选所确定的、准备为之提供相应旅游产品和旅游服务的一个或几个细分市场。也就是说，企业渴望能以某相应的产品和服务去满足其现实的或潜在的需求的一个或几个旅游群体。

旅游目标市场选择是指旅游企业从几个细分市场中，根据一定的要求和标准，选择其中某个或几个作为自己经营目标的决策过程。显然，旅游企业选择目标市场实际上是选择企业为之服务的目标。首先，并非所有的细分市场和渴望为之服务的细分市场都是企业乐于进入和能够进入的；其次，由于资源的有限性和经营实力的限制，任何旅游企业都不可能有足够的人力、财力、物力来满足整体旅游市场的需求。为了保证旅游企业的营销效率，集中合理地利用各种资源，就必须把企业的营销活动局限于一定规模的市场范围内，即选定的目标市场。尤其是在当今激烈的市场竞争条件下，如果不选择目标市场或者目标市场选择不当，可能会导致旅游企业举步维艰甚至带来致命的危险。

案例 6-2

上海天鹅信谊宾馆目标市场的选择

上海天鹅信谊宾馆位于虹口区四川北路鲁迅公园对面，1987 年宾馆开业之际，由于四川北路商业街尚未开发，“天鹅信谊”在人们心目中地理位置较偏，因此市场开发成了焦点问题。在这种情况下，总经理带领销售部人员调查市场，走访旅行社，了解各客源国客人的爱好、习惯，以确定天鹅信谊宾馆在上海旅游市场的位置。

1987 年的旅游市场上，台胞探亲团占有很大的份额，许多宾馆都在抢占这个市场。台湾客人经济条件优越，普遍存在着互相攀比的心理，一般喜欢住四星级以上的酒店，并且热衷于购物。“天鹅信谊”的三星级档次和地理位置，与台湾客人的消费心理需求颇有距离。由于鲁迅墓是日本客人来沪的必到之处，宾馆也曾考虑是否将日本客人吸引过来，但是从市场调查情况来看，日本客人的民族性特别强，他们喜欢住在日方在沪投资的酒店里。至于北美客源市场，当时美国客人较多，但美国客人性格浪漫，他们需要宾馆房间宽敞，而且希望宾馆附近晚上灯红酒绿，有丰富的夜生活。因此，从客观条件上来看，“天鹅信谊”不太合适。

这时，他们又将目光转向了欧洲客源市场，特别是法国客人。当时，西欧经济正在蓬勃发展，远途旅游方兴未艾。中国对西欧客人来说是一块神秘的大陆，是他们探奇旅游的首选目的地。法国那时经济发展最快，外出旅游的人数最多。法国人受文艺复兴的影响和现代艺术氛围的熏陶，其旅游兴趣以文化探幽为主。他们对酒店要求环境恬静、房间优雅，特别强调卫生。这些要求都与“天鹅信谊”的硬件比较合拍，他们决定将目标客源市场对准法国市场，加强对法国市场的宣传、推销。在宾馆内部，也做了相应的调整：培训员工的法语口语，并让他们了解法国人的生活习性、风俗民情；客房色彩基本上采用冷色调，并在房间内挂上一幅小小的现代山水画，与宾馆外的鲁迅公园这一人文景观遥相呼应。然后，他们通过国旅总社，邀请法国旅行社老板来天鹅信谊宾馆考察。这些旅行社老板看了以后感觉非常满意，当场决定今后让他们来上海的客人全部住“天鹅信谊”。10 多年来，宾馆不断地推出适合法国人需求的新的服务项目，使“天鹅信谊”的法国客人在整个上海旅游市场上占有较多的份额。

（资料来源：郝索. 旅游经济学. 北京：中国财政经济出版社，2009）

(一)旅游企业在选择市场策略时应考虑下列因素

1. 旅游企业实力

旅游企业自身的实力主要包括人力、物力、财力及其生产能力、创新能力、营销能力，具体表现为旅游企业产品和服务的开发和设计以及生产能力、促销本企业的广告能力、营业推广能力、公共关系的能力等。若旅游企业资源有限，实力不强，无力兼顾整体市场或更多的细分市场，可采用集中性营销策略。

2. 旅游产品或服务特点

对于那些差异性小、替代性很强、竞争主要集中在价格上的旅游产品和服务适合采用无差异市场营销策略；对于那些差异性大、旅游者选择能力很强的旅游产品和服务适合采用差异化营销策略。

3. 旅游市场特点

如果旅游市场的消费需求与偏好很接近，且市场相似程度很高，适合采用无差异市场策略；如果市场差别很大，就应采用差异性营销策略或集中性营销策略。

4. 旅游产品生命周期

和其他产品一样，旅游产品也有自己的生命周期，这个周期包括投入期、成长期、成熟期和衰退期四个阶段。不同周期的旅游产品都有其不同的产品特点，旅游企业可以根据不同的生命周期阶段选择相应的目标市场策略。例如，在旅游产品的成长期，一般采用差异性营销策略。

5. 旅游市场竞争情况

如果市场竞争者数量较少或者较弱，或者旅游产品有一定的不可替代性和垄断性时，旅游企业则可以采用无差异市场营销策略；若果竞争对手很多、很强，旅游企业宜采用差异性营销策略或集中性营销策略。当竞争对手采用无差异性营销策略时，则本企业可采用差异性营销或集中性营销策略。

总而言之，旅游企业必须结合实际情况在考虑以上几点因素的基础上选择适合本企业的目标市场营销策略。对企业而言，旅游目标市场选择在确定后应当保持一定的稳定性和长期性，但是随着旅游市场环境的变化和本企业经营状况的变化，也可以进行适当的调整。

案例 6-3

央视影视基地：一条古战船载动 39 万游客

中央电视台无锡影视基地，是央视在国内最早建立的影视拍摄基地，成立于 1987 年。

央视高层因势利导，“以戏带建、滚动发展”，相继成功开发了唐城、三国城和水浒城，并动用央视资源，在基地拍摄了上百部影视剧和各种影视节目，迅速将无锡影视基地发展为中国规模最大、游客最多、效益最好的影视拍摄基地和旅游景点。央视无锡影视基地的成功崛起，在国内旅游市场激起了巨大波澜，“羊群效应”随之出现。到了 1997 年年初，大大小小的影视基地，形形色色的人造景观，在全国已是遍地开花，仅“西游记艺术宫”、全国就达 460 个之多。沉淀于“人造景观”的不良资产，高达 1000 多个亿，“人造景观热”于是受到全国媒体的围剿。在这种大气候下，央视无锡影视基地的旅游业务，开始出现下滑。

2001 年 4 月 1 日，央视无锡影视基地市场营销部，向所有签约经销商发了一份传真协议，题为《关于“古战船太湖黄金游”的团队合作协议》。事前，没有邀请媒体采访，没有召开旅游经销商恳谈会，也没有制订“整合营销传播”计划。

8 个月后，12 月 25 日的票房数字显示，用于运送游客游览太湖的唯一一条古战船，在 8 个月时间里，载客量高达 39 万人。

2002 年，另外三条古战船投入运营。当年年底，水上游客总数突破 60 万人。

3 年后的今天，“古战船太湖黄金水上游”已经成为华东线上多数旅游团队的必走线路，游客总数累计超过 160 万人。

在此期间，太湖之滨的各大景点，有的斥资数百万元，日夜赶工打造仿古游船；有的不惜代价，长年包租外事船队，跟风推出古船游太湖项目。跟央视无锡影视基地隔湖相望的某景区，甚至直截了当打出“水上看央视基地”的招牌。然而，均无功而返。

一条不起眼的水上线路，没有华丽的包装，没有大规模的宣传，却在短短 8 个月的时间里，创造了猛增游客 39 万人的营销奇迹。它对我们的旅游目标市场的选择有着重要的启示。

(资料来源：http://finance.sina.com.cn/salesconduct/20040827/1030980725.html)

(二)可供旅游企业选择的目标市场策略

1. 无差异性营销策略

无差异性营销策略是指旅游企业把整体旅游市场看作一个整体，即一个大的目标市场，不再细分，因而只推出一种旅游产品，采用一种营销组合，满足尽可能多的旅游消费者需要所采取的营销策略。它是以一种产品适合于各种细分市场的共同需要为前提，很少甚至不去考虑消费者需求的差异性。

无差异性营销策略的主要优点是：可以降低旅游营销成本。其缺点是：不能满足旅游细分市场的需求，不利于企业获得较多的利润。

我国的一些历史人文等不可替代的旅游景点，曾经都是采用这一目标市场营销策略，如长城、兵马俑等。随着旅游市场整体竞争的激烈，近年来这些景点也在通过增加一些特色旅游项目来改变传统的无差异性营销策略。

2. 差异性营销策略

差异性营销策略是指旅游企业把整体旅游市场划分为若干个细分市场，针对不同细分市场的需求特征，分别策划不同的旅游产品和运用不同的营销组合，以满足不同细分市场上旅游消费者需求所采用的营销策略。

差异性营销策略的优点是：第一，能增加旅游企业总的销售额；第二，有利于塑造旅游企业及产品的良好形象，增加对回头客的吸引力；第三，增加重复购买的数量和次数，增强旅游企业目标市场的竞争力；第四，旅游企业经营风险可减少。

差异性营销策略的缺点是：第一，由于目标市场过多，旅游企业的生产、管理和促销费用也会随着旅游营销组合及产量的增加而增加；第二，增加了旅游营销管理工作的难度。

3. 集中性营销策略

集中性营销策略是指旅游企业在市场细分的基础上，选择其中一个或一个以上细分的专门化市场为目标市场，集中满足一个或几个细分的专门化市场消费者需求所采取的营销策略。

集中性营销策略的优点是：第一，通过专业化降低营销费用；第二，有利于旅游企业在一个或几个细分市场建立稳固的地位；第三，有利于旅游企业扩大销售，提高利润率。

集中性营销策略的缺点主要是：第一，旅游企业要承担较大的风险；第二，较难吸引目标市场之外的其他细分市场；第三，来自竞争者的威胁增大。

相关链接 6-3

倾国的魅力创造“韩流”奇迹

游客对风景的感受有差异，但是很少有一个旅游城市能像湖南张家界市那样能对整个国家形成吸引，可是湖南张家界市做到了。

2001 年，韩国旅游观光公社社长赵洪奎先生应邀参加湖南张家界国际森林保护节，被湖南张家界的奇山秀水和淳朴的民俗所震撼，回国后便积极宣传湖南张家界。从此，世界自然遗产湖南张家界的原生态自然风光开始被韩国人所知晓，并受到他们的热捧。随后，湖南张家界市委、市政府以及经营韩国湖南张家界市场的旅行社，在充分分析了亚洲市场后决定在利用赵洪奎先生资源的前提下，集中所有的力量针对韩国宣传、促销，专门拍摄了一些以张家界风景为背景的电视剧、广告片集中在韩国播放。这些营销活动使得张家界在韩国热了起来，许多人把到湖南张家界旅游当成子女送给父母的最好礼物，在崇尚自然风光、爱山敬山的韩国人心中，来湖南张家界旅游已逐渐成为一种文化、一种时尚。同时，张家界市也努力为韩国旅客来张家界铺垫好软硬件设施，在湖南张家界，无论是城区的宾馆、餐馆，还是景区的宾馆、商店，都有韩文标识；很多旅游商店的老板都会讲一点韩语；在张家界的旅游景点到处都可以看到韩文标示的路线图。一位游客曾在一篇文章中这样写道："在湖南张家界市，我们好似徜徉在了韩国的国度里：休闲观光的韩国游客比比皆是，大大小小的韩国餐馆宾朋满座，韩文标牌充斥大街小巷，就连当地导游、宾馆服务员，抬轿子的轿夫，都能用韩语跟游客进行简单交谈。可见张家界市在海外旅游市场作战中集中策略经营韩国市场是非常成功的。"

据统计，2006年，韩国共有36多万人次来湖南张家界旅游，占湖南张家界市接待境外游客数量的80%。时至今日，当湖南张家界已经把境外市场进一步延伸到日本及欧美，当湖南张家界的"韩流"已不再是一枝独秀时，湖南张家界的韩国印象仍然随处可觅。

(资料来源：张家界市信息化办. 2009-10-21)

第二节　旅游市场定位

一、旅游市场定位的方法

市场定位是在20世纪70年代由美国营销学家艾·里斯和杰克·特劳特提出的，其含义是指企业根据竞争者现有产品在市场上所处的位置，针对顾客对该类产品某些特征或属性的重视程度，为本企业产品塑造与众不同的、给人印象鲜明的形象，并将这种形象生动地传递给顾客，从而使该产品在市场上确定适当的位置。

(一)旅游产品市场定位的概念

市场定位也称"营销定位"，是指市场营销工作者用以在目标市场(此处目标市场是指该市场上的客户和潜在客户)的心目中塑造产品、品牌或组织的形象或个性的营销技术。

旅游产品市场定位是指企业根据目标市场上旅游者偏好、竞争状况和自身优势，确定自身产品在目标市场上应处的竞争位置。旅游市场定位对旅游地形象定位的影响主要在于：旅游市场定位决定了旅游地产品特色的定位，产品特色的定位在某种程度上就会影响甚至改变旅游地形象的定位；这一切都是由市场的需求所决定的。

市场定位可分为对现有产品的再定位和对潜在产品的预定位。对现有产品的再定位可能导致产品名称、价格等的改变，但是这些外表变化的目的是为了保证产品在潜在消费者的心目中留下值得购买的形象。对潜在产品的预定位，要求营销者必须从零开始，使产品的特色确实符合所选择的目标市场。公司在进行市场定位时，一方面要了解竞争对手的产品具有何种特色；另一方面要研究消费者对该产品的各种属性的重视程度，然后根据这两方面进行分析，再选定本公司产品的特色和独特形象。

(二)旅游市场定位策略应考虑的要素

旅游市场定位与旅游企业的长期战略有密切关系。定位需要很长时间创造在旅游者心目中的地位，并完成旅游者从接触到认识与认同的过程，而不是仅仅通过短期的广告活动就可以完成的。旅游市场定位为旅游产品的差异性建立了一个固定的方式，它使旅游产品之间可以相互区别，并建立各自不同的竞争优势。精心构建的定位是可持续的、有防御性的。游客一旦接受了某种旅游产品，也就同这一旅游产品建立了心理上的联系，这使得同类型的旅游产品再难以进入到这一游客群体中，而且这种定位可以进一步利用。由于产品存在着生命周期，旅游产品的市场定位可以根据时间与市场的发展、成熟和衰败来策划定位的发展与改变。

旅游市场定位本质上是以旅游生产者与旅游者两方面的利益为基础的。准确的定位能够将旅游企业或旅游产品的特征，转化为目标旅游者的价值利益。旅游产品的市场定位不仅有效地向旅游者传递一个清晰的形象，而且使购买旅游产品的旅游者清楚了解其购买行为的价值所在。旅游产品定位以双方利益为基础，由于不同的旅游者在购买及使用基本类型相同的旅游产品与服务时，往往寻求不同的利益，这导致了某一旅游产品在一个旅游者心目中的定位，可能和它在另一个旅游者心目中的定位不完全相同。在细分市场中，了解旅游企业与其产品在所有相关细分市场中旅游者心目中的地位是非常重要的。这也是旅游企业、旅游产品和服务在市场中定位的依据之一。

旅游企业及产品的市场定位必须同竞争者联系起来。仅仅根据自身的产品进行定位是难以取得成功的，旅游产品的定位只是相对于竞争者的旅游产品而确定的在市场中所占有的地位。例如，不考虑竞争对手，制定一个与竞争者相隔离的价格水平，这一价格根本就不具有可比性，因为只有在同竞争对手相比较时，才能够对所提供产品的质量与服务水平作出判断。

旅游产品市场定位的成功与否涉及诸多因素，其中以下四个因素是旅游企业定位过程中必须考虑的。

1. 对目标市场清晰的认识

只有对目标市场有了透彻清晰的认识，才能做到有的放矢。假定一个旅游企业认为其旅游产品在市场中具有特定的定位，但是在不同的旅游者看来，可能其产品具有不同的定位。所以必须了解该定位对所有关键目标市场及旅游者的作用，以及预测对非目标细分市场的冲击，全面衡量旅游产品定位的市场反映。

2. 了解旅游者对旅游产品的要求

旅游产品定位所包含的利益必须对所瞄准的目标旅游者极为重要。假如瞄准一个对价格不敏感的细分市场，显然只考虑旅游产品价格的高低是毫无意义的。由于定位的利益特征必须是对目标旅游者有吸引力的利益特征，这就要求准确把握旅游目标市场的行为特点和旅游者的心理因素，才能够切实了解旅游者对旅游产品的实际需要。

3. 以旅游产品优势的现实为基础

旅游产品的优势及用以创造产品优势的核心功能的旅游产品组合，能够使旅游企业同其他旅游产品相互区分。这种基于产品的方法，是利用旅游企业资产最有效的创造性竞争定位，并且能够确保这一竞争定位在竞争对手的攻击性定位面前，是能够保护旅游企业自身，即具有防御能力和能够在旅游者心目中拥有持久的地位。

4. 旅游市场定位的可沟通性

旅游市场定位应当能够与目标市场沟通，这通常意味着它们简单明确，能够在同旅游者的相互沟通中加以修正。可以使用有吸引力和有创造性的广告或其他营销沟通方法使定位更具有吸引力，真正体现定位是以顾客为出发点的。

旅游产品市场定位要求从旅游者的角度了解旅游企业及其产品，因此旅游消费者的心理因素成为必须要考虑的因素。把握旅游者对旅游产品的质量、价格、特色等方面的需求，对准确的市场定位有重要意义。

案例 6-4

长城饭店宣传另辟蹊径

1983 年，中国第一家五星级宾馆，也是第一家中美合资的宾馆——北京长城饭店正式开张营业。开业伊始，面临的首要问题就是如何招来顾客。按照通常的做法，应该在中外报刊、电台、电视台上做广告等。这笔费用是十分昂贵的，国内电视广告每 30 秒需数千元，每天需插播几次，一个月最少需要几十万元。但由于北京长城饭店的基本客户来自中国香港、澳门及海外各国，这就需要海外的宣传，而香港电视台每 30 秒钟的广告费最少是 3.8 万港元，若按内地方式插播，每个月需几百万元人民币；至于外国的广告费，一个月下来更是个天文数字了。一开始，北京长城饭店也曾在美国的几家报纸上登过几次广告，后来因为经费不足，收效又不佳，只得停止。

广告攻势虽然停止了，北京长城饭店宣传自己的公关活动却没有停止，他们只不过是改变了策略。

北京市为了缓解八达岭长城过于拥挤之苦，整修了慕田峪长城。当慕田峪长城刚刚修复、准备开放之际，北京长城饭店不失时机地向慕田峪长城管理处提出由他们来举办一次招待外国记者的活动，一切费用都由北京长城饭店负担。双方很快达成了协议。在招待外国记者的活动中，有一项内容是请他们浏览整修一新的慕田峪长城，目的当然是想借他们之口向国外宣传新开辟的慕田峪长城。这一天，北京长城饭店特意在慕田峪长城脚下准备了一批小毛驴。毛驴是中国古代传统的代步工具，既能骑，也能驮东西。如果长城、毛驴被这些外国记者传到国外，更能增加中国这一东方文明古国的神秘感。这次北京长城饭店准备的毛驴，除了一批供愿意骑的记者外，大部分是用来驮饮料和食品的。当外国记者们陆续来到山顶之际，主人们从毛驴背上取下法国香槟酒，在长城上打开，供记者们饮用。长城、毛驴、香槟、洋人，记者们觉得这个镜头对比太鲜明了，连连叫好，纷纷举起了照相机。照片发回各国之后，编辑们也甚为动心。于是，第二天世界各地的报纸几乎都刊登了慕田峪长城的照片，北京这家以长城命名的饭店也随之名声大振。

(资料来源：王涅．旅游公共关系．北京：化学工业出版社，2009)

(三)旅游市场定位的方法

旅游市场定位一般应从以下三方面进行：确定目前旅游产品定位；确定旅游企业的定位目标；实施定位策略。

1. 确定目前旅游产品定位

选择一个定位策略的起点就是了解旅游产品在旅游者、潜在旅游者心目中现在的定位，定旅游产品目前的定位、了解旅游产品、市场竞争对手、旅游者需求等方面的因素。

(1) 确定旅游产品竞争对手。这包括确定哪些旅游产品被认为是“替代品”。这可以是旅游产品形式的竞争，也可以是旅游产品种类的竞争。从旅游企业的角度出发，寻找能够实现相同功能的替代品，或者直接询问旅游者在购买时所考虑的替代品是什么，这样旅游企业就可以掌握竞争者及其产品的情况。

(2) 替代旅游产品的确定。一旦替代旅游产品被确定，下一步应当确定的是旅游者对呈现在他们面前的各种各样替代旅游产品的选择依据。此问题的核心是明确旅游者究竟需要什么样的旅游产品。获得这类信息的最好方法是要利用定性分析，列举出旅游者在竞争情况下替代产品的可能选择。

(3) 旅游产品重要职能的评估。旅游产品可以作为特征的集合，并非所有旅游产品的特征对所有旅游者都是同等重要的。此时，就应当寻求确定什么是较为重要的职能，以及旅游产品对某一特定旅游者群体的重要程度。这需要借用定量分析对职能的重要程度进行排序，如果此阶段产生了重要性的差异，则据此可以进行市场的细分。

(4) 确定竞争旅游产品的重要属性。由于旅游产品被视为特征集合，因此通过利用一个有代表性的样本进行定量分析，可以确定不同旅游者之间认知的差异。

(5) 确认旅游者的要求。按照相同的指标可以确定旅游者的要求。这可以通过请旅游者对其认为是理想的旅游产品组合的成分分等(打分)来实现，或者通过要求旅游者按自己的偏好对可能得到的利益进行排序，从而推断出理想的产品。

2. 确定旅游企业的定位目标

一旦目前旅游者要求的理想定位选择被确定，旅游企业就应当对旅游产品进行定位。在这一过程中重点考察两个基本因素：目标市场(以及目标竞争者)和竞争优势或与竞争者的差异性。许多因素影响着可选择的目标细分市场的吸引力。市场因素包括细分市场的规模与未来发展趋势、行业发展阶段、价格弹性、需求的周期性与季节性，以及旅游者的讨价还价能力。经济和技术因素包括进入与退出的障碍、技术水平和成本利润分析。竞争性因素包括竞争强度、竞争质量、进入威胁和替代品因素，以及现有产品的差异化程度。宏观环境因素包括国内外的经济波动、政治法律因素、市场与行业管理程度、社会接受程度与自然环境的影响。

其他一些因素也影响着服务于某一特定目标市场的目前与潜在的企业优势。现有产品的定位可由相对的市场份额、市场份额变化率、存在着可利用的营销优势与前向一体化、后向一体化以及水平一体化的程度来确定。

因此最有吸引力的定位是，将那些有吸引力的细分市场与目前或潜在企业的雄厚优势组合起来的定位。当不存在此类组合时，则寻求在其他因素上具有优势的定位。一般市场上成功的例子表明，先寻求吸引力虽小但相对于竞争者却享有明显优势的市场，然后追求那些可能有较大吸引力，但企业有时或潜在优势只处于平均水平的市场，企业在其中没有优势的市场应当避免参与。

3. 实施定位策略

旅游产品的差异性是市场定位的首要因素。在企业确定了自己目前的市场定位、想要达到的目标后，应当设计自己与竞争对手之间产品的差异性。差异化可以通过产品差异化、从业人员、营销渠道和形象差异化四个方面来进行。产品的差异化主要通过旅游产品的特色加以区分。特色是指旅游企业除旅游产品基本功能以外所提供的服务。例如，在饭店就餐时，其服务都是相同的，但是如果为客人提供免费的饮料就会使客人对酒店留下印象。此外，旅游企业也可以通过使用更好的人员体现差异化。例如，新加坡航空公司在世界享有盛誉，这同它拥有一批美丽高雅的航空小姐紧密相关。营销渠道也可以产生差异，中间商的形象从另一个侧面影响旅游企业的形象。形象差异化使得在提供同类服务时，游客会从企业或品牌形象中得到一种特殊的影响。例如，丽兹饭店为每一位入住游客建立档案，详细记录下每位游客的喜好，当游客再次入住时，就能够为该客人提供个性化服务。这表明丽兹饭店通过提供个性化服务，使其饭店形象与其他饭店相互区别。在明确目前企业所处的市场地位、旅游企业定位目标以及产品的差异化后，就可以根据细分市场以及旅游产品的特征选择合适的市场定位策略。

二、旅游市场定位的步骤

市场定位的关键是企业要设法在自己的产品上找出比竞争者更具有竞争优势的特性。

竞争优势一般有两种基本类型：一是价格竞争优势，就是在同样的条件下比竞争者定出更低的价格。这就要求企业采取一切努力来降低单位成本。二是偏好竞争优势，即能提供确定的特色来满足顾客的特定偏好。这就要求企业采取一切努力在产品特色上下功夫。因此，企业市场定位的全过程可以通过以下三大步骤来完成。

(一)分析目标市场的现状，确认潜在的竞争优势

这一步骤的中心任务是要回答以下三个问题：一是竞争对手产品定位如何？二是目标市场上顾客欲望满足程度如何以及确实还需要什么？三是针对竞争者的市场定位和潜在顾客的真正需要的利益要求，企业应该及能够做什么？要回答这三个问题，企业市场营销人员必须通过一切调研手段，系统地设计、搜索、分析并报告有关上述问题的资料和研究结果。

通过回答上述三个问题，企业就可以从中把握和确定自己的潜在竞争优势在哪里。

(二)准确选择竞争优势，对目标市场初步定位

竞争优势表明企业能够胜过竞争对手的能力。这种能力既可以是现有的，也可以是潜在的。选择竞争优势实际上就是一个企业与竞争者各方面实力相比较的过程。比较的指标应是一个完整的体系，只有这样，才能准确地选择相对竞争优势。通常的方法是分析、比较企业与竞争者在经营管理、技术开发、采购、生产、市场营销、财务和产品七个方面究竟哪些是强项，哪些是弱项。借此选出最适合本企业的优势项目，以初步确定企业在目标市场上所处的位置。

(三)显示独特的竞争优势和重新定位

这一步骤的主要任务是企业要通过一系列的宣传促销活动，将其独特的竞争优势准确地传播给潜在顾客，并在顾客心目中留下深刻印象。为此，企业首先应使目标顾客了解、知道、熟悉、认同、喜欢和偏爱本企业的市场定位，在顾客心目中建立与该定位相一致的形象。其次，企业通过各种努力强化目标顾客形象，保持对目标顾客的了解，稳定目标顾客的态度和加深目标顾客的感情来巩固与市场相一致的形象。最后，企业应注意目标顾客对其市场定位理解出现的偏差或由于企业市场定位宣传上的失误而造成的目标顾客模糊、混乱和误会，及时纠正与市场定位不一致的形象。企业的产品在市场上定位即使很恰当，但在下列情况时，还应考虑重新定位。

(1) 竞争者推出的新产品定位于本企业产品附近，侵占了本企业产品的部分市场，使本企业产品的市场占有率下降。

(2) 消费者的需求或偏好发生了变化，使本企业产品销售量骤减。

重新定位是指企业为已在某市场销售的产品重新确定某种形象，以改变消费者原有的认识，争取有利的市场地位的活动。例如，某日化厂生产婴儿洗发剂，以强调该洗发剂不刺激眼睛来吸引有婴儿的家庭，但随着婴儿出生率的下降，销售量开始减少。为了增加销售，该企业将产品重新定位，强调使用该洗发剂能使头发松软有光泽，以吸引更多、更广泛的购买者。重新定位对于企业适应市场环境、调整市场营销战略是必不可少的，可以视为企业的战略转移。重新定位可能导致产品的名称、价格、包装和品牌的更改，也可能导致产品用途和功能上的变动，企业必须考虑定位转移的成本和新定位的收益问题。

案例 6-5

奇特的“袖珍宾馆”

上海南京西路，有家“袖珍宾馆”——海港宾馆。在大饭店、高档宾馆林立的上海，饭店或宾馆经理们大多为入住率低而发愁，可在这里，却常常出现 10 多批客人等在大厅里，争抢海港推出客房的情形。生意如此兴隆，奥妙何在？何不让我们身临其境详细观察呢？

夜晚，走进海港宾馆的客房，两张席梦思床放置于客房的主要位置，与一般的宾馆一样，看不出什么特别之处。可是，当你清晨起床之后，轻轻按一下机关，床就会缓缓翘起翻嵌进暗墙里。这时，你就会惊讶地发现，一间客房瞬间变成一间标准的“经理室”。对生意人来说，既不需要多付房租，又不落身价，花了标准房的钱，派了“套房”的用场。

除了巧妙的客房设计以外，海港宾馆的决策者还广泛调查客人的其他要求。通过调查发现，很多客人为整个上海没有一个为寻找合作者提供企业资料的信息库而大伤脑筋。他们立即与上海旅游学会合作，开办了上海第一个商务信息计算机库，分门别类地储存上海的主要经济信息和各类机构“花名册”，企业也可以申请在计算机库中立一个“户头”，储存企业的见解和合作意向。这项软件服务为商务旅游者提供了大量合作机会和线索，大受他们的欢迎。

(资料来源：吴金林．旅游市场营销．北京：高等教育出版社，2007)

思考与能力训练

一、思考题

1. 什么是旅游市场细分？旅游市场细分的标准有哪些？

2. 举例说明旅游市场细分的步骤。
3. 旅游企业在选择目标市场时应考虑哪些因素？
4. 可供旅游市场选择目标市场的策略有哪些？
5. 什么是市场定位？旅游市场定位的方法有哪些？
6. 举例说明旅游市场定位的步骤。

二、能力训练

能力训练一

1. 实训目的和要求

(1) 通过实践训练，学会针对旅游市场进行市场细分的分析，并根据不同的细分对应相应的产品达成企业的营销目标。

(2) 要求学生根据实训项目撰写实训报告。

2. 实训内容

选择当地一家旅游企业，如旅行社、旅游饭店、旅游交通公司或景区景点等进行考察，分析以下问题。

(1) 该旅游企业是如何进行市场细分的？

(2) 在该企业所进行市场细分之后，他们是如何选择目标市场的？

(3) 该企业在进入目标市场时采取了什么样的策略？

能力训练二

1. 实训目的和要求

(1) 培养学生在面对不同的旅游企业时，可以针对企业的自身以及周边环境特点制定其目标市场营销策略。

(2) 要求学生根据实训项目撰写实训报告。

2. 实训内容

假设你是一家旅游公司的主要负责人员，伴随着旅游市场竞争激烈、旅游资源紧缺，你如何为自己的旅游公司开拓新的旅游市场？

(1) 描述你的公司的基本情况。

(2) 分析你的公司在现阶段外部的环境。

(3) 分析你的公司在现阶段的经营优势。

(4) 分析你的公司所在区域的市场范围。

(5) 对你的公司所在的市场进行市场细分。

(6) 对细分后的市场进行分析，选择你的目标市场。

(7) 针对你的目标市场推出适应的旅游产品。

能力训练三

1. 实训目的和要求

(1) 培养学生的现代旅游市场定位的意识，树立现代旅游市场营销观念，提高学生对旅游企业营销活动相关定位的分析能力。

(2) 要求学生根据实训项目撰写实训报告。

2. 实训内容

选择当地一家旅游企业，如旅行社、旅游饭店、旅游交通公司或景区景点等进行考察，分析以下问题。

(1) 描述该企业经营哪类旅游产品与服务？

(2) 描述该企业目前开拓的市场。

(3) 该旅游企业所面临的市场定位是什么？你认为这种定位是否准确？为什么？

(4) 根据你的分析，请为该企业重新定位。

能力训练四

由“锦里”管窥地区活力

2004 年 11 月 1 日锦里正式对外开放，仅不到两年时间，就已经成为成都乃至全国文化产业仿古街道的楚翘，提到仿古街没有人不知道锦里。锦里开街以来两个月的收入就达到 1000 万元，不能不说是一个巨大的成功。

为什么锦里会如此迅速地成功呢

首先，在“人”这个最重要的问题上，锦里选对了方向。

我们可以观察到锦里每个时间段都有不同的人在其中从事各种活动。从网络搜索“锦里”这个关键词的时候会发现，有相当多的人记录自己在各个不同的季节不同的时间在锦里的活动。只有当一条街道在不同时间有不同的人在其中活动时，这个地区才会是健康发展的，如果人们都集中在一起，突然出现，在某些时候又突然全部消失，那么在人们突然消失的时候会引起商家的恐慌，会采取一些过激措施，甚至在客人集中的时候出现竭泽而渔的状况，严重影响地区的品质、形象，以及健康的发展。所以一个真正健康的地区需要持续不断的人流。

出现在锦里的，又到底是些什么人呢

在锦里，你听到的大部分仍旧是四川话，武侯祠每年有超过 100 万的游客，游客来自天南海北，一墙之隔的锦里居然仍是川音的天下！是的，锦里是当地人休闲娱乐的去处，它不单纯是外地人观光旅游的景点，更是当地人生活的一部分。一个地区的文化项目，一定要得到当地人的认可，才能真正得到游客的认可。如果当地人对所打造的文化都不认可，那么这种文化就不具有生命力。有了本地人的加入，街道才能真正运转起来，因为街道是城市的一部分，城市需要主人才能安定，本地人安抚了古街的城市属性。然而仿古街毕竟是一个旅游项目，如果如同日常街道那般实在是失去了对游客的吸引力。锦里白天是旅游客人的餐馆地，晚上就是当地人的休闲所。一条街道至少要有两个主要功能，这样才能保证不同目的的人在不同时间来此地活动，保证人流的密度，此时的街道才是健康的。

明确了“人”的问题，还要解决另一个棘手的问题：如何吸引这些人

这就要避免同质化的低级竞争：仿古街可以作为旅游景点，但是先天的城市属性，使其必须具备体验性质。单纯观光性质的参观不会对仿古街产生任何效益，必须把这些旅游者拉入一种体验氛围内，让他们兴致勃勃于古街的店铺、酒肆，这正是文化产品。

文化产品的价值之一在于提供新奇、与众不同的被感受物，文化商品拒绝同质化竞争，一旦陷入同质化竞争的状态，最后必定要陷入“没有技术含量”的低层次价格战，两败俱伤是一定的。

在锦里，你不会感觉自己身处一个非常无趣的旅游区，即使感觉自己见多识广，也会为许多店铺而驻足。仔细想来，就是因为锦里的店铺各具特色，很少有出售相同东西的商店。这在旅游景点是很少见的。锦里古戏台将定期上演川戏的经典剧目，戏台前会定期放映坝坝电影、以特色小摊的方式举行民间艺人的展演(如糖画、捏泥人、剪纸表演、皮影表演和西洋镜等)，而大部分旅游区都是一样的旅游产品摆满一条街。

(资料来源：http://www.bj-xinglong.com/culture_gcnk_zw.asp？page=1&classid=L121603)

【分析讨论】

1. 案例中细分市场主要考虑的因素有哪些？
2. 案例中的旅游产品选择了什么样的目标顾客群？
3. 锦里是如何为目标市场的顾客提供产品的？

第七章 旅游产品策略

【知识目标】

理解什么是旅游产品、什么是旅游新产品、什么是品牌；掌握旅游产品生命周期及影响旅游产品生命周期的因素；理解旅游新产品开发的程序及策略；理解旅游产品品牌与包装策略。

【能力目标】

学会判断旅游产品所处的生命周期阶段并制定相应的策略；学会开发旅游新产品系列并对已有产品进行优化；能够设计旅游产品的品牌。

【学习成果】

某旅游产品整体形式设计书；分析报告：某产品品牌战略的实施分析

案例导入

以韩剧为招牌的韩国主题旅游

游客再现韩国电影《丑闻》中的场景

韩剧至今已在亚洲国家流行了不少年，其热度经年不减，近几年在中国更是大有燎原之势，热度一浪高过一浪。韩国国家旅游局针对亚洲的韩流热，不失时机地推出了韩流主题旅游产品。

机场开设韩流主题旅游商品店

为承接席卷亚洲地区的韩流热潮，方便更多的游客了解和亲近韩流，韩国旅游局在仁川国际机场第46号登机口附近，开设以韩流为主题的旅游商品店。店内专辟出展示韩流文化的韩流馆空间，设有播放《冬季恋歌》、《蓝色生死恋》、《大长今》等韩剧的大型屏幕，并有明星大型海报角，供游客拍照留念。特别是韩流先锋明星的大型海报更是让喜爱韩流的游客欣喜万分，在自己喜爱的明星大幅海报前拍照留念，不少游客都乐此不疲。

除韩流相关纪念品外，店内还出售品种繁多的各类商品，包括世界知名品牌均入店销售。在这种商店购物让游人感到别有韵味。

韩流旅游商品店设在第46号登机口，主要是因为这里是飞往中国、东南亚等地的航班停靠的登机口。韩流主题商店的开设，给中国、日本、东南亚等地游客关注和了解韩流、了解他们所喜爱的韩剧明星、购买所喜爱的特色韩流纪念品提供了不少便利。

商业街建新型影视场馆展示经典场景

为了让海外的韩剧迷能够身临其境地体验一些著名韩剧的经典场景，在韩国明洞的T.Spark大厦5层，还专门建了一座新型的影视场馆，给访问韩国的游客提供通过韩剧精彩场面感受明星风采、体验韩国大众文化的机会。

新型影视场馆是按照经典电影电视剧中的各种拍摄场景布置的新型影视场馆，将只能在银幕上欣赏的电影、电视剧的场景和道具，展现在影迷面前，让影迷沉浸在昔日的剧情中，穿梭于现实和剧情之间。参观者可以试穿和佩带影片中的各类服装和饰品，过一把当演员的瘾、圆一个做明星的梦，并且现场临时演员生动逼真的精彩表演也会给观众耳目一新的感受。此场馆布置主要有以下一些电影电视剧的经典场景。

韩国美男子裴勇俊主演的《丑闻》再现18世纪朝鲜上流社会的奢侈浮华生活，剧中服装、道具的花费非常昂贵。尤其剧中为男女主角主要活动空间的赵元和赵夫人的房间，更是布置精细、华丽富贵，淋漓尽致地表现了当时上流社会的奢侈生活。此场馆就布置了花花公子赵元(裴勇俊饰)赵夫人(李美淑饰)的房间，再现了电影中的风花雪月。这里是朝鲜时代上流社会的缩影，精致的布景，精心制作的古典服饰，让参观这里的每一位游客为之心动。韩剧的影迷甚至可以当场佩带电影中的道具饰品和服饰，或试穿剧中做工精致的韩国传统民族服饰拍照留念。

《冬季恋歌》野外场景中的南怡岛被布置得别有一番韵味，另外还把内部布置成南怡岛雪人长凳的场景，在灯光和照明设备的辉映之下，显得格外浪漫与温馨。

《生死谍变》是一部在韩国屡创佳绩的大片，描写韩国与朝鲜之间的谍海风云，剧中恋人韩石圭和金允珍尽情热吻在细雨纷飞的海洋馆极其经典浪漫，布置了这一场景让参观的游客感觉韵味深长、情意绵绵。红色雨伞等小道具，可以充分感受到当时浪漫的气氛。

《八月照相馆》中忧郁的正元(韩石圭饰)和他那颇古老的照相馆，布置得与电影中一模一样，实际也是一个正在营业中的照相馆，为参观此处的游客提供快捷的拍照服务，并且可以拍摄穿着韩国传统服饰的相片。

获得第41届韩国大钟奖的电影《老男孩 OLDBOY》中，吴大修被监禁的简陋寓所和电梯，那阴森的构造和诡异的气氛也仿效得非常逼真、生动。

为了方便参观者，该影视场馆配有中文和日文讲解，另外还有精品店及休闲吧。

(资料来源：http://www.fx120.net/scribble/ly/200512291317425793.htm)

【问题】

1. 旅游业者应开发哪些旅游产品？
2. 选择哪些目标顾客？
3. 对推出的旅游产品如何包装？

作为一名旅游市场营销人员，要解决以上问题，必须熟悉旅游产品的内涵，理解旅游产品的特殊性，熟悉旅游产品策略。

第一节 旅 游 产 品

一、旅游产品概述

旅游产品是旅游市场交换活动的基本内容，是旅游市场营销活动的轴心。旅游企业在向旅游者提供旅游产品的同时，也提供了相应的服务。

(一)什么是旅游产品

北京饭店的一间客房、一次西双版纳旅游度假、麦当劳的一款法式油炸食品、一次神农架探险旅游、北京故宫的历史文化遗迹观光、一次夏威夷海滩的午间供餐以及一次在一个现代会议中心召开并以团队价格安排与会者住在附近酒店的会议等；酒泉卫星发射基地的历史展览馆、聂荣臻元帅墓和烈士陵园、卫星发射架和发射场、火箭搭配车间及火箭模型等，都是旅游产品。因此，旅游产品就是能够提供给旅游市场并引起旅游者注意、获取、使用或消费以满足某种愿望或需要的任何东西，如各种有形物品、服务、景区景点、车船机票、餐券、住宿和交通等。旅游产品包含旅游核心产品、旅游形式产品、旅游期望产品、旅游延伸产品和旅游潜在产品五个层次，如图 7-1 所示。

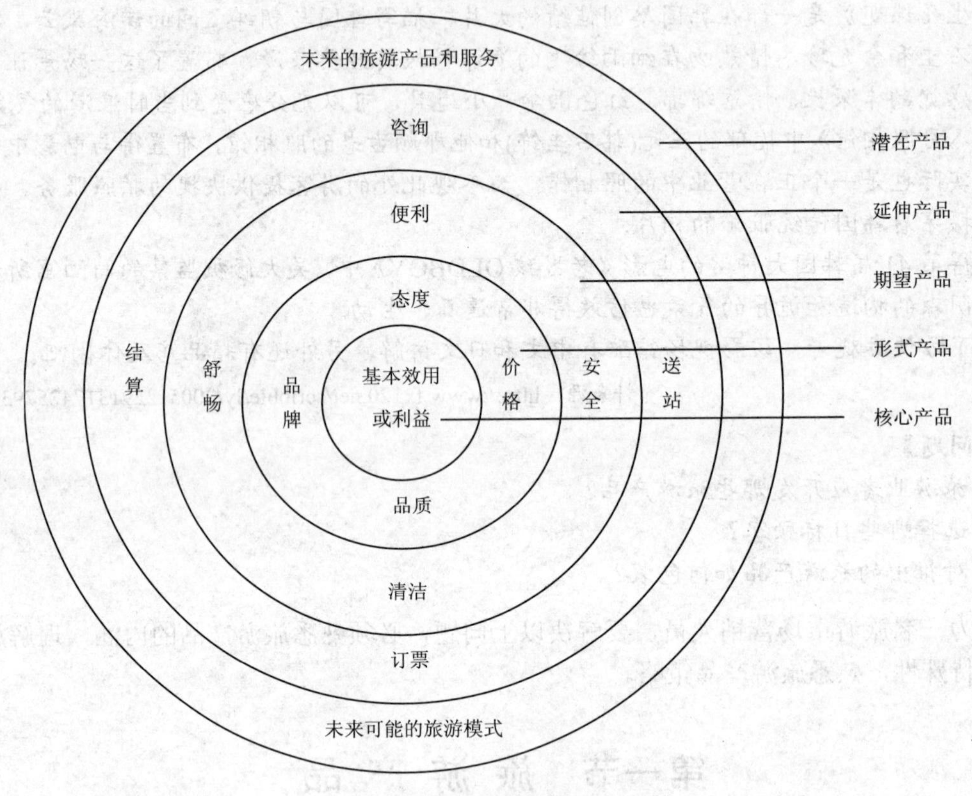

图 7-1　旅游产品的层次

1．旅游核心产品

旅游核心产品也称实质性产品，是指旅游产品能够提供给旅游者的基本利益或效用。旅游者购买某种旅游产品，不是为了获得或占有产品本身，而是为了满足某种特定的需要。如人们到海南某地度假一周，并不是为了一段航程、一间客房、一次海滩聚餐等，而是一次文化教育之旅、一次浪漫之旅、一次体验之旅、一次休闲娱乐之旅甚至是一次探险之旅。

2．旅游形式产品

旅游形式产品即旅游核心产品借以实现的形式或目标市场对某一需求的特定满足形式，是以旅游设施和旅游线路为综合形态的“实物”。其具体表现为产品的品质、特色、形态、品牌、价格和服务态度等。

相关链接 7-1

服务是什么

服务究竟是什么呢？服务的英文是“SERVICE”，除了字面意义，还有没有其他意义呢？我认为“S”表示微笑待客(smile for everyone)，“E”就是精通业务上的工作(excellence in everything you do)，“R”就是对顾客的态度亲切友善(reaching out to every customer with hospitality)，“V”就是要将每一位顾客都视为特殊的和重要的大人物(viewing every customer as special)，“I”就是要邀请每一位顾客下次再度光临(inviting your customer to return)，“C”就是要为顾客营造一个温馨的服务环境(creating a warm atmosphere)，“E”则是要用眼神表达对顾客的关心(eye contact that shows we care)。

(资料来源：屈云波. 旅游业营销. 企业管理出版社，1999)

3．旅游期望产品

旅游期望产品是指旅游者在旅游活动中期望得到的与旅游产品密切相关的一整套属性和条件，如服务场所的清洁与安全、服务环境的和谐氛围、营业时间的延长、酒店和景点便利的地理位置、目的地语言和文化易于沟通的程度等。

4．旅游延伸产品

旅游延伸产品即为旅游者旅行活动所提供的各种基础设施、社会化服务和旅行便利的总和，使旅游者在获得核心产品和形式产品时能得到更多的额外服务和利益，得到更多的意外满足、超值的享受。如免费提供旅游信息和咨询服务、预订车(船、机)票、送票上门、免费接站和送站、方便和快速结算、售后服务等。

5．旅游潜在产品

旅游潜在产品是指包含前 4 个层次的旅游产品，在未来能够进一步改进、扩展、演化、升级，以满足旅游者长远利益和未来需求的产品状态。如随着高科技的发展，在景区景点、旅游娱乐项目及酒店、旅行社、旅游交通企业提供的产品等方面都会带来巨大的变化，改变人们的旅游模式。

案例 7-1

“神六”发射地成旅游热点

随着“神六”的发射成功，位于阿拉善盟境内的东风航天城(酒泉卫星发射基地)成为旅游热点，国内一些旅行社纷纷看好这项旅游业务。近日，温州市的一家旅行社就打起了航天城旅游牌，推出到东风航天城旅游的新线路。

根据旅行社的线路安排，酒泉与嘉峪关、敦煌、乌鲁木齐等组合成一个7日游。游客到酒泉被安排在行程的第二天，届时将可以参观从这里发射了37颗卫星以及“神二”、“神三”、“神五”等发射基地的历史展览馆、聂荣臻元帅墓和为了祖国的航天事业而长眠在这里的烈士们的陵园。游客还可以近距离观看发射过“神二”、“神三”的2号发射架、东方红卫星发射场、火箭搭配车间等，近距离地接触“神二”、“神三”的发射架。

为了突出航天旅游的特点，旅行社还会给首发团的游客每人赠送一个火箭模型。据介绍，该7日游线路的报价为5180元/人。

(资料来源：王纪忠. 旅游市场营销. 北京：中国财政经济出版社，2008)

(二)旅游产品的构成

旅游产品是由多个要素组合起来的特殊产品，它能满足旅游者吃、住、行、游、购、娱六大基本需求，因而主要包括旅游餐饮、旅游住宿、旅游交通、旅游景观、旅游购物和旅游娱乐六个基本构成要素，如图7-2所示。

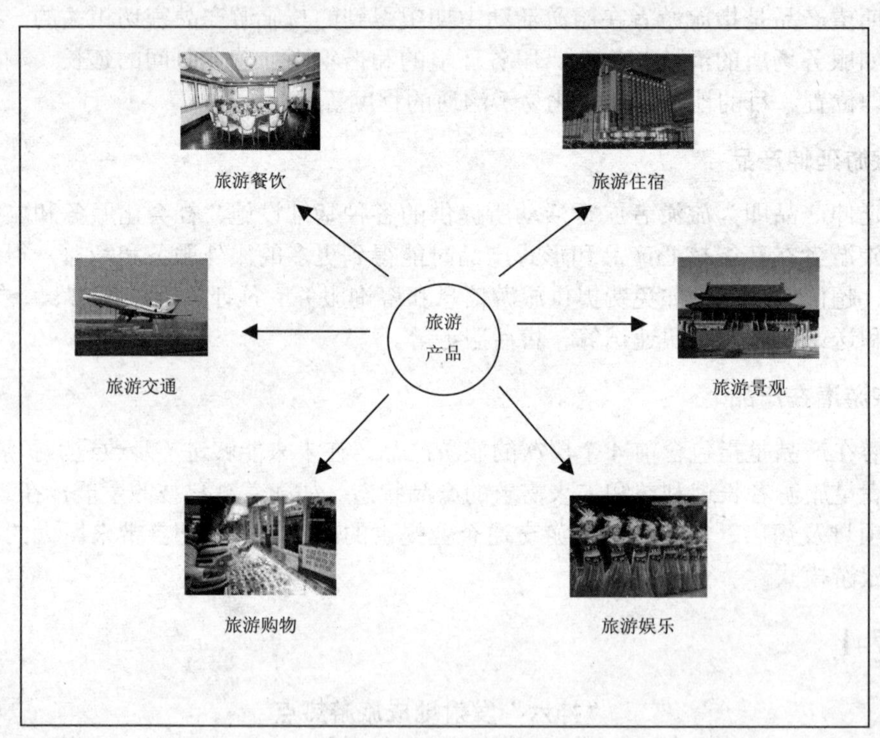

图7-2　旅游产品构成

1. 旅游餐饮

旅游餐饮是旅游者六大消费需求中的首要和基本要素，是旅游产品的重要组成部分。

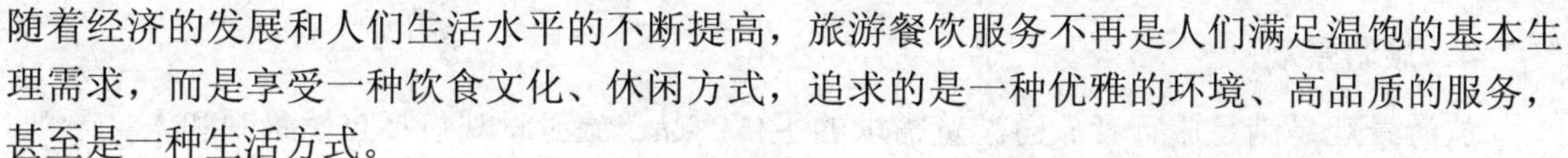

随着经济的发展和人们生活水平的不断提高，旅游餐饮服务不再是人们满足温饱的基本生理需求，而是享受一种饮食文化、休闲方式，追求的是一种优雅的环境、高品质的服务，甚至是一种生活方式。

相关链接 7-2

首旅集团餐饮品牌定位

首旅餐饮板块汇集了众多知名品牌，并整合纳入全聚德股份公司和东来顺公司旗下。这些品牌各有其不同的特色菜肴和市场定位，其中主要如下。

- 以京味餐饮“全聚德烤鸭”为特色，定位于精品旅游风味餐饮市场的“全聚德”品牌。
- 以“满汉全席”宫廷菜肴为特色，定位于高档商务餐饮市场的“仿膳饭庄”。
- 以“官府”川菜为特色，定位于南方菜系精品餐饮市场的“四川饭店”。
- 以“海参王”等京城鲁菜为特色，定位于北方菜系精品餐饮市场的“丰泽园”。

除上述之外，还有“东来顺”、“鸿宾楼”、“烤肉宛”、“砂锅居”、“柳泉居”和“护国寺小吃”等中华老字号餐馆，以及包含不同业态的“聚德华天”等企业品牌，它们经营不同的菜系，涵盖中式正餐、快餐、小吃、西餐等品种，可以满足不同消费者的需求。

(资料来源：http://www.wlstock.com/html/r/20100224/1025048454.html)

2．旅游住宿

旅游者在旅行期间，近三分之一的时间在饭店、宾馆、酒店中度过，因而其产品和服务就成为旅游产品重要的构成要素。旅游住宿产品主体是房间及游客期望的干净整洁的床、衣橱、洗漱用具、相对安静的环境和礼貌周到的服务，此外，还有洗衣服务、客房送餐服务、租赁服务和订票服务等附加产品。不同的旅游者会因个人购买力状况、职业习惯、个人爱好等原因，对住宿地的周围环境、建筑特色、历史、地理位置、服务质量、星级、价格和信誉有不同的要求。

3．旅游交通

旅游交通是为满足旅游者的旅游需求而提供的交通运输服务，主要包括从客源地到目的地的位移和景点之间的位移服务。旅游交通除公路、航空、水运和铁路四大现代交通方式外，还有索道、自行车、马车、竹筏、轿子、马、骆驼、摩托车、人力车和徒步等交通方式。旅游者对旅游交通的基本要求是便利、准时、安全、舒适和有效衔接。旅游交通常常不是一种方式，而是一种交通组合。

4. 旅游景观

旅游景观是满足旅行者旅游游览需求的主体产品。旅游景观包括自然景观和人文景观。自然景观以山水景观、自然风貌为主体，人文景观以建筑、园林、历史遗迹为主体。物化了的民俗风情、餐饮美食等社会旅游资源也可以视为旅游景观。丰富、独特的旅游景观决定旅游产品的质量。

5. 旅游购物

购物在旅游活动中是一项重要内容。旅行者在旅游地主要购买旅游纪念品、当地特产、美术工艺品、药材等，作为旅行纪念或日后消费。境外旅行者在我国主要购买服装/丝绸、中成药/保健品、食品/茶叶、纪念品/工艺品和瓷器/陶器等商品。开发具有民族风情和地域特色的产品、树立良好的旅游企业形象和旅游市场信誉，是吸引更多旅行者购物的关键。

6. 旅游娱乐

娱乐项目是旅游产品的基本构成要素，也是现代旅游业非观光旅游的重要内容。旅游娱乐项目主要有骑马、漂流、热气球、草地滑车、滑冰、滑雪、沙滩游泳、参与民族舞蹈等。

案例 7-2

红色经典旅游《延安保卫战》

红色经典旅游《延安保卫战》，在延安离枣园革命旧址 500 米的真实环境里，用写实的艺术手法，真实再现了 1947 年保卫延安的恢宏画卷。景区 2006 年开业就首创了全国红色旅游由静态转向动态，由参观转向参与和体验，赢得了社会各界的一致好评。2009 年年底，延安市委市政府特邀全国顶级总导演陈维亚，倾力重新打造国内独一无二的宏赢巨作“延安保卫战”，并于 2010 年 4 月 8 日横空出世。

1947 年 3 月 13 日，国民党第一战区长官胡宗南率 34 个旅 25 万兵力大举进犯延安。我西北野战旅和 3 个地方旅共 25 000 人，在党中央毛主席的领导下，经过一年奋战，取得了延安保卫战的决定性胜利。

《延安保卫战》就是以这段历史为蓝本的大型实景演出。一对热热闹闹的迎亲队伍拉开了整场演出的序幕。迎亲途中，敌机的轰炸打破了人们祥和宁静的生活。面对敌军的疯狂进攻，我边区军民英勇善战奋起抵抗，情节感人震撼，他们运用擒哨兵、打伏击、运动战，最后取得了保卫战的胜利。

取得胜利后，军民欢庆胜利的场面，融合了陕北民歌信天游、热情奔放的拥军秧歌以及粗犷豪放的安塞腰鼓，这时，“延安保卫战”景区又成为圣地延安黄土风情集中展示的区域，让观众沉醉其中、流连忘返。

《延安保卫战》在实景演示过程中，动用了 200 多支当年国共两军使用的真枪、六门大炮以及装甲车等，每次演出使用子弹 800 多发、炮弹 80 多发，300 多人的演出阵容，给现场观众强烈的视觉冲击，让他们仿佛又回到了当年硝烟弥漫的战争场面中去，并且游客们都可以穿上军装、拿起钢枪参与进去保卫延安；在欢庆胜利时，大家也可以加入欢庆胜利的队伍中来，和着节奏扭起秧歌唱起歌，找回那久违的革命激情。

陈维亚高超的艺术水准，让惊心动魄的战争场面、粗犷豪放的安塞腰鼓、热情如火的拥军秧歌、高亢嘹亮的陕北民歌，凝结成一场扣人心弦的艺术盛宴。

(资料来源：http://www.yanantour.com.cn/detail-263-245.html)

(三)旅游产品的特点

1. 不可移动性

旅游产品无法运输，其交换过程不引起产品的移动，而是由旅游者移动。只有当旅游者来到旅游目的地，享受了他需要的全部服务之后，旅游产品的生产和交换才算完成。在这里，旅游产品的生产、交换与消费是结合在一起的。旅游产品的这种特点，一方面决定了旅游业之间有着密切的联系，通过旅游产品的运动，形成旅游产业内的专业化协作；另一方面使得旅游产品的生产具有很大的被动性，旅游消费的类型、规模与结构在很大程度上决定旅游生产的类型、规模与结构。随着旅游消费在时间长短和季节上的变化，旅游生产也会产生较大的波动。

2. 综合性

旅游消费的多元化特点，要求旅游业能够向旅游者提供包括旅游资源、旅游设施和旅游服务在内的一体化产品，以满足旅游者在吃、住、行、游、购、娱等方面的需求。旅游产品的这种特点有利于旅游产业的组合与编队，但也容易导致旅游企业的“小而全”模式，使企业经营负荷加大，生产的社会化程度降低。

3. 脆弱性

旅游业是一个敏感度很高的产业，自然、政治、经济、社会和心理等因素，都会对旅游产品产生影响。旅游产品的脆弱性，使其生产过程很难正常进行，往往导致旅游产品的供大于求或供不应求。在影响旅游产品生产的诸多因素中，大部分因素是旅游生产过程本身不可控制的。因此，要在某一地区优先发展旅游业，就必须切实考察该地区的旅游业和相关行业的发展状况，充分考虑该地区的法制状况及其对各种风险的防范与应变能力等。

案例 7-3

“5·12”地震对四川旅游业的影响

“5·12”汶川特大地震给四川旅游产业造成了巨大损失。全省旅游业的直接经济损失达到548亿元。其中，有形资产损失达到466亿元；旅游产能损失，即旅游生产能力损失达到82亿元。8月30日，四川省攀枝花——会理又发生6.1级地震，截至目前，虽然尚未造成游客伤亡，旅游基础设施和服务设施损失也比较有限，但对四川省旅游业的恢复又增加了新的困难。

地震灾害对四川省旅游业的直接破坏范围虽然是局部的，但对旅游经济的影响却是全局的和长期的。地震在近期动摇了游客来川旅游的信心，乃至影响了全国旅游市场。全省灾区旅游行业震后基本处于关闭和歇业状态。2008年5、6、7、8月，全省旅游总收入分别比去年同期下降了64.9%、45%、20.6%和19.5%。2008年1～8月，全省累计完成旅游总收入652.2亿元，同比下降19.1%。其中，接待入境旅游人数41.7万人次，外汇收入1.3亿美元，分别比去年同期下降了56.6%和56.1%。可以说，四川旅游产业发展正面临着前所未有的严峻形势，包括灾区在内的全省旅游业的恢复重建和市场振兴的任务十分艰巨。

(资料来源：http://lz.ncta.gov.cn/web/t2/main.jsp?go=newsDetail&cid=2428&id=113984)

4. 不易替换性

旅游业的固定资产专用性较强，很难进入其他产业，其他产业也难以替代。如果宏观控制不当，旅游产品的供求不平衡时，企图通过存量调整来改善产品结构往往是做不到的。

相关链接 7-3

旅行社分抢“品果游”蛋糕

上海旅游集散中心2004年启动的“品果游”活动，体现出了较大的市场潜力空间。还未到周末，市场就将车票预订一空，原本一些线路周末只发两班车，结果有关方面不得不两次增开班车。曾经出现加班车司机对旅游线路不熟悉、“品果游”导游配备不全的现象，都是由于对市民“品果游”热情估计不足造成的。2004年，南汇滨海桃源和嘉定马陆葡萄园尤受欢迎，前者周末日均有 300 多位品桃者前往，后者则每天接待七八百位游客，买葡萄的车队在路边竟排出千余米。

上海旅游集散中心为2005年的“品果游”做了充分准备：将原来的两三条“品果游”游线增加到五六条，并都一一提前“踏线”考察；只在周末才有的“品果游”班车，现在几乎天天都有，车辆增加了若干。同时，上海一日旅行社还新配备了10多名市郊“品果游”导游。市郊景点的积极性也提高了，纷纷加大配套设施建设，有的甚至自行在市区开设班车，组织人们“品果游”。嘉定马镇2005年又新辟出一处葡萄园，供市民前往采摘。此外，为避免市民旅行单调，2005年的“品果游”还与景点结合起来。

(资源来源：http://www.ctws.cn/tyzx/NewsInfo.asp? id=369)

二、旅游产品的价值增值

旅游产品的价值增值是通过旅游产品和旅游服务的组合和改进来实现的，它能使产品和服务更有吸引力，更能满足旅游者的需求。如旅行社将我国航天事业的成就和旅游者的爱国情、好奇心与酒泉卫星发射基地的历史展览馆、卫星发射架和发射场、火箭搭配车间及火箭模型等旅游产品联系和组合在一起，从而创造和提升了旅游产品的商业价值。表7-1列出了旅游产品价值增值效用的实例。

表7-1 旅游产品价值增值效用实例

效用类别	表 述	实际应用
形式	任何使产品更有价值的物质变化	将交通和住宿结合进一个旅游包价中
任务	为游客完成的一项任务或服务	进行预订并准备相关文件、安排日程
地点	更方便游客接近或买到产品	旅游批发商对旅游包价进行组合后，通过旅游代理商进行分销以方便游客
时间	产品出现在游客需要时	避免游客在每个城市花时间预订客房
拥有权	产品的产权转移给游客	游客拥有可以享受旅游的票证和单据
形象	产品因其品牌和声誉给予游客更多的价值	由于优质服务质量而选择产品或服务

(资料来源：郭英之. 旅游市场营销[M]. 大连：东北财经大学出版社，2006)

第二节 旅游产品生命周期与旅游产品组合营销策略

一、旅游产品生命周期营销策略

(一)判断旅游产品生命周期阶段

旅游产品生命周期就是指旅游产品从进入市场到被淘汰的整个过程，通常，把产品的生命周期分成四个阶段，如图7-3所示。旅游产品生命周期有正态的旅游产品生命周期和非正态的旅游产品生命周期两种类型。

1．正态的旅游产品生命周期

正态的旅游产品生命周期包括投入期、成长期、成熟期和衰退期，呈 S 形的正态分布曲线。

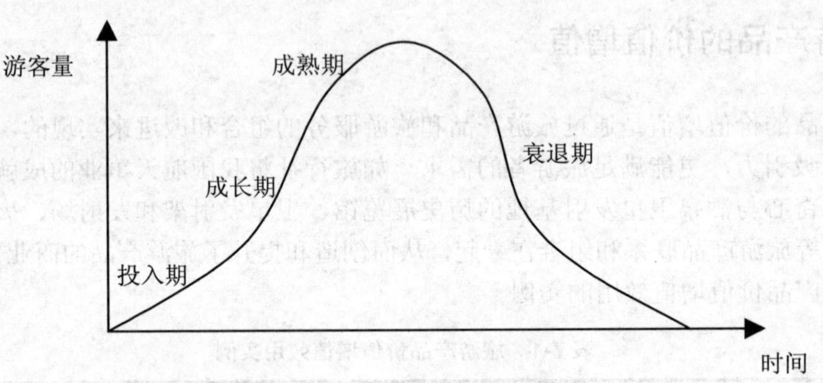

图 7-3　旅游产品生命周期曲线

(1)　在投入期。新的旅游产品刚刚投放市场，生产设计还有待进一步改进，技术和服务尚不完善，基础设施急需配套，吃、住、行、游、购、娱六大基本环节也需要进一步协调、沟通，产品质量和服务水平有待进一步提高。顾客对产品还不了解，销售增长缓慢且不稳定，需要投入大量的促销费用，利润较低，甚至出现亏损。

(2)　成长期。在成长期，新的旅游产品逐渐被消费者接受，销售开始快速增长，企业利润得到明显改善。此时，产品设计基本定型，技术日益成熟，主题明确；基础设施日趋完善，各环节之间沟通顺畅、衔接紧密；服务趋于标准化和规范化，服务质量大幅提高；社会公众和媒体的关注提升了新的目的地、景点或景区的市场形象。市场上开始有越来越多的企业加入竞争。

(3)　成熟期。成熟期是旅游市场趋于饱和的阶段。在这一时期，生产技术和产品都已标准化，新的竞争者和同类产品大量出现，产品销售量继续增加，但增长的速度趋于缓慢，市场占有率达到最高，企业利润也达到最高水平。

(4)　衰退期。衰退期是旅游产品吸引力减退，销售额下降的趋势继续增强，利润逐渐趋于零的阶段。在这一时期，消费者的兴趣已经发生转移，销售量迅速下降。一种或多种更新的旅游产品投放市场，老化的旅游产品逐步退出市场。如几年前，大部分澳大利亚旅游者都会在出发前买好全包价旅游团，但现在大部分游客只购买机票，具体行程等到达目的地后再根据自己的兴趣、时间和需要进行安排。

2．非正态的旅游产品生命周期

在旅游市场营销实践中，并非每种旅游产品都呈 S 形的生命周期。由于受各种因素的影响，各种旅游产品的生命周期并不一样，有的产品生命周期长，有的产品周期短，有的产品呈波浪形起伏，有的产品则比较平稳，呈现出来的市场现象各不相同，如图 7-4 所示。

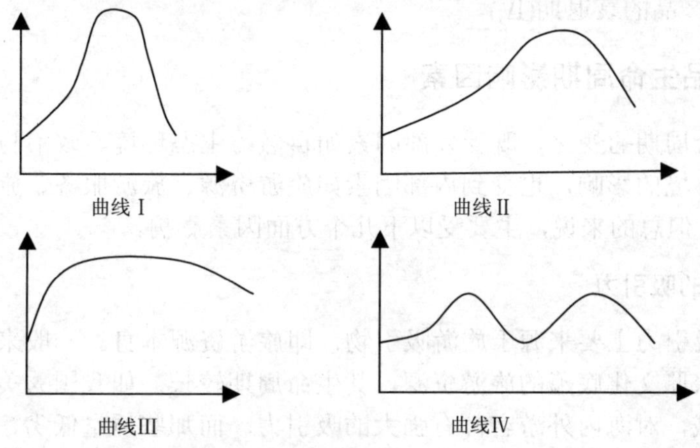

图 7-4　非正态的旅游产品周期

(1)　曲线Ⅰ所呈现的旅游产品生命周期很短，但销售量很大，成为旅游市场中很时尚的产品，如人们的春游、秋游或某些节日游。

(2)　曲线Ⅱ产品成熟期也很短，但投入期、成长期很长，其研究费用很高，属于一种超前消费的旅游产品。对于我国的旅游者来说，出境旅游即属于这一类型，此外还有太空旅游等。

(3)　曲线Ⅲ产品投入期和成长期较短，而产品的成熟期较长，几乎看不出衰退期，这种旅游产品多为传统旅游产品。

(4)　曲线Ⅳ呈现出一种波浪起伏的市场周期，这种周期在旅游市场中很有规律。属于这一类型的旅游产品有会议旅游、宗教旅游、商务旅游及周末度假旅游等。

3．旅游产品生命周期的判断方法

从以上的分析中可知，旅游产品的生命周期各不相同，各阶段的划分也无定律，但我们可以借助于一定的经济指标，以产品销售额对时间的弹性来定量分析旅游产品的市场生命，区分旅游产品生命周期的各个阶段。

$$E_t = (Q_1 - Q_2) / (t_1 - t_0) = \Delta Q / \Delta t$$

式中：E_t——旅游产品的市场生命周期；

ΔQ——销售量的变化值；

Δt——销售时间的变化值。

可作如下判断。

$0 < E_t < 10\%$时，为产品的投入期(Ⅰ)。

$10\%<E_t$时，为产品的成长期(Ⅱ)。

$0.1\%<E_t<10\%$时，为产品的成熟期(Ⅲ)。

$E_t<0$ 时，为产品的衰退期(Ⅳ)。

(二)旅游产品生命周期影响因素

旅游产品生命周期的变化，既受外部因素如自然与生态环境、政治与法律环境、经济环境、社会文化环境的影响，也受到内部因素如旅游资源、旅游服务、旅游设施和旅游管理等因素的影响。但总的来说，主要受以下几个方面因素影响。

1．旅游产品的吸引力

旅游产品的吸引力主要来源于旅游吸引物，即旅游资源本身。一般来说，富有特色、内容丰富、具有深厚文化底蕴的旅游资源，其生命周期较长，如我国秀美壮丽的长江三峡与宏伟的万里长城，对海内外游客都有强大的吸引力。而那些质量低劣、缺乏特色、形式雷同的旅游产品，生命力则不会长久。如我国近几年来由旅游开发热潮带动起来的一大批“宫”、“庙”、“微缩景观”、“主题公园”、“温泉”中，很多盲目上马的项目都已面临着需求不足的挑战。

2．旅游目的地的环境状况

旅游目的地的环境状况包括自然与生态环境、社会文化与经济环境两大方面内容，它主要指优美的自然环境、良好的生态状况、便捷的交通与卫生的住宿条件、居民的友好态度等，这些因素共同营造了旅游活动良好的氛围。如果旅游目的地环境污染、社会治安状况下降，会使旅游客源萎缩，引起旅游产品生命周期的变化。因此，在某种程度上，旅游业的竞争就是破坏旅游环境的竞争。由于旅游生命周期依赖于旅游大环境，这就要求旅游目的地政府必须采用系统工程的方法统一规划和发展旅游业。

3．旅游者需求的变化

旅游活动是旅游者寻求心灵体验的活动，因此旅游者的购买行为受旅游者心理因素的影响很大。旅游者的需求可能因消费观念的改变或时尚潮流的变化而产生改变。另外，旅游者收入的增加和带薪假期的增加，也会引起旅游者消费需求的增长。

4．旅游市场竞争状况

现代旅游市场竞争日趋激烈，旅游新产品不断涌现导致原有旅游产品的生命周期不断缩短。因此，任何旅游产品要想在旅游市场中保持竞争优势，只有不断地创新旅游产品，提高服务质量，树立特色，才能够尽可能延长旅游产品的生命周期。

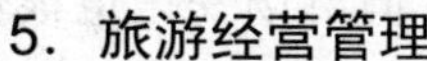

5. 旅游经营管理

旅游产品的生命周期过程，在一定程度上就是旅游企业对旅游产品的经营管理过程。旅游企业针对旅游产品不同的生命周期阶段，采用不同的经营管理手段，可以使旅游产品的生命周期延长。因此，诸如旅游服务质量的高低、广告与宣传力度的强弱、旅游产品组合状况、旅游产品定位的准确与否，都直接影响着旅游产品的生命周期。

(三)旅游产品生命周期营销策略

1. 投入期的旅游产品营销策略

(1) 高价格低促销策略：又称缓慢撇取策略，即旅游产品的定价较高，但旅游企业以较少的促销费用开展推销活动，降低营销费用以获取较多的利润。采用这种策略的条件是：首先，旅游产品的市场容量相对有限；其次，旅游产品在市场上具有高度垄断性；最后，潜在竞争者威胁不大。

(2) 高价格高促销策略：又称迅速撇取策略，即以高价格配合大张旗鼓的促销策略。采用这种策略的条件是：首先，旅游产品的开发研制成本较高；其次，旅游产品特色较为突出；最后，旅游企业希望旅游产品投放市场后迅速建立起品牌信誉。

(3) 低价格低促销策略：又称缓慢渗透策略，即旅游企业确信旅游市场需求价格弹性很高而促销弹性较小时，以较低的价格鼓励旅游者接受该旅游产品，以较低的促销费用使企业实现更多的利润。采用这种策略的条件是：首先，旅游产品的市场容量较大；其次，旅游产品需求价格弹性较高，消费者对价格较敏感；最后，有相当数量的潜在竞争者准备加入竞争行列。

(4) 低价格高促销策略：又称迅速渗透策略，即旅游产品定价较低，并配合大量的促销活动，以便以最快的速度占领市场，提高市场占有率。采用这种策略的条件是：首先，旅游市场容量较大；其次，人们对此旅游产品的特色尚不了解；再次，大多数消费者对旅游产品的价格很敏感；最后，潜在竞争者威胁较大。

2. 成长期的旅游产品营销策略

旅游产品成长期营销策略的重点在于：提高旅游产品的特色与优势；努力寻求和开拓新的细分市场；开辟新的销售渠道。

(1) 继续扩大广告宣传。旅游企业在这一阶段仍应重视广告宣传，但是广告宣传的重点应从建立产品的知名度转移到说服旅游者购买旅游产品上来。同时，旅游企业要在广告宣传中提醒旅游者注意本企业旅游产品的特点。在这一阶段，旅游企业还应进行各种公关活动，努力塑造旅游企业在社会上的良好形象，增强旅游者对旅游企业及其旅游产品的信任感。

(2) 提高市场占有率。旅游产品在成长期的市场机会是最大的，但市场变化也很快，机会往往稍纵即逝。因此，旅游企业在这一阶段应以挖掘旅游产品的市场深度为主，即旅游企业要不断提高旅游产品的质量，发展旅游产品的品种和规模，以系列化的产品满足不同目标市场的需要；通过开拓新的销售渠道和加强销售渠道的管理，在巩固原有渠道的基础上开拓新市场；选择适当时机调整价格，以争取更多的旅游者。

(3) 努力创造名牌。成长期是旅游企业创造名牌的最佳时期。旅游产品要在旅游者心中留下深刻的印象，必须突出产品的特色，形成自身的优势。因此，旅游企业要进一步改进旅游产品的生产设计和完善配套服务。旅游产品的成长期，是旅游企业获利的黄金时期，也是创造名牌的最佳时期。旅游企业同时面临着“高市场占有率”和“高利润率”的选择。实施市场扩张和渗透策略，虽然会使旅游企业暂时利润减少，但强化了旅游企业的市场地位和竞争力，有利于维持与扩大企业的市场占有率。从长期利润观念看，旅游企业更应该选择扩大市场占有率，这是此阶段的主要目标。

3. 成熟期的旅游产品营销策略

旅游产品成熟期营销策略的重点在于：尽量回收旅游资金；在保持原有产品优势的基础上，进行旅游产品及营销组合的调整变革，并努力延长这一阶段。

(1) 尽量回收资金。旅游产品在这一阶段销售增长率达到一个相对高点，然后趋于下降，利润也开始缓慢下降，但是旅游产品在这一阶段的销售量仍然处于较高的水平，而且成本能控制在较低的水平。此时，旅游企业应保证尽量回收资金，不应凭此时旅游产品既好销又赚钱的感觉，进行重复性投资。因为此时该旅游产品的市场已趋于饱和，重复性建设难以吸引到客源，反而使旅游企业出现资金浪费或亏损。

(2) 改进旅游产品设计。旅游产品的改进主要表现在两个方面：一是旅游产品质量与服务的改进，即根据旅游者的反馈信息来完善旅游产品，并以稳定、优质的服务来吸引旅游者。二是对原有的营销组合因素进行调整，如进行新的市场开发、开辟多种销售渠道、采用灵活的定价策略等增强旅游产品的市场竞争力。

(3) 开发旅游新产品。旅游企业此时应准备实行旅游产品更新换代，以适应旅游者日益变化的旅游需求。只有旅游新产品与老产品保持良好的衔接关系，旅游企业才会保持生命力。

4. 衰退期的旅游产品营销策略

旅游产品衰退期营销策略的重点在于：把握好“转”、“改”、“撤”三个基本原则，决定是逐步退出市场还是迅速撤离市场。

(1) 继留策略。旅游企业继续沿用过去的营销组合策略，将企业资源集中于最有利的细分市场，维持旅游产品的集中营销，从最有利的市场和渠道中获取利润；大幅度消减营销费用，让旅游产品继续衰落下去，甚至完全退出市场。

(2) 立即放弃策略。旅游企业一旦察觉到该旅游产品已进入衰退期，就毫不犹豫地撤离市场。旅游产品在衰退期已经无生命力。在这一时期，旅游产品的销售量会迅速下降，勉强维持下去会使旅游企业处于极其被动的局面。也就是说，要尽可能缩短旅游产品的衰退期，以减少旅游企业的损失。

综上所述，旅游企业应根据旅游产品生命周期不同阶段的特点实施不同的营销策略，才能有事半功倍的效益产生。归纳如表 7-2 所示。

表 7-2 旅游产品生命周期各阶段的特点与营销策略

项目		投入期	成长期	成熟期	衰退期
特 征	销量	低	快速增长	缓慢增长并达到高峰	下降
	利润	亏损	利润上升	最高利润并开始减少	大幅下降
	市场份额	低	扩大	最大至市场饱和	下降
	顾客	创新者	市场大众	市场大众	落后者
	竞争者	少数	逐渐增加	快速增加至最多	减少
营销策略	营销目标	市场扩张	市场渗透	市场保持	酌情退出
	产品	基本的产品	改进及扩展的产品	多样的产品	合理的产品
	价格	相对高低	渗透价格	竞争价格	削价
	分销	全方位的	密集型的	密集型的	选择性的
	促销	产品知晓	品牌偏好	品牌忠实	选择性的

案例 7-4

深圳世界之窗娱乐项目的开发与生命周期

深圳世界之窗是一个以弘扬世界文化精华为主题的大型文化旅游景区。从 1994 年 6 月 18 日正式开业以来至 2006 年，共接待中外游客 3000 万人次，经营收入 33 亿元，实现利税 13 亿元。在游客入园人数和经营收入方面连续 11 个春节黄金周均列深圳市主题公园第一。

1998 年以来，深圳世界之窗实现了年年有新项目、年年有新活动、年年有新节目的发展目标。世界之窗根据市场需要不断推出新的旅游产品，先后开发了探险漂流、滑雪场、丛林穿梭、数码影院等 10 多个大型项目；开发一个新项目、形成一个新景点、推出一种新文化，使景点由开业之初的 118 个增加到 130 余个；策划了国际啤酒节、世界歌舞节、樱花节、摇滚音乐节以及埃及、印度、南美文化周等一系列精彩的主题活动；推出了《东方花坛》、《梦之旅》、《创世纪》、《飞越无限》、《拥抱未来》和《跨世纪》等多台大型演出，特别是大型史诗音乐舞蹈《创世纪》荟萃世界文明发展史的精彩片段，以战争与和平为主题，运用现代演艺技术，展现出“想不到的恢宏壮丽，看不尽的盛事繁华”，赢得了广泛的赞誉，已演出近2000场，观众人数超过600万人次，成为全国旅游行业最具特色和代表性、最吸引游客的经典文化产品。2006年，深圳世界之窗又推出了一台以爱情为主题的新晚会——《千古风流》奉献给广大游客。这样景区通过不断地创新发展，增加了景区功能，实现了由静态观赏型向观赏、参与、娱乐复合型的转变，不断增强了主题公园的生命力，游客重游率持续提高，景区的生命周期也在不断创新中延续。

(资料来源：魏小安. 创造未来文化遗产[M]. 北京：中国人民大学出版社，2006)

二、旅游产品组合营销策略

旅游产品组合就是旅游企业通过生产不同规格、不同档次的旅游产品，使其旅游产品结构更适合市场需求，以最小的投入最大限度地占领市场，实现企业的营销目标。旅游产品组合是由旅游产品线和旅游产品项目组成的。

(一)旅游产品组合要素

旅游企业的产品组合策略实质上就是针对目标市场，对产品组合的广度、深度和关联性等要素进行选择、决策，使其旅游产品组合达到最优。

1. 旅游产品组合的广度

旅游产品组合的广度是指旅游企业生产和经营的不同类型旅游产品的数量，也称产品线的数量。数量多说明该旅游企业的产品组合广度宽，数量少则说明其产品组合广度窄。如某家经营观光旅游的旅行社开始经营探险旅游，就是拓展了其产品组合的广度。较宽的产品组合可以提高旅游企业的应变能力和地域风险的能力；较窄的产品组合则有利于旅游企业降低成本，集中企业优势资源提高旅游产品质量，实现专业化经营。

2. 旅游产品组合的深度

旅游产品组合的深度是指旅游企业提供的某一类产品或某一产品线中所包含的不同类型、档次、品种和特色等单项产品项目的数量。如某家旅行社在经营标准团的同时，又推出经济团和豪华团，就是增加了其产品组合的深度。增加旅游产品组合的深度有利于满足消费者的多种需求，提高满意度，从而提高旅游企业的市场竞争力；但浅度的旅游产品组合也有利于旅游企业发挥专长、降低成本，以创造名牌产品，吸引稳定的旅游消费者群体。

3. 旅游产品组合的关联性

旅游产品组合的关联性也称相关性、相关度，是指旅游产品特征与细分市场特征的相关程度，或者说是旅游企业生产经营的各类旅游产品和各单项旅游产品在生产、销售、宣传、消费等方面相互关联的程度。如果旅游企业提供的产品组合的关联程度较高，则有利于企业精于专业，提高企业及其产品的市场地位；而相关程度不高的旅游产品组合，则会产生较高的成本和费用。因此，中小型企业宜于生产经营相关性大的产品组合，如表 7-3 所示。

表 7-3 某饭店产品组合示例

产品项目		产品组合深度				产品组合深度
产品组合广度(4)	住宿产品	单人间 (品种数量)	双人间 (品种数量)	豪华套间 (品种数量)		(3)
	餐饮产品	宴会厅 (品种数量)	风味餐厅 (品种数量)	咖啡厅 (品种数量)	客房送餐 (品种数量)	(4)
	娱乐产品	夜总会 (品种数量)	游乐厅 (品种数量)	活动剧场 (品种数量)		(3)
	休闲产品	游泳 (品种数量)	健身中心 (品种数量)			(2)

(二)旅游产品的组合类型

1. 地域组合形式

地域组合形式的旅游产品组合主要是由跨越一定地域空间、产品特色突出、差异性较大的若干个旅游产品项目构成的。组合产品以内容丰富、强调地域间的反差为特色。根据旅游产品组合地域范围的大小可以分为国际与国内两种组合形式，国内组合还可细分为全国型、区域型和城市型等。

2. 内容组合形式

内容组合形式的旅游产品组合是根据旅游活动的主题选择旅游产品项目构成的。它可以分为综合型组合产品与专业型组合产品。如观光产品、度假产品、探险产品、修学产品等。旅游主题的选择是旅游企业设计旅游产品的内容组合形式的关键。

相关链接 7-4

海南旅游岛的旅游主题选择

滨海度假休闲游：滨海度假、海岛休闲、海上运动和潜水活动。

特色高尔夫旅游：依托海南岛 19 家各具特色的高尔夫球会，组织和举办不同类型的高尔夫赛和多种高尔夫活动。

自驾观光休闲游：海南岛文明生态村自驾休闲游、自驾车观光游、自驾车探奇游和特色房车休闲游等。

海岛温泉度假游：海滨温泉、山野温泉、花园温泉、园林温泉、温泉乐园和温泉SPA。

海岛会议奖励游：策划、组织各种会展到海南岛举行；策划、组织海南岛奖励旅游产品，鼓励各类单位和企业选择海南岛观光或度假产品作为奖品。

海南岛度假购房游：海南岛的生态、健康、安全使房产增值潜力巨大，而且通过组织“海南岛度假购房游”使更多的成功人士在海南岛实现“第二居所”的梦想。

海南节庆活动游：结合一年一度的中国海南岛欢乐节、各市县特色旅游节庆(例如闹公期、换花节、三月三等)和大型专项旅游活动，组织游客参与、体验。

特色美食购物游：利用海南的丰富美食和土特产，推出海南特色美食购物游。

热带雨林探奇休闲游：以热带雨林和海南特色动植物观赏为主要内容，组织修学游、夏令营和冬令营、热带雨林度假和雨林探奇旅游。

豪华邮轮度假游：组织邮轮旅游，将豪华邮轮和航空联动、邮轮旅游和其他特色旅游结合，使邮轮游客尽情品味海南。

市县一地深度游：组织以各个重点旅游市县为目的地的短程深度体验游。

海南民俗体验游：结合新的假期制度，挖掘海南各地民俗文化特色和内容，推出假期主题的海南乡村民俗体验线路，比如来海南岛(包括各地乡村)过年、过中秋、过端午、过清明节等。

(资料来源：http://travel.sohu.com/20081230/n261506613.shtml)

3．时间组合形式

时间组合形式的旅游产品组合是根据季节的变化来组合不同的旅游产品，如北京冬季的冰雪旅游产品。但有的旅游产品则季节性变动较少，一年四季相对比较稳定。因此，旅游产品组合可分为季节性组合产品与全年性组合产品。

(三)旅游产品组合策略

旅游企业进行旅游产品组合决策的基本思路有两个：一是向旅游产品组合的深度发展，二是向旅游产品组合的广度发展。可供企业选择的产品组合策略主要有四种。

1．旅游产品组合扩展策略

旅游产品组合扩展策略即扩大旅游产品组合的宽度或广度，增加旅游产品大类或产品线的数量，拓宽旅游企业的经营范围，实行多元化经营，充分利用企业资源，提高营销效益。但必须注意，增加的旅游产品系列之间的关联度要强，并明确和坚持企业的市场定位，突出产品优势，分部加宽产品组合的广度。

2. 旅游产品组合收缩策略

旅游产品组合收缩策略即缩小旅游产品组合的广度，收缩旅游企业的经营范围，实行专业化经营，淘汰过时的旅游产品系列。在旅游市场竞争激烈和趋于饱和的状态下，企业可采取此策略。

3. 旅游产品组合改进策略

旅游产品组合改进策略即增加旅游产品组合的深度，在原有旅游产品系列中增加新的产品项目，从而增加细分市场，吸引更多的旅游者。在运用这一策略时，企业应找准基本的利润市场，并根据市场变化及时调整产品组合结构。

4. 旅游产品组合价格策略

旅游产品组合价格策略即旅游企业在原有旅游产品组合系列中增加高档旅游产品项目或低档旅游产品项目。高档旅游产品项目如高级酒店中的总统套房可以提升旅游产品知名度和企业声誉，提高效益；而低档旅游产品项目则可以使旅游企业的产品和服务大众化，以原有高档产品的声誉吸引消费能力有限的顾客。但必须注意到，旅游企业在低档产品组合系列基础上增加高档旅游产品项目，容易引起顾客对产品质量和服务能力的质疑；在高档产品组合系列基础上增加低档旅游产品项目，可能有损高档旅游产品的品牌形象，因此企业应慎重使用这一策略。

案例 7-5

“世界级”超强组合的文化精品显示巨大生命力

2004 年 3 月 20 日，《印象 · 刘三姐》山水实景正式在桂林阳朔书童山下公演，顿时在全国演出业中“一石激起千层浪”，举起了高端文化产品成功闯市场的一面旗帜。

《印象 · 刘三姐》将世界级的名胜风景——桂林山水风光、世界级的民族文化品牌——《刘三姐》、世界级的艺术大师——张艺谋等三个“世界级”超强组合在一起，在美丽的漓江河畔，创造性地打造世界级的民族文化艺术精品。

《印象 · 刘三姐》以方圆两公里的漓江水域为舞台，以 12 座山峰和广袤天穹为背景，将壮族歌仙刘三姐的山歌、广西少数民族风情、漓江渔火等多种元素创新组合，融入桂林山水之中，诠释了人和自然的和谐关系。全场演出超过 70 分钟，演出人员超过 700 人，其中三分之二是当地渔民等非专业演员，整个演出如梦如诗、气势恢宏。

整个剧目有 67 位中外著名艺术家加盟创作，109 次修改演出方案，投资近 1 亿元人民币，历经 5 年零 5 个月完成。它开创了世界和中国山水实景演出的先河，突破了“一面舞台三面墙”的传统剧场结构，赋予观众全新的视听感受，实现了艺术形式的创新，成为之后中国以及世界所有实景“印象”演出系列的开山“鼻祖”。

“三个‘世界级’超强组合，注定了《印象·刘三姐》将成为一个长期具有较强的市场号召力的高端文化品牌和社会各界持续高度关注的文化现象。”《印象·刘三姐》面世后，一位知名文艺评论家这样评论。事实正如其所预言的那样，到 2008 年年底，《印象·刘三姐》演出总场次近 2000 场，观众约 300 万人次，票房收入约 6 亿元。2008 年全年，《印象·刘三姐》观众量在 100 万到 105 万人次之间，仅仅门票收入就达 1.8 亿元。

(资料来源：http://news.xinhuanet.com/focus/2009-04/29/content_11240531.htm)

(四)旅游产品组合的优化方法

衡量旅游产品组合的优劣，通常要借助于各项经济技术指标，如组合中各产品项目的销售率、利润率和市场占有率等，判断各产品项目的发展潜力、市场竞争能力和赢利能力，作为调整企业旅游产品组合的依据。

1. 四象限评价法

四象限评价法是根据市场占有率和销售增长率来对产品组合进行评价的方法，是美国波士顿咨询公司提出的一种评价方法，也称波士顿矩阵法，如图 7-5 所示。

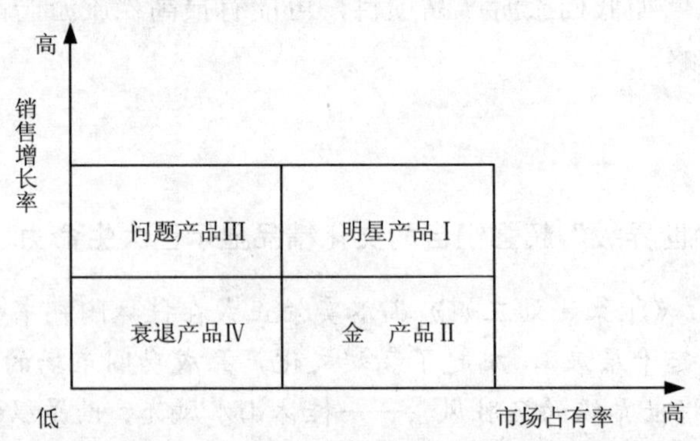

图 7-5　波士顿矩阵法

(1) 象限Ⅰ。处在这一象限中的旅游产品是销售增长率高且市场占有率高的明星类产品。这类产品在市场上畅销，而且很有前途，应当投入较多的资金，促其迅速发展。

(2) 象限Ⅱ。这类旅游产品是销售增长率低但市场占有率高的金　类产品。这是企业最大的利润来源，应通过提高质量、增加新的产品项目、降低成本等措施延长其市场生命周期，使企业获得尽可能多的利润。

(3) 象限Ⅲ。位于这一象限中的旅游产品是销售增长率高但市场占有率低的问题类产品。该类产品市场前景不稳定，可能变好，也可能变坏，企业应进行市场调研，确定产品推向市场的切入点，尽快使其成为明星类产品。

(4) 象限Ⅳ。此类旅游产品是销售增长率和市场占有率都低的衰退类产品。这类产品已无利可图，应及早予以淘汰，开发旅游新产品，开拓旅游新市场。

2．三维分析法

在三维分析图上，X 轴代表市场占有率，Y 轴代表销售增长率，Z 轴代表利润率，这样把企业旅游产品划分为 8 个区域。处于这 8 个不同区域的旅游产品，它们的市场占有率、销售增长率和利润率的情况如表 7-4 所示。

表 7-4 旅游产品组合分类表

空间区域	市场占有率	销售增长率	利 润 率
1	高	高	高
2	低	高	高
3	高	低	高
4	低	低	高
5	高	高	低
6	低	高	低
7	高	低	低
8	低	低	低

可以看出，企业最佳的旅游产品组合在 1 区内，因为这一空间区域的旅游产品市场占有率、销售增长率和利润率都高。如果企业的旅游产品处在第 8 区，这是最不利的情况，企业应将该产品淘汰。

3．平衡分析法

旅游产品组合的系列平衡分析法是根据旅游企业实力和市场吸引力两个方面对旅游产品进行综合平衡分析，从而确定最佳产品组合，如表 7-5 所示。旅游企业实力包括其综合接待能力、产品开发能力、销售能力和市场占有率等，旅游市场吸引力包括市场容量、购买力水平和市场销售增长率等。

表 7-5 最佳产品组合表

企业实力 / 市场吸引力	市场占有率	销售增长率	利 润 率
强	调动一切资源力保优势地位	扩大投资，争取好转	选择性投资
中	选择有发展前途的产品投资，参与竞争	维持现状，等待时机	逐步撤出市场
弱	选择处于增长期的产品，少量投资	选择性投资或停止投资	立即撤出市场

4．资金利润率评价法

资金利润率是表示旅游产品经济效益的综合性指标，其表达式为

$$销售利润率 = \frac{利润率}{总投资} = \frac{利润额}{销售额} \times \frac{销售额}{总投资} = 销售利润率 \times 资金周转率$$

在资金利润率一定的条件下，销售利润率与资金周转率成反比例变动，如图 7-6 所示。其中，曲线为等资金利润曲线。

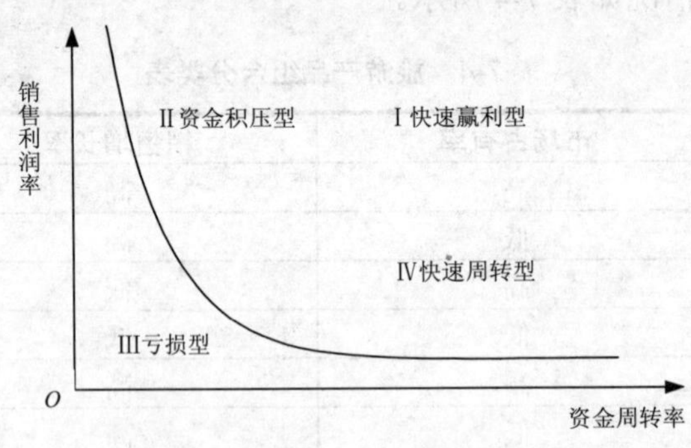

图 7-6　资金利润率评价法

Ⅰ区的旅游产品销售资金周转快，销售利润率和资金利润率都高，能为企业带来较高的投资收益，因此应保持这类产品在市场上的地位，延长其生命周期。

Ⅱ区的旅游产品销售利润很高，但销售量较小或管理方面存在问题，导致其资金周转很慢。对于这类产品，企业应采取改进产品组合、提高产品品质、加强促销宣传或加强企业管理等手段扩大销售量，加快资金周转，充分挖掘产品的市场销售潜力。

Ⅲ区的旅游产品销售利润率和资金周转率都很低，一般是处于投入期或衰退期的产品。对于这类产品，企业应根据产品状态或促使其迅速进入成长期，或尽快予以淘汰转移投资，以 脱销售困境。

Ⅳ区的旅游产品销售利润率较低而资金周转率却较高，属于低利型产品。其原因可能与产品本身有关，也可能与企业的产品销售政策有关。

第三节　旅游新产品开发营销策略

一、旅游新产品

(一)什么是旅游新产品

旅游新产品是指旅游生产者初次设计生产的，或者原来生产过，但又做了重大改进，

在内容、结构、服务方式、设备性能上更为科学、合理，更能体现旅游经营者意图，与原有旅游产品存在显著差异的产品。旅游新产品的出现能明显影响人们的消费习惯，形成一种新的消费潮流。旅游新产品可分为以下四类。

1．创新型旅游新产品

创新型旅游新产品是指运用现代科技手段创造出来的具有新内容的旅游产品。这种产品能够满足旅游者一种新的需求，无论对旅游企业还是旅游市场而言都是新产品，可以是新开发的旅游景点，也可以是新开辟的旅游线路或者新推出的旅游项目。创新型旅游产品在创意策划上难度较大，同时受到旅游企业技术水平、资金等诸多因素的制约，研制开发时间一般较长。

案例 7-6

用高科技打造陕西历史文化旅游新看点

陕西临潼华清池景区耗巨资创作中国首部大型山水历史舞剧《长恨歌》，以“两情相悦”、“恃宠而骄”、“生离死别”、“仙境重逢”等四个层次十一幕情景，由 300 名专业演员组成强大阵容，以势造情，以舞诉情，在故事的原发地艺术地再现了这一动人的爱情故事。

该剧斥资亿元，阵容强大，气势恢宏。它以骊山山体为背景，以华清池九龙湖做舞台，以亭、榭、廊、殿、垂柳、湖水为舞美元素，运用领先世界水平的高科技手段，营造了万星闪烁的梦幻天空，滚滚而下的森林雾瀑，熊熊燃烧的湖面火海以及三组约 700 平方米的 LED 软屏和近千平方米全隐蔽式可升降水下舞台，将历史与现实、自然与文化、人间与仙界、传统与时尚有机交融，演绎了一篇神奇的历史乐章，成就了一个杰出的艺术典范。

此外，陕西汉阳陵博物馆的展示厅在国内首次采用了特殊玻璃全封闭的保护与展示手段，为遗址创造了一个尽可能接近发掘前的原始环境。使游客在充满神秘感的环境中近距离、多角度欣赏这座巨大的文物宝库。采用现代先进理念和技术手段，成为目前世界第一座紧贴帝陵封土、将文物和游客分隔在两个不同湿度、温度环境中，并利用最先进的影视成像技术演示当年历史事件的地下博物馆。

(资料来源：http://www.hqc.cn/changhenge)

2．换代型旅游新产品

换代型旅游新产品是指对现有产品进行较大改革后产生的产品。综观各国旅游业，一般都会经历“传统的一般性观光旅游产品——主题型观光旅游——非观光旅游(如参与性旅游和专项旅游)”的升级换代过程。第一代观光旅游产品主要以自然文化资源为主，旅游方式以参观为主，旅游范围以热点城市为主。第二代观光旅游产品仍是以自然文化资源为主，不同于第一代旅游产品的机 连接与强行搭配，而是主题独特、集中的旅游路线，更具有

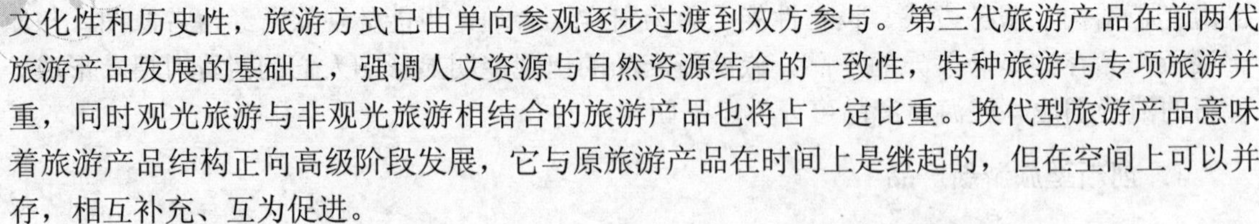

文化性和历史性，旅游方式已由单向参观逐步过渡到双方参与。第三代旅游产品在前两代旅游产品发展的基础上，强调人文资源与自然资源结合的一致性，特种旅游与专项旅游并重，同时观光旅游与非观光旅游相结合的旅游产品也将占一定比重。换代型旅游产品意味着旅游产品结构正向高级阶段发展，它与原旅游产品在时间上是继起的，但在空间上可以并存，相互补充、互为促进。

3. 改进型旅游新产品

改进型旅游新产品是指在原有旅游产品的基础上，进行局部的改进，而不进行重大改革的旅游产品。这种旅游产品可能是在其配套设施或服务方面的改进，也可能是旅游项目的增减或服务的增减，但旅游产品的实质在整体上没有较大的改变。

案例 7-7

渤海湾客轮上的“娱乐席”

20 世纪 90 年代后期，大连成为天津居民出游的热点目的地，但当时在天津和大连之间只有一个定期班轮，载客能力有限，另外多数市民可自由支配收入还不高，无力承受价格较高的飞机票，因此，天津的旅行社难以组织大量天津居民前往大连旅游。

天津金龙旅行社总经理在一次乘坐班轮前往大连洽谈业务的过程中，发现许多旅客购买的“散席”舱位实际上就是在船舱之间的通道和楼梯旁席地而卧，十分不便。与此同时，轮船的餐厅在旅客就餐完毕离开后，工作人员会将餐厅的门上锁，一直闲置到次日早晨，轮船的餐厅实际上只有晚餐时间在使用。

在返回天津的路上，总经理开始考虑如何更好地利用轮船餐厅以增加旅客可以乘坐的舱位。他认为餐厅比“散席”有更大的优势：一方面有比较固定的休息地点，另一方面，旅客进入餐厅休息后，可以由工作人员或旅游团导游员将餐厅门锁好，使游客的休息场所更安全。他立即与轮船公司商谈，要求旅客用毕晚餐后，由旅行社包租餐厅直到次日清晨，轮船公司最终同意了。

于是一个新的旅游产品诞生——乘坐“娱乐席”前往大连旅游，旅行社在广告中承诺，参加“娱乐席”旅游团的游客，每人交纳 10 元，可以享受在餐厅娱乐和夜晚休息的权利。此产品一推出，立即受到广大游客的欢迎，这一年金龙旅行社组织的大连旅游产品大获成功。

（资料来源：梁智. 旅行社经营管理. 北京：旅游教育出版社，2006）

4. 仿制型旅游新产品

仿制型旅游新产品是指旅游企业仿造旅游市场上已经存在的旅游产品而产生的旅游产品。旅游企业在仿制原旅游产品的过程中又可能有局部的改进和创新，但基本原理和结构

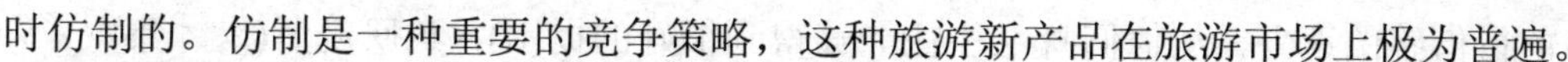

时仿制的。仿制是一种重要的竞争策略，这种旅游新产品在旅游市场上极为普遍。

案例 7-8

天津观光旅行社成功开发"革命传统教育游"产品

2001 年年初，天津观光旅行社的总经理周凯在进行市场分析时发现，当年是中国共产党成立 80 周年，一些高等学校打算组织学生到革命老区进行革命传统教育。周凯总经理认为，应该抓住这一契机，设计和开发"革命传统教育游"产品。由于这种产品以前未曾面市，究竟能否成功，周凯总经理并没有十分的把握。于是，他首先到革命老区河北省平山县西柏坡村进行实地勘察，了解当地的景点、参观线路、接待设施、导游水平以及往返于天津和西柏坡村所需的时间。同时，他还与当地的乡、村干部及接待单位的负责人座谈，了解景点门票、食宿的价格。通过实地勘察，周凯总经理认为新产品有成功的可能。周总经理认为新产品不仅有较大的市场需求，能够吸引较多的旅游者前来，而且由于西柏坡村及附近地区可用于接待旅游者的住宿设施数量较少而必须提前预订，以保证在旅游旺季时的供给。于是，他便同当地的旅馆和招待所签订了客房包租协议，以较低的价格包租了当年的全部客房。同时同有关部门签订了交通、景点、住宿、餐饮等供应协议，以较低的价格采购到质量较高的各种旅游服务产品。

此时，由于北京、天津等地的旅游者报名踊跃，各家旅行社应接不暇。但是，由于西柏坡村及其附近地区的住宿设施已经被天津观光旅行社全部包租，其他旅行社只好将旅游者安排到平山县，甚至石家庄住宿。这样既增加了往返的交通费用，也减少了旅游者在西柏坡的停留时间，从而引起一部分旅游者的不满。

(资料来源：肖树青．旅行社经营管理[M]．北京：北京交通大学出版社，2010)

二、旅游新产品开发

(一)旅游新产品的开发程序

为了减少旅游新产品开发的风险，其开发必须建立科学的程序，这套程序一般分为 7 个阶段，如图 7-7 所示。

1．产生构思

一切旅游新产品的开发，都必须从产生构思开始，一个成功的旅游产品，首先来自于构思。构思的主要来源如下：**旅游者**(按照市场营销的观念，旅游需求和欲望是寻求新产品合乎逻辑的起点，也是旅游企业得以生存和发展的条件)；**旅游中间商**(掌握旅游需求的第一手资料，信息灵通)；**旅游企业员工**(直接与旅游者打交道，了解旅游者需求)；**竞争对手**(他们有许多值得借鉴的地方，从他们身上往往能够得到很好的提示)；科研院所(人才集中，知识丰富，思维活跃，反应敏捷)等。构思最重要的特质是独创性，人无我有，人有我新，人新我奇，只有具有独创性，才会有垄断性，才会有竞争性。

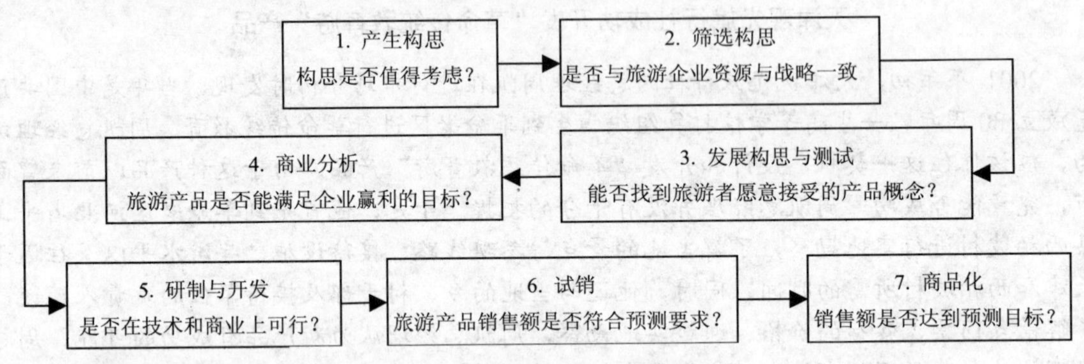

图 7-7 旅游新产品开发程序

2．筛选构思

经过上一阶段所收集到的对新产品的大量构思并非都是可行的，筛选的目的是尽快形成有吸引力的、切实可行的构思，尽早放弃那些不具可行性的构思，以免造成时间和成本的浪费。对新产品构思的筛选过程包括：对资源进行总体评价，分析设备设施情况、技术专长及生产和营销某种产品的能力；判断新产品的构思是否符合组织的发展规划和目标；进行财务可行性分析，分析是否有足够的资金发展某项新产品；分析市场性质及需求，判明产品能否满足市场需要；对竞争状况和环境因素进行分析。通过以上各方面的分析判断，剔除不适当的构思，保留少量有价值的构思进入下一阶段。筛选和议审工作一般要由营销人员、高层管理人员及专家进行。通常利用产品构思评价表，就产品构思在销售前景、竞争能力、开发能力、资源保证、生产能力、对现有产品的冲击等方面加权计算，通过评估，评定出构思的优劣，选出符合企业目标、投资风险低、经营效果好的最佳产品构思，如表 7-6 所示。

表 7-6 旅游新产品构思评估表示例

评估因素(A)	权重(B)	旅游产品构思对 A 栏各因素的适合度											评分(D)(B×C)
		0.00	0.10	0.20	0.30	0.40	0.50	0.60	0.70	0.80	0.90	1.00	
企业策略与目标	0.20									√			0.16
营销技术与经验	0.20										√		0.18
财务状况	0.10								√				0.07
竞争能力	0.15									√			0.12

续表

评估因素(A)	权重(B)	旅游产品构思对 A 栏各因素的适合度											评分(D)(B×C)
		0.00	0.10	0.20	0.30	0.40	0.50	0.60	0.70	0.80	0.90	1.00	
分销渠道	0.10									√			0.08
科研与开发能力	0.15								√				0.105
生产能力	0.05						√						0.025
资源保证	0.05						√						0.025
总计	1.00												0.765

注：分等标准：0.00～0.40 为差，0.41～0.71 为中，0.71～1.00 为良，最低接受标准为 0.70。

评估表：第一列 A 是评估因素，即影响新产品成功的因素。

第二列 B 是按照各种因素的重要程度规定的权重。

第三列 C 是新产品构思对每个评估因素的适合程度。

第四列 D 是评估分数，因素的权重乘上适合度得出每项的加权分数，然后各项相加得出总分。

3．发展构思与测试

旅游新产品构思需要发展成旅游产品概念(product concept)。旅游产品构思并不是一种具体产品，只是旅游企业管理者希望提供旅游市场的一个可能产品的设想，而旅游产品概念是用有意义的旅游术语表达和描述出来的构思。旅游新产品的一个构思可能形成几个产品概念。旅游新产品概念可以用文字、图片、模型或　拟现实软件等形式提供给旅游者，然后通过让旅游者回答一系列问题的方法(如问卷调查)，使旅游企业管理者从中了解旅游者的购买意图，以便确定对旅游目标市场吸引力最大的产品概念。

4．商业分析

商业分析是指预测一种旅游产品概念在市场中的适应性及发展能力的阶段。所谓商业分析，就是要预测一种旅游产品概念的销售量、成本、利润额及收益率，预测开发和投入旅游新产品的资金风险和机会成本，预测环境及竞争形势的变化对产品发展潜力的影响，预测市场规模，分析旅游者购买行为，即分析其经济效益。

5．研制与开发

研制与开发是指把旅游新产品的构思转化为旅游新产品实体的过程。在进行产品的设计与开发时，要考虑旅游新产品的功能及质量两方面的决策。其中，功能决策包括旅游新产品的功能和地位功能的决策；质量决策需要注重新产品的适用性及经济性。旅游产品在开发过程中需要进行反复测试。旅游企业或其他相关组织可邀请国内外旅游专家、经销商和旅游记者以及少量游客进行试验性旅游，并请其提出意见，以便使旅游新产品更加完善。

6. 试销

试销是指把开发出来的旅游新产品投放到经过挑选的具有代表性的市场范围内进行试验性营销，了解旅游者的反应，从而使旅游新产品失败的风险达到最小化。试销的主要目的在于：第一，了解旅游新产品在正常市场营销环境下可能的销售量和利润额；第二，了解旅游新产品及整体营销计划的优势及不足，及时加以改进；第三，确定旅游新产品的主要市场所在及构成；第四，估计旅游新产品的开发效果。

7. 商品化

旅游新产品的商品化过程是指旅游新产品从小批量试销到全面营销的过程。旅游新产品通过试销取得成功以后，就可以全面投入旅游市场，产品即进入生命周期的投入期阶段。在此阶段，旅游管理者应注意投入新产品的时间、目标市场、销售渠道等方面的决策，即何时何地用什么方法投入什么市场的问题。旅游管理者需要制订一个把新产品引入市场的实施计划。在营销组合要素中分配营销预算，同时，正式确定新产品的各种规格和质量标准、新产品的价格构成、新产品的促销和销售渠道。旅游新产品投放到市场后，还要对其进行最终评价。旅游管理者要注意搜集旅游者的反应，掌握市场动态，检查产品的使用效果，为进一步改进产品和市场营销策略提供依据。

案例 7-9

舞剧《梦回大唐》新加坡演出获得巨大成功

2006 年 2 月 16 日，西安大唐芙蓉园艺术团的大型梦幻诗乐舞剧《梦回大唐》在新加坡演出获得巨大成功。

应新加坡报业集团邀请，2006 年华人文化节在盛大的梦幻诗乐舞剧《梦回大唐》开演声中隆重开幕。当晚，能容纳近 2000 名观众的滨海艺术大剧院座无虚席，大型诗乐舞剧《梦回大唐》以其梦幻与诗意般的表演征服了新加坡。新加坡总统纳丹、资政李光耀以及总理李显龙都分别观看了演出并与演员合影留念。新加坡总统纳丹更是盛赞："演员演得很不错，这台演出的服装很华丽，音乐很好听。"新加坡报业控股集团副总裁萧作鸣说："《梦回大唐》是一个世界级演出，联合早报和中华总商会很荣幸能邀请它来新加坡，进行中国以外的全球首演。希望观众欣赏了演出，能够对盛唐的文化历史有更深的认识。"

大唐芙蓉园艺术团在新加坡的演出获得巨大成功，在当地刮起了一股强劲的盛唐旅游之风。每场开演前演出票就已销售一空，而且还有许多观众表示要看第二次，新加坡市民对于《梦回大唐》的喜爱达到了狂热。一位新加坡华侨饱含激情地看完演出后忍不住赋诗一首赞誉："丙戌正月正，唐风东南行；嫦娥舒广袖，霓裳动狮城；千秋大唐梦，万里中华情；盛世复盛世，明月海上生。"一名巴西游客在看完演出后热泪纵横，上台与演员握手，迟迟不肯离去，直言没看过如此气势辉煌的演出。这样《梦回大唐》原定三天的演出，不得不加演至四天五场。新加坡市民对《梦回大唐》充满了浓浓的情意。经常有市民给演员和工作人员送来礼物。在大唐芙蓉园艺术团准备回国的当天，还有大量观众赶到了机场送别，并索要宣传画报和宣传资料留作纪念。

这样轰动的杰作是中国舞台艺术精英们的智慧结晶，是一台精心打造的追寻大唐魂的圣境之梦。总编导就是被誉为“中国舞台第一导”的中国歌舞团团长陈维亚；音乐总监则是由中国音乐家协会副主席、著名作曲家赵季平担纲；灯光总监——沙晓岚人称“中国第一灯”；舞美——著名舞台美术设计师苗培如；服装——韩春启，著名服装设计师。如此强大的主创阵容堪称中国舞台艺术的梦幻组合。《梦回大唐》耗资近 2000 万元，尽显唐朝的辉煌气派。仅演出服装就制作了 50 多款、500 余套。演员身上所穿的服装，每套耗资 2000 元到 3000 元人民币不等，其中，张璇子的贵妃服饰，更达 5000 元人民币。

而这台《梦回大唐》就是西安大唐芙蓉园凤鸣九天剧院内的“镇院之宝”，是西安古都接待贵宾必看的重头戏。西安大唐芙蓉园是中国第一个全面展示盛唐风貌的大型皇家园林式文化主题公园，自 2005 年 4 月 11 日开园以来便创下了国内乃至全世界的多项纪录。开园近一年，就接待过上百位国家领导人和国际友人，台湾国民党前主席连战及亲民党主席宋楚瑜都曾参观，前者心驰神往，后者则留下了“芙蓉仙子芙蓉园，汉唐子孙汉唐心”的美句；“首届欧亚经济论坛”等一系列国际大型会议也在这里举办，其恢宏的建筑和大气的风格为游客所惊叹不已，《梦回大唐》也赢得了所有贵宾的赞美，成为整个园区乃至整个西安市的亮点，成为西安引以为荣的艺术精品。

(资料来源：http://ent.sina.com.cn/h/2006-03-03/16341004419.html)

(二)旅游新产品开发策略

1. 资源重组策略

旅游资源是旅游产品开发的依托。旅游部门和企业开发新产品，必须更新资源观念，重新认识现有的旅游资源，在充分利用和挖掘其资源优势的基础上，推动旅游资源的优化组合。

(1) 从市场需求的角度组合旅游资源。旅游资源的整合要能够激发旅游者的旅游动机，满足或创造旅游需求。这种整合方式是基于对旅游市场的深入调查和对旅游者消费行为仔细分析的基础之上，具有灵活性强的特点，易于新的旅游线路和产品的开发。

(2) 以文化为 带组合旅游资源。其可以分别以自然要素为对象的生态文化、以宗教与民俗为主题的传统文化、以高科技和新文化为代表的现代文化等多种类型的文化特色来组织开发旅游产品。由于旅游本质上是一种旅游者寻找和感悟文化差异的行为与过程，因此，通过文化来综合旅游资源和开发旅游产品，有利于营造文化差异的环境和内容的市场卖点。

案例 7-10

秦岭旅游资源的优化组合

太白山的皑皑积雪，秦岭南北流淌的河流，密林深处的熊猫，汉中洋县的朱……央视十套热播的《大秦岭》在向人们呼唤关注陕西的生态旅游。

对于陕西人来说，秦岭是一座生命之山、生态之山，它是我国南北水系、地理、地质、气候的分界线，也是我国最具发展潜力的生态旅游资源聚集长廊。秦岭涵盖陕西 6 市 44 县区，是陕西旅游业重点区域，也是生态旅游强劲发展的热土。

“关中——天水经济区”建设的全面启动给陕西整个旅游产业带来全新的发展机遇。2008 年年初，陕西省委、省政府实施旅游突破发展战略，秦岭生态旅游成为全省旅游业转型升级、调整产品的率先发展项目。秦岭地区还将有一大批新型旅游景点走向市场，而西岳华山、金丝大峡谷等，还将在秦岭旅游发展中发挥龙头作用。

在秦岭脚下由东至西的华山、蓝田、临潼、咸阳、眉县等温泉度假旅游产品已初具规模，随着市场需求的不断提升，众多的融自然山水、历史文化、温泉体验等为一体的旅游产品将层出不穷。陕西要以彰显“人文陕西、山水秦岭”品牌为目标，着重推进大秦岭旅游、温泉旅游和提升农家乐水准。

(资料来源：http://epaper.xplus.com/papers/xbxxb/20100324/n51.shtml)

案例 7-11

川陕甘渝打造“三国旅游线路”

近年来，以易中天《话说三国》为标志，海内外涌动着一股“三国潮”，“读三国、品三国、游三国”蔚然成风，尤其是在日本、韩国和越南等国，民间关注三国、研究三国已经成为一种新时尚，于是，与三国文化“走”得最近的四川、陕西、甘肃、重庆一跃而成含金量极高的“旅游富矿”。

2009 年 4 月，由四川、陕西、甘肃和重庆三省一市携手打造的“三国文化旅游精品线路”正式启动，这标志着川、陕、甘、渝“三国文化旅游精品线路”进入新的建设阶段。“三国文化旅游”是以《三国志》记载的三国历史为根据，以《三国演义》为主导，以游览三国文化遗址、遗迹、纪念性建筑、历史人物的出生地、居住地、墓地遗迹与三国文化有关的现代人造景观，体验三国文化为主要内容的专项旅游线路和文化旅游活动。三国遗址主要分布在四川、陕西、甘肃、重庆、湖北、河南、江苏等中国 7 个省市，联合打造“三国”旅游品牌将有助于整合形成综合竞争力，实现共赢。

(资料来源：http://news.269.net/news/index.shtml)

(3) 从经济效益的角度组合旅游资源。旅游资源的组合要能够实现旅游资源价值增值和利润回报，提高产业贡献率，这也是旅游业作为经济产业发展的内在需求与动力。

2．产品升级策略

由于旅游需求的拉动和市场的不断完善，旅游市场竞争的不断加剧，必须通过产品升级策略不断地营造新的旅游产品来延长旅游产品的生命周期，以满足旅游消费者不断变化的市场需求。

(1) 提升旅游产品形象。旅游产品形象影响着人们对其心理的感知程度。提升旅游产品形象是指在原有旅游产品形象的基础上提炼新形象，从而使旅游者从一个全新的角度来认识原有旅游产品，并产生强烈的兴趣。

(2) 提高旅游产品品质。提高旅游产品品质的一个重要途径就是持续地对旅游产品生产设计与管理的完善与改进，对原有旅游资源进行深度开发，不断丰富原有旅游产品的内容。

(3) 提高旅游产品科技含量。引入和应用高科技设计大创意、大手　的旅游产品。长期以来，我国旅游产品的开发与设计还停留在初级旅游产品的层次上。创新意识较差和技术含量偏低是影响我国旅游产品开发的　　因素。由于在对旅游资源文化内涵、景观审美特征的挖掘与展示方面，未能依托科技手段与技术支持，因此难以推出娱乐性和参与性较强的、具有竞争力的高科技旅游产品。我国旅游产品开发要改变科技投入的被动状况，就必须积极寻求智力支持与技术依托，通过全面利用现代的声、光、电等技术，制作与推出具有一定　动效应的高科技旅游产品，提高旅游产品的竞争力。

3．产品导入策略

(1) 旅游企业在旅游新产品投入期的策略思想重点应突出一个“快”字。在制定营销策略时，一方面要认识到新产品的优势、特色，　于在促销方面投入；另一方面对竞争带来的风险、压力要有足够的估计，果断迅速地采取措施，促使它较迅速地进入成长期。旅游企业应敏锐地把握市场变化，不失时机地适应消费者的需要，抢先占住市场，同时应继续改进产品，提高管理水平和服务质量，建立健全各项管理规章制度。

(2) 旅游企业应进行大量的广告宣传工作，运用各种促销手段，宣传产品特色以及给旅游者带来的利益；应充分利用宣传册，使旅游者及中间商认识和了解该产品。

第四节　旅游产品品牌与包装营销策略

一、旅游产品品牌营销策略

品牌是指企业为自己的旅游产品或服务确定的一个名称、术语、标记、符号、图案，或者是这些因素的组合，目的是让顾客识别产品或服务的提供者。品牌一般由品牌名称和品牌标志两个部分组成。品牌名称是指旅游产品品牌中可以用言语称 的部分，如承德避山庄、九寨沟、迪斯尼乐园、希尔顿饭店、麦当劳等。品牌标志是指旅游产品品牌中可以被识别，但不能用言语称 的部分，如麦当劳的金色 门和希尔顿的 H 字母等符号、象征、图案或其他特殊的设计。而品牌价值的高低则取决于顾客对旅游产品品牌的忠诚度、品牌知名度、品牌所代表的质量、品牌辐射力的强弱等多个方面。

与品牌相对应的另一个概念是商标，在西方，商标是一个专门的法律术语。品牌或品牌的一部分在政府有关部门依法注册后，称为“商标”。商标受法律的保护，注册者有专用权。国际市场上著名的商标往往在许多国家注册。在市场经济发达的国家，商标依其知名度的高低和信誉的好坏，具有不同的价值，是企业的一项无形资产，商标专用权可以买卖。在我国，商标的概念有所不同。我国对所有的品牌不论其注册与否，统称商标，但有“注册商标”与“未注册商标”之别。注册商标即上述在政府有关部门注册后受法律保护的商标，未注册商标则不受法律保护。

案例 7-12

康辉旅行社品牌标志

康辉寓意“健康、辉煌、快乐、光明、向上”，词义富有民族特色，欢乐吉祥。

其蕴含三层含义。

一是预示着企业发展前途光明。

二是通过企业发展，造福国家、社会和大众。

三是给忙碌的您愉悦身心、放松心情，畅游世界。

康辉标志形似梅花，其意念为：

(1) 梅花代表康辉坚定不移的发展道路。

(2) 梅花变形为人手相连，象征康辉崇尚团结、合作的精神。

(3) 梅花变形似五洲，象征康辉事业前途广阔，遍布五洲。

(4) CCT 为中国康辉旅行社有限责任公司英文 China Comfort Travel 缩写。

(5) 上下半弧，分别代表天与地，象征康辉具天地之灵气，事业日新。

(6) 深绿色为企业标准色，取海之碧绿，象征和平，体现康辉在天地之间传播生命之绿，点缀生活。

(一)旅游产品品牌化策略

旅游产品品牌化策略是品牌策略的第一步，即决定是否给旅游产品建立品牌，以及品牌是否注册为商标。

(二)旅游产品品牌归属策略

在决定使用品牌后，企业应对使用谁的品牌问题作出决策。通常情况下，企业都采用自己的旅游产品品牌，但有时也可以使用别人的品牌促进自己的旅游产品销售，有时也可以与别人共同使用一个品牌以实现强强联合。如中国国旅与美国运通联合成立的国旅运通航空服务有限公司等。

案例 7-13

张家界市中国旅行社品牌标志

1. LOGO

由“China Travel Service”的首写字母“CTS”及“中旅”组成，“C”字画出椭圆形，象征地球；“T”和“S”组成一只神似的鸿雁，寓意中旅是友好的使者。底色蓝色是大海与天空的颜色，象征着中旅庄重博大，前程高远。

2. 吉祥物

名字为“旅行者”，由人的眼睛、耳朵、双脚组成一个旅行者的形象，寓意为“耳闻、目睹、走天下”，极具亲和力。

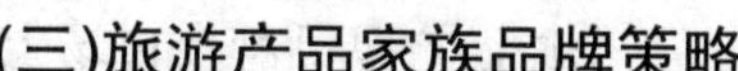

(三)旅游产品家族品牌策略

企业需要决定其旅游产品时全部使用一个品牌，还是使用不同的品牌。可供企业选择的品牌策略主要有统一品牌、个别品牌、分类品牌和企业名称加个别品牌四种。如万豪国际集团就拥有万豪、万丽、万　、丽思卡尔顿等众多品牌；而国际酒店业著名的假日品牌下，在北京就有丽都假日、金都假日和长峰假日等品牌。这就是家族品牌策略。

(四)旅游产品多品牌策略

多品牌策略是企业在同一种旅游产品上设立两个或几个相互竞争的品牌，目的是建立不同的产品特色，以迎合不同的购买动机。这样，企业可以使产品向各个不同的市场部分渗透，促进企业销售总额的增长。

(五)旅游产品品牌拓展策略

旅游产品品牌拓展策略也称品牌延伸策略，是指企业利用现有的品牌名称来推出新的旅游产品项目。品牌延伸可以使旅游新产品很快被消费者认知和接受，促使旅游新产品尽快进入新的旅游市场，同时节约了旅游新产品的市场推介费用。

案例 7-14

中青旅品牌标志

中青旅标志的三大要素——地球、太阳、凤凰。

地球，象征着中青旅广阔的服务领域与发展空间。

太阳，象征着中青旅宏大的理想抱负与目标愿景。

凤凰，象征着中青旅高尚的企业精神与服务品牌。

中青旅标志的标准色释义如下。

橙色，喻示着温暖、关爱。

红色，象征着热烈、激情。

蓝色，代表着理智、冷静。

(六)旅游产品品牌重新定位策略

旅游产品品牌重新定位策略也称品牌的再定位策略。一个旅游产品品牌在市场上的最初定位即使很成功，随着时间的推移也必须重新定位。在作出重新定位选择时，企业必须考虑将品牌转移到另外一个细分市场的费用，包括旅游产品广告宣传费用、品牌管理费用以及定位于新位置的利润获得能力等。

(七)旅游产品合作品牌策略

合作品牌是指两个或更多的品牌在一个产品上、在同一个场所等联合起来的一种策略。每一种品牌的发起人都希望与另一个强势品牌联合，来强化消费者对其产品的偏好或购买欲望，达到双赢的目的。

案例 7-15

中国国旅品牌

中国国旅标识图形为地球形状，上下左右呈经纬线分布，象征着国旅事业遍布全球；球形上部是“中国国旅”4个中文弧形分布；球形零度纬线上部分分布着“CITS”四个英文字母，是中国国际旅行社英文名称的缩写；在球形

零度经纬线处，自左至右分布着三条弧形箭头，象征着中国国旅事业腾飞。

“环球行”是中国国际旅行社总社有限公司出境游的品牌标志。标志采取中国书法线条，以“圆”代表环球，寓“转动的光环”为行。图案与“环球行”中英文字的组合，亮丽的红、蓝、黑色合理搭配，形成了活力和动感，使整个图案轻松、简洁、明快，易认易记，给人们留下强烈的视觉印象。红色象征着吉祥、安全，具有浓厚的中国传统韵味。

“国旅假期”是中国国际旅行社总社有限公司国内游的品牌标志，由“太阳”和“国旅假期”两个视觉元素组成，表达“国旅假期，走遍太阳升起的地方”的品牌诉求。橘红色的太阳：健康、活力、向上，像蓬勃的朝阳，体现企业昂首奋进的精神激发人们对生命的热忱，唤起人们对美好生活的渴望。蓝色的“国旅假期”：和悦、明快、开怀。

整个标志表达企业的博大胸怀及广大的旅游天地，使旅游者感受亲切温和。

二、旅游产品包装营销策略

旅游产品包装是提升旅游产品和旅游企业形象、实施旅游产品品牌战略的重要手段，是实现旅游企业经济效益和社会效益的重要手段。

(一)我国旅游产品包装存在的主要问题

1．旅游产品包装意识淡薄

我国许多旅游企业营销者只注重旅游产品的开发，而缺乏对旅游产品包装的意识，导致许多旅游产品吸引力不够，产品形象定位不明确。

2．旅游产品包装缺乏个性化

在旅游产品开发上，特别是资源脱离型旅游产品的开发，经常出现“　风”现象，并且包装形式千篇一律。导致的后果是，一涌而起，纷纷倒闭。其原因就是对旅游产品的个性化包装不够，失去了对游客的吸引力。

3．旅游产品包装缺乏文化底蕴

随着人们素质的提高，旅游产品的文化内涵已经成为人们选择旅游产品的趋势之一。越是文化含量高的旅游产品，越能引起游客的购买欲望。而目前旅游经营者在对旅游产品进行包装时，不善于从文化的视角挖掘旅游产品真正的内涵，旅游产品包装的文化体现不够充分。

(二)旅游产品包装策略

旅游产品包装不同于一般产品的包装。它是通过对旅游产品的命名、标识、气氛 托、历史及民俗文化的挖掘、典故及现代科技手段的应用进行包装的。在对旅游产品包装时应注意以下几个方面的问题。

1. 内容与形式的统一

在旅游产品包装中，要根据旅游产品自身的特点，做到形式与内容的统一。如在一些新开发出的旅游产品中，需要对旅游产品进行命名，起贴切的名字，至关重要。例如，湖南张家界国家森林公园以岩称奇，其中最大、最著名的金 岩是一座三面 直、高达 300 米的巨大石峰。有人到此一游听到 肖的名字和神奇的传说的结合，不 会赞 造物主的奇 之作。

2. 特色鲜明

做到唯我独有，突出个性是旅游产品包装的灵魂。旅游业的经营者要善于发现旅游产品的个性，并且围绕产品的个性做文章。例如，产品使用个性鲜明的标识，运用不同的传媒方式，运用图像、文字、声音等各种包装手段，将产品的形象传递给消费者。例如，酒店的房间布置成不同国家的特色居住风格，使客人入住时可选择充满新鲜气息的异国情调房间，也可选择亲切熟悉的自己家乡的风格，给人以深刻的记忆。

3. 主题明确

旅游产品包装主题的定位。首先要对当地旅游资源性质、价值等方面进行科学定位，再在对各项旅游资源充分认识的基础上选择具有典型性、代表性的一项或几项产品进行集中、统一的品牌包装，从而达到主题鲜明，引人入胜的效果。例如，提起“浪漫之都”，人们马上会联想到 称休闲娱乐 想天 的大连；提起“ 上江南”，人们就会想到银川。这就是为什么旅游产品包装时既要做到鲜明，又要做到定位准确的原因所在。

4. 突出文化特色

旅游产品涉及典故的文化内涵是吸引游客的重要因素。因此，我们对旅游产品包装时，更要突出旅游产品的文化特色，做到 人寻味。旅游产品的文化包装要注意它的系统性和规模性，且通过各种传播手段大力 扬。只有这样才能形成一种氛围，将气氛 托的浓烈，使游客一来到此就被这种特有的文化气息所感染。例如，将一定的山水文化、建筑文化和民俗文化进行组合，互相 托，形成完整的地域性和民族特色，从而增强旅游产品的魅力。

5. 尊重自然、高于自然

在对民俗旅游产品包装时，要 重其原生态性，但并不是说越原始越好，而是在 重

“原　原味”的同时，还要更大限度地满足游客在体验旅游过程中的基本需要，如卫生的需求、安全的需求、便利的需求。也就是说，在体现民俗风情上要原始化，而在接待游客的服务设施上要现代化。

案例 7-16

现代旅游背景下的“水乡周庄”

依河成街、桥街相连、傍河筑屋、深宅大院、重脊高檐、河埠廊坊、过街骑楼、穿竹石栏、临河小阁，这些使得周庄成为“小桥、流水、人家”的江南景观典范，周庄较完整地保存着水乡古镇的建筑风貌，全镇近千户民居中，百分之六十以上保存着明清和民国初期的建筑，其中有近百座古宅院及 60 余个砖雕门楼。引人入胜的有“轿从前门进，船从家中过”的明代建筑；素有江南民居之最美誉的“七进门楼”的沈厅；柳亚子、陈去病酣酒赋诗的迷楼；叶楚伧故居；沈体兰故居等。镇内水巷两竹岸，富有水乡特色的建筑过街骑楼、临河水阁、驳岸踏渡、河埠廊坊，穿竹石栏比比皆是。镇区内仍保存着古老的石桥 14 座，建于元、明、清代，其中完好保存的有 10 座，以双桥、富安桥、贞丰桥和福洪桥最有代表性。如双桥，它由世德桥和永安桥纵横相接，石阶相连，位于镇东北部，始建于明万历年间。1984 年，旅美画家陈逸飞将双桥画成油画，题为《故乡的回忆》，在美国西方石油公司董事长阿曼德·哈默的画廊中展出，轰动全美。当年，哈默访华，将该画赠送给邓小平，次年，该画被选为联合国首日封的图案。从此双桥的周庄驰名中外。

从旅游发展的角度讲，经过多年的旅游开发，游客在此已经能够获得较高层次的旅游接待，古街的建筑与商铺融为一体，沿街出售一些古意浓厚的商品，为古镇添色。周庄的民间民俗风情，像阿婆茶、丝弦宣卷、划灯船、摇快船、打田财和包头巾，束腰兜、绣花鞋等妇女服饰都别具一格，且基本都开发成了特色旅游项目。旅游从业员工统一着装、佩证上岗，以文明的语言、优良的服务接待四方游客，紧紧围绕吃、住、行、游、娱、购，把文明服务、优质服务深入到每个行业、每个岗位，同时还配有双语导游服务。配套设施较为完善，旅游导向牌等设置完好，宾馆饭店一应俱全，管理部门重视道路基础设施建设，修筑旅游公路的同时修建 3 个大型停车场，增加绿化、疏浚河道，提高供电、供水能力；成立游船公司，兴建一批高规格、上档次的宾馆、度假村，满足日益发展的旅游需要，0.47 平方公里古镇保护区域内的电力、通信、有线电视实行“三线”地理，工程总投资 1820 万元。

(资料来源：http://www.wzswz.com/intro/news/info_show.asp？id=00000157)

思考与能力训练

一、思考题

1. 什么是旅游产品？旅游产品有何特点？
2. 旅游产品的构成要素有哪些？
3. 简述旅游产品生命周期及其营销策略。
4. 简述旅游产品组合营销策略。
5. 旅游新产品有哪些类型？
6. 简述旅游新产品开发的程序。
7. 简述旅游新产品开发策略。
8. 简述旅游产品品牌策略。

二、能力训练

能力训练一

1. 实训目的和要求

(1) 通过实践训练，学会解析旅游企业产品的构成，应用生命周期理论及旅游产品理论对旅游企业经营的产品进行营销、市场组合、开发和包装等方面的综合分析。

(2) 要求学生根据实训项目撰写实训报告。

2. 实训内容

选择当地一家旅游企业，如旅行社、旅游饭店、旅游交通公司、景区景点等进行考察，分析以下问题。

(1) 该旅游企业基本旅游产品是什么？这些旅游产品在未来5年的发展预期是什么？

(2) 在企业的各种旅游产品中，选取其中一个项目进行生命周期分析。

(3) 对其经营的旅游产品进行新的组合分析，分别采取怎样的营销策略？

(4) 你认为在该领域发展的旅游企业新产品开发的策略有哪些？

能力训练二

1. 实训目的和要求

(1) 培养学生前瞻性的旅游产品发展意识，对旅游产品进行统观认识和深入思考。

(2) 要求学生根据实训项目撰写实训报告。

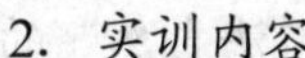

2. 实训内容

搜索国外最新的旅游产品发展动态信息，在共享资讯的同时，假设你是旅游企业老总，在新的市场形势下，且皆有中国国情及地方可调控资源的限制条件下，请你思考以下问题。

(1) 描述你将要着力开发的旅游产品。

(2) 你将采取什么策略营销你的产品？

(3) 你认为现有产品形成品牌的必要条件有哪些？

(4) 开发你的产品还需要什么资源的支持？

能力训练三

西安中国道文化展示区旅游新产品——赵公明财神庙十大看点

西安楼观中国道文化展示区首个项目赵公明财神庙于 2011 年 7 月 19 日盛情开放，接纳八方游客。伴随着赵公明财神庙正式开放，更多向往传统文化、寄情于山水的都市人有了更多的旅游体验。游客在财神庙里不仅感受到财神文化的博大精深、风土民俗的浓郁质朴，也能品尝到地方特色的美食。

看点一：全息光影沙盘——既是介绍也是景点

现代数字技术的应用是赵公明财神庙景区最大的亮点之一。在景区主入口的游客服务中心，“三维全息光影沙盘展示”打破了传统意义上的光影沙盘，增加了纯数字内容的多媒体展示功能、全息三维立体展示功能和互动功能。通过声、光、电、图像、三维动画以及计算机程控技术与黑纱全息相融合，可以充分体现区位特点，达到一种惟妙惟肖、变化多姿的立体动态视觉效果。它能使观众对景区概况有全面、立体、直观的整体理解，比传统沙盘更具震撼力和感染力。对参观者来说是一种全新的体验，并能产生强烈的共鸣。

看点二：482 尊财神像——领略财神文化的深髓

走进财神庙景区，恢宏的财神文化扑面而来，处处显现着中国古老而传统的财神民俗文化。在财神殿正殿二层财神文化展示区，以别样的形式向您讲述着中国财神文化的源远流长。

这里收集了大量与财神有关的物品，包括雕塑、壁画、文字资料等，共有来自全国各地的财神像 482 尊，足以让您了解中国的财神民俗文化。此外，庞大的微型雕塑群，展现了民间自古以来所流传下来的喜迎财神、拜财神、逛庙会的情景，402 个小泥塑人个个神态自若，栩栩如生。如果您细心的话，还可以从人群中找到如今已经消失的小行当。

看点三：《道·梦空间》——体验如梦似幻的诗画空间

在赵公明财神庙财神殿一层领略了大型道文化多媒体互动体悟剧《道·梦空间》，是游客不能错过的节目。本剧如诗似梦的场景布置、行云流水的舞蹈表演，受到了游客的拍手叫绝。

整场演出打破以往观众区与舞台的严格划分，以 360 度环幕以及多媒体全息投影技术

让人真实置身于如梦如幻的4D场景，以“音诗画”的表演形式，表现“道法自然”的文化内涵，烘托营造美如幻境的道家思想意境，让观众置身于玄妙而深远的道家哲学的诗画梦境。

看点四：全息360财神像——体验财由天降的神秘和激动

在一座锥体中的特殊棱镜当中，华夏正财神赵公明头戴黑铁冠，手执玄铁鞭，胯下骑一匹黑虎，勇猛威武。这就是在财神殿二层财神文化展示区里的全息360财神像。全息360是由特殊透明材质制成的四面锥体，四个视频发射器将光影信号发射到这个锥体中的特殊棱镜上，汇集到一起后形成具有真实维度空间的立体影像。当游客靠近全息360赵公明影像时，财神就与游客展开互动。此外，财神殿二层的互动体验区采用二维数字技术让游客与“众财神”零距离接触。而摇钱树是传说中的一种宝树，在互动体验区的摇钱树下面是LED屏，根据游人晃动树的力度会掉下数量不等的铜钱。

看点五：有明堂——卡通财神的确“有名堂”

在财神殿一层和财神街设有以财神文化为主题的商品概念店——有明堂，这里的商品不同于其他普通的商品，具有很强的独特性和唯一性。

有明堂是作为首个拥有自主知识产权的全产业链旅游纪念品品牌，其设计灵感来源于赵公明财神庙的文化背景，设计有正财神赵公明、关羽、文昌帝君、妈祖、黄大仙、土地神等与财富有关的人物，表现形式为纸偶公仔、纸偶明信片、假面浮雕、手机挂件和装饰品等。特别是Q版财神像打破了以往财神在人们心中的固有形象，很受人喜爱，让游客爱不释手。

看点六：集贤鼓乐——原生态演绎千年音乐奇葩

在7月19日赵公明财神庙开放之时，将有众多的民俗演出为游客送上丰盛的文化大餐。被誉为中国古代音乐“活化石”的集贤鼓乐更是演出活动中的一大亮点，开园后集贤鼓乐的演出将于赵公明财神庙财神殿一层剧院进行演出。全新的集贤鼓乐演出继承了最原汁原味的音乐要素，全面挖掘集贤鼓乐的文化延展，采用国际化的包装，将集贤鼓乐的物化特征全面升华及扩展，还原集贤鼓乐皇家交响乐的恢宏现场，为您还原1300年前“皇家交响乐团”的顶级文化体验。

看点七：登临问道阁——秦岭楼观风貌尽收眼底

在财神庙之西，田峪河畔，有一座塔式建筑巍然屹立在水域之岸，木栏飞檐，花纹精致，屋脊施吻兽，挑角垂风铃。这就是整个楼观道文化展示区的地标性建筑——问道阁。

问道阁外6层内13层杂式屋顶建筑，总高为47米，是赵公明财神庙的制高点。登临问道阁，整个财神庙景区的如画美景尽收眼底，抬眼南望，群山起伏，巍峨秦岭悠悠，田峪河水粼粼。问道阁不仅是观景的最佳平台，以后也将成为说经论道的最佳场所。

看点八：民俗风情荟萃——民俗演出轮番上演

除了集贤鼓乐之外，周至秦腔、渭旗锣鼓、高跷、竹马、牛斗虎、财神文化大巡游等特色民俗演出也将全天候轮番登场，给游客带来原汁原味的乡土风情表演。开园当天，600人的财神巡游方阵将会声势浩大地在赵公明财神庙南侧财富文化广场开锣，正式拉开赵公明财神庙开园大幕。东、西、南、北、中五路财神齐聚一堂，共同庆贺赵公明财神庙的落成开放。在整个巡游队伍中，大家喜闻乐见的八仙过海、渭旗锣鼓、跑竹马、地油子、芯子等欢庆民俗活动一应俱全，新型仙鹤道具是本次巡游队伍中的亮点，保证为您奉献一场民俗风情荟萃的饕餮盛宴。

看点九：漫步财神街——闻到了千年前的味道

青砖灰瓦，古色古香，乡土文化，特色美食，财神街是财神文化展示区的一大特色，肯定会让您眼前一亮，不虚此行。

财神街里民俗小吃种类众多，游客将品尝到当地特色农家小吃，体验到乡野风情。周至百桌宴起于明清，由殷实富户出资牵头，坊里百姓出力相辅，搬来木桌凳，砌起“泥垒灶”，凑在一起尽兴喝酒聚餐，祈求喜庆，盼丰收，保平安，有“长街迢遥两三里，日日香尘街上起”的盛况。如今财神街大开百桌宴，以地方美食款待八方来客，共饮老酒，共祈平安。

看点十：田峪河景观——参悟“上善若水”

微波粼粼，小桥、栈道、水车、码头……这是田峪河水景观光区。道家讲究“上善若水”，田峪河水景观光区为赵公明财神庙景区提供良好的水岸门户形象，通过四个入口广场的设计，展现了自然、闲适的特点，在成为城镇居民度假休憩最佳场所的同时，也成为秦岭驴友户外体验的“驿站”。

(资料来源：http://news.sina.com.cn/c/cul/2011-07-19/163622840993.shtml)

【分析讨论】

1. 赵公明财神庙在开发中遵循了哪些原则？
2. 赵公明财神庙的开发，体现了旅游产品的哪些内涵和特征？
3. 赵公明财神庙的成功开发，给旅游产品的开发有何启示？

第八章

旅游价格策略

【知识目标】

熟悉旅游产品价格的表现形式；熟悉旅游企业的定价目标；熟悉影响旅游产品定价的因素；熟悉旅游产品定价过程；熟悉旅游产品的定价方法；熟悉旅游产品的定价策略；熟悉旅游产品的价格调整。

【能力目标】

掌握旅游的一般定价方法和策略；能判断影响价格的因素并作出相应对策；能够配合营销对旅游产品价格作出相应调整。

【学习成果】

分析报告：针对某旅游企业特定产品价格分析对企业营销的影响，并利用定价策略对旅游企业发展提出相应建议。

案例导入

国内部分景区抢在节前涨价 票价“世界领先”

“五一”来临时，有关“未来数月内全国或将有超过20个知名景区门票涨价”的消息在网上引发持续关注，不少网民发帖指出：这些景区涨幅从20%到60%不等，不少景区选择在“五一”旅游旺季来临前“抢涨”。

有网友感叹：目前国内景区价格高得离谱，处于“世界领先”地位，“一个张家界等于三个卢浮宫。”“中国网事”记者对此进行调查发现，这样的说法尽管有所夸张，但国内景区票价高昂并总是在假期时“抢涨”却是不争的事实。

核心网事：国内景区门票节前“抢涨”

“国内景区的门票又要涨价了!”“五一”假期，网络上有关景区涨价的议论成为热点。

以“扬州瘦西湖涨价”为例，该景区门票将从现行的每张60元(旺季90元)涨到每张120元，理由是瘦西湖的“游览面积扩大”。此举引发网民“声讨”，网友“胡顺中”表示，飙升的价格已经明显超出了扬州大部分民众的消费能力。应多考虑如何增强扬州对外的城市吸引力，而非急功近利一涨了之!

与瘦西湖一样受到网友诟病的高价门票在国内景区比比皆是。微博网友“火柴”称，保守估计一个上班族早餐5元、午餐12元、晚餐15元，一天吃掉32元。九寨沟的门票吃掉我们6天半口粮，张家界的门票居然吃掉我们7天半口粮。

有网友列出了国内外景区门票价格对比清单，称我国景区门票绝对“世界领先”：一张张家界的门票，相当于法国卢浮宫门票的3倍；一张四川九寨沟的门票，如果用来参观美国黄石公园、印度泰姬陵、日本富士山，“都玩一遍还剩100多元。”

记者调查：景区门票价格“我贵洋廉”

一个张家界等于三个卢浮宫？记者调查显示，这样的说法虽然有些夸张，却并非毫无来由。

来自张家界旅游局的资料显示，从2012年1月1日起，武陵源核心景区执行新的门票价格，在保持景区价格不变的基础上，武陵源核心景区基本票由“一票两天有效”改为“一票三天有效”。目前，武陵源核心景区基本票价每人245元，周票每人298元。

而法国卢浮宫的官网介绍，其常设展览门票票价为10欧元，以1欧元等于8.36元人民币计，其门票相当于83.6元人民币。包含了卢浮宫博物馆的常设展览、临时展览和德拉克罗瓦博物馆的套票门票票价为14欧元(约合117.04元人民币)。

此外，卢浮宫还推出了一系列免费措施，包括：常设展览和德拉克罗瓦博物馆于每月第一个星期日对公众免费开放；法国国庆日7月14日对公众免费开放；每星期五18点后，在出示有效身份证件的情况下，常设展览对26周岁以下的观众免费开放(国籍不限)。

也就是说，考虑到张家界门票三天有效，网友的“卢浮宫三倍说”也有夸张的成分，但即使不计免费参观卢浮宫的人群，并以较高的卢浮宫套票门票价格计算，张家界的“门槛”依然是卢浮宫的1倍多。

此外，记者调查发现，四川九寨沟门票价格为旺季220元、淡季80元，淡、旺季价差颇大，并不能一概而论。而被网友认为“超级平价”的印度泰姬陵，事实上其门票对内虽是20卢比(约合2.4元人民币)，对外700卢比(约合84元人民币)。美国黄石公园的门票价格同样因不同的游览方式而不同，徒步进入每人12美元(约合人民币75元)，租车进入4个人用一部车25美元(约合人民币158元)，可以在里面待7天。

不过即便如此，在门票价格上“我贵洋廉”确实是事实。

专家解读：防止门票价格“虚火伤身”

华东师范大学旅游系教授楼嘉军认为，要比较中外景区的门票，应注意类比对象的相似度，以及门票包含的参观时间长度、赠送的服务等。“景点的价格不能进行单纯的字面上的比较，要寺庙和教堂比，文化遗产和文化遗产比，自然遗产和自然遗产比才是有意义的。”不过，他也承认，即使这样比我国的一些门票价格确实偏贵，比如同样是自然遗产，黄石公园的价格和张家界比，同样徒步游玩7天，张家界门票人民币298元，是黄石公园门票的4倍。

此外，业内人士和有关专家认为，我国景区门票价格必须适当限制，一定要和我国居民收入综合起来考虑，否则高价门票容易导致我国旅游业“虚火伤身”。

上海国旅国际旅行社有限公司日本外联部部长王斌认为，我国旅游景区、景点的门票价格与国民收入相比，实在太贵。他介绍，日本人月均收入在三四十万日元，相当于2万～3万元人民币，而旅游景区、景点的门票价格通常在1000日元(相当于人民币70多元)以内。

楼嘉军认为，高价门票对旅游资源的开发和居民旅游意愿的培养并无好处，反而有副作用，同时也不利于我国旅游产业结构的优化发展和创新发展。

(资料来源：中国青年报. 2012-4-30)

【问题】

1. 旅游产品定价受到哪些因素的影响？
2. 适宜的定价策略主要有哪些？

熟悉旅游企业定价的一般知识，掌握旅游企业定价策略方法，能认清旅游行业定价的影响因素，能根据现实情况判断和调整定价策略，能够对旅游企业定价进行营销相关分析。

第一节　旅游产品价格概述

一、旅游产品价格的表现形式

旅游产品价格是指旅游者为满足其旅游过程中的需要所购买的旅游产品的货币数量，或者说旅游产品价格是旅游者用来交换拥有或使用某种旅游产品或服务的利益的全部价值量。

(一)单项旅游价格

旅游活动由食、住、行、游、购、娱六大要素构成，旅游者分项或零星多次购买各要素支付的费用就是单项旅游价格，如客房价格、机票价格、门票价格和旅游纪念品价格等。

(二)旅游包价

旅游者借助旅行社对构成旅游活动的各单项产品进行组合形成的旅游产品价格称为旅游包价。根据旅行社提供的产品组合项目的多少，旅游包价又可分为旅游全包价、半包价、小包价和单项服务费等形式。

旅游全包价是由组团旅行社服务费、往返交通费和旅游目的地接待费(简称地接费)3 部分组成，如图 8-1 所示。

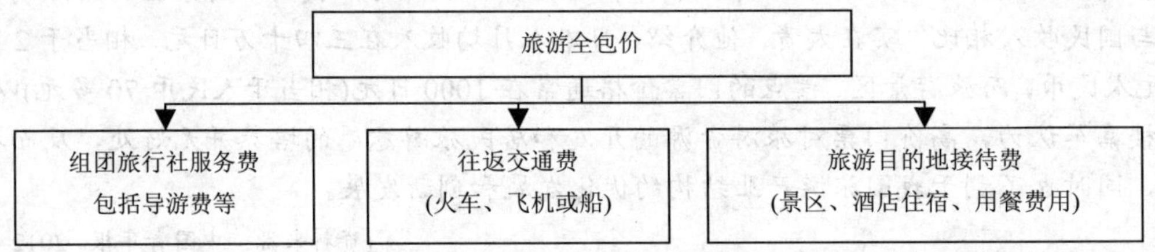

图 8-1　旅游全包价的组成

旅游半包价是指在全包价基础上扣除午、晚餐费用的包价形式，其目的在于降低产品的直观价格，提高产品的竞争能力，同时也可更好地满足游客在用餐方面的要求。旅游小包价只要求游客预付饭店房费、早餐、接送服务、国内城市间交通费及旅行社手续费，其余旅游费用在当地现付，游客可根据自己的时间、兴趣和经济情况自由选择导游、风味餐、节目欣赏和参观游览项目等。单项服务费又称委托代办费，是旅行社根据游客的具体要求而提供的各种有偿服务，主要包括翻译导游服务、接送服务、订房服务、订票服务、订车服务、代订参观游览服务、代办签证服务、代办旅游全员保险服务、提取及托运行李服务、全程陪同服务和代客回电服务等。

相关链接 8-1

漫话美国旅游价格

在美国购物，不要按照中国的习惯，标价多少就付款多少。中国是含税价，美国是不含税价，中国一般无附加费，如服务费、保险费、安装费等，但美国有这些附加费。中国无小费，美国的小费没商量，不管你愿意不愿意，都必须支付。

在美国，购物的最终支付价格公式是：最终支付的总价格(总支出)=标签上的标价(不含税)+税(支出税)+附加费(服务费、保险费、安装费、运输费、小费等)。在美国旅游，其旅游价格也符合这个基本模式其基本公式为

旅游团费总价格(总支出)=团费标价+旅游税+导游和司机小费+门票费+餐费+其他

(1) 旅游团费标价包括：乘坐豪华巴士来回车费；旅游车费保险；酒店住宿(有独自浴室、空调)；3 岁以下小孩不占座位免费，3～11 岁买小孩票；飞机场接送。不包括：出入境(如从美国去加拿大旅游)签证费用；膳食、酒水、洗衣、电话等一切个人费用；酒店、餐厅之服务费、小费；行程表以外的观光节目、演出，自费性活动项目；导游及巴士司机的小费。

(2) 旅游税为团费标准的 3%。

(3) 导游和司机小费一般多为 2 美元/天，合计每个旅行团团员每天须支付 4 美元。

(4) 门票。参观的门票费用一般都不包含在旅游团费标价内，但也有的包含在内，如西部六日游，游电影城和迪斯尼乐园的门票就包含在团费标价内。但是，按照美国的规定，60 岁以上的老人的门票要减价的，洛杉矶好莱坞影城和迪斯尼乐园对老人减价 50%，但在参加旅行团的团费标价中体现不出来，即 60 岁以上老人享受不到优惠。若是自行参观游览，就能享受到优惠。购买门票后，进入好莱坞影城、迪斯尼乐园，无论你玩什么项目，玩多久，除了需要排队等候外，就不再另外收取任何费用了。

(5) 餐费。餐费一般不包含在团费标价内，但也有个别的包含在内。有的旅行社打出免费供应早餐或午、晚餐，以此作为促销手段。就餐时还应支付餐费税 5.5%，餐馆小费 10%。

(6) 其他。其他费用主要是指需乘坐飞机的旅游，购买飞机票的费用是包含在旅游团费标价内的。

(资料来源：武瑞营，刘荣. 旅游经济学[M]. 北京：化学工业出版社，2008)

二、旅游差价与旅游优惠价

(一)旅游差价

旅游差价是指同种旅游产品由于时间、地点或其他原因而引起的有一定差额的旅游产

品价格，主要有地区、季节、质量、团体和散客等不同类型。合理的旅游产品差价能充分利用旅游资源与设施，满足不同需求层次的旅游者的不同需要，以质论价，促进旅游企业改进管理、提高产品和服务质量，保护旅游消费者的利益。

1. 地区差价

旅游地区差价是指某种旅游产品在不同地区形成的价格差额。由于自然、地理、历史、社会等方面的原因，各地旅游资源的丰富程度不同，旅游设施条件和旅游服务水平不一，由此形成的旅游吸引力也大不一样。有些地区具有丰富的旅游资源、完善的旅游设施和良好的接待条件，能够吸引较多的旅游者，因而成为旅游热点地区。另一些地区，旅游资源匮乏或者尚未开发，旅游设施条件和接待能力较差，不能吸引较多的旅游者，因而成为旅游冷点地区。因旅游热点地区和冷点地区而产生的旅游需求倾向引起旅游供求的地域矛盾，进而导致旅游地区差价的形成。一般来说，旅游热点地区的产品价格要高些，旅游冷点地区的产品价格要低些，其具体差额主要取决于各个地区的旅游供求关系。除供求关系的作用外，旅游地区差价还反映了旅游产品本身的价值量，旅游热点地区为游客提供了较优的旅游产品，他们在开发旅游资源、兴建旅游设施时耗费了较多的资金和劳动，单位产品的成本必然较高，需要通过较高的价格来获得价值补偿。

旅游地区差价可以调节不同地区的游客流量，缓解供求矛盾，通过旅游高价可以控制过多的游客进入热点地区，通过旅游低价可以吸引更多的旅游者前往冷点地区，促进或保证各地旅游业的均衡发展。

2. 季节差价

旅游季节差价是指某种旅游产品在不同时间形成的价格差额。旅游供给与旅游需求在各个季节的不同变化是旅游季节差价产生的主要原因。一般来说，旅游供给受季节变化的影响较小，具有一定的刚性特征。在不同的季节，除一部分自然资源的观赏性和使用价值有所变化外，大部分旅游供给要素受到的影响不大。在冬季，我国北方各地区比较寒冷，一般性的旅游活动不易进行，旅游需求减少，形成旅游淡季；进入春季以后，气候转暖，各种旅游需求渐增，形成旅游旺季。但是也有例外，我国哈尔滨市的冬季异常寒冷，一般性的旅游需求减少，但观冰滑雪等特殊性的旅游需求却有较大的增加；我国西安市的夏季十分炎热，国际旅游需求量比春、秋两季有所下降，是旅游淡季。为了克服旅游供求的季节矛盾，调节淡、旺季的游客数量，采用旅游季节差价是十分必要的。通过实行旅游季节差价，可以有效地调节供求关系，促进旅游产品价值和使用价值的全面实现。实行旅游季节差价时应该明确上限和下限，并根据各个地区的不同情况制订相应的差额或幅度。

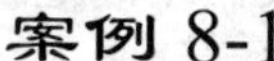

延安旅游实行淡季门票优惠 逛黄帝陵只需50元

2009年延安接待海内外游客已突破1000万人次。时值旅游淡季，延安倾力打造“延安人游延安”、“延安过大年”等活动，并从2009年12月15日至2010年2月28日对该市景区全面实行门票优惠政策，黄帝陵等门票优惠率高达45%，其中8个红色景点免门票。

实行优惠政策的景区包括：

黄帝陵景区，门票价格91元，淡季价格为50元，旅行社团队价格在50元的基础上实行8.5折优惠，延安本地人凭身份证在大年初一赴黄帝陵游览予以免票优惠。

宝塔山景区，门票价格65元，淡季价格为41元，旅行社团队价格在41元的基础上实行7折优惠，延安本地人凭身份证门票价5元。

黄河壶口瀑布景区，门票价格91元，淡季门票价格为46元，旅行社团队价格在46元的基础上再给予适当优惠。

清凉山景区，门票价格为31元，淡季给予旅行社团队5折优惠，延安本地人凭身份证门票价5元。

万花山景区，门票价格为21元，淡季门票价格5折优惠，延安本地人凭身份证门票价为5元。

延安抗日军政大学纪念馆，门票15元，淡季给予旅行社团队5折优惠。

延安新闻纪念馆，门票价格20元，淡季门票价格给予旅行社团队5折优惠。

此外，延安革命纪念馆、枣园、杨家岭、凤凰山麓、王家坪、南泥湾革命旧址、洛川会议旧址和刘志丹陵园等景区实行免票参观。

(资料来源：http://news.163.com/09/1218/00/5QPANOEP000120GR.html)

3. 质量差价

旅游质量差价是指同类旅游产品由于质量不同而产生的价格差额。与一般商品相同，旅游产品的质量也存在着明显的差异。例如，旅游饭店按不同的质量标准分为五个星级，每个星级饭店的设施条件、物品档次和服务水平明显不同，因而在价格上表现出较大的差别。旅游质量差价反映了旅游产品在有用性上的区别及相应的价值规定。同一类旅游产品，在生产过程中的劳动耗费是不同的，由此创造的价值和使用价值也有不同，具体表现为等级不一、品质相异、项目有别，这种种差别通过价格表现出来，就是旅游质量差价。它使旅游企业的不同劳动耗费得到了补偿，使旅游者的需要得到了不同程度的满足，也调节了同一种类、但质量有别的旅游产品的供求关系。

实行旅游质量差价必须贯彻质价相符的原则，做到按质论价、优质优价、低质低价。为此，必须根据一系列的量化指标确定旅游产品的等级标准。在此基础上，对旅游产品进

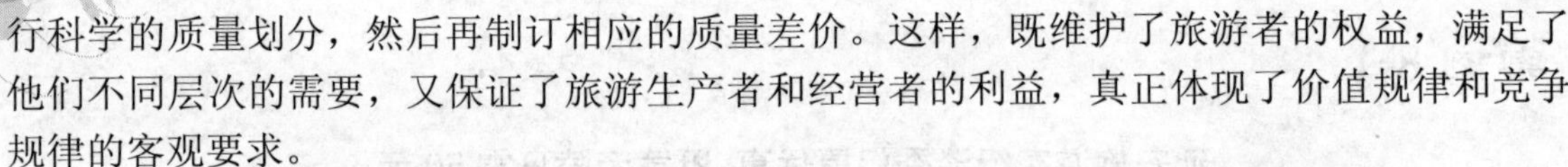

行科学的质量划分，然后再制订相应的质量差价。这样，既维护了旅游者的权益，满足了他们不同层次的需要，又保证了旅游生产者和经营者的利益，真正体现了价值规律和竞争规律的客观要求。

4. 旅游批零差价

旅游批零差价是指同种旅游产品批发价与零售价之间的差额。旅游批零价一般发生在旅游批发商和旅游零售商之间。旅游批发商主要负责推出旅游产品，即旅游线路的设计和安排，旅游零售商从批发商那里购进旅游产品，再卖给旅游者。在旅游产品的销售过程中，零售商或中间商们要耗费一定的劳动和费用，还要缴纳税金，为了获得相应的补偿，这些耗费必须加到他们的购买价即批发价上，由此形成了批发价与零售价之间的差额，即批零差价。旅游批零差价还发生在旅行社与各单项旅游产品的经营者之间，饭店、航空公司、汽车公司、旅游景区等旅游企业，既有各自定期正式公布的牌价，又有通过旅行社销售的价格，由于旅行社购买各单项旅游产品总是大批量的，因此各企业通过旅行社销售的产品都采取一定比例的折扣价格，牌价与旅行社价格之间的差价实际上也是一种批零差价。

对旅游批发商或旅游产品的生产经营者来说，虽然批零差价使其单位产品的收入减少，但由于将旅游产品大量批发给了零售商，减少了直接销售所需的较多费用，因此总收益仍然不菲。对于旅游零售商而言，招徕一个游客，推销一次旅游产品，就可以获得一份收入，也是有利可图的。因此，旅游批零差价的存在，是社会分工的必然结果，是市场经济的客观要求，也是促进产品销售的有力手段。

相关链接 8-2

春节前后旅游价格两重天

1. 北京：春节前国内游热点线路价格暴涨

现在越来越多的人喜欢在春节期间出去旅游，目前，北京各大旅行社的出境旅游线路几乎全线爆满，国内游也到了报名高峰期，一些热门线路 80%的旅游团已经满员。

记者今天从北京各大旅行社获悉，春节出境游几乎全线爆满，国内游的热门线路像海南、云南等目前约有七八成的团都已满员，大部分人出游都集中在大年初一到大年初三。

港中旅市场部经理梁媛说：“像春节期间的团队都要提前一个月到一个半月来预订机票和酒店，数量是非常有限的。所以一旦报(名)满了以后，就很难再追加订位了。”

今年春节的旅游价格比去年春节整体普涨三成左右，原因是机票和酒店价格的暴涨，今年像海南双飞 5 日游，在大年初一到大年初三这几天报价已经到了 5000 元左右，而去年春节同样的线路只有 3800 元左右；云南大理丽江线路报价也达到了 4600 元左右，比去年春节高出近千元；而今年春节最火的三亚自由行报价最高达到了 9000 多元，已经与欧洲游价格不相上下。据悉，春节期间，三亚五星级酒店的海景房已经炒到了每晚 3000 元左右的高价。

2. 春节后出境游最高降3000 蜜月浪漫游成为新产品

由于各条线路报价比春节期间的价格便宜1000～3000元，春节后的蜜月浪漫游开始成为新人的选择。来自旅行社的消息称，年后的蜜月游迎来了报名小高潮。

“2006年是一个结婚的高峰期，而2007年就将是一个度蜜月的高峰期。”华远国旅市场部经理王辰对蜜月游的升温并不感到意外。他告诉记者，目前，春节后的报名已经开始，其中，以“蜜月浪漫季”为主题的多条特价线路，受到新人的欢迎。

例如，意大利歌诗达邮轮5/6日游，坐邮轮游玩中国香港、三亚、越南下龙湾、越南岘港，2月至3月份都有团出发，双人价格最低9709元起。同时，还有“泰国普吉情定桃花岛6日”3月每周三发团，价格为10 199元/2人，也很受欢迎。“巴厘岛浪漫6日之旅”，价格为10 399元/2人，“菲律宾长滩岛5日之旅”报价为10 999元/2人，“柬埔寨6日风情之旅”，价格为9999元/2人；都是新人们报名火爆的线路。

据悉，在价格方面，节后的出境游线路都要比春节期间的价格便宜1000～3000元。而春节也是适合出游的季节。新人们扎堆出游，也就在情理之中了。来自旅行社的市场调查显示，由于结婚操办起来是一件非常费精力和财力的事情，很多人在结婚之后，往往选择在结婚的第二年、甚至第三年再去一起度蜜月，这样在精力和财力上都比较从容了。因此，2006年终成眷属的新人们开始在婚后的第一个春天里享受蜜月度假。

(资料来源：肖树青. 旅行社经营管理[M]. 北京：北京交通大学出版社，2010)

(二)旅游优惠价

旅游优惠价是指旅游产品供给者在明码标价的基础上，给予旅游产品购买者一定折扣或优惠的价格。例如，航空公司对团体游客实行每16个人免一张票的优惠，旅行社对每10～15人以上的旅游团实行其中一人免费的优待。旅游优惠价格主要有以下3种类别。

1. 同业优惠

同业优惠是指对同行业者实行的优惠。现代市场经济条件下，企业之间的业务关系极为密切，为了顺利合作并保证各自的基本利益，相互之间予以一定程度或比例的优惠，这种优惠既有自行规定的，也有互相商定的。例如，世界上许多饭店集团规定，本集团内的人员入住本集团的联号饭店可享受50%的折扣价等。

2. 销售优惠价

销售优惠价是指根据消费者的购买数量实行的优惠。当消费者购买的产品超过确定的基数后，旅游产品的生产者或经营者按购买数量给予一定比例的价格优惠，这种优惠可以是一次购买量达到要求后即刻给予，也可以是一定期限内的累计购买量达到要求后再付诸实行。无论哪种形式，其目的都在于建立、巩固企业与消费者之间的买卖关系，刺激消费者多多购买，从而达到扩大产品销售，增加企业利润的目的。例如，许多国际航空公司规定，乘坐本航空公司的飞机累计达到一定距离时，即给予该乘客一定折扣的长期优惠，这无疑会吸引那些常年在外、经常坐飞机的商务客人。

3. 老客户优惠

老客户优惠是指对经常购买本企业产品的顾客给予一定的价格优惠。旅游产品具有无法贮存、易折损等特点，为保证销售量，必须有一个稳定的客源市场，给老客户一定的优惠，就是争取或巩固一部分消费群体的有效措施。例如，一些饭店对一些大旅行社、大商社给予长期的优惠价格，而这些旅行社定期向这些饭店输送客源，双方做到了互惠互利。

第二节 旅游定价目标与程序

一、旅游企业定价目标

旅游企业定价目标是指旅游企业为旅游产品定价时，通过价格手段所要达到的预期目的和标准。旅游企业在确定了具体可行的定价目标后，才能进一步按照恰当的定价方法和策略进行价格管理。

(一)维持生存目标

维持生存目标也叫生存导向目标。当旅游企业面临竞争态势异常恶劣、客源大减、资金周转不灵、产品卖不出去等困难时，为避免破产倒闭，渡过经营危机，以保本价格甚至亏本价格出售产品，维持营业，争取研制新产品的时机，力求重新占领市场。这种定价目标往往只作为特定时期的过渡性目标，一旦旅游企业出现转机，它将很快被其他定价目标取代。

(二)当期利润最大化目标

当期利润最大化目标也叫利润导向目标。这种目标侧重短期内得到最大利润。以此为目标的前提条件是：旅游企业和旅游产品在市场上居于领先地位，其他竞争对手力量不强；旅游产品在市场上供不应求，旅游企业可以采取扩大销量和提高价格来实现这一目标。但是，这一目标有可能影响市场占有率，为竞争者提供机会，旅游企业在采用这一目标时应该谨慎。

(三)预期收益目标

预期收益目标也叫收益导向目标。旅游企业希望投入的资金在一定时期内收回，并获得一定的收益，因此以一定的利润率为目标来进行产品定价。为此，旅游企业一般采用成本加成定价法，这难免会忽略市场需求、竞争状况等其他因素。所以，这一定价目标更适用于一些资产雄厚、竞争力强的大型旅游企业。

(四)扩大市场占有率目标

扩大市场占有率目标也叫销售导向目标。这是一种注重长远利益的定价目标，可以通过规模效益降低成本，取得控制市场和价格的能力，以此提高产品的竞争力。新创立或不满足自己市场份额的旅游企业，可以将自己的产品低价销售，实行市场渗透，以获取更大的市场占有率。这是放弃眼前利益获取长远利益的一种策略。

(五)应付或防止竞争目标

应付或防止竞争目标也叫竞争导向目标。在旅游市场竞争中，价格是最有效最敏感的竞争手段，旅游企业以竞争对手的价格为基础，根据自身条件对自己的产品进行定价。在竞争激烈的旅游市场中，若本旅游企业实力较弱，产品价格一般应定得低一些，只有具备特别优越条件的旅游企业才能把产品价格定得高一些。

(六)树立或维持良好形象目标

树立或维持良好形象目标也叫形象导向目标。旅游企业形象是通过长期的市场营销活动而给予消费者的一种精神感知。旅游企业良好的形象存在于旅游者的心目中，就会给旅游企业带来可观的利润，良好的形象和产品销售、市场占有率、竞争能力等密切相关，最终通过价格表现出来。旅游企业要树立或保持良好的形象，产品价格的制订必须符合企业形象的要求。这种定价目标有利于改变目前我国旅游市场恶性竞争的局面，提高整个旅游企业的产品售价和利润率，也会得到旅游者的欢迎。

相关链接 8-3

陕西 10 家景点票价过百 97 景区 60 元以上超 3 成

2012 年，不少旅游景区进入了国家发改委规定的旅游景区票价 3 年一调整的第二个“3 年解禁期”。不出意外，部分景区的门票再次上涨。

3 年解禁期: 国家发改委于 2005 年和 2007 年分别下发官方文件，明确了“举行涨价听证会”的原则和“景区票价 3 年内不得涨价”的要求。正因为 2007 年的这份文件，很多旅游景区形成了“3 年解禁期一过就涨价”的现象。

“五一”劳动节假期刚过，记者调查了陕西省的 97 个旅游景点，发现部分门票价格相比前两年，涨幅不小。

记者从陕西省统计局了解到，2011 年陕西省人均年收入为 18 245 元，粗略估算可知，

2011 年陕西省人均月收入为 1520 元。以华山为例，旺季 180 元的门票价格已超过了陕西省人均月收入的 10%。

据记者调查，2012 年“五一”期间，陕西省旅游景点门票超过 100 元的有 10 家。它们分别是：大唐芙蓉园、关中民俗艺术博物院、法门寺文化景区、塔云山、华山、华清池、秦始皇陵博物院、西安曲江海洋世界、秦岭野生动物园以及太白山国家森林公园。门票价格在 100 元以下 60 元以上的有 22 家，价格在 60 元以下的有 65 家。在陕西省的这 96 个旅游景点中，最贵的旅游景点是华山，门票价格为 180 元，最便宜的是西汉杜陵遗址公园，门票价格仅为 10 元。

记者向各个景区电话咨询后了解到，陕西省大多数景区门票是一票通，不会再有二次消费，只有个别景点存在其他消费，但也都是自愿的。

在西安市西华门做手机销售的赵玉超先生向记者讲述，“五一”节假日期间，他的几个外地朋友来西安游玩，为了招待朋友，赵先生一行人去了临潼兵马俑。可让赵先生没想到的是，自己多年未去，兵马俑景点的套票价格早已经涨到了 150 元。

王玲女士是西安市一名普通的工薪阶层人士，据她讲，自己每月工资不到 2000 元，生活压力很大。王女士认为，如果旅游景点门票价格在 60 元以下的话，她们比较容易接受，60 元以上的门票价格还是有点贵。

(资料来源：http://news.xdnice.com/content/c66/2012-05/107149.html)

二、影响旅游产品定价的因素

旅游产品定价受多种因素的影响，归纳起来，主要包括企业内部因素和企业外部因素两类，如图 8-2 所示。

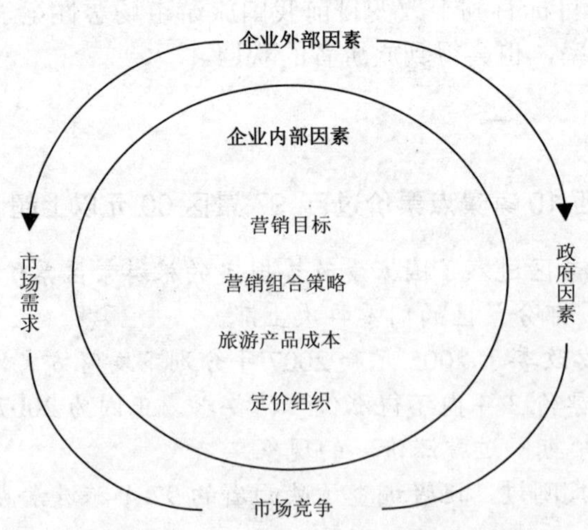

图 8-2 旅游产品定价的影响因素

(一)企业内部因素

1. 营销目标

旅游企业根据不断变化的市场需求和自身资源状况进行目标市场选择和市场定位，使其市场营销组合策略(包括价格策略)更具针对性，不同的企业在不同时期和不同的目标市场上，其定价目标都不尽相同。企业的目标越明确，就越容易决定其价格。

2. 营销组合策略

价格只是旅游企业借以达到其营销目标的诸多营销组合工具中的一种，旅游产品价格必须与产品设计、分销和促销等手段相互协调，构成一个统一而有效的营销计划。旅游企业营销组合中的其他营销变量的决策会影响到价格决策，如那些计划通过批发商来分销其大多数客房的度假地饭店必须在客房定价上留有足够的利润空间，以便能给批发商打比较大的折扣；而饭店通常5～7年时间内进行一次重新装修，并经常开展一些促销活动，那么，价格就必须能够弥补未来的装修和促销成本。

3. 旅游产品成本

成本是旅游企业制订产品价格的底限，收回成本的价格是旅游企业能够接受的最低价格。尽管企业可能会因为某种特殊原因，在短期内把某些旅游产品的价格定得很低，甚至低于成本进行销售，但一般都会招致竞争者激烈的反弹和政府干预。从长远来看，旅游产品价格必须能够补偿产品生产及市场营销的所有支出，并补偿经营者为其所承担的风险支出。在旅游营销活动中，所考虑的主要成本有固定成本、变动成本、总成本、边际成本和机会成本。低成本可以使企业获得较大的市场份额，但是较低的成本并不总意味着要采用低价格策略，有些低成本企业将价格维持在与竞争者相同的水平，以获得较多的投资收益。

案例 8-2

旅行社为机票上涨埋单

我国航空市场放开后的机票价格“水涨船高”，一些旅行社开始不得不为部分黄金周旅游线路多出的团费“埋单”。由于机票价格上涨，旅行社已经确定的国内游线路价格普遍受到波及。由于交通费用占旅游消费的比例在一半以上，因此机票价格调整后，首当其冲影响到的便是旅游市场。但为保持市场的稳定，不少旅行社表示，机票上涨的部分，将尽量由旅行社来承担消化。旅行社将消化近8成线路的上涨成本，而对于其余两成影响较大的线路，旅行社尽量将上涨的团费控制在5%以内。

随之而来的将是航空公司尝试与旅行社联手，进行多方的淡季促销活动，以争取最大限度的市场份额。毕竟，航空公司调价的目的，是为了扩大市场份额，取得合理利润。

目前国内游与出境游的竞争日趋激烈，这与航空公司争夺市场份额有关。如现在许多境外的航空公司利用低廉的价格，与旅行社联手，包装旅游线路。如广之旅最近推出的日本 4 天游，价格仅为 4680 元，这与国内的长线游线路价格相当，而且这种趋势越来越明显。

4. 定价组织

企业必须决定由组织内部的哪些人来制定价格，因为不同的人或部门制定价格的依据、侧重点和目标是不同的。企业的最高管理层侧重长远发展，财务部门注重投资回收率和总收益，销售部门则关注是否有利于市场开发和稳定客户。在一些小公司，通常由最高管理层制定价格；而在一些大型公司，通常由公司的一个部门来制订，或者由下属单位的经理根据总公司所制订的定价原则来设定。

(二)企业外部因素

1. 市场需求

成本决定价格的底限，而市场与需求则决定价格的上限。一个国家或地区的经济发展状况影响人们的收入，收入的高低决定购买力的大小，而购买力是影响需求的重要因素。产品价格与产品的供求互为因果关系，旅游企业在进行产品定价时，必须对旅游产品的市场供求状况进行充分的分析和准确的判断，充分考虑供求状况对旅游产品定价的影响。通常情况下，当市场上的旅游产品供不应求时，价格可以定得高一些；当市场上的旅游产品供过于求时，价格可以定得低一些。同时，企业在分析旅游市场供求状况对产品价格的影响时，要考虑到不同旅游产品的需求弹性。

2. 市场竞争

竞争者的价格及竞争者针对本企业的定价策略所能作出的反应也是定价时需要考虑的一个外部因素。企业了解竞争者产品价格和质量的途径有很多，如可以通过派出调查员以顾客的身份到竞争者处询价，并比较其他竞争者的产品；研究竞争者的价格清单并购买其产品；征询购买者如何评价每个竞争者的旅游产品和服务的价格及质量等。一旦了解了竞争者的产品和价格，就可以将这些信息作为制订自己产品价格的基点。

相关链接 8-4

重庆：国际直航航班加密导致出境游价格走低

2012 年 3 月，从重庆市多家旅行社获悉，随着部分海外航空公司与重庆相关部门的合作日益密切，重庆直飞海外的国际直航航班数量呈上升趋势。受此影响，重庆不少出境旅游线路价格开始走低，一些原本价格在 8000 元左右的旅游产品如今已降至 6000 余元。

重庆新亚国旅等旅行社负责人表示，卡塔尔航空公司开通重庆至多哈直航航班后，首先影响到“迪拜6日游”旅游产品的价格，该产品价格最初由8000元左右降至约7000元，目前该产品的最新报价为6280元。据悉，“迪拜6日游”旅游产品降价，还带动了重庆部分旅行社“南非精华8日游”、“埃及8日游”等相关旅游产品的价格下调。

近日，亚洲航空、韩亚航空等国际航空公司先后与重庆相关部门签署了战略合作协议，由于客源市场良好，一些国际航空公司除计划新增对渝直航航班外，还打算延长已有国际航班的航线。业内人士预测，重庆至日本、重庆至韩国的多类旅游产品价格可能会受到影响。

(资料来源：http://www.cntour2.com/viewnews/2012/03/24/B0Dg7jIWJMqSwetcGO2M0.shtml)

3. 政府因素

政府对旅游价格的干预通常出于两方面的原因：一是保护旅游者的利益，以法律手段限制某些以不正当竞争手段谋取暴利的企业行为；二是保护旅游企业的利益，防止行业内出现削价竞争和其他 害行业利益的竞争行为。旅游企业对产品定价时，必须认真研究有关的法律、法规和条例规定。

相关链接 8-5

意大利：门票价格低廉政府统一管理

意大利是文化旅游大国，全国共有39处文化古迹、考古遗址、自然景观等遗产被联合国教科文组织列入世界遗产名录。意大利各旅游景点的门票价格比较低廉，参观著名的古罗马斗兽场只需6欧元。在这里，最贵的景点门票价格也不足意大利人均月收入的1%。

意大利各地的博物馆、画廊、历史性建筑物、考古遗址、公园等旅游景点门票价格的制订均由政府文化遗产部门管理。只有在景点的历史价值及建筑与展品的历史和艺术价值发生变化的情况下，才能考虑调整景点门票的价格。如确需调整景点门票价格，各地政府主管部门必须充分酝酿，并提出建议报文化遗产部价格管理委员会审批。

意大利政府对旅游景点的管理十分严格，门票收入上缴国家财政后统一从国库中支取。目前，意大利用于保护、修缮旅游景点和文物古迹的资金中，约有65%来自政府财政，其余的则通过发行彩票、接受捐赠等途径获得。

(资料来源：田勇等. 国外名胜门票如何定价，中国财经报，2007-04-19)

此外，影响旅游产品价格制定的内部因素还有企业旅游营销战略、旅游产品的特点等，外部因素有消费者对价格和价值的认知、通货膨胀因素、汇率变动因素等。旅游营销管理人员必须全面分析各相关因素对价格制定的影响状况，为企业制订有利于市场竞争的旅游产品价格提供依据。

相关链接 8-6

中国台湾景区不敢涨价　多数不收门票 所有寺庙都免费

“五一”长假来临之前，全国 20 多个旅游景点门票再次扎堆涨价，人们感叹玩不起了。反观中国台湾的旅游景区及寺庙、博物馆等门票状况，要么不收门票，要么价格很低。在台湾，门票不是台湾旅游业的主要经济形式，台湾旅游业的收入主要靠游客增多带来相关产业税收增加。

在台湾，没有一个寺庙收费。中国国民党副主席蒋孝严曾表示：“寺庙等历史景点是老祖先留下来的，不应该收高费用。”

台湾的景区运营走的是一条完全不同的路。形成鲜明对照的是，在台湾，日月潭、太鲁阁等自然景区都不收门票。类似的自然景点也不会交给私人公司打理，全由政府机构进行维护和运营。虽然不收门票，但拉动效应明显，当地零售业、餐饮业、旅馆业和交通业都因为游客的到来而得到发展，政府每年的税收也因此增加。税收的增加让台湾观光机构的预算费用每年递增，最后这些费用返还到景区用于维护和运营。

(资料来源：中国青年报，2012-04-30)

三、旅游产品定价程序

旅游产品的价格建立在科学基础上，必须遵循一定的程序和步骤。

一般来说，从需求导向型市场角度出发，旅游产品定价可按五个步骤：首先对目标市场需求、购买力进行评估，然后对本企业产品进行成本估测，再次对周边市场环境进行了解、调研和分析，接着确定企业的定价目标，最后选择旅游企业定价的方法及相应策略，如图 8-3 所示。

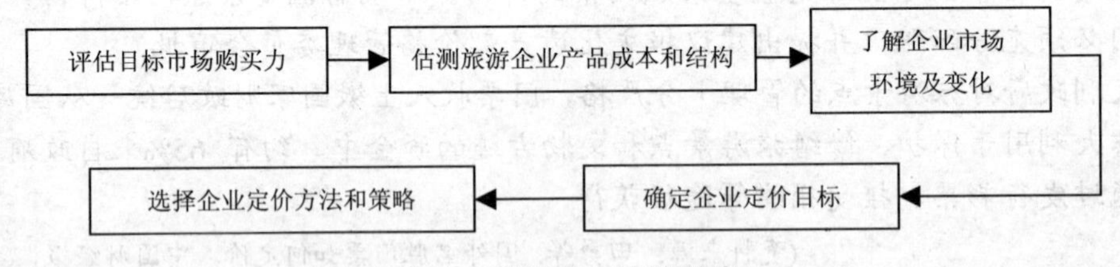

图 8-3　旅游产品定价程序

(一)评估目标市场购买力

目标市场是企业开展营销活动的空间和获取预期收益的来源，目标市场的大小及购买力就是企业定价的前提条件。对需求进行确定，可以了解到旅游者对旅游产品的价格理解程度和价格承受力，并从深层次上发掘出旅游者的潜在需要及消费偏好变化及可能，以便采取主动、灵活的价格策略，引导目标市场的成长。评估需求者的购买力主要包括总收入、纯收入、可自由支配收入及能够用于旅游购买的比例，还要了解目标市场对旅游产品的喜好程度以及对价格的敏感程度，所接受的非价格竞争方式等。

其采取的方法主要有问卷调查、面对面交谈和专家意见法。

(二)估测旅游企业产品成本和结构

旅游企业的各种成本决定了旅游产品的最低价格，寻找企业产品价格能够灵活变动的许范围。对单位旅游产品成本进行分析，可找出成本变化点，即通过渠道拓展降低的部分，从而了解价格的变化趋势。如西安到海南的旅游线路价格往往受到季节和机票的影响，海航乐游　运国际旅行社进入西安市场后，利用其与海南航空的密切联系，机票价格往往比同行旅行社拿到的折扣点低，成本降低保证了其在旅游产品价格中的优势。

(三)了解企业市场环境及变化

考虑旅游企业内外环境变化是价格制定的机动因素，对于旅游企业内部而言，供货商的价格稳定，时间连续将有利于企业报价，这点在旅行社表现较为突出，饭店、景区价格的调整就会使旅行社报价　于被动境地，因此，建立稳定的合作关系对旅行社等旅游企业非常重要。而企业外部环境往往包括政府政策规定限制、消费结构、突发事件影响、竞争对手等制约和影响旅游产品价格。旅游产业关联性大，往往受到多种因素的影响，需要全面考虑。

(四)确定企业定价目标

根据对客源市场、内外环境及成本的分析，旅游企业对报酬取舍、市场占有率等的预期关系到企业生存和发展的空间。定价目标直接关联着企业经营目标和定位，包括维持生存(如 SARS 时的旅游市场)、利润最大化或市场份额最大化等。企业一旦确定定价目标，就会与营销策略成为一体，对销售收入、营销效果和市场份额等形成影响。

(五)选择企业定价方法和策略

定价方法往往有成本导向、价值导向和竞争导向三类，科学计算帮助确定合理范围，通过对同类产品的市场对比，形成比较客观的价格。而策略是宏观的价格导向，对于旅游企业扩大销量、巩固和发展市场地位、维护产品形象是很有帮助的。企业可以通过一些定价策略调整供求关系，引导旅游消费。

相关链接 8-7

“零负团费”现象

“零负团费”，就是旅行社在接外地组团社的游客团队时，分文不赚只收成本价，甚至低于成本价收客。近年来，“零负团费”现象在三大市场蔓延。出境旅游市场“零负团费”最为严重的是泰国游和中国香港游。此前有一份统计数据显示，中国公民赴泰游客人数所占的比重从 1998 年的 9.7%降至 2005 年的 2.9%，出现持续减少的趋势，原因之一就是泰国游长期用“低价钓鱼”和“零负团费”的操作模式欺骗游客。中国香港也是“零负团费”的重灾区。来自中国香港旅游发展局的数字表明，目前只有 15%的内地访港旅行团参加团费较贵的优质“诚信游”，其余 85%都是低团费或超低团费的旅行团。入境旅游市场上不同客源地的旅游团，情况有所不同。就上海本地的情况看，来自日本、韩国、中国台湾地区、马来西亚等地普通消费群体的旅游团费都比较低。这些团队也不得不流连于购物点或其他额外消费场所。相比较而言，来自欧美或者澳洲的团费，费用比较合理，“零负团费”接待的情况并不多见。国内旅游市场已波及许多目的地市场，尤其是比较热门的旅游线路，比如海南、云南、华东五市等。西藏、新疆、广西等线路也不同程度地存在“零负团费”。

华东五市游，包括上海、南京、杭州、苏州和无锡 5 个城市，是一条传统的经典热线，推出市场 20 多年来，一直是热门旅游线路。正因为如此，华东线上各家旅行社竞争异常激烈，价格战越打越离谱，也成为“零负团费”的重灾区。

第三节　旅游产品定价方法与策略

一、旅游产品的定价方法

旅游产品成本构成了价格底限，消费者对旅游产品价值的认知构成了价格的上限。旅游产品定价必须考虑竞争者的价格及其他一些外部因素和内部因素，在以成本为基础的定价、以购买者为基础的定价和以竞争者为基础的定价之间作出　择。

(一)成本导向定价法

成本导向定价法是指主要以成本为依据，在考虑企业营销目标、市场需求和竞争格局等因素的基础上，增加适当利润的一种定价方法。

1. 成本加成定价法

成本加成定价法是指在单位产品总成本的基础上加上一定比例的利润来确定旅游产品

价格的方法。其计算公式为

单位旅游产品价格=单位旅游产品总成本×(1+成本利润率)

其中：

单位旅游产品总成本=单位旅游产品固定成本+单位旅游产品变动成本

这种价格计算简便，同时又可以保证整个行业获得正常的利润率。在旅游市场供需稳定、波动小的条件下，可以采用此方法。

成本加成定价法是企业一相情愿的产物，它忽视了当前的市场需求和竞争状况，是典型的生产导向观念的产物。因此，使用成本加成定价法要对加成率进行适时的调整，使市场价格趋于合理。

2. 边际成本定价法

边际成本定价法也称变动成本定价法。这种方法不计算固定成本，而以变动成本为计价基础。所谓边际贡献，是指产品扣除自身变动成本后给企业所做的贡献，它首先用于收回企业的固定成本，如果还有剩余则成为利润，如果不足以收回固定成本则发生亏损。边际成本定价法的计算公式为

单位旅游产品价格=单位变动成本+单位边际贡献

其中，

单位变动成本=总变动成本÷总销售量

单位边际贡献=总边际贡献÷总销售量

在目标市场上，当某种旅游产品供过于求、竞争非常激烈或企业生产能力过剩时，可以采用此方法，但不可长期使用。产品售价只要超出变动成本，就可以弥补一部分固定成本，使企业总利润增加。

3. 损益平衡定价法

损益平衡定价法又称保本点定价法，是指以收入与支出相平衡的原则来确定旅游产品价格，也是盈利为零的销售价格。科学地预测销量和已知固定成本、变动成本是损益平衡定价的前提。这种方法的关键是确定企业的保本点，其计算公式为

盈亏平衡点价格(P)=固定总成本(FC)÷保本点销售量(Q)+单位变动成本(VC)

由公式可以看出保本点价格与保本销售量之间的关系：在保本点价格条件下，销售量只要高于保本销售量，企业就有利润，否则会发生亏损。这种定价方法通常是在旅游目标市场不景气、企业经营困难时采用。

相关链接 8-8

油价上调 短线游价格暂未受到影响

2012 年 3 月中旬，93 号汽油破 8 元，97 号汽油破 9 元，成品油价全面进入“8 元时代”。

此次油价大幅上涨，对于旅游价格是否会有立竿见影的影响？南都记者从深圳市内多家旅行社了解到，省内等短途旅游线路价格暂未受到影响，维持原价。

南湖国旅方面表示，油价上调必定会增加旅游大巴的营运成本，车价随之上升，例如以一部 33 座旅游大巴组成的“清远一天游”，油价上调后，车价将上升 200 元左右，这部分的差价将不会转嫁给游客，而是由旅行社承担。因此，以汽车为主要交通工具的团队游价格暂不受影响。

业内人士表示，此次油价上调，在一定程度上会对自驾游市场带来影响，预计将有部分“自驾一族”改变出游方式，选择“弃车跟团”，旅行社短线游(包括省内、跨省的汽车、火车、高铁等产品)的人数有望翻倍增加，这种直接的拉动效应将会在即将到来的清明“小黄金周”呈现。

深圳旅行社和多家在线机票销售网站都表示，目前暂未接到航空公司提高燃油附加费的通知，但是该项费用的提高是铁板钉钉的事，“按照以往的经验，调价通知会在 3 月 25 日正式通告，最近有出行需求的消费者，可以在 25 日之前购买机票。”

深圳星澎旅游的负责人张新澎告诉南都记者，这几年油价不停上涨，业内都已经麻木了，“这就是个水涨船高的事，等到航空公司出台新的燃油附加政策，旅行社肯定把这部分成本转嫁给消费者，这也是很无奈的事。”

(资料来源：http://news.sina.com.cn/c/2012-03-22/081424155917.shtml)

(二)需求导向定价法

需求导向定价法是指企业在定价时不再以成本为基础，而是以消费者对产品价值的理解和需求强度为依据，以竞争对手的价值为基础，通过研究竞争对手的商品价格、生产条件、服务状况等，进而确定自己产品的价格。

1. 理解价值定价法

理解价值定价法也称觉察价值定价法，是指将买方的价值判断与卖方的成本费用相比较，以消费者对商品价值的感受及理解程度作为定价的基本依据。因为消费者在购买商品时总会在同类商品之间进行比较，选购那些既能满足其消费需要，又符合其支付标准的商品。消费者对商品价值的理解不同，会形成不同的价格限度，这个限度就是消费者 愿付款而不愿失去这次购买机会的价格，如果价格刚好定在这一限度内，消费者就会顺利购买。

为了加深消费者对商品价值的理解程度，提高其愿意支付的价格限度，零售店在定价时首先要搞好商品的市场定位，突出本企业商品的特色，加深消费者对商品的印象。使消费者感到购买这些商品能获得更多的相对利益，从而提高他们的价格限度。据此，零售店可提出一个估价，然后计算在此价格水平下商品的销量、成本及盈利状况，最后确定实际价格。

2. 反向定价法

反向定价法也称倒推定价法，是指企业依据消费者愿意接受的最终销售价格，估算旅游中间商的经营成本和利润后， 向推算出企业旅游产品价格的一种定价方法。这种方法不以实际成本为主要依据，而是以市场需求为定价出发点，力求使价格为消费者所接受。反向定价法要求企业真正了解消费者对旅游产品的要求和愿意为其支付的价格，并根据消费者的要求进行旅游产品的设计、生产、定价和销售，使旅游产品价格具有更大的可行性和更强的竞争力，并促使企业进一步降低成本。

3. 需求差别定价法

需求差别定价法是指针对同一种产品，根据不同的目标市场、不同的顾客、不同的时间分别制订不同的价格。这种差别通常不是旅游产品的成本不同，而是顾客的需求程度不同。

(1) 因地点而异。如国内机场的商店、餐厅向乘客提供的商品价格远高于市内的商店和餐厅。

(2) 因时间而异。在国庆、春节等长假日，商品价格较平时有一些提高。

(3) 因商品而异。在2008年北京奥运会举行期间，标有奥运会会 或 物的一些商品的价格比一般同类商品的价格要高。

(4) 因顾客而异。因职业、阶层、年龄等原因，零售店在定价时给予相应的优惠，可获得良好的促销效果。

采用差别定价法需要企业对顾客群进行细分，同时注意价格差异不可过大，否则容易引起顾客的反感。需求差别定价法一般有4种情况：一是对不同的顾客，制订不同的价格。如对学生、现 人等制订不同于其他顾客的价格。二是对同一种产品，由于质量、舒适度等不同，制订不同的价格。三是对来自不同客源地的顾客，制订不同的价格。四是对处于不同时间或季节的旅游产品，制订不同的价格。

案例 8-3

令人不理解的价格

北京的市中心有一片水域名叫什刹海。它被一条条胡同包围着，交通并不是很方便，但却是蜚声国际的旅游景区，2005 年还被评为中国十大城市民俗胜地之一。什刹海周围的酒吧里，一杯咖啡标价 50 元，一壶普通龙井标价 200 元；如果你想坐着人力三轮车绕着什刹海兜一圈，至少要 30 元，而这段距离乘出租车也不过需要付起步价，走路也就 20 分钟。

每天，什刹海的酒吧都人满为患，“人力三轮车胡同游”项目也红火得不得了。住在胡同里的居民怎么也搞不明白，这么贵的价格，居然有这么多的游客愿意接受！

(资料来源：梁昭. 旅游市场营销[M]. 北京：中国人民大学出版社，2006)

(三)竞争导向定价法

在竞争激烈的市场上，企业通过研究竞争对手的生产条件、服务状况、价格水平等因素，依据自身的竞争实力，参考成本和供求状况来确定商品价格，这种定价方法就是通常所说的竞争导向定价法。竞争导向定价法主要包括以下几种。

1. 随行就市定价法

在垄断竞争和完全竞争的市场条件下，任何一家企业都无法凭借自己的实力在市场上取得绝对优势，为了避免竞争特别是价格竞争带来的损失，大多数企业都采用随行就市定价法，即将本企业产品的价格保持在市场平均价格的水平上，利用这样的价格来获得平均报酬。此外，采用随行就市定价法，企业就不必去全面了解消费者对不同差价的反应，也不会引起价格波动。

2. 产品差别定价法

产品差别定价法是指企业通过营销，使同种同质的产品在消费者心目中树立起不同的产品形象，进而根据自身特点，选取低于或高于竞争者的价格作为本企业产品的价格。可以说，产品差别定价法是一种进攻性的定价方法。

3. 密封投标定价法

在国内外，许多大宗商品、原材料、成套设备和建筑工程项目的买卖和承包，以及小型企业的出售等，往往采用发包人招标、承包人投标的方式来选择承包者，最终确定承包价格。一般来说，招标方只有一个，处于相对垄断地位，而投标方有多个，处于相互竞争地位。标的物的价格由参与投标的各个企业在相互独立的条件下确定，在买方招标的所有投标者中，报价最低的投标者通常中标，它的报价就是承包价格。这样一种竞争性的定价方法就称为密封投标定价法。

案例 8-4

同是赴藏游　报价各不同

距青藏铁路 2006 年 7 月 1 日开通还剩 10 天，京城各旅行社关于西藏火车团的报价各不相同，不同旅行社推出的同样线路，差价竟达千元。

目前港中旅打出的价格最低：参考价 3980 元。港中旅公民旅游总部的助理总经理王安华告诉记者，他们推出了3条西藏火车游线路，其中常规线路是乘坐北京直达拉萨的火车，游览日喀则、拉萨两地的10日游，目前参考价是3980元，“虽然车票定价还没出来，但最终定价不会有太大浮动。”

相对于港中旅的参考价，中国铁道旅行社列车部的工作人员告诉记者，他们推出的9晚10天直达拉萨火车游，线路相同，定价却为4980元。“主要因为火车票价没出，定太低怕有风险。现在不论车票多少钱，我们的价格都不变。”

另外，康辉国旅、中旅总社、友协国旅等旅行社均推出10日5600元左右的西藏火车游，价格明显较其他旅行社报价高。

(资料来源：肖树青. 旅行社经营管理[M]. 北京：北京交通大学出版社，2010)

二、旅游产品的定价策略

(一)新产品定价策略

1. 高价漂取策略

高价漂取策略又称为撤　价格策略，是厂商对效能高、质量优的新产品所采取的一种策略。一般来说，人们的消费结构、需求量等，是由其收入水平决定的，收入高的阶层往往对高质量、高效能的新产品感兴趣。有的企业就把一部分消费者作为它的目标顾客群，利用高收入阶层愿意高价购买某些产品的情况，制订一个比较高的价格，以获得高额利润，待满足了高收入阶层的需求之后，再逐步降低价格。

2. 低价渗透策略

低价渗透策略就是将商品价格定在较低的水平上，使新产品迅速进入市场，取得市场上的主动权，以获取长期意义上的利润最大化。

3. 中间路线策略

中间路线策略又称为满意价格策略，是指企业将产品价格定在高价和低价之间，兼顾生产者和消费者的利益，使两者都满意的一种价格策略。实行这一策略的宗旨是在长期稳定的增长中获取平均利润。

(二)心理定价策略

每一件产品都能满足消费者某一方面的需求，其价值与消费者的心理感受有很大关系，这就是产品心理定价策略的基础。旅游企业在定价时可以利用消费者的心理因素，通过消费者对企业产品的偏爱或忠诚，有意识地将产品价格定得高些或低些，以此来扩大市场销售，获得最大效益。常用的心理定价策略有整数定价、尾数定价、声望定价和招徕定价。

1. 整数定价

对于那些无法明确显示内在质量的商品，消费者往往通过其价格的高低来判断其质量的好坏。在整数定价方法下，价格的高并不是绝对的，只是凭借整数价格使消费者形成高价的印象，整数定价常常以偶数或“0”作尾数。例如，精品店的服装可以定价为 1000 元而不必定为 998 元。这样定价的好处是：可以满足购买者 富有、显示地位、崇尚名牌、购买精品的 荣心；省却了找零钱的 ，方便企业和顾客的价格结算；花色品种繁多、价格总体较高的商品，利用产品的高价效应，在消费者心目中容易树立高档、高价、优质的产品形象。

整数定价策略适用于价格高低不会对需求产生较大影响的商品，如流行品、时尚品、奢侈品、礼品、星级宾馆、高级文化娱乐城等，由于其消费者都属于高收入阶层， 愿接受较高的价格，整数定价得以大行其道。

2. 尾数定价

尾数定价又称“奇数定价”、“非整数定价”，是指企业利用消费者求廉的心理，以奇数作尾数，制订非整数价格，尽可能在价格上不进位。例如，将一种毛 的价格定为 2.97 元，将一座台灯的价格定为 19.90 元，可以在直观上让消费者感到便宜，从而激发他们的购买欲望，促进产品的销售。

3. 声望定价

声望定价是指根据产品在消费者心中的声望、信任度和社会地位确定其价格的一种定价策略。声望定价可以显示产品的名贵优质，还可以满足某些消费者的特殊欲望，如地位、身份、财富、名望和自我形象等。这一策略适用于一些传统的名优产品，具有地方民族特色的产品，以及知名度高、有历史文化意义、深受市场欢迎的商品。例如，中国台湾宝丽来太 价格高达 240～980 元，景泰 瓷器在国际市场价格为 2000 多法 ，可以说是成功运用声望定价策略的典范。

4. 招徕定价

招徕定价是指将几种商品的价格定得非常高或非常低，引起消费者的好奇心理和从众行为，吸引顾客在购买“便宜货”的同时带动其他商品的销售。这一定价策略适合综合性的百货商店、超级市场和高档商专卖店采用。 例如，美国有家“99 美分商店”，不仅一般商品以 99 美分标价，甚至每天还以 99 美分的价格出售 10 台彩电，从而极大地刺激了消费者的购买欲望，该商店天天门庭若市，每天出售 10 台彩电的损失不仅完全补回，总的营业额和利润还有所增加。

(三)折扣定价策略

折扣定价是指基本价格下浮，直接或间接降低价格，以争取顾客，扩大销量。 其中，直接折扣的形式有数量折扣、现金折扣、功能折扣和季节折扣；间接折扣的形式有回扣和津贴。

1. 数量折扣

数量折扣是指按购买数量的多少，分别给予不同的折扣，购买数量愈多，折扣愈大，其目的是鼓励大量购买或集中向本企业购买。数量折扣包括累计数量折扣和一次性数量折扣两种形式。累计数量折扣规定顾客在一定时间内，购买商品若达到一定数量或金额，则按总量给予一定折扣，其目的是鼓励顾客经常向本企业购买，使之成为可信赖的长期客户。一次性数量折扣规定一次购买某种产品达到一定数量或购买多种产品达到一定金额，则给予折扣优惠，其目的是鼓励顾客大批量购买，促进产品多销、快销。

2. 现金折扣

现金折扣是指给予在规定时间内提前付款或用现金付款者的一种价格折扣，其目的是鼓励顾客尽早付款，加速资金周转，降低销售费用，减少财务风险。采用现金折扣一般要考虑三个因素：折扣比例；折扣的时间限制；付清全部货款的期限。在西方国家，典型的付款期限折扣表示为“3/20，Net 60”。其含义是在成交后20天内付款，买者可以得到3%的折扣，超过20天，在60天内付款不予折扣，超过60天付款要加付利息。

3. 功能折扣

中间商在产品分销过程中所处的环节不同，所承担的功能、责任和风险也不同，企业据此给予不同的折扣称为功能折扣。给予生产性用户的价格折扣也属于一种功能折扣。根据中间商在分销渠道中的地位、对生产企业产品销售的重要性、购买批量、完成的促销功能、承担的风险、服务水平、　行的商业责任、产品在分销中经历的层次和市场上的最终售价等，确定功能折扣的比例。功能折扣的结果是购销差价和批零差价。

4. 季节折扣

有些商品的生产是连续的，其消费却具有明显的季节性。为了调节供需矛盾，这些商品的生产企业便采用季节折扣的方式，对在淡季购买该商品的顾客给予一定的优惠，使企业的生产和销售在一年四季都保持稳定。

案例 8-5

弹性票价，拉动淡季旅游的新“引擎”

在河南，实行弹性票价的景区不在少数。自2006年冬季起，焦作云台山景区推出了东游云台山旅游线路，景区从12月1日开始到次年2月底执行淡季票价，门票从原来的120元降到60元。除此之外，开封清明上河园从2008年12月1日至2009年2月28日，门票价格从 80 元降为 60 元；济源王屋山门票于 2008 年 11 月中旬开始执行淡季价格，普通游客为 50 元，团队则打 6 折左右；焦作青天河景区将门票由 50 元调整到 40 元；平顶山石人山景区门票旺季 55 元，淡季 45 元。

开封清明上河园景区总经理周旭东表示，价格是调节市场需求的重要手段。在旅游淡季，游客的旅行需求欲望下降，如果景区票价坚挺，必将挡住相当一部分游客的脚步。因此，实行弹性票价是市场需求的必然。他说，清明上河园景区实行弹性票价，可谓受益匪浅。作为人文景观，冬季的清明上河园别有一番风味，再加上门票优惠价格的实施，吸引了众多游客，淡季门票收入节节攀升，有效地拉动了开封整个东游市场。

相对于旺季景区门票的高价位，弹性票价的方法得到了老百姓的肯定。郑州市民王先生告诉记者，弹性票价在一定程度上减少了自己冬季外出旅游的开支。这段时间他将联系几个要好的朋友，一起去云台山赏冰瀑。

(资料来源：张明灿. 弹性票价，拉动淡季旅游的新“引擎”. 中国旅游报，2009-01-02)

5. 回扣和津贴

回扣是间接折扣的一种形式，它是指购买者按价格目录将货款全部付给销售者以后，销售者再按一定比例将货款的一部分返还给购买者。津贴是指企业为特殊目的，对特殊顾客以特定形式所给予的价格补贴或其他补贴。例如，中间商为企业产品 登地方性广告、设置样品陈列 等促销活动时，生产企业给予中间商一定数额的资助或补贴。又如，对于进入成熟期的消费者，开展以 换新业务，将 货折算成一定的价格，在新产品的价格中扣除，顾客只支付余额，以此刺激消费需求，促进产品的更新换代。这也是一种津贴的形式。

相关链接 8-9

休布雷公司巧定酒价

休布雷公司在美国伏特加酒的市场中，属于营销出色的公司。其生产的史密诺夫酒，在伏特加酒的市场占有率达 23%。20 世纪 60 年代，另一家公司推出一种新型伏特加酒，其质量不比史密诺夫酒差，每瓶价格却比它低 1 美元。

按照惯例，休布雷公司的面前有三条对策可用。

(1) 降价 1 美元，以保住市场占有率。

(2) 维持原价，通过增加广告费用和推销支出来与竞争对手竞争。

(3) 维持原价，听任其市场占有率降低。

由此看出，不论该公司采取上述哪种策略，休布雷公司似乎都输定了。

但是，该公司的市场营销人员经过深思熟虑后，却采取了对方意想不到的第 4 种策略。那就是，将史密诺夫酒的价格再提高 1 美元，同时推出一种与竞争对手新伏特加酒价格一样的瑞色加酒和另一种价格更低的波波酒。

这种产品价格策略，一方面提高了史密诺夫酒的地位，同时使竞争对手的新产品沦为一种普通的品牌。结果，休布雷不仅渡过了难关，而且利润大增。实际上，休布雷公司的上述三种产品的味道和成本几乎相同，只是该公司懂得以不同的价格来销售相同的产品的策略而已。

(资料来源：朱承强. 现代饭店管理[M]. 北京：高等教育出版社，2003)

三、旅游产品的价格调整

旅游企业根据市场营销环境变化情况适时地调整价格，必须顾及顾客的评价、竞争者的反应及政府和社会团体的意见，制订各方面能接受的、能实现企业营销目的的旅游产品价格。

(一)旅游企业的产品价格调整

企业在竞争激烈的目标市场上要想生存和发展，必须适时地进行价格调整，争取市场销售的主动地位。企业对产品价格的调整主要有提价策略和降价策略两个方面。旅游者和竞争者对企业旅游产品价格调整的反应也有所不同。

1. 提价策略

当旅游目标市场营销环境发生变化时，企业就要考虑调整价格，以获得预期或更高的利润。企业提价主要有两方面的原因。

(1) 通货膨胀，物价上涨，使成本费用大幅度上升。这是旅游产品价格上涨的主要原因。

(2) 企业产品供不应求。当企业不能满足所有旅游消费者的需要时，除了扩大生产量和销售量之外，采取的策略通常是提价。

2. 降价策略

在旅游目标市场上，企业降价主要有以下原因。

(1) 目标市场上旅游产品供过于求，企业生产能力过剩，无法通过改进产品和加强销售等工作来扩大销售额，这时，企业就必须考虑降价。

(2) 企业面临强大的竞争者压力，尤其是当竞争者率先降价，导致企业市场占有率下降时，为保持现有的市场占有率而不得不降价。

(3) 企业的旅游产品成本费用下降，通过主动降价来控制市场或提高市场占有率。

(4) 为阻止竞争者进入其旅游目标市场，形成进入壁垒而实施降价策略。

降价可以赢得更多的消费者，使企业销售额增加，但消费者常常有“低质低价”和“买涨不买”的心理。企业要努力向消费者解释降价的原因，以获得消费者的理解。另外，降价也极易引发价格战，对此企业要有足够的应付能力，并制定周全的应对策略。

3. 旅游者对企业旅游产品价格调整的反应

企业无论提价还是降价，影响最大的是旅游消费者。不同旅游目标市场上的消费者对调价的反应是不同的，即使在同一目标市场上，顾客的反应也会有所差异。

(1) 旅游者对企业降价的反应。降价不一定会促使旅游者购买产品，也可能使旅游者犹豫不决。旅游者对企业旅游产品的降价可能的理解有 6 种情况：产品过时了，将会被新型产品所代替；产品质量存在某些缺，因销售不畅才降价；企业出现财务危机才降价销售；价格可能还要进一步下；产品质量下降了、数量减少了；产品成本降低了。企业有必要向旅游消费者解释清楚降价的原因，消除顾客的疑虑。

(2) 旅游者对企业提价的反应。提价通常会影响市场需求，使销售量减少，但是顾客也可能因提价而购买。消费者对企业提价可能的理解有 5 种情况：产品很畅销才提价；企业想赚取更多的利润；产品质量好、服务水平高；产品价格都在上涨；提价意味着产品质量的改进。显然，如果是第二种反应模式，顾客不会选择购买，而其他几种反应模式，顾客都有可能采取购买行为。

4. 竞争者对企业旅游产品价格调整的反应

旅游企业在考虑改变价格时，不仅要考虑旅游消费者的反应，还要考虑竞争对手的反应。当某一行业中的企业数量很少，且提供同质的产品，消费者又具有购买常识或专业知识，竞争者的反应就越显重要。旅游企业一旦做出变价决定，竞争者必然会作出不同的反应。总的来说，竞争者对企业变价一般会作出两种反应：一是竞争者有一个固定的适应价格变化的模式，在这种情况下，竞争对手的反应是能够预测的；二是竞争者把每一次价格变动都看作是新的挑战，并根据当时自己的利益做出相应的反应，在这种情况下，企业就必须分析判定当时竞争对手的利益是什么。例如，当美国西南航空公司对其休斯 至圣安东尼奥航线降价时，其竞争对手便以降低其重要利润来源的休斯 至达拉斯航线的价格来回应；而当大陆航空公司提出一种所谓“小额”折扣票价时，其对手们回报的是不为乘客办理与大陆航空公司的联程预订业务，迫使其放弃降价策略。

(二)旅游企业对旅游产品价格调整的反应

假设现在旅游企业的竞争对手做出价格调整的决定，旅游企业又该采取什么措施去应对呢？通常旅游业中的市场领先者总是会面对一些较小旅游企业的进攻性降价，这种进攻性降价会削减领先者的市场份额。这时，旅游企业可以采用如下几种措施。

1. 维持原有价格

旅游企业通过维持原有价格，在旅游者心目中保持一贯所拥有的市场领先者的地位和形象，避免降价导致的利润损失。应该看到竞争对手的降价，只是吸引了部分对企业来说并不重要的旅游者。

2. 降价

旅游企业可以将旅游产品的价格降低至与竞争对手相同的水平，通过降价扩大销量，进而降低成本，吸引对价格敏感的旅游者。但旅游企业在选择降价时，仍应维持产品的原有质量。

案例 8-6

迪拜酒店降价惠游客

阿联酋由 7 个酋长国组成，迪拜和阿布扎比是其中最大的两个酋长国，也是阿联酋的观光和商务旅行中心。随着 2010 年阿联酋迪拜酋长国将有大批新酒店投入使用，各大酒店房价一路下降，有些酒店同比降幅达 40%。当地旅行社也趁此良机纷纷推出优惠措施，吸引国外游客前来观光消费。

迪拜酒店的客房均价 2008 年曾一度高达每晚 700 美元，但随着市场竞争的加剧，目前五星级酒店的价格已大幅下降。相关机构 11 月发布的报告显示，与 2008 年同期相比，2009 年 10 月份迪拜酒店的日均房价为 264.73 美元，下降近 30%，而平均每间客房的实际营业收入(RevPAR)则减少了 35%以上，仅为 198.22 美元，降幅为整个中东地区最高。

一些国外旅行社也趁此机会，在全球主要旅游市场，特别是中国、印度等新兴市场，推出价格更划算的旅游项目。目前迪拜旅游产品的价格已平均下降了 7%，且今后还有更大的降价空间。

虽然此前“迪拜危机”令世界震惊，但据迪拜旅游发展局相关负责人表示，当地旅游市场并未受到太大影响，甚至由于旅行社大幅降价，令报名情况比此前更火爆。据迪拜旅游局最新统计，从 2007 年年底开始，赴迪拜的中国游客数量呈上升趋势。2008 年，赴迪拜中国游客达近 10 万人次。从 2009 年 9 月 15 日起，阿联酋正式成为中国公民组团出境旅游目的地。春节去迪拜的线路出发日期大多在 2010 年 2 月 10 日到 2 月 14 日，由于 2010 年春节出行人数增多，超高星级酒店客房可能紧张，一般需提前一个月预订。

(资料来源：http://finance.qq.com/a/20091228/005798.htm)

3. 改进产品

旅游企业维持原有价格不变，但通过改进产品质量、提高服务水平来为旅游者提供更多的价值。虽然产品价格要高于竞争对手，但旅游者从中获得的价值更多，因此，仍能吸引住旅游者，因为降价带来的是旅游者购买率增加而不是旅游者的忠诚度。

4. 提价的同时推出新产品

旅游企业还可在提高产品价格的同时推出一些价格较低的新产品来应付竞争。旅游企业将原有产品提价能增加收入，而低价新产品又打击了竞争对手。

上面说明了作为市场领先者的旅游企业在竞争对手价格调整时可采取的几种方法。不管旅游企业在市场中处于何种地位，在准备对竞争者的行为作出反应之前，需要考虑以下几点。

(1) 竞争者调价的目的是什么？

(2) 竞争者调价是长期的还是短期的？

(3) 如果对竞争者变价置之不理，将对本企业的市场占有率、销售量、利润和声誉等方面有何影响？

(4) 其他企业是否会作出反应？

(5) 本企业有几种反应方案？竞争者和其他企业对于本企业的每一个可能的反应又会有什么反应？

案例 8-7

云安达旅行社报价单

云南—大理—丽江双飞双卧5晚6日游

时间	行程安排	住宿	用餐数
D1	由杭州飞　明(CZ8654/15:35)，接团，市内观光，游金马　鸡　(2小时)	明	晚餐
D2	游石林，参观玉石加工厂(30分　)，欣赏云南茶艺表演(30分　)，晚乘硬　火车至大理	火车	早、中、晚餐
D3	早抵大理，乘　山索道，游崇圣　三　(1小时)、　泉(2小时)、天龙八部影视城(2小时)、大理古城、洋人　(2小时)	大理	早、中、晚餐
D4	由大理乘车至丽江，游览丽江古城——四方　(4小时)(晚餐自费品尝纳西风味餐)	丽江	早、中餐
D5	游玉龙雪山(2小时)、白水河(2小时)、　海子(1小时)，乘车　大理，晚乘硬　火车返　明	火车	早、中、晚餐
D6	早抵　明，　花市(1.5小时)，乘飞机　杭州(CZ8628/11:30)，送团		早餐

报价：2580元。

人数：20人。

标准：入住三星级酒店，提供标准团队餐(八正五早、八菜一汤)。

报价含：空调旅游车费、景点第一门票费、旅行社责任险、丽江古城维护费、导游服务费、昆明——大理往返空调硬卧火车票、杭州——昆明往返机票。

不含：机场建设税、航空保险、单房差、客人自愿选择的自费项目。

备注：因不可抗拒因素或客人自身原因放弃行程造成景点减少的，只在当地按旅行社的协议价现退未产生的费用，其他产生的费用客人现付。旅行社可以根据航班时间调整行程，但服务、住宿、景点不变。

价格制定过程

1. 核算成本

(1) 房费。60元/人(昆明)+40元/人(大理)+60元/人(丽江)=160元/人。

(2) 餐费。15元/人 × 8(正餐)+5元/人 × 5(早餐)=145元/人

(3) 景点门票。

昆明：石林80元。

大理：苍山索道20元+崇圣寺三塔60元+蝴蝶泉26元+天龙八部影视城25元=131元。

丽江：云杉坪索道42元+进山费80元+古城维护费40元=162元。

景点门票共计：80+131+162=373元/人。

(4) 交通费。50元/人(旅游车费)+150元/人(昆明——大理往返空调硬卧火车票)=200元/人。

(5) 综合服务费。6 × 10元/人=60元/人。

(6) 票务费。1500元/人(杭州——昆明往返机票)。

成本=综合服务费+房费+餐费+景点门票费+交通费+票务费

=60+160+145+373+200+1500=2438元/人

2. 了解竞争对手价格

此产品竞争对手价格为2620元/人，所以此产品报价只能低于2620元/人。

3. 选择定价方法

采用成本加成定价法，价格范围为2348元以上，2620元以下。

4. 确定最终价格

综合考虑各种因素，定价技巧采用吉祥数字定价策略，价格最终确定为2580元/人。

思考与能力训练

一、思考题

1. 旅游产品价格的表现形式有哪些？

2. 旅游差价和旅游优惠价有何区别？
3. 旅游企业产品定价的目标有哪些？
4. 影响旅游产品定价的因素有哪些？
5. 旅游产品定价的方法有哪些？
6. 旅游产品定价的策略有哪些？
7. 旅游企业如何对价格进行调整？

二、能力训练

能力训练一

1. 实训目的和要求

(1) 通过实践训练，学会分析旅游企业价格影响因素，并能够根据给定的环境综合制订旅游产品价格。

(2) 要求学生根据实训项目撰写实训报告。

2. 实训内容

选择当地一家旅游企业，如旅行社、旅游饭店、旅游交通公司、景区景点等进行考察，分析以下问题。

(1) 该旅游企业主要的旅游产品是什么？价格分别是多少？

(2) 旅游产品价格受到什么因素的影响而有波动？

(3) 与同类型的旅游产品相比，该旅游产品价格是否有市场优势？

(4) 你认为该旅游企业产品定价存在什么问题？

(5) 根据你的分析，请为该企业提出具有针对性的措施或对策。

能力训练二

1. 实训目的和要求

(1) 通过实训，使学生熟练掌握应用定价策略和影响定价的因素等理论分析企业定价的优劣。

(2) 要求学生根据实训项目撰写实训报告。

2. 实训内容

教师带领学生对当地旅游景区及本地旅游线路价格进行考察，选取特色旅游产品进行价格分析，并要求学生写出分析报告。

能力训练三

张家界门票涨价风波

张家界武陵源核心景区的门票在2005年经历了一次大幅涨价，4月16日起由158元上调为 245 元，黄龙洞也从 68 元涨到 83 元，涨幅之大曾引起强烈社会反响。涨价曾亮出四大理由，分别是：景区管理运营成本上涨的亏损、作为世界遗产的武陵源景区价格较同类偏低、获取国际旅游市场的宣传促销经费及希望运用价格杠杆来控制客流量、减少游客带给世界遗产的破坏。

截至 2005 年 6 月份，虽然前往张家界武陵源的游客仍呈增长趋势，但增幅不大，仅为 2%，而 2004 年同期的增幅达到 27%。旅行社人士认为，张家界门票一涨再涨，市场报价也只得“水涨船高”，使旅行社非常被动，游客一时间无法接受价格忽然变高，出游人数波动较大。2005 年上海往张家界的双飞 5 日游报价在 2700 元以上，涨价幅度在 100 元左右。

为了提高“人气”，武陵源区 2005 年 8 月在长沙进行旅游促销，推出了一系列优惠招揽游客，向旅行社抛出“每 16 人免 1 人门票”的优惠政策，并对组织 500 人以上来张家界的旅游专列的旅行社实行定额奖励 1 万元。该规定实行期为 7 月 20 日至 11 月 30 日；同时，为鼓励学生暑假期间来张家界旅游，从 7 月 20 日至 8 月 31 日止，对原来给小学和初中在读学生的优惠政策扩大至高中和大学的在读学生，凭学生证便可享受到 165 元/人的门票优惠。

(资料来源：http://news.sina.com.cn/c/2005-07-31/09066572062s.shtml 整理)

【分析讨论】

1. 张家界景区产品采用了哪些定价策略？
2. 定价对产品营销有何影响？
3. 针对国内相同类型景区定价，谈谈你对张家界定价的认识。
4. 查找国外景点定价策略，分析国内景区定价的影响因素。

第九章 旅游分销渠道策略

【知识目标】

熟悉旅游行业分销渠道模式；熟悉影响分销渠道选择的主要因素；熟悉旅游产品合适销售渠道的选择。

【能力目标】

能分析旅游行业不同产品的渠道模式；能对旅游行业指定产品设计分销渠道模式。

【学习成果】

设计方案：为某旅游企业进行产品分销渠道分析与选择，并形成报告及设计方案。

案例导入

香港迪斯尼乐园宣布第一批旅行社合作商名单

香港迪斯尼乐园2005年7月10日宣布第一批旅行社合作名单，它们将担当重要角色，吸引海外游客在9月12日后入园游览。中青旅控股股份有限公司、中国旅行社总社、广东省中国旅行社股份有限公司、广州广之旅国际旅行社股份有限公司、广东国旅国际旅行社股份有限公司、广东顺之旅国际旅行社有限公司、上海携程翠明国际旅行社有限公司等名列其中。

香港迪斯尼乐园的旅游业界网络包括香港及区内旅行社和国际航空公司。他们将与乐园紧密合作，为亚洲地区旅客设计并推荐旅行团，为旅客送上奇妙难忘的度假体验。

香港迪斯尼乐园事务及销售总裁陈敬考先生表示："旅游业界在我们整体分销渠道当中担当重要角色，让我们能与世界各地更多的游客接触，为海外游客提供更多旅行团的选择，让他们能够安排属于他们的香港迪斯尼乐园奇妙假期。"

香港迪斯尼乐园将继续扩展其区内旅游业界网络，满足来自世界各地的不同旅行社、自由行旅客及企业活动的需要。

除了与旅游业界紧密合作外，香港迪斯尼乐园亦设有其他分销渠道，让本地及海外的游客能方便快捷地购买乐园门票。游客可以登陆香港迪斯尼乐园网站预订门票，也可以致电香港迪斯尼乐园奇妙订房热线预订。游客还可以根据当日门票的出售情况，在香港迪斯尼乐园入口的售票处直接购票。

(资料来源：http://www.lvyou114.com/news/890.htm)

【问题】

1. 香港迪斯尼乐园的对外销售渠道主要有哪些种类？
2. 渠道的组合模式有哪些？

作为一名旅游市场营销人员，要解决以上问题，必须熟悉旅游市场营销分销渠道模式的种类和特征，并根据企业经营目标与外部竞争环境，熟练进行渠道模式的组合，设计出渠道组合方案，并根据市场环境变化，及时调整渠道的组合运用形式。

第一节　旅游分销渠道概述

一、旅游分销渠道的概念及特征

(一)旅游分销渠道的概念

分销渠道又被称为产品分配渠道、配销通路，是指某种产品从生产者向消费者或用户转移过程中所经过的一切取得所有权(或协助所有权转移)的商业组织和个人。

目前世界范围内旅游业发展非常迅速，特别是旅游市场的国际化水平不断提高，各种旅游产品的交易活跃，旅游产品要从旅游企业送到旅游者手中，销售渠道在旅游市场的发展中的重要作用显而易见。任何旅游产品转移到旅游者手中，都必须通过一定的途径，在一定的时间、地点用某种方式实现。随着旅游营销主体范围的扩展，目标市场日益扩大，旅游产品在生产者与最终消费者之间的直接接触与沟通越来越难，旅游产品在市场中的运行过程变得越来越复杂。研究旅游者的需求变化，生产更多适销对路的旅游产品，实现旅游企业价值与利润，必须通过多层次、多类型的中间商构成的分销渠道才得以解决。

旅游分销渠道是指旅游企业通过各种直接和间接的方式，将其产品转移到最终旅游消费者手中的所有流通环节和整个流通结构，是旅游产品所有权或使用权通过中间商从生产领域进入消费领域的途径。

(二)旅游分销渠道的特征

(1) 旅游分销渠道的渠道成员是旅游产品流通过程中各种类型的中间商。可以是商业组织，如旅行社、旅游服务公司、在线预订企业等；也可以是官方旅游组织或个人，如旅游经纪人等。

(2) 旅游分销渠道的起点是旅游产品生产者，例如，旅游地吃、住、行、游、购、娱等具体旅游项目的经营者，终点是对旅游产品购买与消费的旅游者。

(3) 旅游分销渠道基本上不发生实物形式的转移，主要表现为旅游产品资讯的传递。旅游产品的无形性与生产消费的同时性，决定了旅游消费主体的购买行为与消费行为表现出时间与空间上的脱离，旅游者无论在何处订购一种旅游产品，都必须到旅游目的地或提供地才可以进行消费。因此，旅游产品分销渠道主要向旅游者传递旅游产品的相关信息，例如，交通、餐饮、住宿条件及其费用预算，以及其他车船时刻、出入境手续的办理和注意事项等服务信息。

二、旅游分销渠道的功能

旅游分销渠道是由多个组织机构或个人构成，因此往往表现为较为完整的体系，对旅游产品的流通起着极大的促进或制约作用。

(一)是保证旅游企业再生产过程顺利进行的前提条件

旅游企业是旅游产品生产、经营的基本单位。旅游企业生产的产品不仅要符合社会需要，而且由于多数旅游产品的不可储存性和不可转移性，必须及时地销售出去。通过旅游分销渠道，有利于产品的销售，满足顾客的需要，实现旅游企业的经营目标。这样，旅游企业的再生产过程才能顺利进行。如果旅游分销渠道流通不畅，即使企业生产出优质对路的产品，也不能保证顺利到达顾客手中，这必然使旅游企业再生产过程受阻。

(二)是提高旅游经济效益的重要手段

旅游分销渠道的数量、环节多少，对旅游产品的销售有着直接的影响。合理选择分销渠道、加强渠道的管理以及适时营造新的分销渠道，就能加快旅游产品的流通速度，加速资金周转，提高旅游企业的经济效益。

(三)直接影响其他市场营销策略的实施效果

旅游分销渠道策略与产品等营销策略密切相关，而且建立分销渠道需要较长的时间和资金，需要渠道成员间长期的合作和信任。所以，旅游分销渠道一经建立，一般不轻易变更。随着旅游分销渠道的确定，旅游企业的定价、促销等策略也就相对固定下来。例如，旅游产品的广告宣传活动主要由旅游企业进行还是由中间商进行，或是双方联合进行；旅游企业的价格策略与中间商的价格策略如何相互配合等。

(四)是旅游企业信息的重要来源

由于旅游分销渠道的成员直接与旅游者接触，因而能够及时地了解旅游者的消费需求，把握旅游者需求变化的趋势。旅游企业可以根据渠道成员的信息反馈，及时调整产品结构，提供符合旅游者需要的产品，从而提高旅游企业的经营效益，促进旅游经济健康、有序地发展。

案例 9-1

德国出现女性旅游网

女性早已成为现代社会中最为重要的消费群体，即使在“旅游”这样一个相当中性化的消费领域里，女人们仍然凭着与生俱来的特点，影响着旅游行为甚至旅游业的变化。但令人感到惊讶的是，这一顶起人类“半边天”的特殊消费群体在个人旅游行业却很少有人问津。不过，最近德国出现了专为女性提供旅游服务产品的网站，旅游业的细化和女性的消费领域再一次延伸。

“事实上，这是女性旅游专门化的一整套相关方案。首先便是专门面向女性提供旅游服务产品网站的启动。”德国梅克伦堡—前波莫瑞旅游协会主席西尔维娅•布莱驰奈德女士说。www.frauenblicke.de 女性旅游网的启动，即使在欧洲也是最新的创举了。西尔维娅•布莱驰奈德女士认为：“说到底，女性不仅作为旅游行业的从业者充当着核心角色，作为该行业的消费群体，她们身上也存在着巨大的开发潜力。在全联邦范围内，独自旅行的女性所占比例已达到了5%，而且她们在度假旅游方面的支出超过了平均水平的30%。所以，无论从哪方面来说，为这个消费群体多做一些，都是有利可图的。”

据介绍，专门面向妇女游客的旅游服务产品开发结果十分喜人，现已有大量不同种类且符合市场需求的旅游产品上网供应。这当中除了宾馆业所提供的有关住宿和其他特别活动外，由旅游主办者和研究班主办者所筹备的各种方案预计也能引起特别关注。

划船旅行、野外生存训练、周末写生、制纸、装订、文学旅行以及城市游览等都是符合女性兴趣与需求的旅游活动。除了独立旅行或结伴、组团出游的女性游客外，带着孩子外出游玩的母亲们也是某些旅游产品供应商的宣传对象。不愿独自旅行的女性还可以在网络的虚拟图钉墙上寻找自己理想的旅游伙伴。此外，www.frauenblicke.de 网站还向女性朋友们提供了大量有关梅克伦堡出色女性人物的有趣故事。事实上，旅游网站在发达国家越来越成为旅游的重要支点。旅游从业者和旅游者都越来越懂得通过网站实现自己的目的。例如在德国，不仅有国家旅游网，各个城市也都有自己的详尽网站——德国三大河流交汇的巴伐利亚州帕骚市在其门户网站 www.passau.de 上提供了有关其历史、城市发展和休闲旅游产品供应等信息，还在“旅游”一栏中专门开辟了一个用以介绍如主教府邸和萨尔瓦托教堂等名胜古迹的网页。点击“说明”一栏，有兴趣者还可以搜寻到所有有关帕骚的旅游信息，并将之打包下载。其他如“餐饮”和“住宿”等网页也提供了能帮助游客进一步完善旅游计划的重要信息。北莱茵-威斯特法伦州的首府杜塞尔多夫也通过该城主页 www.duesseldorf.de 上详细及时的旅游信息向世界各地的游客发出了热情邀请。它以“运动”与“文化”为主打标题，下分多个特别主题。而与丰富多彩的在线旅游信息介绍相一致，该城的主页也会每天改变它的颜色。此外，另一个位于北莱茵-威斯特法伦州的城市温特堡也通过两个全新的网页对自己作了全面介绍。计划赴德进行休养度假的游客可以登录 www.pauschalen-winterberg.de，在不同的内容介绍版块中寻找自己需要的旅游信息。

像德国这样已经对中国游客开放的国家，各色各样的旅游网站早该为中国旅游者所了解，成为中国旅游者出游该国的最好助手。

(资料来源：http://www.china.com.cn/chinese/TR-c/719683.htm)

第二节　旅游分销渠道的类型与选择

一、旅游分销渠道的类型

根据产品销售过程有无中间环节以及中间环节的数量多少，旅游分销渠道分为零渠道、一级渠道、二级渠道和多级渠道等，如图9-1所示。

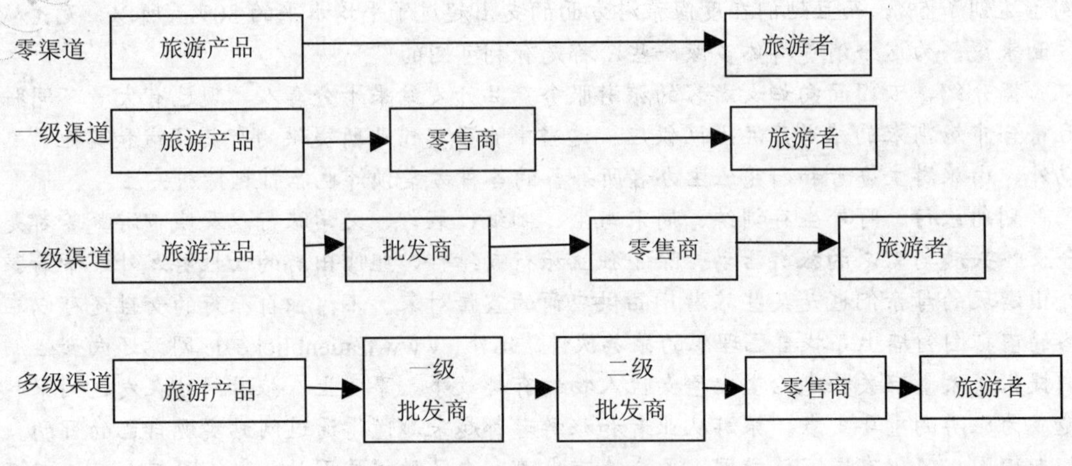

图 9-1　旅游产品分销渠道类型

"零渠道"是指旅游产品从旅游企业转移至旅游者不经过任何中间商转手的分销渠道。"一级渠道"则指旅游产品从旅游企业转移至旅游者经过一个中间商转手的分销渠道。"二级渠道"则指由两个中间商转手的销售渠道。"多级渠道"则指三个或更多中间商转手的销售渠道。

根据产品分销有无中间商参与，将上述所有渠道类型归纳为两种最基本的分销渠道类型：直接分销渠道和间接分销渠道。

(一)直接分销渠道

直接分销渠道即"零渠道"，是指旅游产品从旅游企业转移至旅游者不经过任何中间商转手的分销渠道。这类分销渠道主要有三种模式，如表 9-1 所示。

表 9-1　直接分销渠道

基本模式	说　明
(1)旅游产品生产者→旅游消费者(在生产现场)	旅游消费者上门购买，产品生产者扮演零售商角色
(2)旅游产品生产者→旅游消费者(在客源地或消费者家中)	旅游消费者通过各种直接预订方式购买
(3)旅游产品生产者→自设销售网点→旅游消费者(在销售点现场)	旅游产品生产者在市场区域自设零售系统

1. 旅游企业——旅游者(生产现场)

这种方式主要是指旅游目的地产品经营者在产品生产现场向游客出售产品或提供现场服务。如土特产的销售、酒店、旅游景区等接待游客吃、住与景区游览等。

2．旅游企业——旅游者(在客源地或消费者家中)

这种分销模式，是指旅游者通过电话、传真、电子邮件等通信方式或其他现代信息技术网络工具直接向旅游企业进行咨询和预订旅游产品。因旅游企业不再向中间商支付佣金而提高了产品在价格上的竞争力。这种直接营销模式已越来越广泛地为一些国际连锁酒店集团、航空公司所广泛采用。

3．旅游企业——自设渠道——旅游者(在销售现场)

这一模式主要特征在于旅游企业在客源地自设销售网点面向旅游者进行销售，接受旅游者的咨询和订购。由于这些销售网点是旅游企业自设机构，因而仍然属于直接销售模式。如航空公司和铁路部门往往在很多地方设有自己的售票处或订票处。

(二)间接分销渠道

间接分销渠道是指旅游企业借助中间商将其产品最终转移到旅游者的流通途径。与一般商品和服务分销不同的是，旅游企业分销渠道主要向旅游者传递旅游产品的相关信息。按照所经中间环节的多少，可划分出三种不同的模式，如表 9-2 所示。

表 9-2　间接分销渠道

基本模式	说　明
(1)一级分销渠道	旅游产品经营者通过一个零售商或代理商面向目标市场接受旅游者咨询与预定；旅游地产品生产者向零售商支付佣金
(2)二级分销渠道	旅游产品生产者通过批发商和零售商面向目标市场，旅游产品只同旅游批发商有直接业务联系
(3)三级或多级分销渠道	旅游产品生产者须经过多级中间商最终面向旅游消费者，常见于我国国际旅游业务

1．一级分销渠道模式

一级分销渠道模式是指旅游产品从旅游企业转移至旅游者经过一个中间商转手的分销渠道，即旅游企业通过一个零售商或代理商面向目标市场接受旅游者咨询与预订。这一模式的特点在于旅游企业须向代销其产品的零售商或代理商支付佣金或手续费。

2．二级分销渠道模式

二级分销渠道模式是指旅游产品从企业到达旅游者，销售途径经历了两个层次的旅游中间商。第一个层次的中间商一般是旅游批发商，通常是从事团体包价旅游批发业务的旅游公司或旅行社，其主要业务是通过大批量购买航空公司、饭店、旅游景点以及接待旅行社等有关旅游企业的单项旅游产品，将这些产品按日程编排成包价旅游线路或包价度假集合产品(即整体旅游产品)，然后通过旅游零售商(即第二个层次的中间商)出售给旅游者。这一渠道模式的主要特点在于旅游产品的生产者在同旅游批发商进行价格谈判的基础上，将其产品批量销售或预订给旅游批发商，然后再由旅游批发商委托旅游零售商出售给最终消费者。在我国国内旅游业务方面，主要是一些饭店或交通部门在同旅行社进行价格谈判的基础上，将其产品批发给经营国内团体包价旅游的旅行社，由这些旅行社将这些产品纳入其编排的包价旅游产品之中，然后再通过这些旅行社自设的零售机构和委托的中间商出售给最终消费者。

3. 多级分销渠道模式

多级分销渠道模式是指旅游产品销售渠道包括三级及以上中间机构的参与。如我国经营国际旅游业务的分销渠道模式一般为：旅游产品生产者——本国旅游批发商——外国旅游批发商——旅游零售商——旅游消费者。

案例 9-2

希尔顿与 Booking.com 达成分销合作

2009 年 2 月 23 日，全球在线酒店供应商 Booking.com 宣布，与希尔顿酒店集团签署了一项分销合作协议。

根据协议，希尔顿集团的全球酒店品牌将直接通过 Booking.com 及其超过 4500 位分销合作伙伴组成的网络进行销售。希尔顿旗下酒店每月将可以触及 Booking.com 的超过 3000 万独立用户组成的客户群体。

Booking.com 酒店总监 Gillian Tans 表示：“希尔顿的优质品牌在全球得到肯定，向我们客户销售其酒店令我们感到振奋。希尔顿酒店遍布 77 个国家，我们热切地希望在继续全球扩张的过程中进一步发展与对方的互惠合作关系。”

希尔顿酒店集团分销销售高级总监 Philippe Garnier 补充说：“我们很高兴与 Booking.com 建立全球战略合作伙伴关系，它是帮助我们触及全球数以百万的更多旅行者的理想合作伙伴。”“我们相信，Booking.com 将在全球范围内促进我们的酒店分销。”

(资料来源：http://www.cotsa.com/News/T-41007)

二、旅游中间商

旅游营销中的中介机构，简称旅游中间商，是指在旅游企业和旅游者之间专门从事旅游产品代理销售，具有法人资格的各种中介组织和个人。

(一)旅游经销商

旅游经销商主要是指那些将旅游产品买进后再卖出的中间商，其利润主要来自旅游产品购进与销售之间的差额。

1. 旅游批发商

旅游批发商是指主要从事旅游批发业务的旅行社或旅游公司，是将各种单项旅游产品，如航空公司、铁路、饭店、景区等旅游企业的产品成批购入，根据不同的市场需求将其包装组合，形成不同的价格、时间和目的地的包价旅游产品，再批发给零售商，最终出售给旅游者的中间商。旅游批发商的利润主要来自包价产品的成本加价，通过批量购买和业务关系获得旅游企业的折扣和优惠价。

2. 旅游零售商

旅游零售商是指直接面向广大旅游者从事旅游产品零售业务的旅游中间商，主要是各类旅行社。一方面，为适应旅游者的多种需要和要求，旅游零售商要熟悉多种旅游产品的优劣、价格，向旅游者提供各种咨询服务，代为预订车、船、机票，并要了解和掌握旅游者的经济支付水平、生活消费需要，以帮助旅游者挑选适宜其要求的旅游线路及旅游地吃、住、游、购、娱等日程安排；另一方面，旅游零售商又要与旅游目的地饭店、餐馆、景区景点及车船公司、航空公司等各旅游企业保持良好的沟通和联系，不断反馈旅游市场和旅游者的需求变化信息。

相关链接 9-1

与旅行社合作的 11 种思路

- 尽快支付佣金。考虑旅行社的需要，及时支付佣金。
- 在整个企业范围内都承担对旅行社进行营销的义务，首先从管理层开始。
- 让员工认识到旅行社营销的需要和重要性。
- 开展员工与旅行社之间的交易活动，以增进彼此间对各自需要和义务的了解。
- 对经常在饭店预订的旅行社给予嘉奖。
- 通过销售宣传册、电子表单和饭店广告为旅行社提供有关饭店服务和设施的详细信息。
- 与当地的旅游企业合作，为旅行社提供熟悉的旅游线路。
- 确保给予旅行社免费和打折的权利。
- 通过组织研讨会等为旅行社提供学习的机会，让他们懂得如何组织会议和奖励活动。

- 提供有关特殊活动和大型活动的信息，尽早促销以便旅行社能够进行销售。
- 如果你提供活动后的专车，也要通知旅行社。

(资料来源：http://www.nowboss.com/data/2006/0603/article_32328_1.htm)

(二)旅游代理商

旅游代理商是指接受旅游企业的委托，在一定区域内代理销售其产品的旅游中间商。旅游代理商的主要业务是向旅游者提供旅游咨询，代理销售旅游产品。其收益主要来自被代理企业支付的佣金。

(三)旅游专营机构

1. 旅游经纪人

旅游经纪人是指一种特殊的旅游中间商，他们不拥有产品所有权，不控制产品价格及销售条件，也不加入旅游产品的业务交易，而只是为买卖双方撮合牵线，促成他们之间的交易。买卖双方生意成交后，经纪人由旅游企业付给佣金，经纪人不承担任何交易风险。

2. 奖励协会

奖励旅游是在西方较为普遍的一种旅游形式，公司常把奖励旅游作为对员工激励与奖赏的手段，随着奖励旅游的迅速发展，出现了职业化的奖励旅游中间商，即奖励协会。奖励旅游的目的地常常是度假地，对于豪华型度假饭店和面向高端游客的旅游企业来说，奖励协会是一种高效的分销渠道。

3. 会议旅游经营商

会议旅游经营商主要是指从事会议旅游产品组合及销售，服务于一些协会、公司、政府机构和其他组织，主要为会议旅游活动进行费用预算，代为选择会议地址和设施，同旅游企业协商价格，订购产品，安排会议日程，安排参加会议者的食宿、交通和娱乐活动，并进行会议的现场管理。

(四)全球分销系统

全球分销系统是指一种计算机网络化预订系统，主要是以一些大的国际航空公司的中央票务预订系统为基本构架。随着旅行社、饭店的中央预订系统及其他旅游企业、组织的加入，从而形成了一个辐射全球的以计算机网络技术支持的开放化在线票务、酒店、旅游产品销售预订系统。

相关链接 9-2

旅游电子商务

电子商务是20世纪一项重要的技术创新形式，电子商务的雏形是20世纪70年代末期出现在一些企业间的电子数据交换(EDI)和电子资金传送(EFT)，但真正的商业应用是在20世纪90年代中后期，当时一批处在电子信息技术与商务交汇处的技术创新者，创造性地将计算机联网技术应用于传统的商业活动中，从而引发出新的原材料来源、新的产品销售方法、新的商业组合方式，导致了新的企业产销关系与新的市场效率。

旅游电子商务，是旅游企业基于Internet提供的互联网络技术，使用计算机计算技术、电子通信技术与企业购销网络系统联通而形成的一种新型的商业活动。其中包括网上传递与接收信息，网上订购、付款、客户服务等网上销售，网上售前推介与售后服务，以及利用互联网开展市场调查分析、财务核算及生产安排等多种商业活动内容。这是一种基于信息网络综合技术的信息流程与商务运作程序的结合形式。旅游电子商务的功能概括起来有：发布旅游企业营销信息，电子数据交换，网上订购，电子账户与网上支付，服务传递，意见征询与咨询洽谈，交易管理等。

旅游电子商务的使用，极大地改善了旅游者的购买渠道和“环境”，给传统的旅游分销方式带来了很大的冲击。一方面，人们希望在出游前就能全面了解与旅游有关的各种信息，并且可以享受到各种方便快捷的服务；另一方面，旅游企业需要及时向潜在的旅游者群体提供丰富的旅游景点信息，及时了解国内外客源市场信息，根据客户的需求提供各种相关服务。一个完善的旅游电子商务系统恰恰能为旅游者提供信息查询、在线预订、客户服务以及代理人服务等多种服务内容。因此，旅游企业需要积极迎合信息科技的发展，对传统的分销模式进行创新与重组，建立自己的旅游电子商务系统。

(资料来源：http://www.nowboss.com/data/2006/0603/article_32328_1.htm)

三、影响分销渠道选择的主要因素

影响分销渠道选择的主要因素包括旅游产品自身、目标市场特征、企业自身条件以及公共政策等因素。

(一)产品因素

影响分销渠道选择的产品因素主要包括两个：一是产品的性质与种类，即所要销售的是什么产品；二是产品的档次和等级。一般来说，饭店、景点等主要采取直接分销渠道来销售自己的产品；而游轮、度假酒店等，尤其是经营跨国旅游业务的企业，由于市场销售面广，往往采用间接渠道来销售自己的产品。对于高端旅游产品，购买者相对较少，并且回头客居多，因而这类产品的营销往往采用直接分销渠道或短渠道模式，如探险游、高尔夫休闲度假游、豪华游轮等。而大众化较低层次的旅游产品，由于市场广大，旅游人群数量多，产品价格低，往往采取间接分销渠道或长渠道进行。

(二)市场因素

多变的客源市场是旅游企业选择渠道模式时必须考虑的重要因素，包括市场状态、竞争程度、目标市场特征、市场与旅游产品生产者之间的空间距离以及消费者市场的集中程度。

1. 市场规模

一般来说，旅游消费者的市场规模越大，旅游企业所需的销售网点就越多，旅游企业必须利用中间商开辟间接销售渠道。相反，市场规模越小，如高端旅游消费市场，则适合采取直销形式，即采用直接渠道、短渠道。

2. 市场的远近和集中程度

如果客源市场所在地距旅游企业较远，或者客户群很分散，则应选择间接渠道，反之应选择直接渠道或短渠道。

3. 市场同业竞争者的渠道

采用与同业竞争者相同或同一分销渠道，便于利用同业竞争者已经开辟的市场空间。但使用同业竞争者开辟渠道的企业必须在产品设计与服务方面拥有独特优势，避免与同业竞争者产品发生正面冲突与竞争。

(三)企业自身因素

旅游企业对分销渠道的选择会受到企业自身条件的影响。这些因素主要包括企业自身的资本实力、经营风险承受能力、企业接待能力与营销能力等。

一般说来，小型企业多采用直接销售渠道的方式，而大型企业则多以间接渠道作为自己产品的销售主渠道。如果旅游企业资本实力雄厚、自身的对外营销能力强，能够制订科学的营销规划，就可利用自身的资源，建立自己的销售渠道与网络，直接面向目标客户销售；反之就应建立间接销售渠道。

(四)公共政策因素

旅游企业分销渠道的选择必须符合国家的法律、法规。国家对于旅游产品的组合设计方式、内容、销售方式、海外旅游的组队出行方式、合同的拟定、消费者权益的保障及救济措施等都有具体规定。旅游企业在确定渠道方式时应遵循相关规定。同时旅游业的发展受到各国政策的影响，游客的国际化、旅游目的地的全球化推动了世界各国一系列促进旅游业发展的利好政策的不断推出，为旅游业发展创造了更好的外部环境。

案例 9-3

全球首个免费酒店在线分销网站面世

AboutAnywhere.com 目前是世界上首个在线分销网络，对于酒店业是完全免费的。该公司去年致力于建设这样一个网络，其在全球 3 万多个目的地均运营网站，而 AboutAnywhere.com 则成为这些网站的主要门户网。

近 10 年来，酒店业一直深受在线分销的高成本以及在线旅行社(OTA)收取的高额佣金费用之困扰——在有的地区佣金高达 35%。以上的花费，再加上全球当前经历的经济危机，将可能对小型酒店以及某些地区的稍大酒店连锁造成极为消极的影响。然而，逆境中总蕴藏着机遇，随着互联网的不断发展以及如 Facebook、LinkedIn 等免费网站的迅速增长，酒店(以及所有旅游供应商)必须支付费用才能触及互联网用户并开展业务的逻辑已经不再成立了。

AboutAnywhere.com 已经收到了全球多个地区的酒店管理者和经营商的合作意向——从科罗拉多州的大型滑雪胜地度假酒店，到印度斋浦尔的新开小型旅馆均有。

“当我们创办该网站时，我们的目的就是为旅游业创建世界首个免费的在线交易平台。”AboutAnywhere.com 的 CEO Ashwin Kamlani 表示，“当前的经济环境，应该促使酒店和酒店公司向我们求助。我们正努力地为网站覆盖的每一个目的地酒店刺激流量和预订量。越早创建自己档案的酒店将会获益最大。这种分销模式的吸引力在于，没有足够财力与 OTA 合作的小型精品酒店，会非常乐意与我们合作，因为我们不会从他们的收入中收取佣金，而且我们的确覆盖了全球的目的地。”

网站的流程很简单。有兴趣的酒店相关人士可以登入 www.AboutAnywhere.com，找到其酒店所处的地理位置，然后点击在页面左下角的一个“免费创建你的酒店档案”按钮。用户可以获得简单易懂的解释说明步骤。当 www.AboutAnywhere.com 团队的一位成员致电确认后，酒店档案将在几天内出现在网站中。酒店可以随时更新其档案中的任一部分。

www.AboutAnywhere.com 团队为世界每一个角落的酒店开启了一扇大门，使其能够自由掌握生意和财务预算。无论是预算高达 8 位数还是 4 位数的酒店、无论是位于乡村小巷还是大都市摩天大楼之间的酒店——所有酒店均可以参与并支持这项具有革命意义的计划。这个网站可能将终结基于佣金的在线酒店分销模式。

(资料来源：http://travel.sohu.com/20090112/n261718376.shtml)

四、旅游分销渠道的选择

(一)旅游分销渠道形式的策略

旅游产品分销渠道的选择策略，主要涉及对渠道长度、渠道宽度、渠道联合等问题作出决策。

1. 分销渠道长度策略

旅游产品销售渠道的长度就是旅游产品从生产者向最终消费者转移的过程中所经历的中间环节的多少。所经历的中间环节或层次越多，分销渠道越长；相反，分销渠道越短。分销渠道长度策略就是对选取何种长度的分销渠道进行决策，即采用直接销售渠道还是间接分销渠道；如果采用间接分销渠道，需要选择几个中间环节渠道为宜。

一般来讲，当旅游产品的供给者有较强的营销能力和资金实力、有控制渠道的较强能力、地理位置接近市场中心、推销经验丰富或找不到适当的中间商时，有必要减少渠道环节，适宜采用直接分销渠道或选择较短的间接分销渠道；相反，当产品销售量大、市场广阔而分散、供给者地理位置远离市场中心时，就应该增加渠道环节，采用较长的分销渠道。

2. 分销渠道宽度策略

旅游产品分销渠道宽度策略是指旅游产品销售渠道的每个层次中使用同种类型的中间商数目的多少，旅游企业在选择分销渠道时，由于目标市场的不同，可能出现多种类型、层级的分销渠道并存的形式。旅游企业在确定分销渠道宽度时有以下三种形式。

1) 密集型分销。

密集型分销是指在渠道层次中选择大量的中间商，对旅游中间商不加任何选择，只要对方愿意经销或代销其产品并接受双方商定的利益条件，便可成为销售该产品的旅游中间商。这种策略选择可以迅速提高产品知名度，扩大产品销路，使旅游消费者能够及时、便捷地买到所需的旅游产品，但广泛建立分销网络可能会给旅游企业带来巨大的营销成本开支。另外，采取这种策略还可能使企业对产品营销失去控制，因过度竞争、渠道成员的服务质量下降等使企业形象受损。

2) 选择型分销

选择型分销是指旅游企业根据自己的销售实力和目标市场，在一定的市场范围内只选择那些有资金实力、有销售经验以及信誉良好的旅游中间商经销或代销自己的旅游产品。由于中间商的选择相当少而精，供给商与中间商可以保持较为密切的关系，旅游企业对渠道可进行适度控制，有利于维护产品的形象和信誉。旅游产品供给者通过有意识地选择旅游中间商，可以降低成本、扩大销售，取得良好的销售效果。

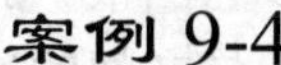

玉龙雪山与《印象丽江》情缘

玉龙雪山，这座全球少有的城市雪山，是丽江旅游的核心品牌。玉龙雪山景区在 2007 年成为全国首批 66 家 5A 级景区之一，升级后的第一个动作是整合周边六个景区的经营权，做大丽江旅游核心品牌景区。

从景区营销角度看，玉龙雪山的这种做法，本质上是一种品牌扩展策略。所谓品牌扩展，是指景区在成功创立了一个高品质的知名品牌后，将这一品牌覆盖到其他景区产品，形成共同拥有一个家族品牌的旅游产品集群。为此，玉龙景区特邀张艺谋导演及其创作团队以丽江山水实景演出大型舞台剧《印象丽江》来捆绑“玉龙景区”品牌。

《印象丽江》在市场营销过程中，渠道模式是“有选择的分销”。所谓“有选择的”，是指景区并不针对所有旅行社实行分销，而是抓住旅游分销链上的某些关键环节，跟少数旅游代理商合作，逐步建立多层次的分销渠道。景区之所以这样做，是为了改变旅游市场的游戏规则，加强对客源市场的营销控制力。玉龙雪山景区的这种做法，并不是为了建立垂直分销的渠道体系，而是抓住旅游分销链上的关键环节，加强对客源市场的营销控制。限于国内旅游市场的发展水平，景区目前还不具备建立垂直分销渠道系统的企业能力和市场条件。事实上，玉龙雪山景区也没有放弃水平分销的传统模式，但对原有的渠道模式做了修正，收窄了分销渠道的水平宽度，减少了代理商数量和分销层次，并通过直接促销客源地市场，开展与大型组团社和地接社的战略合作，加强了景区对旅游分销链的营销控制，进而延伸了渠道分销的纵向深度，使之具有了垂直分销的某些形态特征。

3) 专营型分销

专营型分销又称为独家分销，是指旅游产品供给者在一定的区域内仅选择一家经验丰富、信誉卓著、最符合要求的中间商来代销旅游企业产品，是一种最窄的分销渠道形式。一般来说，这家独家代理商也不再经营别的同类竞争性产品。专营性分销策略的优点是便于旅游产品供给者对中间商经销活动的控制，保证二者在营销策略行为上的一致性，简化核算手续，树立旅游产品形象，对中间商来说也有利于提高其积极性，努力致力于旅游产品市场的开拓和信誉的提高。其缺点是对中间商要求很高，较难选择；只与一家中间商合作，风险较大，如果选择不当，将失去这一地区的市场；另外，销售市场比较窄，灵活性不够，不利于该地区较远距离游客对其产品的了解与购买，容易增加广告促销费用的支出。

(二)旅游产品分销渠道的管理

建立和维持旅游销售渠道需要支付一定的费用，加强对销售渠道的科学有效管理和控制，是旅游企业能否最终实现销售目标的关键，销售渠道也能为企业带来更多的回报。旅游分销渠道管理的核心是如何调动旅游中间商的积极性、主动性，减少渠道成员之间的冲突，保障渠道的畅通。

1. 分销渠道成员的合作与激励

旅游间接分销渠道是一个不稳定的合作利益共同体，参与旅游分销渠道的成员，各自的需要和动机不同，所追求的利益也不一样。同时，中间商可以同时代理多家旅游企业的产品，甚至同时销售多个竞争对手的同类产品。因此采取多种措施实现对中间商成员的激励，调动其销售产品的热情和积极性，就显得非常重要。

(1) 奖惩结合。在与中间商的合作中，旅游产品供给企业可采用奖惩结合的方式。一方面通过折扣让利、丰厚的佣金、特别奖金合作促销、销售竞赛等方式来奖励业绩良好的旅游中间商；另一方面，通过减少折扣和佣金，甚至中止合作来惩罚那些没有很好帮助旅游企业实现销售目标的旅游中间商。

(2) 建立长期的合作关系。旅游产品供给企业真诚谋求与旅游中间商建立长期的业务伙伴关系，不仅对旅游中间商提出合作要求，还要在市场开发、产品供应、咨询、促销等方面向旅游中间商提供一定帮助，结合旅游企业和中间商的需要，协助中间商制订销售计划，共同做好旅游产品的销售工作。

2. 渠道成员冲突管理

在销售渠道管理中，除了加强与中间商的合作之外，旅游企业还必须处理好渠道成员之间的冲突。中间商之间的冲突既存在于销售渠道同一层次的成员之间(如争夺客源同一层次的旅游销售商之间的冲突)；也存在于同一渠道的不同层次之间(如旅游批发商与零售商的冲突，旅游零售商与旅游者的冲突)。这些冲突是不可避免的，必须对冲突进行有效、合理的管理。首先，要查明分销渠道成员之间冲突产生的原因，积极配合中间商解决，加强各渠道成员之间的联系与沟通；其次，旅游企业要深入了解每个重要渠道成员的实际需要，根据中间商的不同要求采取相应的措施。如饭店对于旅游代理商希望获得更大的房价优惠时，可根据具体情况在一些希望增加预订量的房型上给予最优惠的房价；当旅行社希望在旅游旺季能有优先预订权，并延长保留房间的时间时，可根据其取消预订率的大小给予适当的满足等。

案例 9-5

中间商恶意拖欠就那么几招

S 国际旅行社地处在国际上较有影响力的旅游胜地。经过多年的经营，该社已具备一定经济实力，不少境外旅游公司都希望与该社建立业务管理。一家境外的 Y 旅游公司却把恶意的眼光瞄向了 S 旅行社，经过一番“考察”后，与 S 国际旅行社签订了一份较为公允的销售协议。根据这一协议，Y 旅游公司向 S 旅行社送团需预付订金、团到后结款。双方签约后，Y 旅游公司按协议不断小批量送团，在一段时间内，Y 旅游公司显得十分“诚信”，并以此取得了 S 国际旅行社的信任。然而一段时间后，Y 旅游公司就以小批量形式拖欠但很快又结付团费，S 国际旅行社也没在意。随着送团规模的扩大，拖欠团款越来越多。为追讨欠款，S 国际旅行社经理亲赴境外与 Y 旅游公司进行交涉，对方早有准备，S 国际旅行社经理最终被 Y 旅游公司以贿赂的方式拉下水，于是拖欠一发不可收拾，一个好端端的旅行社被恶意拖欠搞得濒临破产。

(资料来源：吴金林. 旅游市场营销. 北京：高等教育出版社，2007)

3. 分销渠道成员的评估

旅游中间商确定后，旅游企业需要定期评估旅游中间商的表现，根据中间商从事旅游产品销售的能力、条件、销售量及销售费用等，评估旅游中间商的业绩表现。表现良好的旅游中间商可以作为长期合作的伙伴，表现不尽如人意的旅游中间商可考虑中止业务合作关系。对中间商的评估可以从以下几个方面进行：中间商历年销售量指标完成情况；中间商为企业提供的利润额与所花费的费用；中间商对本企业产品推销宣传情况；中间商对顾客的服务水平以及顾客满意度状况；中间商销售量占本企业销售量的比重；与其他中间商的关系和配合情况等。

4. 旅游产品销售渠道的调整

在销售渠道的管理过程中，旅游产品供给企业要根据每个旅游中间商的具体表现、市场环境、旅游者需求的变化及企业营销目标的改变，适时地对旅游中间商进行调整。调整的策略主要有以下三种。

(1) 增减某一销售渠道成员。通过对旅游中间商的评估，对那些销售缺乏积极性、经营业绩差、难于合作、营销旅游企业产品形象差的中间商，旅游企业在必要时可与其中断合作关系。而为了满足企业进一步开拓市场需要，旅游企业可选择愿意合作的新的中间商。

(2) 增减某一分销渠道。如果旅游企业的某种销售渠道的销售额一直都不理想，旅游企业可以在某一目标市场或某个细分市场取消这种类型的销售渠道，另外增设其他销售渠道。当旅游企业在向市场推出新的旅游产品时，原有渠道若不能满足迅速打开市场销路和提高竞争力的需要，也可以增加新的销售渠道来做好新产品的销售和推广工作，帮助旅游企业实现销售目标。

(3) 调整销售渠道模式。由于市场环境发生了非常大的变化，对于原有销售渠道的部分调整已难以实现旅游企业的要求，为适应市场变化，需要对销售渠道进行全面调整，重新设计旅游企业销售渠道，选择新的销售渠道结构模式。

案例 9-6

“我要直销”航空公司挑战在线旅游

“跨越代理人直接面向顾客销售，是所有航空公司最终的梦想。”一位业内人士对记者表示，也是航空公司推出“机票＋酒店”模式的初衷。

1. 航空公司为何要“僭越”

携程网、e龙、芒果网、易网通这类在线旅游企业，与航空公司向来是人们眼中的最佳拍档。仅以易网通为例，其今年春节期间的机票销售量比去年同比增长近一倍。然而，航空公司推出的“机票＋酒店”模式，将竞争的矛头指向了在线旅游企业，也使得相依相携的关系出现了裂隙。

航空公司之所以要挑战携程网、e龙等这些自己的核心代理商，根本上还是为了扩大自己直销份额，将延伸产品直接面向消费者以求将销售成本降至最低。

根据携程网2006年第四季度的财报显示，携程网每卖出一张机票，航空公司就要向携程网支付46元人民币的佣金。行业估测数据显示，如果迈过代理人这道门槛，航空公司每年可以节约40亿元的代理人佣金，这笔钱相当于开办50家航空公司的注册资本！

眼看着在线旅游企业从自己身上大把挣钱，航空公司自然心有不甘，加快拓展更广的销售渠道。

2. 争夺商务旅客

芒果网CEO吴志文告诉记者，它们业务主要可以分为4块，即机票预订、酒店预订、旅游套票和商旅管理。目前，我国大多数在线旅游网站都遵循这种经营模式。其中，机票和酒店业务绝对是在线旅游网站的重头戏。

以占据市场份额半壁江山的携程网为例，2006年酒店预订和机票预订的收入，分别占据了携程网总收入的57%和36%。可以说，机票和酒店是在线旅游网站不可或缺的“两条腿”。

然而航空公司偏要分食这块“蛋糕”，尤其是一些商务旅客已经成为了航空公司PK在线旅游的抢食目标。

在春秋航空的发言人张磊看来，从机票销售扩展到酒店预订，这是航空公司很自然的延伸服务。“毕竟很多航空公司都在市区拥有自己的营业大厦，再加上机组人员经常需要租住酒店，本身就是酒店的长期客户，谈起合作来自然不会太难。”

而这背后隐藏的另一层初衷，是渠道不再受制于人的野心。海航的“封杀事件”早已敲响了警钟。2010年1月，海航在重庆推出一折机票的促销惹来“众怒”，被多家航空公司联手封杀。重庆市80多家机票代理点都无法销售海航的机票，当时全市只剩下3家可以出票，其中一家还设立在某五星级酒店的7楼，消费者根本找不到地方，海航也为此遭到不小的冲击。

"航空公司的初衷并不是和在线旅游争夺市场。"一位航空公司的高管坦然地表示，随着"机票＋酒店"模式的推广，航空公司将稳步扩大自己的销售渠道。唯其如此才能避免与竞争对手共享渠道的尴尬，受制于人的几率也大大降低。

3. 二者既竞争又合作

面对航空公司的冲击，在线旅游有危机但尚未危及生存安全。"这个市场并没有饱和，航空公司的进入并不会直接瓜分我们的客流。"易网通的人士对记者表示。

事实上，航空公司提供的服务与在线旅游相比，类似于家电行业中的海尔与国美。毕竟在线旅游扮演的角色是"集成"，它不但可以同时销售若干家航空公司的机票，酒店的选择也是多样化。相对而言，航空公司则在这方面略显短板。

"航空公司对我们是又爱又恨。"一位在线旅游企业的老总对记者直言不讳。因为大型在线旅游企业多属于航空公司的"核心代理"，航空公司不敢轻易得罪。作为航空公司的重要分销渠道，它们庞大的客户群带动了航空公司机票的稳定销售。为了与这些核心代理搞好关系，一些航空公司的内部销售会议通常会请在线旅游的高层参加，甚至航空公司的销售经理和在线旅游企业老板私交都很好。在线旅游企业在航空公司的地位可见一斑。

"我们认为，航空公司目前精力主要还在航空服务上，目前来看，航空公司直销完全取代分销需要的条件还很不成熟。"易网通的回答代表了在线旅游企业的多数观点。

某航空公司的人士也承认，如果将航空公司目前需要重视的问题列一张清单，安全飞行、网络布局、降低成本这些都高居榜首，而丰富产品服务、扩大直销份额并非当务之急。

不过值得注意的是，"取消代理人佣金"的趋势已经越来越多地引起了在线旅游企业的重视。航空公司介入"机票＋酒店"市场已经引起了在线旅游足够的警惕。

"我们要扩大自己的商业模式，传统的订房、订票毛利不大，做起来也很辛苦。"吴志文表示，芒果网将陆续推出购买保险等附加服务，将企业延伸到更广泛的商业模式，而这也成为了在线旅游企业的共识。

(资料来源：http://www.traveldaily.cn/article/10157.html)

思考与能力训练

一、思考题

1. 什么是旅游分销渠道？其有何特征？
2. 举例说明分销渠道的作用。
3. 直接分销渠道有哪些模式？
4. 间接分销渠道有哪些模式？

5. 旅游中间商的类型有哪些？

6. 影响旅游分销渠道的因素有哪些？

7. 举例说明旅游企业应如何选择分销渠道。

8. 旅游企业应如何管理分销渠道？

二、能力训练

能力训练一

1. 实训目的和要求

(1) 通过实践训练，学会分析企业内外部环境对旅游企业市场分销渠道选择的影响因素，并结合企业实际选择合适的渠道模式。

(2) 要求学生根据实训项目撰写实训报告。

2. 实训内容

选择当地一家旅游企业，如旅行社、旅游饭店、旅游交通公司、景区景点等进行考察，分析以下问题。

(1) 该旅游企业旅游产品销售的渠道是何种类？

(2) 该旅游企业旅游产品销售的渠道中间商有哪些？

(3) 该旅游企业旅游产品销售的渠道选择受制因素有哪些？

(4) 你认为该旅游企业的渠道模式在市场竞争中存在哪些问题？具有哪些优势？

(5) 根据你的分析，请为该企业提出具有针对性的渠道改进措施或对策。

能力训练二

1. 实训目的和要求

(1) 培养学生的现代旅游市场意识和旅游产品意识，树立现代旅游市场营销观念，提高学生对旅游企业营销活动的分析能力。

(2) 要求学生根据实训项目撰写实训报告。

2. 实训内容

请为当地某一旅游产品设计合理的旅游产品分销渠道。

能力训练三

1. 实训目的和要求

(1) 通过实训，使学生能熟练运用本模块所学知识点与技能。

(2) 要求学生根据实训项目撰写实训报告。

2. 实训内容

教师带领学生对本校学生进行问卷调查，对学生的一日游出行倾向、内容与范围进行调查，为当地一日内能够到达的某旅游景点设计渠道模式。

能力训练四

长江轮船海外旅游总公司的市场开拓

长江轮船海外旅游总公司(以下简称长江海外)是长江流域规模最大、实力最强、最早从事国内外旅游经营业务的大型综合旅游企业集团，是中国百强国际旅行社15强企业，公司拥有固定资产12亿元，拥有长江天使系列、维多利亚系列、国宾系列等20多艘豪华游轮。

面对今天长江豪华游船供大于求，市场竞争十分激烈的局面，长江海外人深深知道抓好营销对赢得企业生存和发展的重要性，始终把抓好营销作为生产经营的首要环节并紧紧抓住不放，通过积极开拓国内外市场，确保自己在长江旅游市场的占有率。要抓活抓好营销，首先要理顺营销管理体制，建立良好的营销机制和管理模式。长江海外本着市场变我也变的原则，不断改革和调整营销管理机构，对游船销售部门按事业部模式进行归口管理，努力统一提升游船核心销售系统及分支机构的营销能力和潜力。改革的深化带来的是营销力度的加大，各营销口按照公司既定的市场拓展目标，大力拓展境外一级目标客源市场。德国市场是该公司经过10多年的努力所培育起来的一个成功市场。长江海外人对德国市场的呵护可以说做到了无微不至。每年，德国举办柏林国际旅游贸易洽谈会，长江海外均派出有公司主要领导亲自带队的参展团赴会，利用此机会与德国及欧洲各国旅行商广泛接洽，交流感情，增进友谊，抓好公司游船产品宣传促销。除了参展，平时安排主要营销骨干常驻德国开展促销活动。对德国客户提出的有关改进游船接待服务工作的要求，长江海外各职能部门更是做到有求必应，尽可能地给予满足和解决。仅2009年，为满足德国客户提出的改进游船硬件设施的要求，长江海外先后投入资金达千万余元。除了抓好德国市场外，这家公司还通过积极参加各类旅游展销会、旅游贸易洽谈会，派人走出去促销等手段，努力巩固新马泰、中国台湾、日本等传统市场，积极开发美加、澳新等有潜力的市场，先后发展大客户10余家；2006年该公司与俄罗斯游船公司联手，共同宣传促销长江三峡和伏尔加河的线路和产品，目前已初见效果，2009年至今，俄罗斯游船公司已先后组团近百人到长江三峡旅游；更主要的是通过与俄罗斯游船公司的合作，使公司游船销售业务开始涉足俄罗斯市场，为下一步加大俄罗斯市场的开发力度奠定了基础。与抓好境外一级目标市场宣传促销同步，长江海外对国内市场的开发同样付出巨大的努力，近年来，该公司以开发国内高端旅游市场和会议商务旅游市场为重点目标。建立分片区有重点地推进区域销售代表负责制度，在温州、上海、大连、青岛等众多城市派驻销售代表；与中青旅、国旅总社、康辉总社等众多有实力、有意愿的旅行社合作联营，营销中心的业务人员还经常走进各大专院校和大型企事业单位，推销会商包租旅游产品，2009年国内会议商务旅游业务达到6000人次，对发展长江旅游起到了积极的拉动作用。网上促销有着良好前景，但也是最难的。

长江海外迎难而上，在内部建立游船销售内部局域网和专门的英文网站，对各旅行社门市实行微机联网销售与管理，2009 年又投入一大笔资金，对公司网站进行全面更新改造，实现了与内地最具有实力的旅游网站携程网高位嫁接，完善了游船销售网上预订功能。通过多渠道构建营销新平台，优化营销操作方式，使该公司促销揽客工作逐年出现新起色。近两年来，游船游客接待量均以 30%的速度提升，市场所占份额也由过去的 25%左右上升到 35%，游船游客接待总量在长江 10 多家豪华旅游船公司中始终保持排名第一。

(资料来源：屈云波. 旅游业营销. 北京：企业管理出版社，1999)

【分析讨论】

1. 长江轮船海外旅游总公司采用的是什么样的销售渠道？
2. 长江轮船海外旅游总公司在国内外游船市场中立于不败之地的原因是什么？

第十章

旅游促销策略

【知识目标】

熟悉促销的概念与作用；熟悉广告促销的概念、作用与程序；熟悉公共关系的概念、作用与过程；熟悉营业推广的概念与推广方式；熟悉人员推销的作用、原则与过程。

【能力目标】

能制订合适的广告主题、广告语；能写作平面广告文案；能制订符合要求的媒体宣传计划；能收集一个事件营销(或其他)的方案并进行点评；能进行营业推广方案的优缺点评价；能为商品展销会设计促销方案；能设计面向消费者的营业推广方案。

【学习成果】

宣传促销文案：能利用所学知识，为某旅游企业设计产品促销方案、产品平面广告文案和产品媒体宣传计划等。

案例导入

某餐饮连锁集团招加盟商的广告

一家餐饮连锁机构想招加盟商，他们决定通过在报纸上做广告和目标受众进行沟通。他们在同样的报纸广告上，撰写同样字数的文案，花费了同样多的费用，但由于信息内容设计不同可能就会产生截然不同的效果。一则文案的标题是“如何轻松年赚100万？”，另一标题是“某某餐饮连锁机构寻求加盟伙伴”。显然前者对受众的认知报酬强度就远远超过了后者，前者对受众的感觉是来给人提供利益的，后者对人的感觉是王婆卖瓜自卖自夸，只想挣受众的钱。最后结果不言自明，前者信息被注意的可能性就大，其沟通效果就会非常显著。同样，这家企业将两个方案的标题和文案内容制成广告，一则放在了一条收视率非常高的新闻的下面，另一则放在了一条冗长乏味的企业公告下面，并且前者的标题用了鲜明醒目的色彩和大号字体，后者标题却用了和上面的公告同样的字体和颜色。此时它们被注意可能性就会大不一样，前者几乎不需要付出什么努力，在人们看完新闻后就会顺理成章地注意到它，而后者也许会让你在浩如烟海的文字中累得眼酸也不能找到它。

作为一名旅游市场营销人员，要解决以上问题，必须熟悉旅游市场营销促销的知识，熟练运用促销的不同类型工具，并能结合旅游企业实际与企业外部环境，选择合适的促销策略与促销工具。上述案例就是促销常用工具之一广告的运用，正确进行广告文案写作、广告投放方式的合理选择对于广告的效果非常重要。

第一节 旅游产品促销与人员推销

一、旅游产品促销

(一)旅游产品促销

旅游产品促销是指旅游企业通过人员或非人员的方式，将有关旅游企业、旅游目的地及旅游产品的信息，通过各种宣传、吸引和说服的方式，传递给旅游产品的潜在购买者，帮助消费者认识旅游产品所带来的利益，从而引起消费者的兴趣，激发他们购买欲望及购买行为的活动，以达到扩大销售的目的。其实质是旅游企业与旅游消费者之间的信息沟通。

旅游产品在进行促销时应当考虑以下四个方面因素。

(1) 消费者对不同类型的旅游产品需求、购买方式等方面是不相同的，需要采用不同的促销方式。

(2) 在产品不同的生命周期阶段，旅游企业的营销目标及重点都不一样，促销方式也不尽相同。在投入期，要让消费者认识了解新产品，可利用广告与公共关系广为宣传，同时配合使用营业推广和人员推销，鼓励消费者积极尝试新产品；在成长期，要继续利用广告和公共关系等方式来扩大产品的知名度，同时用人员推销来降低促销成本；在成熟期，市场竞争激烈时，要用广告来介绍产品的新变化与调整，同时使用营业推广来增加产品的销量；在衰退期，营业推广的作用更为重要，同时可以配合少量的广告来保持消费者对产品的印象。

(3) 市场范围、市场需求情况不同，旅游企业应采取的促销组合也不同。一般来说，市场范围小，潜在消费者较少以及产品专用程度较高的市场，应以人员推销为主；而对于无差异市场，因其用户分散，需求范围广，则应以广告宣传为主。

(4) 促销费用、促销预算的多少直接影响促销手段的选择，预算少，就不能使用费用高的促销手段。预算费用的多少要视旅游企业的实际资金能力和企业的营销目标而定。

案例 10-1

酒店高考房促销活动

在各酒店低价促销、多种服务配套的刺激下，北京高考房目前需求旺盛，部分酒店高考房已被预订一空。由于距离人大附中、北大附中、清华附中、101中学近，北京燕山大酒店的高考房从5月就开始脱销。与燕山大酒店隔街而望的友谊宾馆，目前也已售出40多间的酒店公寓高考房。五星级翠宫饭店高考房同样也预订出20余间。

各酒店高考房报价虽不及门市价的一半，但提供的配套服务却不打折。据悉，翠宫饭店将允许高考房“考生客人”免费使用酒店健身中心和游泳池等休闲设备；燕山大酒店则要在客房及酒店大堂布置鲜花、温馨提示牌等，还为考生和家长准备了人均消费40元左右的“前程似锦、金榜题名”等套餐。

(资料来源：王浘. 旅游公共关系. 北京：化学工业出版社，2009)

(二)旅游产品促销的作用

1. 刺激需求，激励消费者购买，建立消费习惯

旅游产品作为非一般生活必需品，其消费需求弹性大，波动性强，具有一定的潜在性。促销通过生动、形象、活泼、多样的手段，唤起或强化旅游消费需求，甚至创造和引导特定旅游产品的消费需求。

2. 突出产品特色，提高竞争力，缩短旅游产品入市的进程

使用促销手段，旨在对消费者或经销商提供短程激励，在一段时间内调动人们的购买

热情，培养消费者的兴趣和爱好，使消费者尽快地了解产品。促销是传播旅游产品市场定位特色的主要手段，它通过对同类旅游产品某些差别信息的强化传递，对具体产品(服务)的特色起到聚焦、放大的作用，从而缩短旅游产品入市的进程。

3. 树立良好形象，加强市场地位

通过生动而有说服力的旅游促销活动，可以塑造友好、热情、服务周到以及其他良好旅游服务形象，赢得更多潜在旅游消费者的喜爱。一旦出现有碍旅游地或旅游企业发展的因素时，就有必要通过一定的宣传促销手段，改变自身的消极印象，重塑自身的有利形象，以达到恢复、稳定甚至扩大市场份额的作用。

4. 提高销售业绩

促销是一种竞争手段，它可以影响甚至改变一些消费者的消费习惯及品牌忠诚度。受利益驱动，代理商、经销商和消费者都可能被吸引，前两者可能会大力推进产品销售，而后者则可能直接付诸行动。良好的促销常常会提高产品销售业绩。

5. 有效应对市场竞争

无论是旅游企业主动发起市场竞争攻势，还是应对其他企业的市场挑战，促销都是有效的应对手段，不但可以运用促销强化市场渗透，加速市场占有，同时还可以运用促销针锋相对，来达到阻击竞争对手的目的。

6. 带动相关产品市场

促销不仅可以完成自身产品的销售，同时还可以带动相关产品的销售。如旅游目的地的促销，可以推动当地饭店业、餐饮业等相关市场的发展。

二、旅游人员推销

(一)旅游人员推销的概念和特点

旅游人员推销是指旅游企业的人员向消费者进行面对面的口头宣传，销售产品，满足消费者需求的促销方式。旅游人员推销主要有以下 3 个特点。

1. 推销活动的针对性

旅游人员推销通常采用一对一的方式，和客户直接进行沟通，使得推销活动可以针对每一个客户的特点，了解客户的需求和购买动机，从而采取不同的推销策略，解答客户的疑问，满足客户的特殊要求。

2．交易的及时性

旅游人员推销从寻找客户，到拜访客户，与客户进行交流，处理推销过程中的各种问题。在整个推销的过程中，始终保持和消费者近距离的接触，可以随时观察和了解客户的反应，寻找和抓住机会，及时促成交易的完成。

3．消费者沟通的有效性

旅游人员推销不仅要通过和消费者直接面对面的沟通来达成交易，交易成功之后，需要与客户保持长期的联系和沟通，通过定期或不定期的回访，及时了解客户购买和使用旅游产品的意见和建议，对客户进行有效的管理，使旅游企业和消费者的沟通长期而有效。

案例 10-2

南京古南都饭店总机接线员的促销意识

圣诞节前午夜时分，南京古南都饭店总机当班的小李，接到某外资公司一位客人的电话，询问圣诞活动预订事宜，并说曾打电话给另一家酒店，因该店总机接线员告之订票处已经下班，于是便打电话到古南都饭店询问。

小李接到客人的电话，尽管此事并非是她的直接工作范围，但是脑海中立即意识到这事关饭店形象，做好咨询服务是自己应尽的责任和义务，处理得当还能促进饭店的圣诞销售。小李是一个有心人，平时已将饭店的圣诞活动安排了解得一清二楚，于是她马上热情、细致地把有关情况向客人作了介绍。客人听后非常满意，并表示他们公司将平安夜活动就定在古南都了。第二天，他们果然来饭店买了 160 张欢度“圣诞平安夜”的套票。

(资料来源：http://www.17u.com/news/shownews_17279_0_n.html)

【分析】全员营销就要让每一名员工懂得，自己工作的好坏直接关系到企业的形象、声誉和生命，人人做好自己的本职工作就是在促销企业产品，并在此基础上有意识地针对消费者需求，推销酒店的产品和服务，通过消费者满意来实现最佳的销售效果。本案例中，消费者在酒店消费前和消费过程中，往往不是很了解酒店的产品，这也就是常见的信息不对称现象。酒店员工及时地提前了解，主动向消费者推荐介绍有关的产品和服务，礼貌地将选择权交给消费者，从而使酒店与消费者的信息不对称趋于对称，这才是真正意义上的“全员营销”。由此可见，自觉的促销意识正是小李的可贵之处。她平时做有心人，关心酒店的促销活动，提前对这次圣诞活动的各项内容了解得清清楚楚，因此面对客人的询问，她胸有成竹，详细解答，抓住了这个意外的促销机会。

(二)旅游人员推销的方式

1. 专业人员推销

专业人员推销是指旅游企业选拔具有专业销售技巧的销售人员，利用推销相关资料对消费者进行推销。专业销售人员接受过专业培训，掌握推销的相关知识和技巧，一旦交易成功，会给旅游企业带来长久稳定的客源。专业人员推销成为旅游企业最重要的推销方式。在实际推销过程中，由于旅游的最终消费者分布比较分散，大多属于少量购买，因此，专业人员推销的主要目标是旅游中间商和团体购买者。一般来讲，专业人员经常采用上门推销、电话推销和展示会推销等方式进行推销。

2. 全员推销

全员推销是指旅游企业内部旅游产品或服务的各个环节的员工，在接待旅游者、为旅游者提供服务的过程中，借助于旅游企业的各种内部设施、设备、资料进行推销。即服务的过程就是推销的过程，包括在服务过程中回答消费者的各种咨询、消除消费者疑问、促进销售；帮助消费者在购买过程中选择需要的产品和服务；在客人消费结束后，征求意见等。全员推销需要员工熟知本企业及产品的特点、价格、服务时间、服务方式以及能为客人提供的各种优惠，以便随时向客人进行有针对性的推销。

案例 10-3

山西平遥县县长扮演清代县太爷迎游客引热议

2011 年国庆黄金周期间，山西各重点景区推出了形式多样的旅游活动，其中平遥县县长扮演清代县太爷迎八方游客成为最大热点。在展示该地文化旅游资源的同时，也引来不少质疑。

国庆长假第一天，随着雄浑的号角、古朴的礼乐，平遥县县委副书记、县长卫明喜出演的“清代县太爷”率领古城“乡绅商贾”和“三班衙役”从城门中走出迎客，这位“县太爷”频频拱手，代表当地政府及50万平遥民众欢迎前来观光旅游、休闲度假的中外游客。

山西平遥县是一座具有 2700 多年历史的文化名城，是中国目前保存最为完整的四座古城之一，也是目前中国唯一以整座古城申报世界文化遗产获得成功的古县城。

“古城风韵”迎宾仪式，是平遥县为提升古城文化品位，丰富古城文化产品，根据中华民族古礼中的宾礼，结合古城特色文化推出的一项常态化大型文化旅游演艺项目，在 2011 年第十一届平遥国际摄影大展开幕式上首次亮相后，受到观众的广泛喜欢。

但颇受欢迎的“古城风韵”迎宾仪式，让县长“出镜”后，引来了民众的纷纷热议，褒贬不一。有不少网友表示赞同，“让我们看到了地方领导为推动特色旅游以及服务事业发

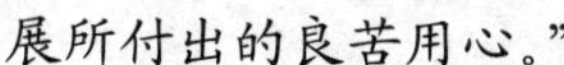

展所付出的良苦用心。”

但另一种说法认为，一县之长毕竟不同于一般的人物，作为公务人员，除了一切公开行为都要和公共事业搭边外，还得尽力避免其所作所为宣扬和这个时代不相符的官本位、特权以及其他封建思想才好。

网上更有评论者直言，这一个小小的举动，暴露了这些官员心里的秘密，无论官职大小，都要做那种说了算的官爷，就是想当一个说一不二的“土皇帝”。

真县长，假“县太爷”卫明喜对此作出回应：“一个地方的行政长官出来迎接游客，表明我们县委、县政府对游客的尊重，这种效应放大，游客会对平遥更感兴趣。”卫明喜表示，扮演“县太爷”迎宾仅仅是个开端，以后平遥县要在这方面不断完善，使迎宾仪式成为一个吸引人的常态性演出。

(资料来源：http://society.people.com.cn/GB/1062/15864889.html)

(三)旅游人员推销的管理

1．旅游人员推销的目标

旅游人员推销和其他促销方式不同，在推销过程中，需要人员根据实际情况随时进行调整策略，并不断与客户沟通。因此，旅游人员推销的目标不能只以销售额作为主要目标，而应该综合考虑旅游企业的整体营销策略和促销目标来确定，充分发挥人员推销的优势。

(1) 销售产品。旅游人员推销最基本的目标是通过与客户的沟通，向消费者提供有关旅游企业和产品的各种信息，在一定的权限范围内处理一些技术问题。销售产品的目标可以通过销售额来体现。

(2) 开拓市场。当现有的客户市场已经非常稳定时，根据旅游企业的整体营销策略，需要开发新的市场。可以把开拓市场、寻找新客户作为旅游人员推销的总目标，依靠旅游推销人员对市场和旅游产品的了解，发现新的需求动向，开拓市场的目标可通过新增的客户数来体现。

(3) 收集市场信息。推销人员在与客户的沟通中，能够获得客户对旅游产品最真实的看法和意见，并将信息反馈到企业的有关部门，对于改进旅游产品、提供更好的服务具有不可替代的作用。推销人员在推销工作中，应该随时掌握市场竞争的第一手资料，这些都能成为指导旅游企业产品开发、促销的重要信息。收集市场信息的目标可以通过在一定时间内，推销人员反馈的信息量，或者是对旅游企业的市场营销策略提供的有价值的建议数量来体现。

2．旅游人员推销的组织和规模

旅游人员推销采取的组织结构、规模是否恰当，直接影响到旅游企业的经济利益。旅游企业应该依据旅游产品的销售区域、产品特点、消费者类型来建立组织结构，并根据销售百分比、销售力量和业务量来确定推销人员的规模大小。

(1) 区域性组织结构。区域性组织结构是指旅游企业将目标市场按地理因素划分为若干个不同的销售区域，每个销售人员负责一个区域的全部销售业务。区域性组织结构建立的关键是要确定合适的销售区域，一般可根据销售潜力相等或业务量相等的原则来确定，避免每个销售区域的销售潜力或业务量不同而引起销售人员的矛盾。

(2) 产品式组织结构。产品式组织结构是指旅游企业根据旅游产品的性质种类，或者按不同旅游线路的组合分成若干类，一个或多个销售人员为一组，负责对其中的一种或几种旅游产品进行推销的组织结构。

(3) 消费者式组织结构。消费者式组织结构是指旅游企业将目标市场按照消费者的属性进行分类，不同的销售人员针对不同类型的消费者进行销售的组织结构。

案例 10-4

异类营销："绑架"拍照

网友在帖子中称到桂林旅游，在七星岩公园、象山公园、银子岩景区等，身着壮服的少女见游人一驻足，就上前半介绍半推拉地要和男性游客们合影，收费标准按人头计算，一个美女 10 元。这些美女们也会做生意，一般拉的就是团队游客，因为美女一行动，团队中的队友们只会帮美女们的忙，又是起哄又是拍照，被拉者想怒也怒不起来，只得苦笑着和美女们合影留念。尽管几十元事小，但如此用美丽来绑架旅客实属不该。

在北京"鸟巢"、"水立方"附近也出现过类似的唐老鸭、米老鼠卡通人物，他们在游客不知情的情况下合照后索要报酬。而在青岛中山公园，有装扮成喜羊羊、灰太狼等卡通形象的人与游客拍照并强行收费，不交钱还会遭到威胁。

(资料来源：http://www.zgtianji.com/Article/ysws/201112/19469.html)

3. 推销人员的管理与控制

旅游人员推销的管理归根结底是对推销人员的管理和控制。为了使旅游人员推销工作能够顺利开展，需要对推销人员制定合理的薪酬激励制度，制定旅游企业推销人员的聘用标准，加强对推销人员的培训和激励，对推销人员进行相应的工作绩效考核。对推销人员的评价考核应该体现公开、公正、公平的原则。

案例 10-5

"总统"欢迎你

旅游是一项赚钱的无烟工业，美国政府几十年来十分重视这项产业，从总统到任何一位市长，都是本国本地旅游产品的推销员。当你一进入美国任何一个国际机场的时候，在海关入口的墙上总会看到一张在位总统和蔼可亲的照片，下面是他的亲笔签名，还手书一句话——“美国欢迎你”。

有的总统在各种场合介绍美国的风光，欢迎各国旅游者。克林顿总统和布什总统还都曾经为国家旅游管理局拍过对外宣传美国旅游的广告，诚邀各国旅游者来到美国旅游，这时总统就像一个推销员，不过推销的是国家旅游资源而已。这种广告效果非常好，代表着一国总统向全世界发出邀请，这种热情的吸引力是很大的。

(资料来源：吴金林. 旅游市场营销. 北京：高等教育出版社，2007)

第二节　旅游产品非人员促销

一、旅游产品广告促销

(一)旅游广告

1. 旅游广告的作用

旅游广告是指旅游企业通过媒体，以支付费用的方式向旅游者提供企业及产品的相关信息，达到影响旅游者行为、促进销售的目的。旅游广告作为促销组合中重要的组成部分，其作用是长期的、潜移默化的，其作用包括以下三个方面。

(1) 传播信息，宣传产品。广告是一种大众化的传播方式，其辐射面广，传播速度快，旅游企业可以通过旅游广告将尽可能多的信息提供给旅游者，达到宣传旅游产品的目的。

(2) 树立形象，指导消费。旅游广告的长期重复传播，加深了旅游者对企业的了解，留下深刻的印象。广告的教育功能，使企业可以通过旅游广告将新的消费理念、消费知识传播给消费者，指导消费行为。

(3) 抑制竞争，促进销售。旅游广告的表现形式多种多样。旅游企业通过对文字、色彩和音响等的运用制作出精美的旅游广告，对旅游者产生多方位的刺激，从而弱化竞争者的广告影响，达到促进销售的目的。

案例 10-6

异类营销：“巨星”效应

1. 2011 年度最畅销的酒店房间，非《非诚勿扰 2》中葛优和舒淇的那间坐落在海南青山中的“蜜月房”莫属。2010 年 5 月份，它的价格还是每日 1450 元，日前，记者致电三亚鸟巢度假村营销总监夏天女士，了解到如今房间的门市价已经是 9999 元！而面对如此高的价格，依然有热心的影迷豪气地在电话里跟她主动加价：“加钱能不能插队啊？”

2. 从游客翻围栏与“巨星”合影说旅游需求。

电影《十面埋伏》拍摄曾以重庆永川区的茶山竹海为取景地。“五一”假期，一些游客不顾“危险！严禁攀爬”的警示牌，擅自闯入围栏与章子怡、刘德华等影视明星的塑像合影。

辣评：为什么影视剧的方式能达到普通广告所不能达到的疯狂效果呢？这是因为影视剧的方式利于接受，寓宣传于娱乐之中，在观众娱乐的过程中，这种效果肯定比直接的营销要好得多。不过，这种营销手段在资金方面要求较高，在一定程度上限制了普通市、县的行动和效果。

(资料来源：http://www.zgtianji.com/Article/ysws/201112/19469.html)

2. 旅游广告媒体

旅游广告媒体的优缺点如表 10-1 所示。

表 10-1 各种旅游广告媒体的优缺点

媒　体	优　点	缺　点
电视	覆盖面大，平均费用低，生动性强	绝对费用高，内容庞杂，目标对象不明确，不易保存
报纸	灵活、及时、弹性大，易被接受和被信任	保存性差、时间短，转阅读者少
广播	大众化宣传、地理和人口方面的选择性强，成本低	仅有音响效果，不如电视效果吸引人，传播时间短
杂志	可选择适当的地区和对象，可靠且有名气，时效长，传阅读者多	广告购买前置时间长，有些发行量是无效的
户外广告	灵活，展露重复性强，成本低，竞争少	不能选择对象，创造力受到局限
邮寄广告	沟通对象选择性强，有灵活性，在同一媒体内没有广告竞争，人情味较重	成本较高，容易造成滥寄“垃圾广告”的印象
网络广告	非常高的选择性，交流机会多，相对成本低	受到计算机普及的影响，在一些国家用户少

(二)旅游广告决策

1. 旅游广告目标

旅游广告目标决策是决定整个广告成功与否的关键，掌控整个广告活动的方向，又是衡量广告效果的重要依据。不同的企业、不同的产品特点、不同的广告任务，广告目标也会有很大的不同。广告目标要具体明确，符合旅游企业整体营销的要求。通常旅游广告根据其广告目的可以分为以下三类。

(1) 通知性旅游广告。其主要用于旅游企业开业或者旅游新产品发布时，侧重于对旅游产品的性能、技术、用途、特点、带给旅游者的新利益等方面的描述和宣传。广告目标在于提高旅游者对旅游企业及其产品的认知。

(2) 说服性旅游广告。其主要用于市场竞争激烈时，说服旅游者建立对企业和产品的偏好。广告的目标是使现有的旅游者养成消费习惯，激发潜在旅游者产生兴趣和购买欲望，保持旅游者对企业和产品的好感和信心，以此进行竞争。

(3) 提示性旅游广告。其主要用于具有一定的知名度的旅游企业为不断加深旅游者对企业印象与忠诚度，提示旅游者不断支持本企业的产品。广告的目标是形成旅游者的品牌购买习惯，刺激老消费者重复消费的欲望。

案例 10-7

从“春晚”看中国旅游业发展态势

中国人过春节可以说是一年中的大事了，而除夕夜的央视春节晚会又是中国人不可或缺的“大餐”。2006 年春晚的一个节目让我们看到了旅游业的发展新态势：地方电视台以自己家乡独有的特征为谜底做成了灯谜，主持人手持印有灯谜的灯笼向全国人民拜年，时间大概 20 秒(根据有关报道，2006 年春晚 20 时的广告价达到 539 万元。零时报时的广告价甚至达到了 966 万元，这意味着地方台拜年这 20 秒时段的价值远超过了百万元)。各个省份在收视频率如此之高的春晚，利用这 20 秒的黄金时间向全世界的人们宣传或者推销了自己家乡的什么呢？

从春晚的 35 个灯谜中我们不难看出，谜底为旅游景区与旅游景点的占了 70%左右。这个数字意味着各地方台利用这超过百万元的 20 秒选择了将本地区的旅游资源作为宣传主体，在全世界面前进行营销。从春晚这个现象可以看到，旅游产业对经济发展所产生的促进作用已经使各行各业和各级政府部门都感觉到了它的潜在力量和迅猛的发展态势。

(资料来源：王纪忠. 旅游市场营销. 北京：中国财政经济出版社，2008)

2. 旅游广告预算

旅游广告预算是指旅游企业投入广告活动的费用计划，它规定了广告投入期从事广告活动所需的经费总额和使用范围。广告预算应该包括五个方面：旅游广告调查分析、策划费用；旅游广告设计、制作费用；媒介发布费用；旅游广告人员的行政经费；旅游广告活动的机动经费。

3. 旅游广告设计

在设计旅游广告时，要对旅游企业及产品信息进行筛选，找出最具吸引力的、能刺激旅游者的“卖点”作为旅游广告的主要内容，并用形象与艺术的形式表现出来。

旅游广告作品要能把旅游企业的要求、意愿用艺术、情感和直观的形式表达出来。要注意五个方面的问题：确定旅游广告的主题，反映广告信息的内涵，针对旅游者心理，把握要说明的基本概念；广告要有创意，引人入胜的构思是旅游广告成功的保证；广告要有精练、准确、通俗易懂的文字和语言，以免引起旅游者的误会；通过生动的形象增加旅游者的好感与深刻印象；注意运用各种艺术表现形式充分发挥旅游广告的创意性。

4. 旅游广告媒体选择

旅游广告在选择媒体时，需要分析各种媒体的优缺点，选择合适的媒体。在进行评价时还要注意以下 8 个方面：媒体的传播范围；媒体对象与旅游广告对象的一致性；媒体的吸引力与影响力；媒体的传播持续性；媒体的传播时效性；媒体的对外传播效果；媒体购买费用；媒体购买条件。

5. 旅游广告效果评估

旅游广告的效果评估是指运用科学的方法来评定旅游广告发布后所产生的实际效益，包括经济效益、社会效益和心理效益的有机统一。经济效益是指旅游广告活动促进旅游产品销售额和利润的增加程度；社会效益是指旅游广告对旅游者的教育作用的大小；心理效益是指旅游广告在旅游者心理上的接受与满意程度。

案例 10-8

部分景区广告

长城：不到长城非好汉。

黄山：五岳归来不看山，黄山归来不看岳。

九寨沟：童话世界，人间天堂。

千岛湖：天下第一秀水。

锦绣中华：一步跨进历史，一日畅游中国。

中国民俗文化村：24 个村寨，56 个民族。

世界之窗：世界与你共欢乐；您给我一天，我给您一个世界。

苏州乐园：迪斯尼太远，去苏州乐园。

宋城：给我一天，还你千年。

美国好莱坞宇宙城公园：让游人进入侏罗纪时代。

二、旅游公共关系促销

(一)旅游公共关系

1．旅游公共关系的概念

旅游公共关系是指为了建立和维持旅游企业与公众之间的良好关系，以沟通、传播为主要手段，而进行的一系列建立、维护、改善旅游企业和产品形象的活动。

2．旅游公共关系的作用

(1) 塑造旅游企业形象，促进旅游产品销售。有效的旅游公共关系活动可以影响很大范围的不同群体，有利于提高旅游企业在公众中的知名度和美誉度，塑造良好的企业形象，而良好的公众形象必然会带来旅游产品销量的提高。

(2) 激发公众对旅游企业和产品的兴趣。旅游企业可以通过开展多种多样、丰富多彩的公关活动，寓教于乐，吸引更多的公众参与，增进公众对旅游企业和旅游产品的了解，引起不同公众的兴趣，激发购买欲望。

(3) 创造有利于旅游产品销售的内外部环境。旅游企业不断强化与各类公众的联系和沟通，在平等互惠的原则下，开展一系列公关活动，与股东、员工、消费者、竞争者、合作者、政府和新闻界等内外部公众建立并保持融洽的关系，争取公众的支持和理解，消除对旅游企业和产品不利的影响，为旅游产品的销售创造良好的内外部环境。

(4) 协调旅游企业的营销决策。旅游公共关系通过传播的手段，实现旅游企业和公众之间的双向沟通，既能及时将旅游企业的有关营销决策公布于众，促进公众对企业的了解和支持，又能及时收集公众信息，反馈意见，及时调整营销决策。

3. 旅游公共关系的方式

常用的旅游公共关系促销活动主要是参加旅游展览(销)会、策划社会赞助活动和举办记者招待会等。

(1) 参加旅游展览(销)会。旅游展览(销)会是指通过展台方式展示旅游资源、旅游线路和旅游设施及服务的一种公关专题活动，并可利用各种宣传手段(包括印刷宣传品、图片、实物、模型、录像、工艺品制作和文艺表演等)宣传推广旅游产品，同时可进行旅游业务咨询、旅游业务洽谈等活动。

许多国家和地区每年都要举行各种规模的国际旅游展览会，如世界上规模最大的柏林国际旅游博览会。在这些旅游展览(销)会上，各国各地区以至各行业都以其独有的民族形式和独特风格布置展台，用富有特色的图片、模型、实物、工艺品以及电影、录像、幻灯片等吸引旅游专业人员和观众；在展台上散发各种图文并茂、印制精良的宣传品，赠送多种小纪念品；通过展览，与新老客户洽谈业务和签订组团合同，并答复观众有关旅游的各种咨询。目前国家旅游局主办的两年一度的上海国际旅游交易会是我国规模最大、档次最高的旅游展览(销)会，许多省、市、协作区、重点旅游城市都定期或不定期地举办各类旅游展览(销)会。

旅游组织参加旅游展览(销)会必须综合多种传播媒介的优点，运用复合型、综合性的传播方式，包括文字媒介(如印刷宣传品、导游图、游览景点简介、旅游企业简介、旅游指南、画册等)、声像媒介(包括录音带、幻灯片、电影、录像和多图像幻灯片等，介绍风光名胜、风土人情，以及食、住、行、游、购、娱等方面旅游企业、旅游者关心的情况)、声音媒介(如讲解、交谈和现场广播)。精致的旅游纪念品、形象的画面、动人的解说、优美的音乐和生动的造型艺术(如模型)的有机结合，产生引人入胜的感染力。

(2) 策划社会赞助活动。旅游企业不仅是一个经济实体，也是社会的一个成员，对社会的公益事业有不可推卸的责任。旅游企业进行社会赞助的目的，是旅游企业以自己的实际行动体现该企业作为一名社会成员的责任和义务，从而为本企业树立起具有高度社会责任感的形象，提高企业的知名度和影响力，博取社会公众对企业的好感。旅游企业策划社会赞助的各类活动主要有以下内容。

- 赞助文化活动。
- 赞助教育事业。
- 赞助出版物。
- 赞助旅游展览会和知识竞赛活动。
- 赞助体育活动。
- 赞助福利事业、慈善事业。
- 赞助学术研究。
- 赞助节日、庆典活动。
- 赞助社区建设与活动。

(3) 举办记者招待会。记者招待会又称新闻发布会，是指旅游企业为公布重大新闻或解释重要方针政策，邀请新闻记者参加的一种特殊会议。它是旅游企业广泛传播信息、吸引新闻界客观报道、搞好与媒介关系的重要手段。因此，记者招待会信息发布的形式比较正规，具有规格高、可信度高、内容严肃等特点。记者招待会有利于旅游企业与新闻界朋友的充分交流和双向沟通，对建立良好的舆论环境有着重大促进作用。

案例 10-9

长城饭店巧借“公关之力”腾飞

北京长城饭店是中国第一家中外合资的五星级饭店。这家饭店自开业以来，名声越来越响亮，尤其是在海外，知之者甚众。许多欧美客人来到北京，指名要住长城饭店。它的生意兴旺，除了得力于一流的设备和一流的服务外，还同它成功的公共关系活动密不可分。

1984 年年初，当获悉美国总统里根访华的消息后，长城饭店的经理和公关人员立即意识到这是一个难得的机会！美国总统如能光临长城饭店，将给“长城”带来极大的声誉，对饭店的前途产生极大的影响！为了争取里根总统能在长城饭店举行答谢宴会，他们拟定了周密的计划，并全力付诸实施。当时长城饭店还未全部竣工，服务设施不尽完善，公关部人员克服种种困难，夜以继日地做了大量准备。

他们认为，美国驻华使馆在这件事上无疑有极大的发言权。于是他们就邀请大使馆官员到饭店做客，不厌其烦地带领美国驻华使馆的工作人员参观饭店，介绍设施与服务，听取他们对饭店设施、饮食和服务等方面的意见，并且抓紧时间一一改进。改进了，再请大使馆的官员来做客，再听取他们的意见。当大使馆官员对饭店的饮食和服务都表示满意之时，饭店再提出承办里根总统答谢宴会的要求，终于得到大使馆的支持，争取到了里根总统在“长城”举行答谢宴会的机会。

里根总统访华时，有 400 多位海外记者前来采访。长城饭店承揽了接待这些记者的工作，并且努力提供优质服务，使记者们对长城饭店具有极好的印象。美国三大广播公司(CBS，NBC，ABC)为及时发稿，都在长城饭店选定了自己的播视地点。在同饭店谈判费用时，饭店提出：只要在播映时说明是在长城饭店举行的现场转播，费用可以从优。由于这一要求同新闻必须具备的五要素(时间、地点、人、事、原因)完全吻合，所以很容易达成协议。在接待外国记者的过程中，长城饭店为他们提供材料和通信设施，协助其采访，做到有求必应。

1984 年 4 月 28 日，来自世界各地的 500 多名记者聚集在长城饭店，向世界各地发出了里根总统答谢宴会的消息，发表在世界各地的报纸、电视台的消息中，无一不提到长城饭店。正是由于这次现场直播的报道，以及世界各大通讯社、报纸的报道，使全世界的电视观众和报纸读者在注意里根访华这个大事件的同时，也了解了北京长城饭店豪华的设施和一流的服务。于是，长城饭店在全世界名声大振。许多外国人产生了好奇心：“长城”是怎样一家饭店？为什么美国总统会选择在这里举行宴会？后来，许多外国来宾一下飞机，就想到“长城”住宿，长城饭店的生意格外兴隆。据统计，长城饭店开业的头两年，70%以上的客人来自美国，这不能不归功于那次组织的公关活动。

(资料来源：王涅. 旅游公共关系. 北京：化学工业出版社，2009)

(二)公共关系过程

进行旅游公共关系决策，主要经过旅游公关调查、旅游公关策划、旅游公关活动实施以及旅游公关活动评估四个阶段。

1．旅游公关调查

旅游公关调查是指就公众对旅游企业形象的评价进行调查、统计、分析，了解公众对旅游企业的整体意见，了解旅游企业公众形象的现状，促使旅游企业有针对性地进行公关活动。旅游公关调查的主要内容有：旅游企业形象的调查、旅游企业的公众舆论调查和旅游企业开展公关活动条件的调查。

2．旅游公关策划

旅游公关策划就是指公关人员根据旅游企业的形象现状和目标任务，设计公关活动的最佳方案。旅游公关策划分为公众对象分析、确定公关活动目标、选择沟通主题、确定公关活动方式和制订公关计划五个步骤。

(1) 公众对象分析。旅游企业所面临的公众很多，在进行公关活动时，要有一定的群体针对性。在对公众对象进行有效的分析后，结合限定群体特征，确定用什么样的公关活动与公众进行沟通。

(2) 确定公关活动目标。公关目标一般有两大类：一是利用公关活动来解决旅游企业和公众之间存在的信息交流问题，以联络双方感情、传播有关信息等为目的；二是利用公关活动来避免或化解不利于旅游企业整体形象的不良后果发生。公关的目标应该具体明确，具有可行性。

(3) 选择沟通主题。选择沟通主题主要是指根据公关活动的目的，确定向公众传播哪些信息，用于公众和旅游企业的沟通。通常选择一个比较明确的主题来进行。

(4) 确定公关活动方式。公关活动的方式很多，而公众的认同与接受能力也有很大的差别。旅游企业应该根据活动的目标和主题，在分析公众行为与心理特点的基础上，选择合适的方式进行。例如，要宣传旅游企业对社会的贡献，树立富有社会责任感的形象，就可以选择赞助公益活动的方式。

(5) 制订公关计划。公关计划是指整个旅游公关策划的说明书，也是公关活动实施的具体方案。其一般为书面形式，包括整个公关活动的目的、宗旨、具体行动方案、经费预算、活动进度表、公关人员的职责、活动场地以及与策划相关的资料等。

3．旅游公关活动实施

旅游公关活动的实施就是根据公关策划方案，进行具体实施的过程。公关活动在实施过程中，随着各种内外部条件的不断变化，公众心理和行为也会发生不同程度的变化。影响具体实施过程的因素主要有：公关活动的前期调查不准确导致活动目标实施困难；实施过程中的沟通障碍，如语言障碍、观念障碍、心理障碍和组织障碍等；实施过程中的突发事件往往对公关活动的实施造成重大的影响，一类是信誉危机事件，如公众的投诉、媒体的不利报道与误解等，解决这种事件的关键是及时做好与公众和媒介的沟通与交流，及时发布相关信息，对外统一宣传口径等，以挽回负面影响，另一类是不可控制和不可预见的突发事件。

4．旅游公关活动评价

旅游公关活动的评价就是指根据一定的标准，对公关计划、实施过程和效果进行检查、评价。评价应坚持动态性原则，不仅重结果而且重过程。公关计划的评价侧重于制订公关计划所需的资料、信息是否准确，所制订的计划是否可行；公关活动实施过程的评价侧重于公众对公关活动的关注程度、反应以及公众对所传递信息的接受程度等；公关活动结果的评价侧重于公关活动所带来的销售量的变化、公众对旅游企业形象所持的观点和态度的变化以及公关活动的目的是否达到等。

(三)旅游企业的 CIS

旅游公共关系与旅游企业的 CIS 具有很多相似之处，但二者之间又有着一定的区别。

1．CIS 概念及内涵

CIS 是英文 Corporate Identity System 的缩写，直译为“企业识别系统”。CIS 是一个现代设计观念与企业管理理论相结合、实体性与非实体性协调统一的完整的传播系统。CIS 有三个主要的子系统：MI(Mind Identity)理念识别；BI(Behaviour Identity)行为识别；VI(Vision Identity)视觉识别。

MI 是企业精神、企业信条、企业目标、经营理念、企业标语与座右铭的体现，是企业文化的浓缩，是企业奋斗宗旨的概括，是员工精神目标的确定，犹如一个人的思想与灵魂；BI 是在理念的基础上产生的与之相适应的员工行为方式、企业内部各项管理规章制度、企业对外的公关宣传等，如市场调研、公关促销活动、社会公益性与文化性活动等，它是企业经营理念外在的动态表现，犹如人的言谈举止与行为；VI 是指企业基本的设计要素，如企业的名称、标志、标准字、标准色等，还包括企业内部的应用系统，如办公用品、环境装饰、员工服饰、广告宣传、招贴、产品包装等，它是企业经营理念外在的静态表现，如穿在人身上的标准化服饰和装饰。

MI、BI 和 VI 三者相辅相成，缺一不可。硬件决定地位，软件决定形象，形象塑造直接影响企业经营的成败。因此，塑造优良的企业形象成为占领市场的关键。CIS 是顺应时代发展、适应日渐激烈的市场竞争而产生的企业形象战略。

2．CIS 在旅游企业的实践

我国旅游企业是最早进入市场、引进国际先进管理的行业。喜来登、希尔顿、假日、香格里拉等跨国饭店管理集团公司于 20 世纪 80 年代进入我国饭店业，带来了业已成熟的企业管理模式。

就市场竞争来看，企业竞争一般分为价格竞争和非价格竞争。价格竞争众所周知，而非价格竞争就是通过提高产品质量、包装效果、商标信誉、服务水平以及广告效应等方式争取市场份额的，其实质就是企业形象的竞争，包括企业员工的凝聚力及同行认可、社会贡献、公共关系策划、咨询传播等方方面面的能力，是企业综合实力的体现。

3. 公共关系与CIS

公共关系的目标是指为旅游企业塑造良好的企业形象，创造“天时、地利、人和”的生存空间。CIS 则是企业在参与竞争、开拓市场时实施的形象战略。二者在塑造旅游企业形象上是紧密联系的。

公共关系与 CIS 的共同点是紧扣时代脉搏，帮助企业完成自身的形象塑造。

公共关系强调公共关系是企业的一种特殊管理职能，帮助企业注重自身形象的塑造与完善，不断对外传播企业信息，了解社会公众对企业的意见与建议。提高企业的知名度与美誉度，协调内外关系，使企业健康稳步地向前发展。

CIS 则更多地是从广告设计的角度，对企业生产的产品由内至外进行全方位的包装，借助形象设计的魅力使产品迅速走红市场，获得成功。

案例 10-10

空难引出的危机公关

中国国际航空公司是中国最大的航空公司，自成立以来在全球各地安全地飞行了 47 年，直至 2002 年 4 月 15 日上午 10 时 40 分左右，国航 CA129 航班在韩国釜山机场附近坠毁，机上载有旅客 160 人。空难发生后，国航紧急启动了紧急事件应急程序：召开各部门负责人会议，商定应对空难的紧急措施；国航善后事务工作组成立，并立即飞往韩国釜山；紧急向党中央、国务院汇报；迅速组成空难乘客和乘务员接待组，并包租了专供家属食宿的酒店，特意选择年纪在 40 岁左右的中年“爸爸”或“妈妈”负责接待工作，临时调配各种车辆 40 多辆，保证家属接送和交通；开通专门问讯电话，专门接受外地家属询问；全面了解国内乘客的具体资料，准确掌握家属情况，并在宾馆开设了临时门诊部；根据家属愿望，对于社会各界的理解和支持及时在媒体上披露。

乘务员抢着上航班，正在休假的国航员工不约而同地回到了单位。为了鼓舞士气、凝聚信心，从早上 5 时 30 分起，客舱乘务部的领导对所有起飞航班都在起飞准备区送员工上机，对飞回来的所有国际航班都前去迎接。在困难和挫折面前，从国航公司领导到每位员工，都喊出了“为了明天，我们更加坚强、更加团结”的口号。事后，国航负责人向新华社记者发表了谈话，表示国航正在进行的走向市场的改革决不会后退，而且要进一步做好，这就是坚定不移的路子。

经过以上一系列工作和得当措施，国航工作得到了广大家属的理解和赞赏。尽管人死不能复生，但国航的工作却给了生者许多安慰，从新闻媒介、社会舆论来看，没有反对国航的意见。随着理赔工作的开展，国航赢回了公众的信心。

(资料来源：王浞．旅游公共关系．北京：化学工业出版社，2009)

三、旅游营业推广

(一)旅游营业推广的概念与作用

1．旅游营业推广

旅游营业推广是指旅游企业在某一特定的时间和空间范围内，为了提高旅游者对旅游产品和服务的购买欲望和购买力而进行的一系列短期的、鼓励性的、非连续性的、灵活的促销措施和手段。旅游营业推广的对象既可以是旅游者，也可以是旅游中间商。

2．旅游营业推广的作用

(1) 可以解决旅游需求的不足，促进旅游产品的销售。旅游营业推广是一种非常规的促销方式，可以在短期内改变旅游者的购买习惯，刺激旅游者的消费欲望，达到增加需求、促进产品销售的目的。

(2) 可以有效地加速旅游新产品进入市场的过程。旅游产品在推进市场初期，由于进入旅游市场时间短，知名度不高，被旅游者了解与接受的时间往往较长，为了加快旅游新产品被消费者接受的步伐，旅游营业推广就成为有效的促销手段，如免费旅游、新产品特价等。

(3) 可以有效地抵御竞争者竞争。旅游企业的市场竞争力可以通过市场占有率表现出来的。旅游企业可以针对不同的对象，采取有效刺激手段，提高市场占有率来面对其他竞争者的市场挑战。

3. 旅游营业推广的方式

旅游营业推广的方式如表10-2所示。

表10-2　旅游者营业推广方式与旅游中间商营业推广方式

旅游者营业推广方式	旅游中国商营业推广方式
(1)样品。样品是指免费提供给旅游者试用的产品，样品既可以挨家挨户送货上门，也可邮寄发送，或在商店内随其他产品一起附送	(1)折价销售和业务。折价即在规定的时间段内以低于标价的价格销售，这些措施可鼓励销售商大批进货，销售商可利用折扣直接获利，或进行广告宣传，也可对顾客降低销售价格

续表

旅游者营业推广方式	旅游中国商营业推广方式
(2)优惠券。优惠券是一个证明，持券者在购买特定产品时可以凭此优惠券按优惠券规定少付钱	(2)折让。生产商也可提供折让，以便在零售商同意以一些方式对其产品进行宣传时给予回报，广告折让对零售商的宣传活动作出补偿
(3)现金折扣。现金折扣即在购物完毕后提供减价，而不是在零售店购买时消费者购物后将一张指定的“购物证明”寄给制造商，制造商利用邮寄的方式“退还”部分购物款项特价包(小额折价交易) 向旅游者提供低于常规价格的少额销售商品的一种方法	(3)免费商品。生产商也可能提供免费商品，以商品形式之外的额外供应回报那些购买到一定数量，或侧重购买某一特色或尺寸商品的中间人
(4)赠品。赠品即以较低的代价或免费向消费者提供某一物品，以刺激其购买某一特定产品	(4)销售竞赛。销售竞赛是一种包括推销员和经销商参加的竞赛，其目的在于刺激他们在某一段时期内增加销售量，方法是谁成功就可获得奖品
(5)奖品(竞赛、抽奖、游戏)。奖品即消费者在购买某物品后，向他们提供赢得现金、旅游或物品的各种获奖机会	(5)贸易展览会。一般的行业协会都会组织年度商品展览会和集会，向特定行业出售产品和服务的公司在商品展览会上租用摊位，陈列和表演它们的产品
(6)免费试用。邀请潜在顾客免费试用产品，以期望他们购买此产品	(6)纪念品广告。纪念品广告即指由销售员向潜在的消费者或顾客赠送一些有用的、但价格不贵的和有公司名称及地址的物品
(7)售点陈列和商品示范。售点陈列和商品示范表演在购买现场即在销售现场举行	

(二)旅游营业推广活动策划

1. 确定推广规模

由于营业推广是非常规的，在具体实施时应首先考虑推广的规模。规模太大、时间较长会使促销效率降低，而规模太小又起不到应有的刺激作用，因此，要根据推广的费用与效果的最优比例来确定最佳的推广规模。一般来说，推广最小规模应该足以使推广活动引起销售对象的注意，并采取相应的购买行为；最大规模应是销售额还在上升，但是销售效率已经开始呈现递减时。通常旅游企业可以通过考察各种销售推广活动销售与成本增加的相对比例，来确定最佳推广规模。

2. 选择推广对象

营业推广的对象很多，每次在进行推广活动策划时，旅游企业需要经过全面的考察来确定是面对个人还是面对团体，是面向旅游者还是面向旅游中间商或者推销人员。对推广对象范围的控制，可以使旅游企业选择正确的推广目标，从而使营业推广的目标能够顺利实现。选择推广对象的范围应该合适，范围太大会使推广的效率下降，范围限定得过小则不利于旅游企业开发新市场。

3．分析推广途径

推广途径主要是指向推广对象传递信息的渠道。推广的途径主要有广告、宣传单、邮寄、推销卡、新闻、人员推销和电话推销等。各种推广的途径不同，所需的费用不同，传达信息的范围也不同。旅游企业应在分析推广途径的费用、效率以及推广对象对信息的最佳接受方式的基础上，选择最有效的推广途径。

4．确定推广活动期限

推广活动期限的确定，受旅游产品的性质、消费者的购买习惯、促销目标、竞争者的策略等因素的影响。如果营业推广时间过短，可能使一些潜在的消费者错过机会，无法获得推广所带来的实惠，销售目标无法很好地实现；营业推广时间过长，会使消费者短期内购买欲望相应延迟，增加不必要的开支，失去营业推广活动的优势。因此，旅游企业要根据实际情况确定一个合理的推广活动期限。

5．选择推广时机

推广时机是指在推广期限内，确定具体的营业推广时间。推广时机的选择应根据产品的季节时间特征和消费者需求特征，与时间规律，结合企业整个市场营销策略来确定。在不同地区、不同范围内进行的营业推广活动要和当地营销人员配合，根据整个地区的营销战略来研究确定。

6．推广预算

营业推广活动的成功，需要较大的资金支持，必须进行科学合理的预算。推广预算一般通过两种方法来进行：一是由营销人员根据全年营业推广活动的内容、方式、选择的推广途径及相应的成本费用来确定预算；推广的费用包括管理费用(如印刷、邮寄费用)、奖励费用(如赠品或折扣的费用)。二是根据以往营业推广费用占促销费用的百分比来确定营业推广的预算总额。

7．推广活动的控制和评估

旅游企业为了保证推广活动的实施，应对推广活动进行有效的控制和评估，以保证营业推广达到预期的效果，可以采取以下 3 种方法进行。

(1) 消费者调查法。首先，通过对推广活动开展期间的旅游者消费行为进行观察、记录，对比推广活动前有关数据，分析推广活动对旅游者消费习惯的改变程度；其次，直接对消费者提出问题，了解、分析旅游者参与推广活动的动机、意见、建议和评价等，从而全面评估营业推广活动对旅游者的影响。

(2) 销售额对比法。对比活动前后销售额的变化，考虑推广成本的支出，可获得营业推广的净收益，以此评价推广活动的效果。由于销售额的变化受多种因素和其他促销手段的影响，因此，在进行评估时，应充分考虑其他促销手段和营业推广的综合效果。

(3) 实验法。旅游企业在进行全面的营业推广活动之前，可以选择一个有代表性的地区或消费者范围，进行小规模的实施，通过改变推广规模、水平、期限和时机等因素，考察具体效果，当效果良好时再大范围开展。

案例 10-11

南京旅游促销团赴港推介深度旅游产品

2012 年 4 月 26 日上午，由南京市副市长率领的南京旅游促销团在香港举行南京深度旅游产品推介说明会。此次活动正逢佛顶骨舍利在港供奉，推介会上展示的一批以“佛都金陵·朝圣之旅”为主题的南京深度旅游产品，给香港旅游界人士留下了深刻印象。

香港是南京入境旅游的重要支柱市场之一，近年来，每年来宁旅游的香港游客近 20 万人次，而佛文化旅游线路一直是香港游客选择的重点旅游产品之一。此次推介的“南京礼佛之旅”主要有三条线路：一是“礼佛朝圣之旅”，线路为栖霞寺——栖霞山——玄奘寺——台城、玄武湖——灵谷寺——钟山风景区，游客可以参加礼佛活动，先后膜拜佛顶骨舍利和玄奘舍利；二是“佛宗文化之旅”，线路为栖霞寺——栖霞山——鸡鸣寺——玄武湖、台城——鸡鸣寺——定林寺，游客可以探寻三论宗、禅宗文化，或到牛首山、瓦罐寺领略牛头禅和天台宗文化；三是“佛光圣迹之旅”，线路为栖霞寺——玄奘寺——灵谷寺——朝天宫——大报恩寺遗址(在建) ——毗卢寺——金陵刻经处。

推介会现场举行了南京深度旅游产品推介、南京知名旅行社推介、“南京会展业发展现状和未来展望”等系列活动。此次推介会正值第三届世界佛教论坛在香港开幕，佛顶骨舍利供奉活动在当地引发强烈反响，现场展示的南京礼佛文化旅游产品也引发了香港旅游界人士的浓厚兴趣。

(资料来源：http://gov.longhoo.net/2012-04/27/content_9015548.htm)

思考与能力训练

一、思考题

1. 什么是旅游促销？它有何作用？
2. 举例说明人员推销的过程。

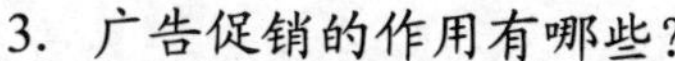

3. 广告促销的作用有哪些？

4. 联系实际，说明广告促销的程序。

5. 举例说明旅游公共关系的程序。

6. 什么是营业推广？营业推广的方式有哪些？

二、能力训练

能力训练一

1. 实训目的和要求

(1) 通过实践训练，熟悉广告媒体的类型，对各类媒体的优劣能进行比较，熟悉广告决策的过程。

(2) 要求学生根据实训项目撰写广告文案与媒体投放计划。

2. 实训内容

选择当地一家旅游企业，如旅行社、旅游饭店、旅游交通公司、景区景点等，对它们的广告策略进行考察，分析以下问题。

(1) 该旅游企业广告的主题语是否响亮？广告文案写作是否合理？

(2) 为该企业撰写新的广告语与广告文案。

(3) 该企业媒体的投放渠道都有哪些？媒体的传播效果如何？有无可以改进之处？

(4) 为该企业撰写新的媒体投放计划。

能力训练二

1. 实训目的和要求

(1) 培养学生的现代旅游市场意识和旅游产品意识，树立现代旅游市场营销观念，提高学生对旅游企业营销活动的分析能力。

(2) 要求学生根据实训项目撰写促销推广方案。

2. 实训内容

假如你是一家旅行社的经理，春节期间组织的一个赴中国台湾的旅游团发生了两名游客被“台独”极端势力袭扰并致重伤住院的事件。

(1) 对此突发意外事件，你应该在第一时间做出何种反应？

带队的一名年轻女导游为被“台独”极端势力袭扰并致重伤住院的游客主动输血，挽救伤者性命。

(2) 对此行为，你认为对于旅游企业的形象塑造有无作用？

三月份，在西安曲江国际会展中心将举行首届西部旅游产业博览会。

(3) 作为经理的你如果决定参展，你将如何设计展会促销方案？

能力训练三

人员推销——“标志”客栈

一个正在出现的，但不为人所知的旅馆连锁店——“标志”客栈怎样才能与假日旅馆和马里奥特这样的巨人企业相抗衡？是通过一种服务于商务旅行者的创新手段，一个广泛的内部销售服务规划，和在当地社区所进行的一种积极的人员推销来实现的。

第一个“标志”客栈在1981年3月开业于印第安纳州波利斯市。截至1995年，公司在美国中西部的6个州中(伊利诺伊州、印第安纳州、衣阿华州、肯塔基州、俄亥俄州和田纳西州)已经拥有了24处资产。“标志”客栈在20世纪90年代中期卖掉了密歇根州的一处资产。“标志”客栈在这个行业中保持着高水准的经营，因为它对所有的旅馆都可以直接进行控制。它没有独立经营的特许经营单位，几乎所有的旅馆都由附属的合作者拥有，而并不是公司所有，这样就能使公司的投资风险最小化。“标志”客栈的主要业务来自5个市场细分部分：①公司人员；②SMERF(社会团体、军队/政府、教育团体、宗教团体和各种协会)；③汽车观光团体；④受特别事件吸引的人；⑤休闲度假的人。

提供给商务旅行者的特定的设计包括每个客房中的一个照明优良的工作台、一个坐卧两用椅、一份高级的免费欧陆式早餐、免费的晨报(周一到周五)、免费的当地电话和免费的带电影频道的有线电视，客房中还有可以使用的打字机、计算器和私人的“电话工作中心”(可以进行一对一的会谈)。每一个“标志”客栈都可以提供5个会议房间，可以为预订15间或15间以上客房的团体提供一个免费的会议室。旅馆没有饭店或酒吧设施，只有一个小的餐厅提供早餐。每一个旅馆都安排相关的当地饭店，在看到“标志”客栈的客人所出示的房间钥匙时，饭店给其提供折价。因为“标志”客栈的房间价格适中，并且吸引着对价格较敏感的旅行者，所以它只进行了有限的折价，包括对老年人、持有“A”信用卡的人和长期停留的客户提供折价。年龄17岁或小于17岁的与父母共享一个房间的小客人可以免费住宿。另外，公司的销售部和市场营销部代表每一个旅馆同(财富)杂志上所列示的5家受人喜爱的公司和旅行社协会协商了一份特别的价格表。“标志”客栈的价格总是处于中游，它经常经营一些价格较适中的服务种类。

据估算，吸引一个新客户的成本要比保留一个老客户的成本多出6倍。这样，“标志”客栈就设立了它的“传奇式的服务”规划(在服务中，给客户带来一份惊喜)，这就需要总经理和客户服务人员每天都与目前的客户进行接触(例如，感谢他们入住本客栈，称呼他们的名字，并让其介绍其他的潜在客户等)。公司认为有效的内部销售和每天执行的服务规划是积极的外部销售的先决条件。

人员推销主要集中在每个旅馆的当地和周围的社区。每个“标志”客栈都有一个总经理助理，他要完成至少15个外部销售请求，每周还要寄走大量的促销邮件。“标志”客栈不断地与当地各种规模的企业和其他组织进行联系，不同种类的信息来源(包括商会、当地的报纸和行业目录等)可以被用来推测预期客户。例如，可以依据报纸上的订婚和即将到来的婚礼通报，向准新娘(郎)寄去祝贺信，并鼓励他们让参加婚宴的城外的客人住在“标志”客栈。

总经理助理每月还有一个责任，就是对在上个月住宿客房数最高的10家组织进行服务销售(打电话或面对面进行)。1993年，公司在它的每一个旅馆中都安装了一个资产管理系统，客户的特征和客户的历史资料在这个系统中被累积和保存起来。这个系统帮助旅馆确认能够产生最高客房住宿的客户，除此之外它还有别的功能。通过仔细分析这些资料，“标志”客栈能够写出更精确的市场营销和销售计划，以吸引有类似客户特征并居住在公司主要的地理区域，但却未成为“标志”客栈客户的那些人。近年来，一个自动的销售和探测系统——“电子魔术”系统被应用，可以更精确地管理“标志”客栈的销售程序。

每周，总经理助理都要进行一系列的调查，拜访所有当地的竞争对手，并查找一下哪些组织要召开会议或执行其他功能。“标志”客栈的总经理和总经理助理经常瞄准特定种类的组织(例如，当地的教堂、不动产公司等)，而且总经理助理要通过面对面的谈话或电话来完成对这些组织的销售。“商务伙伴信件”被邮寄给周围社区的较小的组织，并附带上小册子和其他促销资料。“标志”客栈要求每个被拜访的预期客户都说出一些他们知道的可能对使用“标志”客栈服务感兴趣的其他人的名字，然后市场调查信息就会进入“电子魔术”系统，以备后续的跟踪调查，甚至店内的客户评论卡也被用做类似的介绍信息。

“标志”客栈使用了多种不同的手段和工具来展示和证实它的服务。这些带彩色照片(描述了客栈的各个方面)的服务指南，以及小册子、楼层计划、价格卡和其他有关“标志”客栈的印刷信息。公司认为它最独特的卖点就是对客房独特的设计和为商务旅行者提供的其他特别服务。证实这些特色的最好方法是什么呢？“标志”客栈想出了一个最有效的方法，就是邀请预期客户在总经理、总经理助理或客户服务经理的引导下亲自参观一下本客栈。

总经理助理在销售请求中使用一个“五步的展示程序”，它非常类似于本章所描述的销售过程：①准备；②面对面地交谈；③市场调查；④展示；⑤完成销售。当销售代表处理异议和问题以及帮助完成销售时，会使用一些容易记忆的短语。“标志”客栈认为对客户进行售后跟踪是十分必要的。客户服务经理会在会议结束后对会议室的使用者进行跟踪调查，看看会议进行得是否顺利，以及是否要对下一次会议进行预订等。“标志”客栈周期性地召开聚会，以巩固与老客户的关系，并吸引新客户。

对于公司客户，“标志”客栈还要做一些额外的销售工作，将销售精力主要集中在连锁性的公司和主要的贸易展销会上。单独经营的资产也要做一些区域以外的促销，主要是对旅行代理人和汽车观光公司展开的。

高水准的专业性管理是所有的“标志”客栈所共有的特征，也是它迅速成长的原因。但它最令人称道的还是其与众不同的销售队伍所进行的人员推销。

【分析讨论】

1. “标志”客栈怎样发展了一个独特的内部和外部推销手段？这一手段怎样帮助“标志”客栈在当地与较大的宾馆进行竞争？

2. 其他的旅游与酒店业组织可以从“标志”客栈的人员推销手段中学到什么？

第十一章

旅游营销管理

【知识目标】

理解旅游营销组织的特点和原则；熟悉旅游营销组织的类型；熟悉旅游营销人员的素质和旅游营销组织的任务；熟悉旅游市场营销计划的类型；熟悉旅游营销计划的制订程序；熟悉旅游营销计划的内容；熟悉旅游营销控制的三种形式。

【能力目标】

能制订旅游营销计划；会用相关方法分析旅游企业的获利能力和销售能力；会设计顾客意见调查表。

【学习成果】

旅游营销计划书：撰写旅游营销计划书。

顾客意见调查表：设计顾客意见调查表。

案例导入

航班延误起纠纷

2007年4月30日，20名游客跟随中青旅组织的“印度尼泊尔9日”旅游团前往印度、尼泊尔旅游，按原计划5月4日前往尼泊尔首都加德满都。

由于机械故障，航班被取消，旅行社表示将航班转签为5月6日飞往尼泊尔。中青旅为此曾向游客提出两个解决方案：在尼泊尔停留的一日观光行程中尽量精选内容，最大限度地安排游览，并将退还客人延误的两日尼泊尔接待费用每人1000元；或者按原计划顺延两天，完成原定4天的行程，不退还任何费用。游客认为旅行社应该按黄金周期间尼泊尔游的价格，即1万元进行赔偿，中青旅拒绝了游客提出的赔偿要求。于是游客选择了在5月6日拒绝登机前往尼泊尔，滞留印度。据了解，由于中青旅不接受游客方面提出的“先行赔付损失1万元”或“提供免费尼泊尔游”的要求，20名游客坚持滞留印度，在要求中青旅签署了一份游客写成的“事情经过”之后，20名游客才同意登机。

尽管在游客提供的“事情经过”上签了字，但中青旅方面出境旅游公司副总经理韩葵昨日表示，中青旅是在“非情愿”的状况下完成签字过程的。“我们认为游客出具的‘事情经过’与事实严重不符。”韩葵告诉记者，游客坚持“若不签字就不登机”，使中青旅为避免事态扩大而在“事情经过”上签字。

针对游客方面提出的赔付要求，中青旅出境游相关负责人表示，将依据合同约定和法律规定给予游客合理补偿。

在回国3天之后，20名因行程更改而曾滞留印度的游客终于等到了中青旅给出的解决方案。昨日(11日)下午，中青旅发布《致印度尼泊尔团20位游客的函》，表示将通过退还团费、机票及补贴旅游产品的方式“慰问”游客，每位游客获得的“慰问金”总价值为5330元。而游客方面尚未表态将是否接受中青旅给出的方案。

中青旅方面表示，由于航班延误，最终导致尼泊尔段旅游未得以进行，中青旅公司将退还给游客该段团费，每人人民币2000元；国际联程机票中从德里至加德满都段的机票价款为每人人民币830元。此外，对于计划行程外游客滞留在印度期间已发生的食宿、地接等费用(约人均人民币1000元)，中青旅表示将全部予以承担。“在未来一年内，我公司可为此事件中的每位游客提供价值相当于人民币1500元的旅游产品和服务。”中青旅相关负责人表示，由此，每位游客实际上将获得总价值5330元的“慰问金”。

据了解，由于解决方案是昨日下午刚刚发给游客的，目前中青旅方面尚未收到游客的反馈意见。有业内人士表示，此次中青旅给出的解决方案比原先提出的“退还每人1000元团费”高出不少，但与游客先前提出的“赔付损失1万元”或者“提供免费尼泊尔游”相比还有一定距离，游客方面是否愿意接受旅行社给出的解决方案，目前还很难确认。

(资料来源：王纪忠. 旅游市场营销. 北京：中国财政经济出版社，2008)

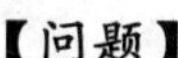

【问题】

如何避免出现或解决好中青旅出现的类似问题？

上述问题实际上就是一个旅游市场营销管理的问题。对旅游营销全过程进行有效管理，是企业营销目标顺利实现的前提和保证。通过准确判断旅游者需求、合理设计营销组织、精心制订营销计划、有效控制营销实施过程，使各营销部门、各环节协调配合，保证企业在旅游市场竞争中处于有利地位。

第一节　旅游营销组织

旅游营销组织是旅游营销工作的组织者，是指旅游企业为了实现旅游营销的目标和任务，通过职能分配和人员分工，授予人员相应的权力与职责而进行的协调营销活动的有机体。营销组织是制订并执行营销计划、服务旅游消费者的职能部门，其组织形式受宏观市场营销环境、企业自身所处阶段等因素的影响，经历了单纯销售部门、兼有附属职能的销售部门、独立的市场营销部门和现代市场营销部门几个主要的发展阶段。

一、旅游营销组织的特点

旅游营销组织是指旅游目的地或旅游企业内部设立的，从整体上平衡、协调、执行和管理其市场营销活动，实现营销目标的机构。同其他组织相比，旅游市场营销组织应有 4 个特点。

(一)灵活性

一个良好的营销组织必须具有一定的灵活性，即应是一个柔性系统，易于适应迅速变化的市场情况和适应执行各种计划。对于旅游业而言，主要面临的是短平快经营项目，一个精练、多能、机动性强、反应快的组织是营销成功的保证。同时，灵活性还指组织本身应能够随着市场变化而进行自我调整的弹性。

(二)协调性

市场营销组织虽在旅游企业中起主导作用，但它毕竟只是企业经营工作的一个组成部分，而营销工作涉及企业管理的方方面面，因而营销组织必须与所有其他组织部门相联系与协调，与其他各个部门密切配合，使各部门之间的冲突降至最低程度。因此，一个有效的市场营销组织应具备良好的协调功能。

案例 11-1

缺乏协调酿恶果

顾先生是一家中型旅行社的总经理。他面前的办公桌上放着一份由几十名旅游者联合签名的投诉信。信中抱怨，他们受该旅行社发行的旅游小册子的吸引参加了该社新推出的假日旅游，结果却大失所望：下榻饭店的客房里没有图册照片中的鲜花和水果，第一晚用餐时，客人发现餐位和食物供应量不足，原来饭店餐厅从销售部接到的通知，该团总共是40人，而实际人数却是46人；全陪导游在来时路上大力推荐介绍的某一景点，到达后却被当地导游告知临时取消，组团社和接团社的导游为此争执不下；后来增加参观一个景点，却又因为交通堵塞让游客在半山腰等了将近一个小时。这条旅游线路本来前景不错，但现在看来，顾先生觉得有必要召集营销经理和其他主管好好商量一下解决各环节的配合问题。

(资料来源：吴金林. 旅游市场营销. 北京：高等教育出版社，2007)

(三)信息传递的快速性

营销组织应能迅速地传递信息。营销组织直接与市场和消费者接触，掌握第一手的信息资料。一个理想的营销组织不仅能够科学地分析、整理有关资料，还应该将市场环境信息迅速反馈给决策部门，做好信息传递的桥梁和中介，保持信息渠道的畅通；能与其他部门充分共享销售资料和市场发展趋势的预测分析。

(四)有效性

营销组织不仅能够将营销计划迅速贯彻落实、及时实施，并迅速传递和反馈信息，而且能够通过详细的可行性论证开展的各项活动，取得良好的效益。

案例 11-2

一次租出 60 间客房

一天傍晚，美国某饭店的总经理唐娜·爱因斯华兹来到前台，对当班职员说："这几天我们的生意不好，大家动动脑筋，争取一些客源，想办法多租出一些客房，我想你们肯定能行的。"说完，她就出去开会了。

乍一看，总经理把如此重要的事情交给前台职员，似乎不够稳妥。其实，这正说明总经理深谙授权之道。果然，总经理刚离开，前台的员工们就聚集起来商议对策。前台主管约翰逊想到一个办法：主动与各大航空公司联系，寻找因误机而需要住店的客人。这一招果然奏效，他们很快与一家航空公司说定，立即派车去接滞留在机场的一批客人。

饭店司机正要下班，听到消息，立即加班赶往机场，前台总管率领职员到前厅迎接客人，登记入住，很快将这批客人安置妥当。饭店、航空公司、旅客皆大欢喜。该饭店在傍晚5点钟争取到60间客房房源的成功之举，被业界传为佳话。

(资料来源：吴金林. 旅游市场营销. 北京：高等教育出版社，2007)

二、旅游营销组织的基本原则

旅游企业营销组织的建立，涉及组织结构、组织制度和组织行为，因而必然受到企业内外各种因素的制约。为了确保企业营销活动的整体效益，建设营销组织时必须遵守下列基本原则。

(一)目标明确原则

企业组织营销是一个有机统一的整体，营销组织各部门必须适应企业发展战略和市场环境的客观要求，减少营销活动的盲目性和主观随意性所造成的损失。事实上，企业营销目标本身就是企业目标的分解、细化，企业各营销组织的目标又是企业总体营销目标的分解与细化。明确和量化企业各营销组织的目标是营销组织建设应遵循的主要原则。

(二)系统原则

旅游企业营销组织既有明确的目标和任务，又有自己的营销活动的具体要求。它要求各营销部门之间能够构成一个有机的营销系统，相互支援，相互制约。因此，营销组织要完成和超额完成任务，实现营销目标，客观上要求具备完善的、能够相互支援相互配合的功能。在严格科学分工的基础上，完善决策、执行、信息、监管和策划等功能及相应的人员配置，确保组织活动的高效率和高效益，实现整体功能大于简单的局部功能之和。

(三)精干原则

旅游企业营销组织的精干原则，一是指优选一定数量具有较高营销素质的工作人员；二是正确确定营销组织的规模。随着科技进步和现代办公技术的推广与应用，所需要的工作人员相对减少，但要求其具有更高的素质。因此，营销组织应根据计划目标，科学确定编制，从而提高组织的应变能力。

(四)责权对等原则

营销组织应对各部门及人员明确规定职务、工作内容、责任、权限，以及与其他有关权限的关系，以便按统一的营销管理制度提高岗位工作的效率与效益。贯彻这一原则应坚持责任与权利对等，保证营销人员拥有与完成任务对等的权与利。

案例 11-3

有效的授权

刘民和王东分别是当地旅行社中两个不同部门的经理，在某一天同车上班的路上，他们彼此讨论自己的管理工作。在交谈中发现，刘民特别为两个助手伤脑筋。他抱怨说："这两个人在刚进旅行社时，我一直耐心地告诉他们，在刚开始工作时，凡是涉及报销和订货的事都要事先与我商量一下，并叮嘱他们，在未了解情况之前，不要对下属人员指手画脚。但是，到现在都快一年了，他们还是什么事都来问我。例如，王大同上星期又拿一笔不到1000 元的报账单来问我，这完全是他可以自行处理的嘛！两周前，我交给孙文国一项较大的业务，叫他召集一些下属人员一起搞，而他却一个人闷头搞，根本不叫下属人员来帮忙。他们老是这样大事小事都来找我，真没办法。"

几乎与此同时，刘民的两位助手也在谈论着自己的工作。王大同说："上周，我找刘民，要他签发一张报账单。他说不用找他，我自己有权决定。但在一个月前，我因找不到他曾自己签发过一张报账单，结果被财务部退了回来，原因是我的签字没有被授权认可。为此我上个月曾专门写了一个关于授权我签字的报告，但他一直没有批下来。我敢说我给他的报告他恐怕还锁在抽屉里没看过呢！"

孙文国接着说："你说他的工作毫无章法，我也有同感。两周前，他交给我一项任务，并要我立即做好，为此我想得到一些人的帮助，去找了一些人，但他们却不肯帮忙。他们说除非得到刘民的同意，否则他们不会来帮助我。今天是完成任务的最后期限，我却还没有完成。他又要抓我的小辫子了，又要把责任推给我了。我认为，刘民是存心这样的，他怕我们搞得太好抢他的位子……"

(资料来源：章平. 旅游管理基础. 北京：科学出版社，2007)

(五)协调一致原则

旅游企业营销组织内部各部门及人员岗位之间，能否有效沟通与协调一致，直接关系营销计划与其目标的实现。因此，营销组织要实现上下沟通顺畅、左右协调有序，必须正确处理好以下两个关系：一是必须明确统一领导和分级管理的关系，使两者形成统一的有机整体；二是正确处理统一领导与分工负责的关系，确保企业营销组织活动运行有正常的秩序。实践证明，旅游企业营销组织活动多，工作任务重，人员岗位性质差异大，必须严格分工负责管理。

案例 11-4

一碗"牛肉面"引发的难题

有位牛肉面馆的老板雇了一个会做拉面的师傅，为了调动拉面师傅的积极性，该老板按销售量给拉面师傅计算工资，一碗面给他 0.5 元的提成。经过一段时间，老板发现客人越来越多而自己的利润却越来越少。原因是该拉面师傅为了获得更多的工资收入，给每碗面里放超量的牛肉来吸引回头客。这样，客人越来越多，拉面师傅的提成也越来越多，但每碗面的成本越来越高，老板的收入也就越来越少。老板一看不行，就换了一种工资形式，干脆每个月给拉面师傅发固定工资，这样，拉面师傅就不会多加牛肉了。结果，该拉面师傅就在每碗面里少放了许多牛肉，把客人都赶跑了。因为牛肉的分量少，顾客就不满意，回头客就少，生意肯定清淡。拉面师傅才不管老板赚不赚钱呢，他拿固定工资，巴不得面馆天天没客人自己清闲。结果一个很好的项目因为工资分配问题而黯然退出市场，尽管被管理者只有一个。

(六)整体效能原则

效能是在一定组织领域里，各部门各岗位完成既定计划的比例及实现目标的程度。组织是效能的基础，效能是组织的生命。旅游营销组织必须保证整体效能最优，否则就失去了存在价值。影响企业整体效能的因素较多，除工作人员的营销素质外，组织机构是否合理、组织目标是否先进、组织制度是否完善、组织行为是否正确、人员是否优化组合、组织管理是否科学等，都能影响组织效能的发挥。因此，在深入调查研究的基础上，制定企业的营销管理制度，严格执行，就成为提高整体效能的重要保证。

(七)有效监控原则

旅游营销组织的正确运行，除依靠组织成员的事业心、自觉性和营销素质外，有效的监督和科学控制也是十分必要的。因为旅游营销组织在运行过程中，时空变化多端，市场行情瞬息万变，如不能及时监控和反馈各部门营销工作运行情况，适时纠偏，就可能造成严重损失或危机。

三、旅游营销人员的素质

所谓高素质的营销人员应该掌握营销的基本理论，熟悉自己的业务知识，更重要的是还要具备以下一些基本素质。

(1) 主动进取精神。主动进取精神是营销人员取得成功的关键，如果营销人员思想上缺乏主动进取精神，则不可能在激烈的竞争中积极开拓。

(2) 良好的组织能力。旅游营销活动从策划到实施，工作千头万绪，具体繁杂，需要营销人员具有良好的组织能力。

(3) 健全的思维和谋划能力。营销活动有时是一种智力活动，营销人员要对零乱的事物、现象进行综合的分析和思考，以找出事物的本质，了解营销问题的症结所在等。因而，健全的思维和判断能力，对营销人员来说十分重要。

(4) 敏锐的观察能力。营销工作是深入实际的工作，营销人员要经常对组织的情况进行调查研究，以把握市场的变化，这就要求营销人员必须具备敏锐的观察能力。具备这种能力的人，往往善于从普通的资料、数据或新闻报道中看出问题，从平静的表象中发现潜在的变化。

(5) 良好的公关和沟通能力。对一名营销人员来说，具有良好的公共关系和沟通能力，掌握一定的沟通技巧是必需的。

案例 11-5

都是缺乏沟通惹的祸

一次，在某饭店，餐厅客人爆满，部分顾客只好在餐厅门口等候。迎宾员小陈忽然看见一张餐桌有空位，随即引领两位客人来到空餐桌旁就座，然后又去照顾别的客人。负责此桌的服务员看到有客人来到，以为是已预订此桌的女客人的朋友，连忙送茶水、香巾，并递菜单记录客人所点菜肴。点菜之后，两位客人催促服务员快些上菜。这时已预订这张餐桌的女客人来了，同后来的两位客人讲着什么，神情不悦，见服务员走来，女客人便问："为什么不经我的同意，你就把这两位客人带到我所预订的餐桌座位上。我去了一趟洗手间，回来餐桌就被别人占了！你们这是什么服务？"服务员一时被搞得不知所措，两位已经就座的客人这时插话说："是迎宾员把我们安排在这里的，而且我们已经点了菜。"表示不同意离开。女客人见状更加不悦，转身对服务员说："马上把你们餐厅经理叫来，我要问问这里还讲不讲先来后到的顺序。"这引得周围许多客人议论纷纷。后来经餐厅经理再三道歉、解释，这一事件才算平息。

(资料来源：吴金林. 旅游市场营销. 北京：高等教育出版社，2007)

四、旅游营销组织的类型

旅游企业市场营销组织形式多种多样，其基本形式有五种：职能型组织、地区型组织、产品型组织、市场型组织和产品—市场型组织。这五种基本组织形式各有不同的特点，旅游企业应从中选择最有助于实现目标的形式来建立营销部门。

(一)职能型组织

职能型组织是企业最常采用的一种组织形式，是指按照不同的营销职能分别设立相应的营销部门，每一个部门负责特定的营销职能。如图 11-1 所示，在市场营销总监领导下，分别设营销管理经理、广告与促销经理、销售经理、市场调研经理和新产品经理，根据需要还可以增设客户服务经理、营销计划经理和产品分销经理等。这些部门的主管通常都由一些营销职能专家来担任。

职能型组织的优点是分工明确、管理简便，适应于产品品种少、营销方式大体相同的企业。但当企业规模扩大、产品增多和市场增大时，这种组织形式下各个部门之间容易发生利益冲突，形成各自为重的局面。

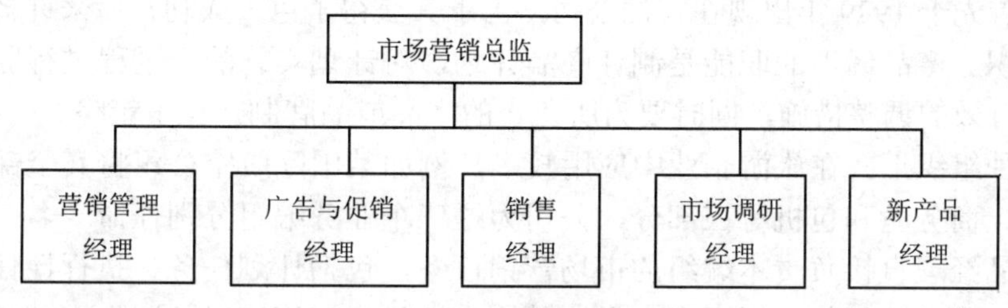

图 11-1　职能型组织结构

(二)地区型组织

地区型组织是指按产品销售的地理区域设立的营销部门，如图 11-2 所示。产品销售全国性或国际性的企业经常采用这种组织形式，通常是在全国销售经理下面分别设大区销售经理、分区销售经理和支区销售经理，各级主管的下属人员数目应逐级增大。

地区型组织可以使销售人员深入特定区域市场，了解目标客户的需求，并以最小的旅行时间和费用进行工作。但地区型组织容易形成区域间的割据，人力资源浪费较大。

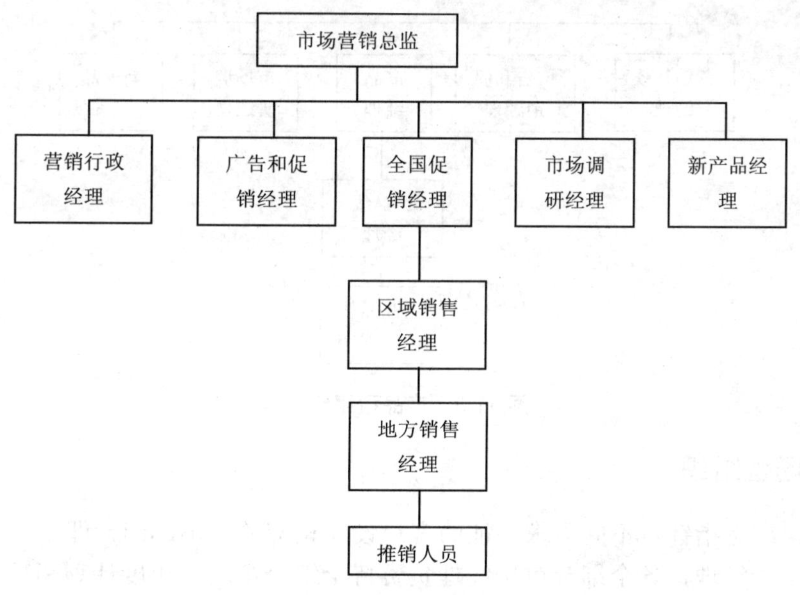

图 11-2　地区型组织结构

(三)产品型组织

产品型组织是指在旅游企业内部建立产品经理组织制度，以协调职能型组织中的部门冲突，如图 11-3 所示。这种组织形式适用于具有许多而且差别很大的产品或品牌的企业。产品型组织首先于 1929 年出现在宝洁公司，由于其获得了巨大成功，后来许多企业都建立了产品型组织。产品经理的职能是制订产品计划，对计划实施的全过程进行监督和检查，并及时采取有效的调整措施，同时要为所负责的产品或品牌制定竞争策略。

目前这种组织形式在旅游企业中应用较多，例如某国际航空公司将其全部经营业务划分为头等舱、商务舱和包机等三部分，公司为这三个业务编组分别任命一名产品经理。受命负责的产品经理直接负责本编组的市场营销任务，包括计划任务、执行性任务和协调任务三个方面。其具体工作包括调查市场、预测本地旅行客流情况、同生产部门商定投入此项经营的机座数量以及机组人员应向乘客提供的服务等级和质量标准等。此外，产品经理还要提出并参与商定用于推销旅行产品的预算额以及组织营销方案的实施。在预算年度结束时，各业务组的产品经理总结本组营销工作的结果，详细评价营销方案的成败，并向公司营销部经理进行汇报。

产品型组织的优点是能有效协调各种市场营销职能，应对市场变化，能够兼顾小品牌产品营销。其缺点是缺乏整体观念、容易形成多头领导。

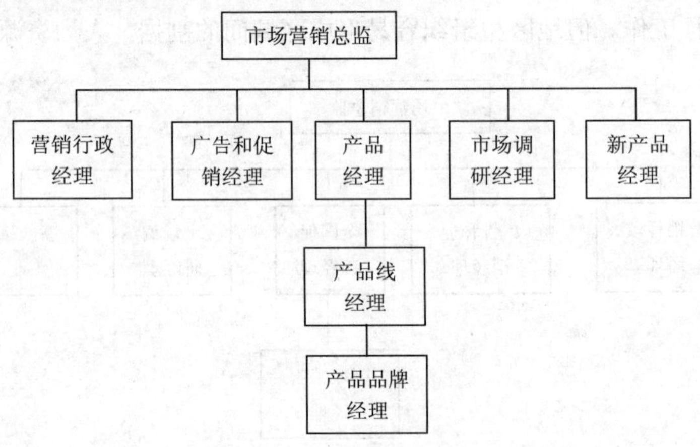

图 11-3　产品型组织结构

(四)市场型组织

市场型组织是指针对不同需求特征的客户设立相应的营销部门，即由一个市场经理领导几个细分市场经理，各个细分市场经理负责特定细分市场的年度计划和长期计划。这种组织形式适合于各个目标市场的客户购买行为及其对产品的偏好存在较大差异的企业。市场型组织形式如图 11-4 所示。西方发达国家的许多企业都在调整其营销组织结构，向市场型组织过渡，因为市场管理型组织真正体现和落实了“以顾客为中心”的市场营销观念。

市场型组织优点是能够针对不同客户群体的需求实施营销，有利于了解客户的需求和需求的满足状况。其缺点是责权不清，人员重复设置。

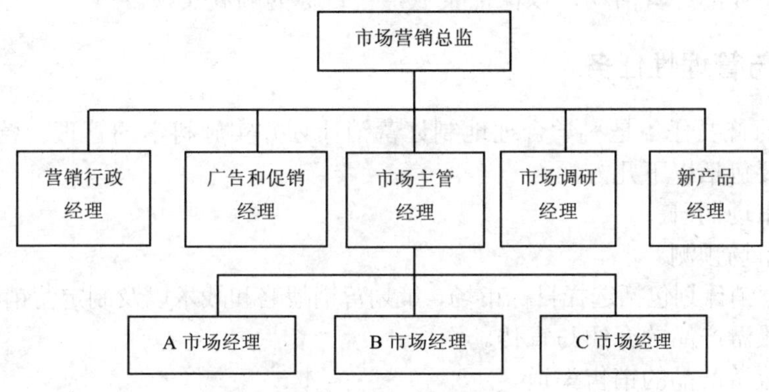

图 11-4 市场型组织结构

(五)产品—市场型组织

产品—市场型组织是一种矩阵式组织形式，即企业在其营销组织结构中，同时设置产品经理和市场经理，如图 11-5 所示。这种组织形式适合于面向不同的市场，同时又生产多种不同产品的企业。这类企业如果采用产品型组织，其产品经理就需要在熟悉特定产品的同时，还要熟悉各个不同的市场；如果采用市场型组织，其市场经理就需要既了解特定的细分市场，还要熟悉各种不同的产品。这对于产品经理或市场经理来说都是十分困难的，甚至是不可能的。

产品—市场管理型组织提供了一个较为可行的解决方案。这种矩阵式组织形式可以使企业兼顾产品和市场两个方面的问题，保证了每一种产品和每一个市场都受到重视。但这种组织结构容易引起多头领导，其运作成本也很高，而且组织的弹性较差，只有特别重要的产品和市场才需要分别设立产品经理和市场经理。

市场经理

产品经理		老年人	中年人	青年人
	蜜月旅游			
	探险旅游			
	追忆旅游			
	合家欢旅游			

图 11-5 产品—市场型组织

五、旅游营销组织的任务

营销组织作为企业与市场之间的桥梁，它的根本任务在于围绕满足旅游消费者的需要来指导和协调企业的经营活动，以保证企业经营目标的顺利实现。

(一)计划与管理性任务

营销组织的首要任务是科学合理地制订营销计划并实施科学的管理。营销组织的计划与管理任务主要包括以下几方面。

(1) 旅游市场调研。

(2) 旅游市场预测。

(3) 拟订营销计划包括选择目标市场、策划营销战略和战术以及制定营销组合实施方案。

(4) 策划旅游产品的介绍与宣传。

(5) 策划旅游产品的销售渠道。

(6) 计划和编制旅游营销预算。

(7) 评价和控制旅游营销结果。

(二)执行性任务

由于营销工作的特点，决定了营销组织必然承担大量的营销执行性任务，这些任务主要包括以下几方面。

(1) 出席业务洽谈和交易会。

(2) 对旅游中间商开展推销性外联。

(3) 对已建立业务合作关系的中间商进行定期访问。

(4) 开展广告、公共关系等促销活动。

(三)协调性任务

营销组织的协调性任务主要是同业务部门、财务部门、人事部门以及其他有关部门的管理人员进行联络，就可能影响营销效率和效果的有关问题进行沟通、说服和协调，以保证产品的推出时间、产品的质量和价格同促销宣传中所介绍的情况一致。此外，对于顾客消费后的信息反馈中提出的问题，营销部门亦须及时反馈给各有关部门，以便采取纠正措施。

第二节　旅游营销计划

凡事预则立，不预则废。旅游营销活动能否取得预期的效果，取决于是否制订了切实可行的营销计划，并在计划的实行过程中进行有效的监督控制，及时反馈存在的问题，采取有效的措施纠正误差，实现营销目标。

一、旅游营销计划的概念

所谓市场营销计划，就是市场营销活动方案的具体描述，它规定了企业各种经营活动的任务、策略、政策、目标及其具体指标和措施。这样就可使企业的市场营销工作按既定的计划有条不紊地循序渐进，从而避免市场营销活动的混乱或盲目性。

二、旅游营销计划的作用

归纳起来，旅游营销计划的作用主要表现在以下几方面。

(一)详细说明预期的经济效果

企业和组织可通过计划预计在规定的计划期末本企业的发展状况。这样，既可减少企业经营的盲目性，又可使企业有一明确的发展目标，以便在整个计划执行期中根据预期的目标，不断调整行动方案，采取相应措施，力争达到预期目标。

(二)确定实现计划活动所需的资源

通过市场营销计划，企业可事先测知相关资源的需要量，并据以判断企业所要承担的成本费用，有利于进一步精打细算，节约费用开支。

(三)描述将要执行和采取的任务和行动

通过市场营销计划，企业可明确规定各有关人员的职责，使其有目标、有步骤地去争取完成或超额完成自己所被委派的任务。

(四)确保实现企业目标

由于市场营销计划有助于监测各种市场营销活动，协调各部门各环节的关系，更顺利而卓有成效地去完成企业的各项任务和目标，可使企业进一步获得巩固和发展。

总之，市场营销计划对任何生产企业来说，都是至关重要和不容忽视的基本计划，只有根据这种详细阐明企业活动方案的计划，旅游企业及其他一切企业的生产经营目的才能实现。

三、旅游营销计划的类型

市场营销计划在理解上并不完全统一。一些高度市场导向的企业，将“市场营销计划”与企业整体计划当作同义语；而在另一些企业中，“市场营销计划”则被视为企业整体计划中专门讨论市场营销问题及策略的一部分，以区别于财务计划、生产计划等。事实上各个公司都将制订大量的计划，这些计划都带有很浓厚的市场营销成分。

(一)战略营销计划与战术营销计划

按着计划的范围不同，可将营销计划分为战略营销计划和战术营销计划。

(1) 战略营销计划。战略营销计划是在通过分析市场机会、细分市场和评估竞争对手的基础上，制订旅游企业长远性和全局性的营销计划。

(2) 战术营销计划。战术营销计划是描述一个特定时期内产品特征、定价、促销、渠道和服务的营销计划。

(二)短期营销计划和长期营销计划

按着计划期的长短，可将营销计划分为短期营销计划和长期营销计划。

(1) 短期营销计划。通常以一个财务周或财务月为周期制订，其侧重于营销与手段和措施方面。

(2) 长期营销计划。通常为一年或一年以上的计划。

(三)产品营销计划、服务营销计划和客户营销计划

按着计划的内容，可将营销计划分为产品营销计划、服务营销计划和客户营销计划。

(1) 产品营销计划。主要是对旅游产品或服务的目标、战略和战术等作出具体规定。

(2) 服务营销计划。主要包括对旅游服务项目的设置、特色与创新、服务质量控制系统设计和运行监控等安排。

(3) 客户营销计划。主要包括如何开发目标客户、与客户建立长期稳定的合作关系、培养忠诚客户、建立客户数据库和优化客户价值结构等工作安排。

(四)产品开发计划、价格计划、分销计划、促销计划

按着计划的具体功能，可将营销计划分为产品开发计划、价格计划、分销计划和促销计划。

(1) 产品开发计划。主要是规定阶段性新产品的开发重点、目标市场的投放时机和投放方式等工作。

(2) 价格计划。主要是针对不同环境条件下旅游企业应遵循的价格体系、政策以及特殊情况下的应对策略等工作。

(3) 分销计划。主要是选择与管理分销渠道，建立与渠道成员友好、双赢的合作关系。

(4) 促销计划。主要是规划旅游产品和服务的促销目标、战略战术、措施等内容。

四、旅游营销计划的内容

各种营销计划的具体内容有繁有简，而且有些计划本身(如功能性计划)又包括许多不同的计划，因此不可能将各种计划的内容都分别详细地列出来。一般来说，大多数营销计划，特别是公司计划和产品计划，应包括下列内容。

(一)计划摘要

计划摘要是对计划总体所做的概述，包括计划制订的背景、计划的主要目标及实现计划的基本途径。

(二)当前市场营销状况

当前市场营销状况主要描述市场、产品、竞争、渠道及宏观环境与企业营销策略的匹配情况。

(1) 市场状况。主要分析市场的规模和成长(以实物单位计量和价值计量表示)情况，描述现有的市场细分情况和存在的潜在市场情况。预测旅游消费者的需求、感受及购买行为的变动趋势。

(2) 产品状况。主要对主要产品过去几年的销售额、价格、毛利及纯利润的情况进行分析，判断产品所处的生命周期阶段。

(3) 竞争状况。分析主要竞争者并逐个描述其规模、目标、市场占有率、产品或服务质量、市场营销策略和其他特征，从而充分了解竞争者的意图和行为，做到知彼知己。

(4) 渠道状况。主要描述旅游产品或旅游服务项目在各个分销渠道上的销售数量及其变动情况。

(5) 宏观环境状况。主要描述宏观环境的主要趋势，包括人口统计、经济、技术、政治法律和社会文化等。

(三)机会和问题分析

机会和问题分析概述主要的外部的机会和威胁、内部的优势和劣势，以及在计划中可能出现的各种问题及解决对策。至于机会和问题分析的方法及详细内容，前面已经论述过。

(四)目标

目标是指主要确定计划中想要达到的关于销售量、市场占有率和利润等方面的目标。这些目标将指导营销策略选择和行动方案的制定，包括财务目标和市场营销目标两种目标。

(1) 财务目标。描述旅游企业或组织的长期的投资报酬率，及其在本年度将获得的利润。

(2) 市场营销目标。是为实现财务目标而制订的有关市场营销项目的具体目标，是财务目标保障体系。

案例 11-6

财务目标、销售目标一个都不能少

如果某旅游饭店客房部想赚到 100 万元的利润，而且它的目标利润是销售额的 10%，那么，它在销售收入上的目标必须是 1000 万元。如果饭店客房的平均单价是每天 200 元，那么，它必须租出 5 万日次客房。如果它对该市整个行业的销售预计是达到 300 万日次，那么，它就占有 1.7%的市场份额。

(资料来源：吴金林. 旅游市场营销. 北京：高等教育出版社，2007)

一般来说，一套目标应该具有一定的标准。第一，每个目标应该有一个既明确又能测量的形式，以及规定完成的期限；第二，各个目标间应该有内在的统一性；第三，各个目标间应有科学合理的层次性；第四，目标必须是平均先进的，能激发职工的最大努力。

(五)市场营销策略

市场营销策略主要描述为实现计划目标而采用的主要市场营销方式，因为每一个目标都能通过多种方法获得。例如一个目标是增加 6%的销售收入，这可用提高全部客房的平均房价实现，也可通过增加总的销售量(提高客房出租率)来实现，还可通过销售更多较高房价的客房来实现。营销管理人员应该根据计划期的内外部环境分析选择最有利的途径实现目标。市场营销策略既可以用文字形式来说明，也可按表格形式列出各主要的营销工具。如分别列出目标市场、市场定位、产品线、价格、分销网点、销售队伍、服务、广告、促销、研究和开发等。

(六)行动方案

行动方案是计划的执行方案，具体可用“5W1H 法”进行描述。5W1H 分析法也叫“六何分析法”，是一种思考方法，也可以说是一种创造技法，是对选定的项目、工序或操作，从原因(何因)、对象(何事)、地点(何地)、时间(何时)、人员(何人)、方法(何法)等 6 个方面提出问题进行思考。

(七)预计的损益表

预计的损益表主要概述计划所预期的财务收益情况。从收入的角度看，计划应指出预期的销售数量和平均价格；从支出的角度看，计划应表明生产成本、实体分配成本和营销费用，以及细节项目。收入和支出之差便是预期利润。经上一级的管理层审核批准之后，即可制订计划和对材料采购、生产调度、人力补充、营销活动安排。

(八)控制

控制主要说明将如何监控计划的执行。通常，目标和预算是按月或季度来制订的，上一级的主管部门每期都要审查这些目标和预算，并且责成那些没有达到预期目标的部门的主管说明未完成任务的原因，以及正在或将要采取什么行动来改进计划，以争取实现预期的目标。

有些控制部分包括权变计划。权变计划概述管理当局在遇到不利情况发生时所应该采取的步骤。权变计划的目的是鼓励主管们对可能发生的某些困难做事先考虑。

五、旅游营销计划的编制程序

(一)机会分析

机会分析是指旅游企业根据外部、内部的环境状况分析寻找营销机会，是营销计划的前提。企业在制订营销计划时，应该了解外部环境提供的机会和可能产生的威胁，结合企业自身条件的优势和劣势，把握机会、减少威胁，扬己所长、避己所短。机会分析常用的分析方法是 SWOT 分析矩阵，该方法在营销环境分析技术中已经论述过。

(二)选择目标市场

经过市场机会分析后，通过市场细分，可以确定几个可开拓的目标市场。至于选择某一个或几个目标市场，则要取决于一系列因素的影响。如应考虑与目标市场相关的企业目标、目标市场的潜在机会、企业开拓此目标市场的能力如何等这些问题。企业可以只选择一个单一的目标市场，也可以同时选择两个或两个以上的目标市场。计划对目标市场的阐述，必须清晰明确，容易辨认。如目标市场的地理位置、游客人数、购买力、生活方式、需要性质和强度等。对竞争对手的情况也应有充分估计。此外还应对每个目标市场近期和长期销售潜力作出正确的判断。

对目标市场的最后决定，不仅要根据目标市场的潜力，而且也要视企业自身开拓此目标市场的能力而定。

(三)拟订投资计划

虽然一个企业可以同时拥有几个目标市场，但是每个企业的物力、财力、资源都是有限的。企业应该将有限的资源使用到最恰当的目标市场上。为此，企业应根据目标市场情况，预计为开拓这些市场需要付出的人力、物力和财力，然后与企业的投资能力相比较，最终确定目标市场。经过严密及审慎的权衡之后，决定应如何把企业有限的资源分配到最有利的目标市场中去。

(四)拟订策略

在结合企业的资源选定具体的目标市场后，便应拟订可供选择的市场营销策略。通常，策略的拟订愈多愈好，这样可以增加策略的选择机会，选择出更符合理想的策略。例如，在选定某一具体目标市场后，企业可以通过具体的市场调查来开发一项适应该市场需要的新服务或新产品，然后拟定几种可以打入这个市场的策略方案，或建立一套完善的销售网点，广泛或集中利用某些旅游批发商和零售代理商，来更有效地沟通旅游企业与游客之间的关系；或用易于吸引游客的定价策略，制订季节优惠价；或用产品差异化的策略，尤其是那些价格受到严格控制的旅游产品，奉行产品差异化的策略更有必要；或加强促销活动的策略等，以供企业主管部门进一步评价选择。

(五)确定相应的市场营销组合

根据前面所选定的市场营销策略，进一步具体制订市场营销方案细目。因为每一市场营销策略的贯彻，都是要通过与之相适应的市场营销因素组合来完成的。关于市场营销因素组合的各个策略，即产品策略、价格策略、渠道策略及促销策略，前面有关章节已经详细述及。在确定相应市场营销组合阶段，应把这些一般性策略与特定企业的特定营销策略结合起来具体考虑，使其具体化。例如，针对青年旅游市场，企业为提高市场占有率而采用密集性市场策略时，整个市场营销因素组合便应根据这一策略的要求加以具体化。如按青年的特点来进行产品设计，如推出探险型旅游、体育旅游；制订对青年有吸引力的价格，如推出优惠价格、经济旅游团价格；选择青年经常接触的广告媒体，如体育报、青年杂志、电视歌舞节目等做广告；将上述旅游服务产品分配到学校集中的地方或青年社团组织中去销售等。

(六)编制市场营销计划

经过前述步骤后，便可将前面几个阶段的情况分析、目标市场选择、策略选择等方案统一协调起来，编写正式的计划，内容大致包括下列几方面。

(1) 计划的目标。

(2) 计划目标与企业目标之间的关系。

(3) 执行计划所需的费用。

(4) 预测企业的市场环境与机会。

(5) 提出行动方案。

(6) 综合、归纳成完整的计划指标体系。

(七)批准计划

企业接到市场营销部门的营销计划后，应综合其他职能部门的计划一起进行综合平衡，协调各部门的能力与任务，尽量使计划建立在可行的基础上，并能达到预期的经济效益。如发现各部门的营销计划本身存在不协调之处，应进行修订，直至认为满意之后才正式予以批准。

(八)执行计划

计划批准后，应研究贯彻执行的方案，并付诸实施。这种执行计划的行动方案，大致包括如下步骤或内容。

(1) 将达成目标的行动计划分为几个步骤。

(2) 说明每一步骤之间的关系和顺序。

(3) 每一步骤的负责人。

(4) 每一步骤所需之资助。

(5) 每一步骤需要多少时间。

另外，还应尽可能提供一些与市场营销计划有关的信息资料，如市场容量、企业可能的占有率、企业的预期销售量、市场营销总费用、毛利等。

(九)考核与调整

计划工作程序的最后一个步骤，是对计划执行情况进行监督检查。因为计划是对未来的描述，其建立的前提条件在未来有可能发生变化，加上市场瞬息万变，存在许多客观不可控的因素。因此计划在执行过程中很可能会出现一些障碍和偏差，这就要求在整个计划执行过程中，同时进行必要的考核、监督和检查，通过信息反馈，判断所采取的计划行动是否有效。如发现有不当或计划有脱节的地方，便应及时修正调整，或改变行动方案，以适应新的情况。

第三节　旅游营销控制

旅游企业所面临的是一个竞争十分激烈的市场环境，而计划本身又是描述未来的状况，其间包含着众多的可变因素。因此，企业的营销计划在实施过程中可能发生许多意外情况，这将改变计划实施的条件，影响计划目标的实现。因此营销部门必须连续不断地监督和控制各项营销活动，建立营销控制制度。营销控制是指企业营销管理者通过对企业营销计划执行情况的持续观察，找出差距，分析原因，并采取适当的纠偏措施，以保证市场营销计划完成的管理活动。营销控制是一个营销管理循环的终点，同时又是新一轮营销管理活动的起点。

营销控制不是一个简单的过程，而是要估计市场营销战略和计划的成果，并采取正确的行动以保证实现目标的过程。

通常，旅游企业营销控制主要有年度计划控制、获利性控制和战略控制三种不同的形式，如表 11-1 所示。

表 11-1　三种营销控制的基本形式

控制类型	主要负责人	控制目的	控制方法
年度计划控制	高、中层管理者	检查计划目标的实施	销售分析、市场份额分析、营销费用分析、顾客态度分析
获利性控制	营销主管人员	审计盈利与亏损	产品、区域、细分市场、销售渠道、盈利情况
战略控制	高层管理者	检查是否把握市场机会	营销有效性评价、营销审计

年度计划控制是由营销人员检查企业各个阶段营销绩效与年度计划的差距，并及时采取必要的调整和修正措施；获利性控制是对不同的产品、地区、市场、分销渠道所实现的实际利润的控制；战略控制是定期检查和评审企业基本营销战略，以确定其是否能够适应变化的营销环境，以及是否能够把握住营销机会。

一、年度计划控制

旅游市场营销年度计划的控制目的是为了确保旅游企业实现年度计划所规定的销售、利润等目标。其主要步骤为：首先，旅游企业高层管理者把年度计划按市场变化趋势分解为季度和月份的目标；其次，把季度和月份的计划进一步分解到企业内部各业务部门和成本、盈利中心，并落实相应的责任人；再次，为季度、月份中各部门和个人实现市场营销目标，提出和采取相应的保障措施；最后，在计划实施过程中对营销实绩与偏离计划的行为作出分析、判断，改进实施方法或修正目标本身，尽可能弥合营销目标与实际执行结果之间的差距。

在年度计划控制中，企业高层管理者控制整个计划的总体执行、实施及进度，企业内的有关职能部门的人员则控制各个局部计划的执行情况。这样，通过年度营销计划把企业内部各方面的责、权、利有机结合起来，充分调动广大员工的积极性，共同保证年度营销计划目标的实现。管理人员通常运用四种方法来检查计划的执行情况，它们分别是销售分析、市场占有率分析、营销费用率分析和顾客态度分析。

(一)销售分析

销售分析主要是指将计划销售额与实际销售额相比较，分析销售额计划的完成情况。可通过比较分析销售额计划完成的百分比，检查计划的完成程度，并分析销售量和销售价格对销售额完成的影响程度。销售分析通常使用因素分析法(又称连环替代法)进行，包括：销售量差异影响分析和价格差异影响分析。

(1) 销售量差异影响分析。销售量差异影响分析是指在假定价格不变的情况下，由于销售量的变化对销售额变化的影响程度。通常将价格假定在基期水平下，比较在基期价格水平下销售额的变化情况，由此界定销售量变化对销售额影响的相对水平和绝对程度。

(2) 价格差异影响分析。价格差异影响分析是指在假定销售量已经变化的前提下，由于价格变化对销售额变化的影响程度。通常将销售量固定在报告期水平上，比较报告期销售量前提下价格变化对销售额的影响。

需要说明的是，上述同度量因素的假定存在一定的模糊性，其基本前提是销售量首先发生变化，价格才发生变化。而实际上，往往是由于价格发生了变化，引起了销售量的变化，甚至，有时是销售量与价格同时发生变化，需要客观地分析判断。

案例 11-7

某酒店客房销售分析

某酒店年度计划要求第一季度以单价 150 元销售客房 5000 间/天，即完成销售额 75 万元。而实际只以 120 元的价格销售客房 4500 间/天，实现销售额 54 万元，完成计划销售量的 72%，差额为 21 万元。原因何在？用销售差异法分析如下。

由于降价的影响：(150－120) × 4500=135 000 元，占 64.3%。

由于销售不力的影响：(5000－4500) × 150=75 000 元，占 35.7%。

由此可见，销售额没完成指标的主要原因是客房降价。进一步分析原因，可能是原来定价过高，或旅游市场萧条被迫降价促销，或有强有力的竞争对手加入。找出原因后该酒店可以及时拿出解决方案。

(资料来源：吴金林. 旅游市场营销. 北京：高等教育出版社，2007)

(二)市场占有率分析

企业销售业绩分析只反映企业销售计划的完成情况，而企业销售计划的完成，并不能全面地说明企业的营销业绩和成果。有时企业销售额的增长，并不一定表明企业销售状况的改善和市场地位的提高。

假如一个旅游企业的销售额上升，这可能是由于整体经济环境条件的改善所致，所有的旅游企业都从中得到了发展。在整体市场的总销售额有较大幅度提高的情况下，该旅游企业销售额的增长如果低于或等于总销售额的增长速度，说明该旅游企业的销售状况不佳或没有进展。这种情况下，旅游企业的增长只有高于整体市场的总销售额的增长速度，才能使企业的销售状况和市场竞争地位得到改善和提高。

一般来说，通过市场占有率可以对企业的销售状况和市场地位作出准确的评价和判断，因此旅游企业还需对其市场占有率的变动情况加以分析，进行销售业绩的横向比较，评价企业竞争绩效和市场地位的变化。市场占有率提高，表明企业比竞争对手取得了更高的营销业绩；相反，市场占有率降低，则表明企业营销效果较差。

在市场占有率分析中，旅游企业可以采用不同的市场占有率，对其营销状况和市场竞争地位进行分析和评价。常见的市场占有率指标有以下两方面。

(1) 绝对市场占有率。是指企业销售额占整个行业总销售额的百分比，它反映企业在其行业中的市场地位。

(2) 相对市场占有率。是指企业销售额占市场主导者销售额的百分比，它反映企业与市场主导者的实力对比关系。

应当指出，在不同的条件下，相同的市场占有率变化，将会得到不同的结论。通常需要考虑下面三种情况的影响。

(1) 营销环境因素对行业各个企业的影响可能是不同的。

(2) 新竞争者进入市场，可能使所有企业的市场占有率降低。

(3) 企业为了改善其获利能力所采取的策略，可能导致其市场占有率的下降。

(三)营销费用率分析

旅游企业一方面要确保销售目标和市场占有率目标的实现；另一方面还要保证营销费用不超支。营销费用的支出水平，与实际营销业绩有着密切的关系。旅游企业必须根据其实际营销绩效来控制营销费用。通常，旅游企业在营销控制过程中，通过营销费用率，即营销费用占销售额的比率来评审营销费用是否适度。通过营销费用率分析，及时发现营销费用率的过大增长情形，并采取有效的措施，使企业的营销费用率保持在合理的水平上。在一般的企业中，此比率的经验数字为 30%。它包括五个费用对销售额之比：推销队伍对销售额之比(15%)；广告对销售额之比(5%)；促销对销售额之比(6%)；营销调研对销售额之比(1%)；销售管理费用对销售额之比(3%)。

(四)顾客态度分析

有远见的旅游企业在进行以上控制的同时，还要随时了解和掌握客户、中间商以及其他有关人员态度的变化。这一分析应在其对企业销售额产生影响之前进行，根据其未来态度的变化，旅游企业能预先采取有效的对策和措施。下面是几种主要的顾客态度追踪制度。

(1) 意见和建议制度。旅游企业，包括饭店、旅行社、旅游地、纪念品生产商等，都应以市场为导向，建立相关的企业记录，分析来自顾客的各种口头和书面意见，并对此作出反应。这些意见被汇编成册，营销管理人员可以在意见集中的地方寻找原因，并加以根除。旅游企业应提供各种建议卡，鼓励顾客反馈意见，尽力为顾客投诉、建议提供最大的方便，以便使管理层能全面了解和掌握顾客对其产品和服务的反应。

(2) 顾客固定样本调查小组。有些企业，如饭店、游乐场所等，将顾客组成固定样本调查小组，这些顾客同意定期通过电话或邮寄调查表将自己的一些看法告诉企业。在了解顾客态度方面，这些固定样本调查小组较之顾客意见和建议制度更具有代表性。

(3) 顾客调查。一些企业定期采用随机抽取的方法向被抽取的顾客寄送调查表，请他们对企业职员的服务态度、服务质量等作出评价。顾客可按五级评分制(很不满意、不满意、一般、满意、很满意)对这些问题进行答复，将此汇总后，分别送给当地经理或高层管理者。

案例 11-8

建设五象大酒店宾客满意度调查表
GUEST SATISFACTION QUESTIONNAIRE

尊贵的宾客:

Dear Guest,

欢迎您入住建设五象大酒店！为了向您提供更好的服务及设施，不断完善我们的服务，衷心希望您能填写此调查表。非常感谢您的支持，我们期待着您的再次光临！

Welcome to Wuxiang International Hotel! For providing better service and facility to you, and improving our service, we sincerely hope that you can fill in this form. Thank you for your cooperation, and we expect that you can come to our hotel again.

1. 您订房的途径 Booking channels

☐ 亲友 Relative or friend	☐ 直接订房 Book on your own	☐ 公司 Company
☐ 旅行社 Travel Agency	☐ 网络 The Internet	☐ 其他 Others

2. 服务项目及设施设备

请在以下方格打 √ Please tick		出色 Excellent	满意 Satisfied	不满意 Unsatisfied
酒店硬件 Hotel Hardware	酒店标识 Hotel Sign	☐	☐	☐
	公共设施设备 Public Facility	☐	☐	☐
	客房设施设备 Guest Room Facility	☐	☐	☐
前台服务 Front Desk	前台服务速度 Service Efficiency	☐	☐	☐
	前台服务准确率 Service Accuracy	☐	☐	☐
	服务态度 Attitude	☐	☐	☐
客房服务 Guest Room	客房安全性 Security	☐	☐	☐
	客房睡床整洁舒适 Bed	☐	☐	☐
	客房清洁卫生 Guest Room Cleanliness	☐	☐	☐
	客房一次性用品质量 Guest Room Amenities	☐	☐	☐
	服务态度 Attitude	☐	☐	☐
餐饮服务 Food & Beverage	早餐质量 Breakfast Quality	☐	☐	☐
	出品时间 Production Period	☐	☐	☐
	菜肴价格 Food Price	☐	☐	☐
	菜肴味道 Dishes taste	☐	☐	☐
总体评价 Overall Comment	周边交通 Traffic	☐	☐	☐
	周边环境 Location	☐	☐	☐
	客房性价比 Price/Service Satisfaction	☐	☐	☐

客悦计划 CUSTOMER DELIGHT PROGRAM

请推荐一位为您提供卓越服务的员工：

Please recommend an employee for exceptional service:

员工姓名 Employee's Name ________________ 工作岗位 Position ________

原因 Reason ____

____

____

与您的沟通 BETWEEN US

请提出您宝贵的意见和建议：

Do you have any other suggestion or comment which would help make your next visit more enjoyable?

____

____

____

____

____

如您愿意留下您的以下信息，我们将十分感谢！您的以下资料酒店将严格保密。

We will be grateful if you leave your personal data as follow and your personal information will be kept confidentially.

姓名(Name):____________________ 房号(Room No.):____________________

电子邮件(E-mail):________________ 联系电话(Phone No.):________________

联系地址(Address):____

再次感谢您的选择与支持！真诚地邀请您再次下榻五象大酒店。

We look forward to your next visit. Thanks again!

建设五象大酒店

Wuxiang Inernational Hotel

年(Year) 月(Month) 日(Day)

(资料来源：http://wenku.baidu.com/view/e0b78b45be1e650e52ea99be.html)

二、获利能力控制

企业营销的最终目的是要获取利润。因此，获利能力控制是营销控制不可缺少的一个重要环节。获利能力控制就是指定期地对不同产品、地区、顾客群体、分销渠道等的获利能力进行研究和分析，以确定企业营销活动拓展、收缩和退出的有关营销策略。

获利能力控制的基本步骤是：第一，将营销费用分配各项营销职能；第二，将各项营销职能费用分配给各个分销渠道；第三，编制各个分销渠道的损益表。

通过上述获利能力分析，旅游企业可以确定影响其获利能力的主要因素，以便制订有效的调整措施。旅游企业在制订调整措施时，不能简单地对获利影响因素进行调整，必须在综合分析的基础上，认真分析各个获利能力影响因素的发展趋势，才能作出合理的决策。

案例 11-9

某酒店餐饮产品获利性分析表

单位：万元

菜肴 指标	爱尔兰菜肴	法兰西菜肴	西班牙菜肴	川菜	鲁菜	粤菜
销售收入	80	150	110	90	70	200
生产成本	30	40	35	25	40	120
营销费用	10	20	18	11	15	19
净利润	40	90	57	54	15	61
销售利润率	50%	60%	51.8%	60%	21.4%	30.5%

从上表可以看出，该酒店的餐饮产品营销在不同程度上都获得了成功，尤其是法兰西菜肴和川菜的获利能力最强。而鲁菜产品的销售利润率只有 21.4%，没有达到 30%的销售计划要求。粤菜产品的销售利润率虽然达到了计划要求，但生产成本过高。因此，需要对后两项产品进行调查分析，及时找出原因，进行修正。

(资料来源：吴金林. 旅游市场营销. 北京：高等教育出版社，2007)

三、战略控制

旅游企业需要经常通过战略控制，评审企业的整体营销成效，使其营销战略和措施与营销环境相适应。在复杂多变的市场营销环境中，企业所制定的战略很容易变得不切合实际。因此，每一个企业都必须定期检查其原定战略的可行性和与当前环境的适应性，及时发现问题，采取战略调整措施，保证企业长期战略目标的实现。战略控制主要包括以下内容。

(1) 旅游营销环境控制。旅游营销环境控制是对旅游市场、旅游者、竞争者和其他直接影响企业营销活动的因素进行检查，同时对经济、技术、政治和社会等宏观间接影响因素进行分析。

(2) 旅游营销策略控制。旅游营销策略控制是对旅游企业营销目标、战略以及当前和预期的营销环境相近程度进行检查、分析。

(3) 旅游营销组织控制。旅游营销组织控制是对营销组织在预期环境中实施组织战略的能力进行检查、分析，包括营销部门、财务部门、采购供应部门的能力以及企业上、下、左、右信息沟通的情况等方面。

(4) 旅游营销系统控制。旅游营销系统控制是对旅游企业收集信息、拟订计划和控制营销活动过程进行检查、分析。

(5) 旅游营销效率控制。旅游营销效率控制是对旅游营销中有关单位、产品的获利能力和各项营销活动的成本收益进行检查、评价。

(6) 旅游营销职能控制。旅游营销职能控制是对旅游营销中营销组织的每一因素及其策略运用进行检查、分析。

思考与能力训练

一、思考题

1. 旅游营销组织有何特点？
2. 简述旅游营销组织的原则。
3. 旅游营销组织的类型有哪些？各有何优缺点？
4. 旅游营销人员应具备哪些素质？
5. 旅游营销组织的任务是什么？
6. 举例说明旅游营销计划的制订过程。
7. 旅游营销计划包括哪些内容？
8. 举例说明旅游营销控制的形式。

二、能力训练

能力训练一

1. 实训目的和要求

(1) 通过实践训练，使学生学会识别不同状态下的旅游需求，分析不同的旅游需求和营销组织结构对于市场营销活动的影响，掌握营销组织设计与营销控制的基本能力。

(2) 要求学生根据实训项目撰写实训报告。

2. 实训内容

(1) 以校园内同学或当地游客为调查对象，了解他们的旅游需求，进行分类，并分析产生的原因。如果你是某旅游企业的营销人员，你认为企业应如何满足和引导不同的旅游需求?

(2) 选择当地某旅游企业，如旅游酒店、旅行社和旅游景区等，调查了解它们的营销组织结构，分析其特点，为其制订营销计划，并做出年度营销计划控制方案。

能力训练二

1. 实训目的和要求

(1) 通过本次实践，训练学员对旅游市场机会进行分析与寻找，并在此基础之上综合运用营销组合策略的理论及其决策制定方法，完成旅游市场营销策略的设计与确定，最终达成企业的营销目标。

(2) 要求学生根据实训项目撰写综合实训报告。

2. 实训内容

本次市场调查实训的目的是为当地某度假村开发项目提供市场分析基本资料，以帮助其在该项目的市场定位和市场经营策略方面作出正确抉择。需要调查研究的具体内容有以下几个方面。

(1) 当地度假村的基本情况，包括：度假村的数量，规模，分布，高中低档次结构，客房出租率，经济效益率。

(2) 各层次度假村的典型调查，调查内容有：各度假村的设计接待能力，实际接待能力，服务设施，服务功能，不同时间段(周一至周四，周五至周日)的客源结构，客房出租率，出租价格及其变化等。

(3) 当地消费者的收入状况和消费结构，度假消费状况，消费者对目前当地度假村的评价及要求。

(4) 当地旅游者度假消费状况。

能力训练三

1. 实训目的和要求

(1) 通过学生综合运用营销组合策略的理论及其决策制定方法，体验各种决策的意义和各种营销工具的使用，学会利用战略的发展眼光看待问题，在竞争环境中根据实际情况灵活地作出正确的抉择。

(2) 要求学生根据实训项目撰写营销策划方案。

2. 实训内容

(1) 由学生选定本次实训的具体项目。

(2) 学生分小组根据理论部分列示的内容，灵活运用市场营销基本原理和方法进行该旅游产品营销方案的策划。具体包括新产品开发、产品组合、产品定价、营销渠道、广告设计与管理等。最终撰写出该旅游产品的营销方案。

(3) 进行课堂交流，各小组逐一汇报。

(4) 教师根据情况进行点评、总结。

能力训练四

畅销的女子饭店 (客房)

女性是旅游者中的一个特殊而又数量庞大的消费群体，她们在消费方面具有许多与男性不同的特点，这就要求旅游企业尤其是现代饭店，在产品或服务设计上注重体现女性由于性格特点带来的特殊需求。

在全世界酒店行业中，最早意识到女性顾客需求特殊性的是希尔顿饭店。早在1974年，美国阿尔克茨州希尔顿酒店就开辟了女子楼层，专门为单身女性提供旅途中的一切服务。

二十多年来，希尔顿饭店一直致力于为女性消费者提供更加专业、更加细致的服务，从而赢得了大批女性顾客。在希尔顿饭店的女子客房里，一切设施都是从女性的生理特点和旅途需要出发：不仅配备了穿衣化妆镜、品牌化妆品、芳香型沐浴露等女性用品，还提供女性睡袍、吹风机、卷发器、挂裙架、针线包等生活用品；客房装饰所用的色调通常非常温馨，床头柜或茶几上还备有最畅销的妇女杂志，就连电话机的款式也讲究活泼、可爱。另外，女子楼层还安排有足够的便衣女保安人员，各项安全措施也非常严密。安全、温馨、舒适的女子客房很受单身女性顾客喜欢，希尔顿酒店也从中尝到了甜头。

在英国伦敦也有一家名为里夫斯的旅馆，它创建于1998年，专为女性提供客房和服务。旅馆里所有硬件设施和服务项目都根据女性的生理和心理特点，充分考虑到了女性外出时的各种需求。这里的客房陈设高雅、装饰温馨，并备有相关女性杂志，各类女性卫生用品等一应俱全。此外，旅馆还严格保护客人的安全，房号对外保密，外来电话未经允许不能随便接进，经理和服务员也全部都是女性。这家地地道道的女人饭店颇受广大女性消费者青睐。

(资料来源：马勇，刘名俭. 旅游市场营销管理[M]. 大连：东北财经大学出版社，2006)

【分析讨论】

1. 希尔顿饭店从哪些方面满足了女性顾客的需求？

2. 我国饭店企业应如何分析当前旅游需求并采取相应的市场营销对策？

参 考 文 献

[1] 菲利普·科特勒. 旅游市场营销[M]. 谢彦君，译. 北京：旅游教育出版社，2002.

[2] 吴金林. 旅游市场营销[M]. 北京：高等教育出版社，2007.

[3] 王纪忠. 旅游市场营销[M]. 北京：中国财政经济出版社，2008.

[4] 梁昭. 旅游市场营销[M]. 北京：中国人民大学出版社，2006.

[5] 郭英之. 旅游市场营销[M]. 大连：东北财经大学出版社，2006.

[6] 马勇，刘名俭. 旅游市场营销管理[M]. 大连：东北财经大学出版社，2002.

[7] 屈云波. 旅游业营销[M]. 北京：企业管理出版社，1999.

[8] 蒋一帆. 酒店营销 180 例[M]. 上海：东方出版中心，1998.

[9] 杜炜，张建梅. 导游业务[M]. 北京：高等教育出版社，2002.

[10] 魏小安. 创造未来文化遗产[M]. 北京：中国人民大学出版社，2006.

[11] 张俐俐. 中外旅游业经营管理案例[M]. 北京：旅游教育出版社，2002.

[12] 肖树青. 旅行社经营管理[M]. 北京：北京交通大学出版社，2010.

[13] 朱承强. 现代饭店管理[M]. 北京：高等教育出版社，2003.

[14] 王湜. 旅游公共关系[M]. 北京：化学工业出版社，2009.

[15] 郝索. 旅游经济学[M]. 北京：中国财政经济出版社，2009.

[16] 武瑞营，刘荣. 旅游经济学[M]. 北京：化学工业出版社，2008.

[17] 冯冬莲. 旅游营销[M]. 石家庄：河北人民出版社，2000.

[18] 刘德光. 旅游市场营销学[M]. 北京：旅游教育出版社，2006.

[19] 杨益新. 旅游市场营销学[M]. 北京：北京交通大学出版社，2008.

[20] 梁骥. 旅游市场营销[M]. 大连：大连理工大学出版社，2006.

[21] 程林. 旅游市场营销[M]. 合肥：合肥工业大学出版社，2005.